한국의 레거시 플레이스
은퇴 없는 건축

일러두기

1. 외국 지명 및 인명의 한국어 표기는 기본적으로 구글 및 위키피디아의 방식을 따르고 필요시 원 언어명, 혹은 한국식 발음 등을 함께 넣었다. 예를 들어 '조시아 콘도르Josiah Conder', '다롄大连, 대련', '다쓰노 긴고辰野金吾'와 같이 표기했다. '대만', '중국' 등은 한국어 그대로 사용하되, 해당 지역의 한자명은 현지 방식을 따라 각각 번체와 간체로 표기했다.

2. 사진은 가급적 직접 촬영한 것을 사용했으며 그 경우는 출처를 생략했고, 인용의 경우에만 출처를 밝혔다. 도표, 도면 등 기타 시각 자료 또한 같은 기준을 따랐다. 최대한 저작권을 준수하고자 노력하였으나 미비한 경우 연락이 있을 시 합리적 해결을 원칙으로 성실하게 대응하고자 한다.

3. 기록에도 불구하고 정황상 사실 관계가 명확하지 않다고 판단되는 경우 '?'를 표기하였다.

들어가는 말

"한국에서는 영원을 위해 건물을 짓지 않습니다."
"In Korea, they don't build for eternity."

피터 슈말Peter Schmal, 프랑크푸르트 독일건축박물관장
2007년 12월 7일 '메가시티 네트워크 한국현대건축전' 오프닝 연설에서 인용

문명세계에서 짓는 행위란 인용문에서처럼 '영원'까지는 아니어도 상당한 장기간의 활용과 존속을 전제로 하는 것이 보편적이다. 그런데 내가 살고 있는 나라에서는 그렇지 않다. 30년 이상 된 아파트는 안전진단을 거치지 않아도 재건축에 착수할 수 있다고 정부가 나서서 보장해주는 나라가 대한민국이다. 후대에 이것이 얼마나 문제였는지 분명히 지적이 나올 텐데, 적어도 반대 의견이 있었다는 증거를 남기고 싶은 마음이 있다. 또한 나이를 먹었어도 여전히 현역인 건축이 주는 깊은 가치를 많은 사람이 즐겼으면 하는 마음에 이 책을 쓴다.

건축 공부를 시작한 지는 40년이 넘었고, 내 이름을 걸고 독립 건축가의 길을 가기 시작한 지도 25년 정도 되었다. 그런데 시간이 갈수록 내 직업의 근본적인 부분에서 자꾸 고민이 생기는 것을 피할 수가 없다. 한마디로 건축을 포함하여 모든 짓는 행위는 물질과 에너지를 너무 많이 소비한다. 기존의 것을 헐고 다시 짓는 경우는 말할 것도 없고, 고쳐서 다시 쓰는 리모델링이라고 해도 막상 현장에서 보면 어디선가 무엇인가가 끊임없이 뜯겨져 나온다. 기능이 변하여, 혹은 취향이 달라졌다는 이유로 엄연히 자기 성격을 갖고 존재하던 것들에 생경한 것들이 덧붙여지거나 심지어 완전히 새것으로 대치된다.

결국 한 번 지을 때 최선을 다해 잘 짓고, 그다음에는 정성스럽게 유지하고 관리해 수명을 최대로 연장하는 것이 미덕이라고 믿게 되었다. 이것이야말로 '시간성'이라는, 그 무엇으로도 대신할 수 없는 귀중한 가치를 구현함은 물론, 인간에게 주어진 물질과 에너지의 신중한 사용을 가능케 한다는 점에서 문화적으로나 환경적으로 최선의 방법이다. 문제는 이런 생각을 가지려면 우선 일상생활에서 여러 사례를 접해 봐야 하는데, 우리의 현실은 그렇지 않다. 결국 글을 통해서 전달할 수밖에 없다는 생각에서 이 책을 세상에 내놓게 되었다.

　이 책은 2022년 6월 15일부터 2024년 10월 14일까지 2년 4개월 동안 온라인 부동산 콘텐츠 플랫폼인 서울프라퍼티인사이트 Seoul Property Insight에 연재한 61개의 글과 새롭게 작성한 몇 편의 글을 재구성하여 완성했다. 레거시 플레이스라는 새로운 개념에 대한 설명과 함께 개별 사례를 담았다. 연재와 단행본에서 오는 차이는 상황에 맞게 수정했는데, 특히 2024년 5월 16일을 기해 '문화재'는 '국가유산', '문화재청'은 '국가유산청'으로 변경된 것도 적절히 반영했다. 나머지 내용은 가급적 그대로 두어 기고 당시의 상황을 전달할 수 있도록 했다.

　60개가 넘는 사례를 수집하는 과정에서 2018년부터 6년 동안 진행해 온 독서클럽 트레바리의 '그래, 도시!' 멤버들과의 답사가 큰 도움이 되었다. 처음에는 서울과 수도권 중심으로 다니다가 점차 전국을 대상으로 하게 되었고, 코로나가 끝난 이후에는 일본과 대만, 만주까지 다녀왔다. 학술 단체가 아닌데도 이런 식으로 장기간에 걸쳐 건축 및 도시 답사를 체계적으로 진행하는 경우는 드물다. 많은 분의 수고가 있었으나 특히 여러 번의 답사를 준비해 준 최희윤, 이경성, 추진우 님 등에게 이 지면을 빌려 깊은 감사의 말씀을 전한다. 도시나 건축을 전공하지 않은 분들의 이러한 열의는 매우 놀랄 정도인데, 한국 대중의 교양 수준이 그만큼 높다는 증거라고 생각한다. 이러한 교류를 통해 나 역시 배운 것이 많았다.

　이 책에는 많은 정보가 담겨있으나 학술 서적은 아니라는 점에서 주석은 달지 않고 본문에서 풀어가는 방식을 택했다. 우선 인터넷에서 기본 정보를 취한 후 필요에 따라 단행본과 논문 등으로 보완하고, 최종적으로 현장에서 확인하는 방식을 택했다. 전문 연구자를 포함한 주변 분들에게 자문을 구하기도 했다. 초고가 마무리된 이후에는 나처럼 실무 건축가이면서 연구가이기도 한 신민재 건축가가 원고 전체를 꼼꼼히 검토해 주었는데 큰 응원이 되었다. 그럼에도 불구하고 오류가 있다면 그것은 전적으로 나의 책임이며, 독자들의 지적과 제보를 겸허하게 기다리고자 한다.

   끝으로 귀중한 연재와 출판의 기회를 제공해 주신 서울프라퍼티인사이트의 김정은 대표님과 고병기 편집장님, 그리고 원고를 꼼꼼하게 정리해 준 오경희 상무님과 이보람 차장님께 고마운 마음을 전한다. 묵묵히 지켜봐 주는 가족과 친구들 역시 고마운 존재다. 즐겁고 유익한 독서의 계기가 되기를 바라며, 두근거리는 마음으로 또 다른 생각의 묶음을 세상에 내놓는다.

2024년 12월 26일
통의동 목련원에서, 저자 황두진

LEGACY PLACE

세대의 연결, 레거시 플레이스

레거시legacy라는 영어 단어에는 묘한 이중성이 있다. 단독으로 사용될 때 그 의미는 '유산'으로서 나름 긍정적이거나 적어도 가치중립적이다. 그러나 그 뒤에 다른 단어가 붙으면 상황이 달라진다. 예를 들어 '레거시 시스템'은 컴퓨터 업계에서 사용하는 '하위 호환'이라는 개념으로, 새로 개발된 프로그램에 이전 사용자를 위해 어쩔 수 없이 남겨 놓은 기존 프로그램의 소스 코드를 의미한다. 사실 이 덕분에 사용자들은 새 프로그램으로 업데이트하지 않고 골동품 같은 프로그램을 갖고도 어느 정도 원하는 작업을 할 수 있으니 나름 의미 있는 개념이기는 하다. 그럼에도 불구하고 어감에는 뭔가 부정적인 느낌이 있다. 마치 발목을 잡는 것 같다고나 할까.

국방 안보 분야에서 일하는 후배에게 이 단어의 어감을 물으니 역시 대답이 기대와 다르지 않았다. '이미 사라져야 했는데 어떤 이유에서 아직 남아있는 이전 시대의 유산' 정도라고 했다. 그러면서 혁신이란 '레거시를 효과적으로 제거해 나가는 과정'이라는 설명을 덧붙였다. 그렇다면 이 단어가 사용되는 또 다른 대표적인 예인 '레거시 미디어'는 어떨까. 사전적인 의미로는 웹 기반의 미디어 플랫폼과 대비되는 전통적인 미디어로서 보통 신문이나 지상파 방송, 케이블 TV, IPTV 정도를 포함한다. 이 역시 그 자체로는 중립적인 느낌이지만 특정한 상황에서는 '시대 조류와 맞지 않는' 정도의 부정적 의미를 포함하는 듯하다. 스포츠 건축에서도 '레거시 용도'라는 용어를 사용한다. 올림픽 시설 중 일부는 경기를 마치고 나면 아예 철거하거나 새로운 용도로 사용하는데, 이러한 지속적 용도를 그렇게 부르는 듯하다. 상암동 월드컵 경기장 일부가 사무실이나 상업 시설로 사용되는 경우가 그렇다.

이런 맥락에서 '레거시 플레이스'라는 개념을 세상에 꺼내놓는다. 여기서 '레거시'는 '유산'이라는 고유의 긍정적인 의미뿐 아니라, 위에서 설명한 '시대에 뒤떨어진 것'이라는 또 다른 의미를 내포한다. '플레이스'는 '장소'라는 의미이지만 문자 그대로 한 지리적 지점일 수도 있고 인간이 의도적으로 구축한 결과, 즉 건축이나 구조물일 수도 있다. 결론부터 이야기하면 이 두 단어의 조합만큼 현대 사회에서 건축의 복합적인 성격을 잘 보여주는 것도 없다. '시대의 기념비'와도 같은, 수많은 수사학에도 불구하고 절대다수의 건축은 보통 한 시대 정도가 지나면 현실적인 존재 이유 대부분을 상실한다.

가장 큰 이유는 사회 변화에 따라 건축이 수용하는 기능에 근본적인 변화가 오기 때문이다. 예를 들어 한때 통신사들은 도시 한복판에 대규모 통신 시설을 지었는데(즉, 레거시 통신) 전통적인 유선 통신 방식에 변화가 오면서 무용지물이 되었고, 이제 그 시설들은 새로운 용도를 찾거나 철거되어야 한다. 대한민국 지방 중소 도시에서는 대규모 통신 관련 시설의 향배가 구도심의 미래와 직결된 중요 과제로 부각되기도 한다. 또 다른 극단적인 예로는 경복궁이나 창덕궁처럼 왕조의 궁궐로서 지어진 건축 같은 경우다. 어떤 이유에서건 왕정이 무너지고 이전의 소유자 및 사용자 집단이 소멸되면, 이런 건물은 결국 하드웨어만 남은 무대 세트 같은 운명이 된다. 사실상 수많은 건축이 이런 과정을 통해 헐리거나 운 좋게 살아남아도 박물관이 되곤 한다.

또 다른 이유로는 유지 관리 비용이 있다. 토지와 달리 건축은 회계장부상으로나 물리적으로나 감가상각의 대상이다. 시간이 흐르면 유지 관리 비용이 급격히 상승하며 결국 정상 범위를 넘어서게 되는데, 이때 건축은 그 존재 이유를 의심받게 된다. 사람의 신체처럼 건축의 각 요소들도 내구성이 천차만별이다. 혁명 이론에서도 가장 약한 연결고리가 문제인 것처럼, 사람이나 건축이나 가장 취약한 부분에서 종종 치명적인 문제가 발생한다. 일반적으로는 배관부터 시작해 내외장재에 문제가 생기고, 마지막으로 구조체에 문제가 생길 정도면 사실상 건축의 물리적 수명이 다한 것이다. 그 기간을 일률적으로 정할 수는 없으나 대강 한 세대 정도가 의미 있는 기준점인 듯하다.

마지막으로는 사회적 변화다. 물리적으로도 멀쩡하고 기능도 어느 정도 유지되는데 사회적 조건이 달라지면 건축의 운명 역시 취약해진다. 현역 건축가로서 지금까지의 경험으로 보면, 주어진 용적률을 채우지 못한 건물 아니면 지어지고 난 이후에 용적률이 크게 상승한 건물, 도시 지역에서 지하를 효과적으로 개발하지 못한 건물들의 앞날은 예측하기 어렵다. 나 또한 지금까지 내가 설계한 건물을 짓기 위해서 수많은 기존 건축이 철거되는 광경을 목격해 왔다. 하지만 이미 자기 규모를 충분히 확보한 건축에 대해서는 어떻게든 현상을 인정하고 그 연장선에서 새로운 방법을 찾으려 애쓰곤 했다. 그만큼 현대 도시에서 양의 문제란 중요한 것이다.

역설적이지만 이렇게 객관적으로 불리한 수많은 조건에도 불구하고 어떻게든 살아남은 건축에 대한 관심과 애정이 바로 이 주제로 글을 쓰는 가장 큰 이유다. 물론 살아남은 건물 모두가 레거시 플레이스라는 개념으로 설명되진 않는다. 레거시 플레이스라는 범주에 들기 위해서는 몇 가지 기준을 충족해야만 한다.

첫 번째 기준은 충분히 나이를 먹은 건물이냐는 것이다. 여기서 '충분히'는 주관적이지만, 이 또한 나름의 기준을 제시하자면 적어도 부모와 자녀가 공유할 수 있을 정도의 시간이다. 굳이 구체적인 햇수를 밝히자면 최소한 30년 정도일 것이다. 이 지점에서 하나의 건축물이 개인에게 주는 가치나 감정적 의미까지도 고려해 볼 수 있다. 예를 들어 부모님이 데이트했던 장소에서 자식이 데이트를 하고, 동일한 장소에 대해 서로의 추억을 나눌 수 있다는 것만으로도 공유 의식이 생긴다. 건축이야말로 사람 간의 공유 의식을 만들 수 있는 사물이다. 30년이란 시간은 일반적으로 문화유산이 되기 위한 기준인 50년에는 한참 미치지 못하지만, 변화무쌍한 현대 사회에서 건축이 이 정도 기간을 잘 살아남는 것이 결코 쉬운 일은 아니다. 즉 충분히 긴 시간이다.

두 번째 기준은 건물이 애초의 용도를 유지하고 있느냐는 것이다. 이것은 오히려 첫 번째 기준보다 더 어렵고 까다롭다. 대한민국 사회에서 한 세대란 그야말로 경천동지할 변화가 일어나는 시간이다. 그 기간 동안 건축이 처음에 지어진 용도를 여전히 수행하고 있다는 것은 기적처럼 여러 조건들이 충족되어야 가능한 결과다. 동시에 이 조건은 문화유산으로 지정되는 건축과 '레거시 플레이스'를 구별 짓는 결정적인 기준이기도 하다. 원래의 용도가 폐기되어 다른 용도를 수행하고 있거나 박물관이 된 건축은 과감히 제외했다. 다만 새로운 용도가 부여되고 난 이후로 충분히 시간이 지난 건축은 고려 대상이다. 건축의 변화를 인정하지 않는 것이 아니라, 그것이 시대와 함께 충분한 시간 동안 호흡했는가를 중요하게 생각했다.

세 번째 기준은 원형에 대한 존중 여부다. 시간이 흐르고 사회가 변하다 보면 건축의 변화는 필수적이다. 그러나 이 과정에서 애초에 존재했던 대상을 어떤 시선으로 바라보고 대하느냐는 여전히 중요한 문제다. 나아가 새로 변화하고 덧붙여진 부분의 물리적, 미학적 질이 적어도 원형과 유사하거나 이를 능가해야 한다. 즉 원형 자체도 훌륭해야 하지만 그 이후의 변화된 양상 역시 그에 못지않아야 한다. 초월적이기보다는 지극히 실용적이며 현세적인 대한민국의 전반적인 건축문화로 보자면 이 역시 매우 충족하기 어려운 기준이다. 그러나 그만큼 건축을 대하는 우리 사회의 태도를 걸러낼 수 있다는 점에서 매우 중요하다.

마지막 네 번째 기준은 어느 정도의 공공성이다. 위의 세 가지 조건을 모두 충족한다고 해도 사회적으로 개방되지 않은 순수한 개인적 용도의 건축이나 장소는 제외했다. 그 자체로 의미가 없지는 않지만 적어도 이 책에서 관심을 가질 대상은 아니다. 다만 다양한 방식으로 공개되고, '불특정 다수'까지는 아니어도 어느 정도 여러 사람들과 함께 향유해 온 경우에는 예외를 인정했다. 순수한 개인 주택 대부분이 이런 이유로 제외되었지만 그중 일부가 예외로서 포함되었다.

이렇게 네 가지 기준을 가지고 구체적인 사례를 소개하고자 한다. 이 책의 내용은 건축을 바라보는 나의 궁극적인 시선을 담고 있다. 건축은 사실상 그 어떤 것보다도 긴 호흡으로 접근해야 하는 분야다. 그만큼 엄청난 자원과 에너지 그리고 인간의 수고와 지혜가 동원되며, 물리적인 수명 또한 그 어떤 사물과도 필적할 정도로 길다. 사업 10년, 정치 30년, 교육 100년이라고 하지만 건축의 가치를 재는 시간적 잣대는 아마도 그 이상일 것이다. 이렇게 세월을 이겨낸 건축이 주는 느낌과 가치는 그 어떤 것으로도 대치될 수 없다.

모든 시대는 다음 시대에 무언가를 물려줄 책임이 있다고 생각한다. 통일신라시대의 석굴암, 조선시대의 궁궐 등 시대적 유산을 받았기에 한국 사회 역시 문화적 소양과 가치를 쌓아갈 수 있었다. 그렇다면 우리는 다음 시대에 무엇을 물려줄 것인가 고민해 봐야 하는 시점이다. 특히 건축은 시간의 잣대를 뛰어넘는 사회적 결과물이라는 관점에서 시대의 유산으로 적합하다고 본다. 이에 근현대 건축물을 선제적으로 살펴보고 관리해 다음 시대에 전달하는 과정도 이 책의 존재 이유가 될 것이다.

이 같은 관점에서 건축물의 생사 결정 역시 사회적 합의가 필요하다. 건축물은 혼자 지어질 수 없다. 소유권의 주체와 저작권의 주체가 나뉘어 있는 경우가 대부분이다. 그럼에도 대부분은 소유권 주체의 의사결정에 따라 건축물의 생사가 결정된다. 이 과정에서 건축물의 역사와 건축적 가치는 크게 영향을 미치지 못한다. 레거시 플레이스라는 정리된 관점으로 건축물을 바라본다면, 건축물 철거 문제와 관련해서도 합의와 공감대를 만들어 갈 수 있을 것이다.

건축은 인간의 모습을 담아낸 결과물에 가깝다. 건축을 통해 시대별 특징과 사회 모습을 읽을 수 있고, 시간의 흐름 속에서 사회의 변화들도 찾아볼 수 있다. 그렇기에 인간으로서도, 건축으로서도 가장 바람직한 가치는 '나이에도 불구하고 자기 역할을 온전히 해주는 것'이라고 생각한다. 뛰어난 자기 관리를 통해 세월 탓하지 않고 자신의 역할을 다하는 것은 건축물에도, 인간에게도 요구되는 가치인 셈이다. 이것이 원래의 용도를 여전히 유지하고 있는지를 레거시 플레이스의 기준으로 삼은 이유이기도 하다.

실제 건축물을 살펴보는 중에 관점과 기준이 더 명확해지기도 한다. 이 책에서 소개하는 50여 개의 사례는 레거시 플레이스의 4가지 기준을 통과했으며, 동시에 가치적 관점으로 보아도 충분히 의미 있는 곳들이다. 유명한 건축물들이라 여러 매체에 노출된 바 있다고 해도 레거시 플레이스라는 관점으로 바라본 적은 없기 때문에 새로운 가치를 발굴하는 과정에 가까웠다. 동시에 서울을 넘어 한국 전역의 건축물을 대상으로 해 동시대 한국의 문화를 읽어내고자 했다. 또한 국외 건축물 중에서도 우리의 문화, 역사적 가치를 가진 곳들 또는 식민지 지배라는 동일한 배경을 간직한 나라의 건축물은 하나의 글로 정리했다. 연재에서는 세부 장소별로 다뤘으나 편집 과정에서 조정했다.

이 모든 과정의 계기가 된 사례로 이 책의 문을 열고자 한다. 레거시 플레이스라는 관점을 생각하게 된 곳이자 건축물의 사회적 가치를 고민하게 해준 밀레니엄힐튼서울호텔이다. 이런 곳이 철거를 앞두고 있다는 사실이 여전히 안타깝고 아쉽다. 책 전체는 특별한 흐름이나 구성을 만들기보다 전반적인 건축물과 그 안에 담긴 의미를 이해하는 목적에 충실하도록 개별 사례 중심으로 전개했다.

INTERVIEW

지금 황두진이 '레거시 플레이스'를 이야기 하는 이유

SPI 고병기 편집장

지난 2022년 초. 겨울바람이 한창 매서웠던 그 계절에 서울 종로구 통의동에 있는 황두진건축사사무소를 찾아갔다. 2021년 4월에 론칭한 상업용 부동산 플랫폼 서울프라퍼티인사이트SPI에 기고를 부탁하기 위해서다. SPI는 상업용 부동산 투자 시장을 주로 다루는 매체지만 기회가 있을 때마다 다양한 건축가의 생각을 담기 위해 노력해 왔다. 이는 상업용 부동산 시장의 투자 활동이 우리가 사는 도시에 큰 영향을 미친다고 생각하기 때문이다. 나아가 투자 활동이 우리가 일하고 사는 도시에 긍정적인 영향을 주길 바라는 마음도 가지고 있다.

이런 바람이 현실화되기 위해서는 투자 활동을 담당하는 이들 못지않게 도시에 큰 영향을 미치는 건축가의 생각을 이해하는 것도 중요하다. 상업용 부동산 시장의 투자자들과 건축가들은 때로는 가깝고 때로는 먼 사이처럼 느껴진다. 서로를 가장 잘 이해할 수 있는 집단이기도 하지만 서로를 가장 잘 이해하지 못하는 집단이기도 하다. SPI는 그들을 잇는 매개체 역할을 하고 싶다. 우리가 사는 도시에 가장 큰 영향을 미치는 두 집단이 서로를 조금 더 이해할 수 있다면, 도시가 보다 더 나아질 수 있다고 생각하기 때문이다.

건축가가 상업용 부동산 전문 매체에 글을 쓰는 건 결코 쉬운 작업이 아니다. 뜻하지 않은 오해(?)를 받을 수도 있기 때문이다. 그래도 황두진 건축가가 3년이 넘는 시간 동안 SPI와 함께해 준 덕분에 상업용 부동산 업계뿐만 아니라 건축계에도 조금이나마 변화가 있었을 것이라고 믿는다. 그 변화가 우리가 사는 도시를 조금이라도 더 나은 방향으로 이끌 것이라는 믿음도 있다. 3년 전 어느 추운 겨울 황두진 건축가를 찾아갔던 그날을 한 번도 후회하지 않는 이유이다.

고병기   지난 2022년 6월부터 2024년 11월까지 약 2년 반 동안 '서울 프라퍼티인사이트'에 '레거시 플레이스'를 주제로 61편의 글을 연재했다. 상업용 부동산 시장은 주로 개발과 신규 투자를 통해 부가가치를 창출하는 경우가 많다. 어떤 측면에서 보면 상업용 부동산 시장과 레거시 플레이스가 서로 어울리지 않는다는 생각도 드는데 SPI에 레거시 플레이스를 주제로 연재를 시작한 이유가 궁금하다.

황두진   어떤 지점이 되면 상업용 부동산 투자자와 건축가의 목표가 크게 다르지 않을 것이라 생각한다. 한쪽은 끊임없는 변화를 통해 새로운 부가가치를 만들어 내려고 한다면, 건축가들은 아무래도 영속성에 좀 더 관심이 있다. 레거시 플레이스는 과도한 투자 없이도 지속적으로 부가가치가 발생하는 건축이라고 해석할 수 있다. 지금까지 대한민국은 어마어마한 물질의 순환을 통해 부가가치를 만들어내는 것에 익숙해져 있다. 이를테면, 아파트는 30년이 넘으면 안전진단 통과 없이도 재건축에 착수할 수 있는 것처럼 말이다. 지금까지는 이 같은 방식이 어느 정도 작동해 왔다. 지속적으로 이윤을 창출하고 부가가치를 만들어내는 것에 반대하는 것은 아니다. 다만, 지금까지 대한민국은 너무 과도한 물질세계의 순환에 의지하는 측면이 있었다.

고병기   언뜻 보면 상반된 이야기 같지만, 끊임없는 변화를 통해 부가가치를 만들어내는 것과 마찬가지로 오래된 것을 지키면서도 부가가치를 만들어낼 수도 있다고 생각한다. 그러나 단순히 오래되었다고 해서 보존해야 하는 가치가 있다고 얘기할 수 있을까. 오래된 건축물을 보존해서 생기는 부가가치보다 새로 개발해서 얻을 수 있는 부가가치가 더 클 수 있다. 최근 개발과 보존을 둘러싼 논쟁이 잦아지고 있는데 어느 정도의 기준은 필요할 것 같다.

황두진 맞다. 그냥 나이만 든다고 되는 건 아니고 나이가 들었지만 계속 새로운 면모를 보여줘야 한다. 사람도 나이가 들수록 자기 관리를 하는 것과 그렇지 않은 것 사이에 차이가 커지는 것처럼 건축도 마찬가지다. 지속적인 자기 관리를 통해서 새로운 면모를 보여줘야 한다. 오래됐으니까 무조건 존중해달라는 게 아니다. 오래됐지만 여전히 현역으로 손색이 없고 경제적인 효능까지 기대할 수 있다면 금상첨화다. 다만 오래된 건물을 대하는 우리 사회의 태도는 생각해 볼 필요가 있다. 오래된 건물이 사회에 남아있을 때 주는 효능이 있고 다양한 형태로 부가가치를 만들어낼 수 있다. 나이 든 노인 중에 지속적으로 사회에 기여할 수 있는 사람이 있는 것과 마찬가지다. 우리 사회가 오래된 건물을 무조건 뒷방 늙은이 취급하듯 천덕꾸러기로 대하는 게 아닌지 생각해 볼 필요가 있다. 오래된 건물이 현역 생활을 유지하면서 지속적으로 부가가치를 만들어내는 영속성을 확인할 때 느껴지는 정신적인 만족이 굉장한데, 한국 사회에서는 아직까지 이러한 논의가 본격적으로 시작되지 않았다.

고병기 새로운 면모, 지속적인 효능과 부가가치 다 좋은 말이긴 한데 기준이 다소 모호하고 추상적으로 들릴 수 있을 것 같다. 레거시 플레이스의 기준을 좀 더 구체적으로 얘기해달라.

황두진   네 가지 기준이 있다. 우선 최소 30년 정도는 되어야 한다. 그렇게까지 높은 기준은 아니라고 생각한다. 중요한 것은 주관적인 경험이다. 이를테면, 부모님이 데이트하던 장소에서 자식들도 데이트할 수 있다면 기본적으로 두 세대가 공유할 수 있는 경험이 있는 장소이고, 레거시 플레이스의 기본은 충족된다. 국가유산청은 50년 이상 지나면 등록문화유산으로 등록할 수 있도록 하는데 우리 사회의 변화 속도를 봤을 때 30년이면 충분하다고 본다. 현대 사회에서 건물 하나가 30년 이상 가는 게 쉬운 일이 아니다. 나는 개업한 지 25년이 됐는데, 그간 설계한 건물 중에도 없어진 게 있다. 그래서 현대 사회의 특수성을 감안하고 우리가 일상을 통해서 공유할 수 있는 경험이라는 걸 생각했을 때 30년은 충분히 긴 시간이라고 본다. 두 번째는 건물이 오래됐지만 원래의 모습을 잘 유지하고 있는지다. 이는 건물 자체도 대단하지만 그 건물을 소유하고 관리해 온 사람들의 의지가 느껴지는 대목이기도 하다. 어느 정도의 식견과 안목이 있어야 가능한 부분이다. 세 번째가 가장 어려운데 가능하다면 원래 용도나 그에 준하는 용도로 사용되었으면 좋겠다. 카페나 박물관이 되는 것만이 답은 아닌 것 같다. 마지막으로는 어느 정도의 공공성이다. 다만 그 공공성의 범위는 넓게 보려고 한다.

고병기   레거시 플레이스를 소개하는 이유가 단순히 오래된 건물을 알리기 위한 목적만은 아닌 것 같다. 레거시 플레이스를 통해 현재를 살아가는 한국인, 그리고 한국 사회에 던지고 싶은 메시지가 무엇인지 궁금하다.

황두진　우리가 하는 모든 일은 결국 인간의 행복을 위해서이다. 인간이 추구하는 가치는 여러 개 있다. 그중에 하나가 필멸의 존재지만 불멸을 꿈꾼다는 점이다. 이 세상에서 완전히 영속적인 것은 없지만 가장 가까운 건 역시 자연인 것 같다. 사람이 만드는 것 중에 스케일로 보나 뭐로 보나 가장 자연에 근접한 것이 건축이다. 그렇기에 오래된 건물이 없어지는 것은 상당히 많은 사람에게 복합적인 충격으로 다가온다. 그리고 그런 관점에서 특히 한국은 너무 자주 충격을 받는다. 이제는 충격 자체에 대해서 상당히 무뎌져 있는 상황이고, 그 과정에서 우리가 잃는 것이 많다고 생각한다. 인생의 궁극적인 목표와 추구해야 하는 가치에 대한 자각이 희미해지고 있는 것 같다. 우리가 내면에 품고 있는 영속성에 대한 갈구를 해소해주는 여러 존재가 있다. 책일 수도 있고, 음악이나 예술, 종교일 수도 있는데 건축만 한 것도 없는 것 같다. 오래된 건물이 항상 내 일상의 한 부분을 차지하면서 내가 그것을 지속적으로 이용할 수 있고, 바라볼 수 있을 때 그것이 우리에게 주는 정신적 만족감은 굉장히 크다.

고병기　레거시 플레이스가 우리가 사는 도시에 던지는 메시지는 무엇이라고 생각하나.

황두진　우리 사회가 모든 사물의 가치를 평가할 때 생애주기라는 개념을 갖고 보기 시작했다. 이제 어떤 사물의 생성부터 소멸뿐만 아니라 리사이클을 통해서 재탄생되는 것까지도 고려한다. 이 같은 관점을 적용해 보면 최근 친환경 건축에 대한 얘기를 많이 하는데 레거시 플레이스야말로 궁극의 친환경 건축이다. 한 번 만들어 놓은 건물을 오래 잘 쓰는 것만큼 친환경이 어디 있냐는 거다. 대한민국에서 발생하는 폐기물의 상당 부분이 건축에서 나온다. 결국 레거시 플레이스에 대한 논의는 ESG와 연결된다. 기업들이 건물을 오래 쓸 때는 ESG 측면에서 가산점을 줘야 한다.

고병기 마지막으로 레거시 플레이스를 읽는 독자들에게 하고 싶은 이야기가 있다면 해달라. 독자들이 이 책을 어떻게 읽으면 좋을 것 같나.

황두진 앞서 다소 무거운 이야기를 하기는 했지만, 더 중요한 것은 독자들이 이 책을 재미있게 읽어야 한다는 것이다. 그래서 가급적이면 역사적인 사실이나 맥락을 이해할 수 있는 정보를 풍부하게 넣었다. 독자들이 기존에 알고 있는 지식과 연결할 수 있는 지점들이 많이 생겨야 한다. 그렇기에 그 무엇보다 독자들이 가벼운 마음으로 즐겁게 읽었으면 좋겠다. 건축물 하나하나가 각각의 스토리이고 순서도 없다. 기승전결이 없기 때문에 아무 데나 펴서 읽어도 된다. 그리고 이왕이면 레거시 플레이스에 나오는 장소에 가보면 좋겠다. 직접 보는 것과 책으로 보는 건 다르다. 전국의 건물과 장소를 대상으로 글을 쓰면서 굳이 여기까지 가야 하나 싶은 생각이 들 때가 있었지만, 직접 가보고 나서 한

번도 후회한 적이 없다고 자신 있게 얘기할 수 있다. 가서 직접 보면 공간이 말을 걸어오는 것 같은 느낌을 확실히 알 수 있다. 마지막으로 '내가 이 장소의 주인이었다면 어떻게 했을까'라는 생각을 한번 해보면 좋겠다. 건물을 오래도록 유지하는 건 보통 일이 아니다. 레거시 플레이스로 선정될 정도로 오랫동안 잘 유지한 이유를 역지사지로 생각해 보는 게 중요할 것 같다.

CONTENTS

들어가는 말　　　　　　　004
레거시 플레이스　　　　　008
인터뷰　　　　　　　　　016

01
한국의 품위와 격식을 보여준,
밀레니엄힐튼서울호텔
030

02
용도의 유지와 원형에 대한 존중,
장충동 태극당
040

03
도시의 일상에 등장한 근대 건축 공간,
삼일빌딩
048

04
도심의 귀부인
광통관(현 우리은행 종로금융센터)
056

05
여전히 빛나는 한강의 망루
63빌딩(현 한화금융센터 63)
066

06
금융가 한복판의 전기회사 사옥
경성전기 사옥
(현 남대문로 한국전력공사 사옥)
076

07
건축과 테라코타 벽화의 만남
명동 쌍용빌딩
086

08
예술과 한 몸이 된 금융기관
우리은행 종로4가 금융센터
094

09
아직도 여전한 서울의 상징
남산서울타워
104

10
어느 외국 건축가의 집념
부산 코모도호텔
114

11
한국 화교 역사의 산 증인
빈해원
122

12
건물도 메뉴도 레거시
진주 천황식당
132

13
호수를 향해 벌린 날개
춘천 어린이회관
(현 KT&G 상상마당 춘천)
140

14
철거 직전에 살아남은
대구 무영당
148

15
한국 고도성장 신화의 현장
울산 HD현대중공업조선소
158

16
대륙 침략의 교두보에서 나라의 관문으로
김포공항
166

17
아직도 현역인 역사 유산
한양도성
174

18
다시 대륙으로 연결될 날을 꿈꾸며
서울역(현 문화역서울 284)
182

19
노인들만 오는 곳이 아닙니다
탑골공원
192

20
위치가 너무 좋아 오히려 문제인
서울고속버스터미널
202

21
540살 먹은 현역 교량
살곶이다리
210

22
왜 한강에는 이렇게 다리가 많을까?
한남대교와 한강의 다리
218

23
땅 밑에서 발견된 근대의 유산
노량진 지하배수로
228

24
더 이상 나이는 묻지 마라
제천 의림지
238

25
이제는 밝혀져야 할 이 건물의 '진짜' 역사
하동청년회관(현 하동지역자활센터)
248

26
한국전쟁을 증언하는 세계적 명소
부산 재한유엔기념공원
258

27
한번 격전지는 영원한 격전지
칠중성
266

28
작아서 더 정겨운
목포항
274

29
영도다리 난간 위에
외롭게 뜬 초생달
영도다리(현 영도대교)
282

30
젓갈 못지않은 지역의 명물
강경갑문
292

31
선교사가 남겨놓은 그림 같은 마을
광주 양림동 호랑가시나무 언덕
300

32
북한이 바로 코앞
대성동 마을
310

33
도시를 향해 열린 오래된 주상복합
우일맨션
318

34
이제는 엄연히 한국인들을 위한 건물
인천부 청사(현 인천 중구청 제1청사)
328

35
세종시 한구석에서 발견된 감성 덩어리
경부선 전의역
338

36
세계에서 가장 붐비는 지방 공항
제주국제공항
346

37
한국인이 설계한
대표적 근대 고등 교육기관
고려대학교 안암캠퍼스
354

38
고려대학교와 형제 사이
중앙고등학교
364

39
한국 이공계 학문의 산실
**서울과학기술대학교
다산관, 창학관, 대륙관**
374

40
독립유공자 건축가가 설계한 걸작
이화여자대학교 대강당
384

41
대구 구도심의 대표적 근대 건축
경북대학교 의대 및 병원 본관
394

42
영국인이 시작하고 한국인이 완성한
대한성공회 서울주교좌성당
404

43
일본인 건축가가 설계한
천도교 중앙대교당
414

44
시대를 관통하는 건축의 저력을 볼 수 있는
이왕가미술관
(현 국립현대미술관 덕수궁관)
424

45
청계산 자락 위에 사뿐히
자리 잡은 화강석의 성
국립현대미술관 과천관
434

46
아직도 건재한 대한민국
연극계의 본거지
명치좌(현 명동예술극장)
442

47
남산을 향해 열린 뷰 맛집
남산도서관
450

48
영혼을 위한 공간의 생명력
종묘
460

49
한 독일 신부 건축가가 남기고 간 유산
부산 해운대성당
470

50
자연에 대한 불교적 해석의 백미
부석사
480

51
대전 구도심의 숨겨진 보석
대전 거룩한말씀의수녀회성당
490

52
고도 성장기에 등장했던
보편적 도시 주거의 원형
상가아파트
500

53
제국의 유산을 대하는 서로 다른 방식
동아시아의 일본 근대 건축
514

54
스스로 실천하는 레거시 플레이스
정신
목련원
524

마치는 글　　　　　　534

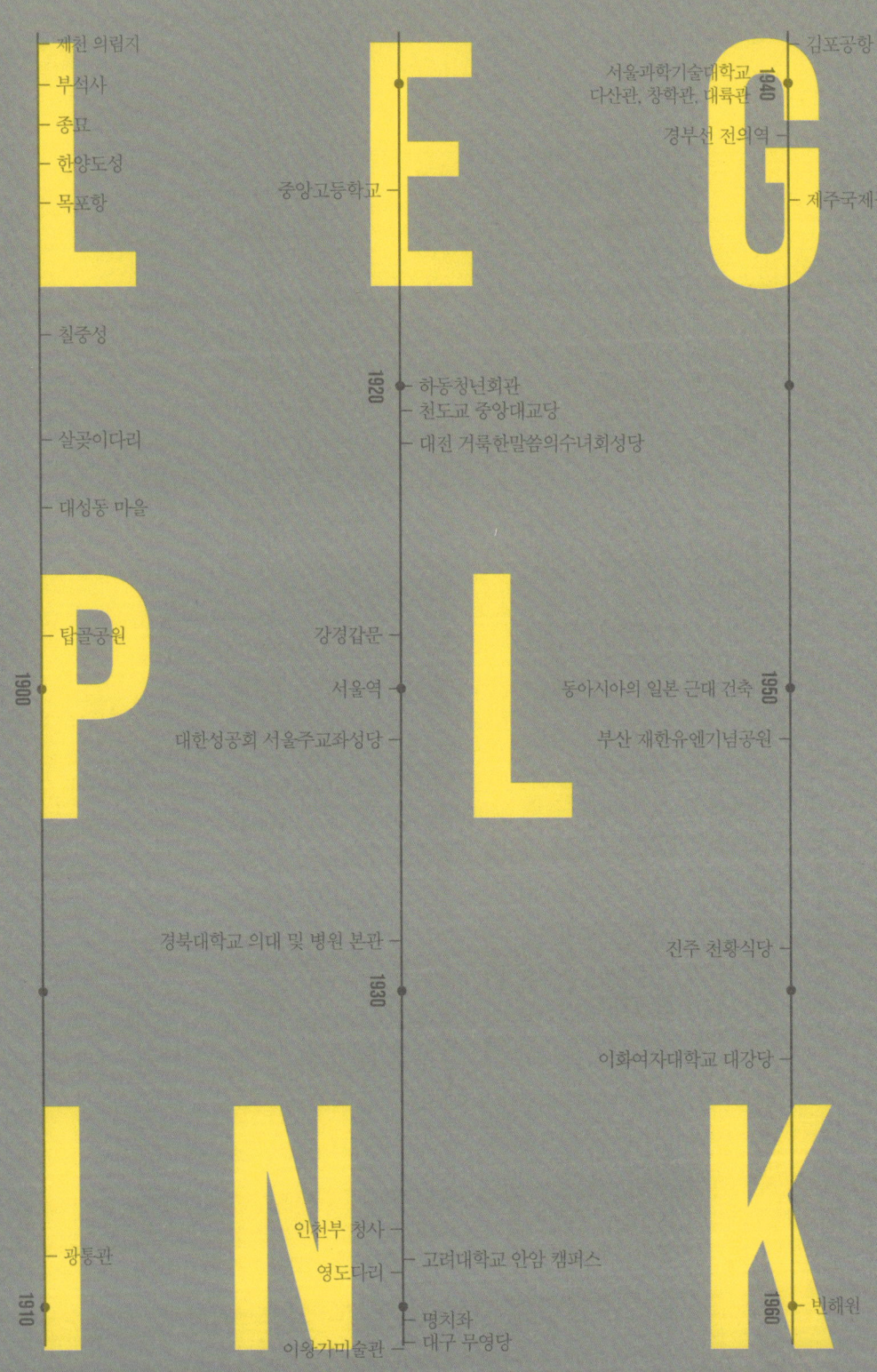

명동 쌍용빌딩
남산도서관
부산 해운대성당

한국의

한남대교와 한강의 다리
상가아파트
삼일빌딩 1970
목련원

레거시
플레이스

울산 HD현대중공업조선소
장충동 태극당
우리은행 종로4가 금융센터
남산서울타워

1980
춘천 어린이회관
서울고속버스터미널

밀레니엄힐튼서울호텔

63빌딩
국립현대미술관 과천관

01
한국의 품위와 격식을 보여준,
밀레니엄힐튼서울호텔

1983년 건립 당시의 힐튼호텔
(출처: 서울건축)

주소: 서울 중구 소월로 50
건축년도: 1983년 건축가: 김종성
면적(m²): 82,331

1980년대 후반, 밀레니엄힐튼서울호텔(이하 힐튼호텔)을 설계한 건축가 김종성1935년-이 이끄는 설계 회사, 서울건축SAC은 여의도 백화점 맞은편 화재보험협회 빌딩에 있었다. 내 기억이 맞다면 최상층인 15층과 그 아래 14층을 썼다. 14층에는 구조, 기계, 전기 등의 엔지니어들이, 15층에는 건축가들이 있었다. 병역을 마친 직후라 군인 머리 그대로 이 회사에 입사했던 나는 매일 아침 헐레벌떡 달려와 15층 출근부에 사인을 했는데, 그 바로 옆에 거대한 아크릴 모형이 놓여있었다. 길이가 한 2m 정도로 아주 컸는데 다름 아닌 힐튼호텔 로비의 단면이었다.

김종성의 집무실도 15층에 있어서 회사를 방문하는 손님은 누구나 이 모형을 볼 수밖에 없었다. 미국에서 가져왔다는 두툼한 오크 프레임의 회사 입구 여닫이문과 함께 이 모형은 회사의 얼굴이었다. 1983년에 개장한 힐튼호텔이 여전히 새 건물이던 시절이다. 그로부터 40년, 마침 이 글을 쓰고 있는 2022년 12월 마지막 주는 힐튼호텔이 영업을 종료하는 주간이기도 하다. 간단히 말하자면 한 자산운용사가 이 건물을 매입하여 철거를 전제로 그 일대에 새로운 계획을 구상 중인 상황이다.

아시아 대륙의 동쪽 끝에 있던 한반도의 마지막 왕조였던 조선이 518년의 역사를 뒤로하고 대륙 세력인 중국을 대체한 해양 세력, 일본의 식민지가 된 이후 그 너머 세계와의 연결은 주로 일본을 통해서만 가능했다. 태평양전쟁에서 일본이 패망하고 한반도는 남과 북으로 분단되었으며 각각 새로운 해양 세력인 미국, 대륙의 강자 소련 및 중국과 깊은 관련을 맺었다. 이 양대 세력이 정면충돌한 한국전쟁은 한반도 전역을 폐허로 만들었고 그 참상을 목도한 청년 김종성은 건축가가 되기로 결심한다.

이미 미국에게 세계의 주도권을 내준 유럽이나 그 이외의 다른 시시한 변두리 국가들은 당시의 김종성에게 관심의 대상이 아니었다. 최고를 지향했고, 바로 호랑이 굴로 뛰어들었다. 나치를 피해 미국으로 망명해 있던 세계적 거장 미스 반 데어 로에 Mies van der Rohe, 1886-1969년에게 배운 후 그의 사무실에서 근무하며 현대 건축의 진수를 익히고 귀국한 김종성이 한국 건축을 세계적 수준으로 끌어올린 수작이 바로 힐튼호텔이다. 한국 건축계의 귀중한 유산이면서 세계의 당당한 일원이 되기를 간절히 원했던 대한민국 성장 모델의 상징이었다.

이 건물의 완공 무렵 대학에 들어가 건축을 전공했던 나와 내 세대의 건축가들에게 갓 지어진 힐튼호텔이 던지는 메시지는 강렬했다. '우리는 도착했다. 이제 여기서 더 밀고 나가면 된다.' 그때나 지금이나 한국 어디에서도 이렇게 품위와 격식을 갖춘 건물을 찾아보기는 어렵다. 사실 건축을 넘어 당시 대한민국의 어떤 분야를 통틀어도 이렇게 세계적인 수준에 도달해 있는 경우가 많지 않았다. 건축의 영원성 timelessness 을 중요시하는 김종성은 애초에 풍산금속의 브론즈, 이탈리아산 녹색 대리석과 트래버틴 travertine, 미국산 참나무 무늬목 등 세월의 무게를 잘 감당하는 재료들로 건물을 구성했다.

이제는 시간이 개입할 순서였다. 유지 관리에 대한 호텔 특유의 정성이 더해져 건물은 오히려 나이를 먹을수록 매력을 더해갔다. 연륜을 쌓아가면서 건물에 크고 작은 추가적인 서사도 덧붙여졌다. 지금도 수많은 사람에게 힐튼호텔은 연말의 크리스마스 장식과 장난감 기차로 기억된다. 국가적으로는 1997년 연말, 막 시작된 외환위기의 격랑 속에서 아이엠에프 IMF 대표단이 투숙하며 연속 심야 회의를 했던 곳으로 유명하다. 정작 최종 발표는 같은 해 12월 3일 세종로 정부종합청사에서 이루어졌지만 힐튼호텔은 그 기초 협상의 무대였다.

"당시 우리는 전체 바닥을 트래버틴으로 했는데 나중에 부분적인 추가 공사가 이루어지면서 다른 돌이 사용되기도 했어요. 로비 분수의 물줄기가 어떻게 흐르냐에 대해서 여러 고민을 했는데 예상과 다른 부분도 좀 있었고요." 2022년 5월 17일 저녁, 1935년생으로 이제 80대 후반에 접어든 노대가 김종성이 힐튼호텔 로비를 걸으며 당시를 회상했다. 나와 동료 건축가인 조남호가 그와 동행했다. 우리 두 사람은 그해 3월 30일 서울도시건축전시관에서 열린 '힐튼호텔과 양동정비지구의 미래' 심포지엄의 준비 과정에 참여했다. 힐튼호텔을 살리기 위해 건축계가 모여 최초로 연 공개적인 행사였다. 김종성은 미국에서 온라인으로 참석해 이 건물을 유지하면서도 새로운 기능을 수행할 수 있는 구체적인 방법에 대해 이야기했다.

식사를 마친 우리 세 사람은 로비로 이동하여 커피를 주문했다. 그때 서빙하던 여자 종업원이 조심스럽게 물어왔다. "혹시 이 건물을 설계하신 건축가 선생님 아니신가요?" 그렇다고 하자 그분은 자세를 바로 하더니 "선생님, 그동안 좋은 건물에서 일할 수 있어서 영광이었습니다." 하며 정중하게 인사를 하고는 사라졌다. 그 뒷모습을 바라보며 힐튼호텔 로비는 그 자체로 하나의 독립적인 공간이기에, 호텔 전체의 보존이 어렵다면 로

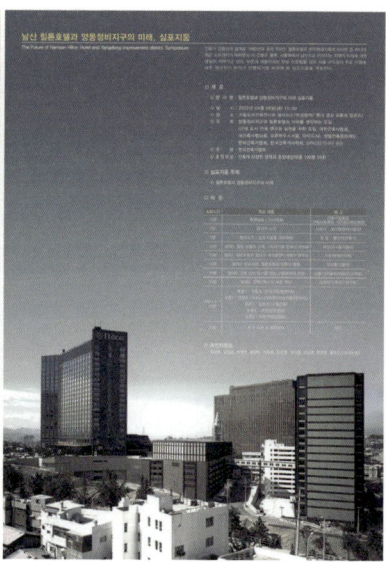

위> 힐튼호텔 로비
아래 좌> 로비를 걸으며 설명하는 김종성
아래 우> '힐튼호텔과 양동정비지구의 미래' 심포지엄 포스터 (출처: 심포지엄 준비위원회)

비만이라도 살려 앞으로 지어질 새로운 건물의 입구entrance pavilion로 활용할 수 있겠다는 생각 등이 떠올랐다. 김종성 역시 이 건물이 어떻게든 보존되어야 한다고 믿고 이를 위해 끝까지 노력하겠다고 했다. 다만 그 구체적인 방법에 대해서는 유연한 입장이었다.

 레거시 플레이스로서 힐튼호텔은 어떤 존재일까. 우선 첫 번째 기준인 연륜으로 보자면 개장 연도가 1983년으로 이제 40년이 조금 못 되었다. 법적 문화유산의 기준인 50년에는 미치지 못하지만 여러 세대가 기억을 공유할 수 있는 장소로서의 시간은 충분히 흐른 셈이다. 그 사이 대한민국은 국민 소득 3천 불 수준의 개발도상국에서 3만 5천 불이 넘는 선진국 대열로 합류했고 수많은 분야에서 세계적인 수준에 도달했다. 힐튼호텔은 건립된 시기와 건축적 수준으로 보아 대한민국 성공 신화의 상징적 증거물이다.

 레거시 플레이스의 다음 기준인 원래 용도 유지라는 면에서도 힐튼호텔은 당연히 합격점을 받는다. 그동안 소유주가 바뀌고 호텔의 이름도 조금씩 변했으나 호텔로서의 기능은 지속적으로 유지되어 왔기 때문이다. 건립 당시부터 용적률이 높지 않았고 이후 추가적인 여유분이 생기면서 이를 채우기 위한 시도가 여러 차례 있었다. 2016년에도 계획안이 발표되었는데 호텔 건물 자체를 변형시키지 않으면서 그 주변에 새로운 건물을 지어서 문제를 해결하려고 했다. 철거라는 운명을 앞둔 현재에도 여전히 이런 접근 방식은 유효하다. 보존과 철거라는 단순 이분법이 아닌, 우리 시대만의 새로운 방식으로 이 건물을 살리자는 주장은 지금도 계속 이어지고 있다.

 이러한 정황으로 보면 힐튼호텔은 레거시 플레이스의 세 번째 기준인 원형에 대한 존중이 상당히 잘 이루어진 경우이기도 하다. 건물의 내외부는 대한민국의 그 어떤 건물보다도 세월의 무게를 잘 이겨내고 있으며 오히려 시간이 흐를수록 중후한 멋을 더해가고 있다. 상업 건축으로서 어쩔 수 없이 부분적인 개수가 이루어졌으나 전체적인 분위기는 거의 그대로 유지됐다고 해도 과언이 아니다. 많은 사람들이 개장 당시와 지금의 로비 분위기가 거의 변하지 않은 것에 놀라워할 정도다. 그만큼 원형도 훌륭했으며 이에 대한 존중의 태도도 유지되어 온 것이다.

레거시 플레이스의 마지막 조건인 '어느 정도의 공공성' 역시 호텔이라는 건물의 성격상 충분히 충족한다. 호텔은 통상 숙박시설로 분류되지만 호텔이 잠만 자는 곳이라고 믿는 사람은 아무도 없다. 특히 고급 호텔은 잘 계획된 도시와도 같다. 숙박은 제한적 의미에서 도시의 주거와 유사하며 회의실, 비즈니스 센터 등은 업무시설에 해당한다. 수영장과 피트니스는 체육시설이며 식당과 바는 도시의 뒷골목이 아닌가. 국내외의 수많은 방문객이 거쳐 가며 저마다의 사연을 쌓아가는 호텔이야말로 민간 시설로서 공공성을 획득하는 대표적인 경우라 할 만하다.

2022년 연말을 마지막으로 호텔로서의 영업은 중단되었지만 이 건물의 미래가 최종적으로 결정되었다고 단정하기는 이르다. 건축가인 김종성이 신념을 갖고 건물의 가치를 계속 주장하고 있으며 이에 동조하는 사람들의 목소리도 있기 때문이다. 그리고 무엇보다 인허가권자인 서울시의 최종적인 입장이 남아있다. 대규모 사업의 경우 공공 기여 등 사회적 가치를 구현하기 위한 과정을 거치는데, 그 일환으로 적어도 기존 건물의 부분적인 보존은 이루어질 것으로 기대한다. 어떤 경우가 되던 힐튼호텔은 우리 사회에서 건축의 운명이 어떤 것인가를 첨예하게 보여주는 사례로 역사에 적힐 것이며, 그런 점에서 가장 극단적인 의미에서의 레거시 플레이스이다. 이 글이 그 마지막 기록이 아니기를 간절히 기원한다.

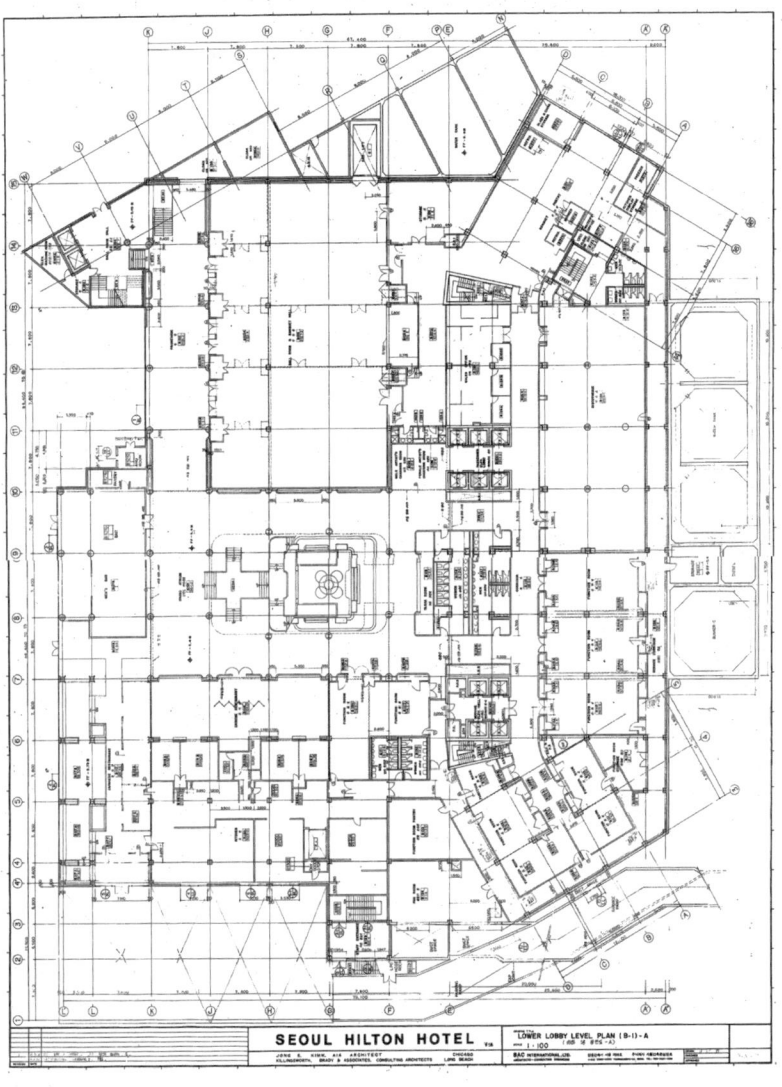

호텔은 하나의 도시임을 보여주는 힐튼호텔 도면
(출처: 서울건축)

<에필로그 1>

영업 종료를 앞둔 힐튼호텔에 다녀왔다. 크리스마스가 지나서인지 트리에는 조명이 제거되어 있었고 유명한 미니 기차도 움직임을 멈추었다. 로비 주변의 식당들도 이미 문을 닫았다. 마음 편치 않은 나들이에 동행해 주신 고마운 분들과 카페 395에서 가볍게 한잔하고 헤어졌다. 로비 한쪽에 호텔의 역사를 보여주는 작은 전시 공간을 만들어 놓았다. 유니폼, 객실 용품, 로고, 식당 인테리어 변천사 등을 차분하게 보여주고 있었다. 칼럼니스트이면서 남성 잡지 아레나의 피처 디렉터인 박찬용의 말처럼 힐튼호텔은 '품위 있게 이별을 준비하고' 있는 중이다. 나오면서 마지막으로 로비를 돌아보니 여전히 건축은 빛나고 있었다.

<에필로그 2>

2025년 8월 27일 수요일 현재, 힐튼호텔의 본격적인 구조체 철거가 진행 중이다.

좌> 마지막으로 바라본 힐튼호텔 로비의 모습

02
용도의 유지와 원형에 대한 존중,
장충동 태극당

주소: 서울 중구 동호로24길 7
건축년도: 1974년 건축가: 미확인
면적(m²): 1,464.81

　　　　　　　언젠가부터 노포^{老舗}라는 단어가 들려오기 시작했다. 노포란 '오래된 가게'라는 뜻인데 '옛 고^古'자가 아니라 '늙을 노^老'자를 써서 마치 사람을 대하는 것 같은 어감이 흥미롭다. 노포라는 단어가 자주 사용되기 시작한 것은 비교적 최근의 일로 일본어에서 유래되었다고 알려져 있다. 정작 일본에는 '老舗^{시니세}'라는 또 다른 한자 표기 방식도 존재한다. '老鋪'건 '老舖'건, 오래된 가게는 언젠가 한번 다뤄보고 싶은 대상이었다. 일반 시민이 가장 밀접하게 접할 수 있는 레거시 플레이스이기 때문이다.

　여러 가지 이유에서 한국에는 오래된 가게가 드물다. 뿌리 깊은 사농공상의 가치관으로 상업을 천시해 왔고 한국전쟁과 급격한 경제성장으로 도시 맥락이 파괴되었으며, 건물 수명이 짧기 때문이다. 물론 신분제 철폐로 가업을 강제로 물려받을 필요가 없게 된 것도 이유 중 하나일 것이다. 하지만 최근 사회적 관심이 늘어나면서 전국에 있는 오래된 가게들이 하나씩 발굴되고 있다. 서울 종로구 돈의동에 있는 춘원당 한의원은 1847년 평안북도 박천에서 개업하여 한국전쟁 이후 서울에 정착, 현재 8대째 내려오고 있다. 종로구 공평동에 있던 이문설렁탕은 재개발로 같은 종로구 내에서 이전했지만, 1902년에 개업하여 그 역사가 120여년에 이른다. 종로구 예지동의 광장시장은 1904년 무렵 한성부의 허가를 받아 개장되었다. 숫자가 많지는 않지만 이처럼 한국에도 100년이 넘는 역사를 자랑하는 사업체들이 존재한다.

그러나 노포 혹은 오래된 가게라고 해서 바로 레거시 플레이스가 될 수 있는 것은 아니다. 레거시 플레이스는 어느 정도의 격식과 특징을 갖춘 건축의 존재를 전제로 하기 때문이다. 아무리 역사가 오래됐어도 원래의 건물이 사라졌으면 아쉽게도 다루기 어렵다. 2층 한옥이었던 이문설렁탕의 원 건물이 남아있으면 좋은 소재가 되었겠으나 재개발로 사라지고 말았다. 그렇다면 이런 조건을 충족하는 사례는 어떤 것이 있을까? 중정형 중화요리집인 군산의 빈해원, 인천 개항장 지역의 오래된 가게 등 몇몇 후보가 있는데 이번에는 장충동 태극당을 다루고자 한다.

한국의 오래된 가게 중에는 유독 빵집이나 제과점이 많다. 이들은 저마다 각 도시를 대표하는데, 서울을 비롯한 특정 도시 일변도가 아니라는 점에서 긍정적이다. 한국에서 가장 오래된 빵집으로는 군산 이성당[1920년대], 순천 화월당[1928년], 경주 황남빵[1939년], 목포 코롬방[1949년], 전주 PNB[1951년], 대전 성심당[1956년], 대구 삼송빵집[1957년], 서울 나폴레옹과자점[1968], 광주 궁전제과[1973년], 안동 맘모스제과[1974년] 등이 있다. 이들 중 일부는 일제시대에 일본인이 시작했던 가게에 그 기원을 두고 있기도 하다. 그중에서도 장충동 태극당에 대해 이야기하는 데에는 어렸을 때부터 친숙했던 이름이며, 아직도 종종 찾아가는 곳이라는 개인적 인연이 작용한다. 특히 오래된 건물을 깨끗하게 보수해서 사용 중이라는 점이 매우 의미 있다고 생각한다.

내가 기억하는 태극당은 세 곳이다. 초등학교와 고등학교를 다녔던 돈암동의 성신여대 앞 버스 정류장에 한 곳, 중학교를 다녔던 혜화동 로터리에 또 한 곳, 그리고 장충동이다. 그 당시 유명한 빵집으로 삼선교의 나폴레옹과자점이 있었다. 원래 성북천을 복개한 위에 지어진 삼선상가에 있었으나, 2007년 삼선상가가 철거되면서 인근인 성북동 초입에 새로 건물을 지어 이전했다. 워낙 어린 시절이었지만 당시에도 태극당에 대한 인상은 독특한 데가 있었다. 나폴레옹과자점에 대해서는 지금도 빵(특히 우유 식빵)과 과자가 주로 기억나지만 태극당은 건물, 그중에서도 유난히 높은 천장과 중후한 인테리어가 뇌리에 남아있다. 지금의 장충동 태극당 건물이 보여주는 특징 그대로다.

　장충동 태극당 2층에 가면 벽에 가게의 역사를 정리한 판이 붙어있다. 스스로의 역사를 의식한다는 태도이며, 이런 의식이 있고 없고는 생각보다 중요한 문제다. 장충동 태극당에는 이 외에도 오래된 배전반, 심지어 금전 등록기까지 전시하고 있다. '서울에서 가장 오래된 빵집'인 태극당은 1945년 광복 이후 창업자 신창근이 일본인이 두고 간 '미도리야' 제과점의 기계를 인수하여 1946년 명동에서 개업했다. 1960년에는 경기도 남양주에 농축원을 설립했고 1971년에는 서울 시내 7곳에 직영점을 운영할 정도로 사업이 번창했다(특이하게도 내가 기억하는 돈암동 태극당은 이 연보에서 빠져있다). 현재의 장충동 건물이 지어진 것은 1973년으로 세계적 기준으로는 역사가 그리 오래되진 않았지만, 50년이 넘었으므로 한국적 기준으로는 레거시 플레이스가 되기에 충분한 시간이다. 장충동 태극당은 건축물대장에 의하면 2개의 동으로 구성되어 있으며 각각 1973년 5월 8일과 1974년 2월 20일에 사용승인을 받았다. 참고로 주차장법이 제정된 1979년 이전에 지어진 건물이다.

　현재 태극당은 창업자 2세를 거쳐 3세까지 경영에 참여하고 있다. 이는

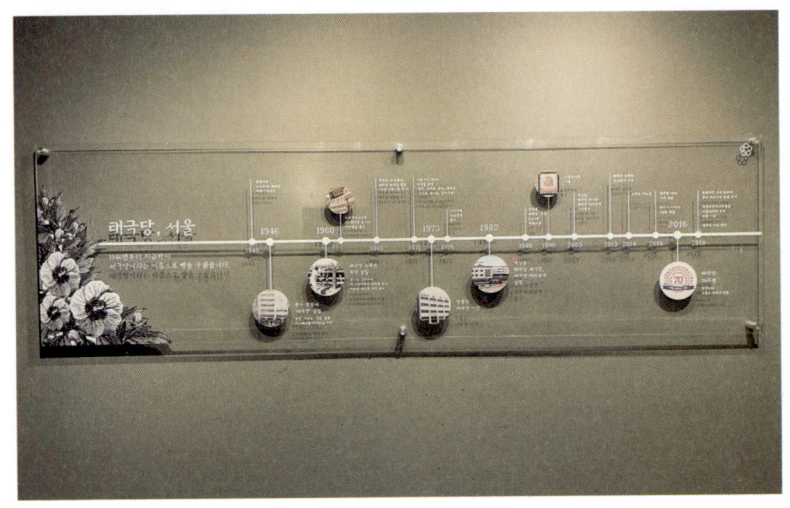

태극당의 역사

고객 또한 3세대 이상에 걸쳐 존재해 왔다는 것을 의미한다. 2014년부터 대대적인 브랜드 리뉴얼에 들어가 장충동 건물을 개보수했는데, 특이하게도 원형을 살리는 방향을 택했다. 새것을 좋아하는 한국에서는 상당히 드문 경우인데, 브랜드 리뉴얼 과정에서 많은 고민이 있었던 결과로 보인다. 1964년에 출시된 모나카 아이스크림이 여전히 인기 품목으로 매장에서 팔리는 것과도 무관하지 않다. 원래 용도 유지와 원형에 대한 존중이라는, 레거시 플레이스의 두 가지 중요한 기준을 이렇게 잘 충족하는 경우는 많지 않다.

그 결과는 실로 놀라운 데가 있다. 외형이 말끔하게 복원된 장충동 태극당에 들어서면 일단 호텔 로비 수준의 높은 층고에 압도된다. 그다음에는 아마도 원형일 듯한 벽면 장식이 눈에 들어온다. 농축원과 거북선 함대가 모티브다. 지금 기준으로는 세련미가 떨어질지 모르지만 오래된 것들의 힘은 종종 그런 기준을 초월한다. 천장의 샹들리에나 벽면 진열장 역시 오리지널의 느낌을 풍긴다. 관련 유튜브 동영상에 의하면 샹들리에는 하나하나 먼지가 앉은 부품을 닦고 삭아버린 금속을 다시 이어 원형을 회복했다고 한다. 이것은 끊임없이 새로운 것을 보여줘야 한다는 강박관념에서 벗어난, 역설적으로 신선한 시도다. 방문할 때마다 다양한 연령대가 매장을 가득 메우고 있는 것을 보면 그 메시지가 잘 전달되고 있는 것 같다. 바야흐로 자리 잡기 시작하는 한국 레트로/뉴트로 문화의 좋은 사례이다.

'어느 정도의 공공성'이라는 문제는 어떨까. 이 역시 충분히 충족된다. 상업 시설을 공공성과는 무관한, 이익 창출을 위한 장소로만 보는 시각은 시대착오적이다. 예를 들어 전국 어디에나 깔려있는, 심지어 이런 곳에서도 장사가 될까 싶은 곳까지 구석구석 침투한 각종 편의점은 사실상 그 어떤 공공시설에 못지않은 공공적 기능을 수행한다. 나아가 이러한 상업 시설이 차지하는 비중을 제외한다면 사실상 도시 문화 자체를 거론하기 힘들 정도다. 특히 태극당 같은 제과점은 회원제로 운영되는 것도 아니고 어마어마한 가격적 진입 장벽이 있는 것도 아니기 때문에 상당한 보편적 공공성을 갖는다. 즉 이 책에 적용하는 레거시 플레이스의 네 가지 조건을 모두 충족하는 사례인 것이다.

장충동 태극당 매장 한쪽에는 '오래 가게'라는 명패가 놓여있다. 이것은 '노포라는 일본식 한자를 굳이 사용할 필요가 있냐'라는 비판에 따라 2017년에 서울시가 시민공모를 통해 선정한 새로운 단어다. '오래된, 그리고 더욱 오래 가길 바라는 가게'라는 뜻인데, 서울 지역 내 30년 이상의 역사를 가졌거나 2대 이상 대를 이어 운영하는 곳 또는 무형문화재 등 명인과 장인이 기술과 가치를 이어가는 가게를 기준으로 한다. 현재 약 105곳이 선정되어 있으며 최근에는 강남권역에도 여러 곳이 지정되었다. 강남 개발의 역사가 장충동 태극당 건립 시기와 비슷한 1970년대로 거슬러 올라간다고 보면 사실 놀랄 일도 아니다. 노포건, 오래 가게건, 레거시 플레이스건 한 가지 공통점이 있다. 지금도 어디에선가 만들어지고 있다는 것이다. 무엇이건 30년 잘 버티면 그 안에 역사가 담긴다. 뒤집어 말하면 그런 곳을 잘 만들어 다음 세대로 넘겨주는 게 지금 세대의 역할이다. 이것이 짓고 부수고 짓고 부수고 하는 것보다 더 효율적이며 세련된 방식임을 말하고 싶다. 물론 지구를 위해서 좋은 일이기도 하다.

위> 농축원과 거북선 인테리어
아래 좌> 오리지널 샹들리에   아래 우> 오래 가게 명패

03
도시의 일상에 등장한 근대 건축 공간,
삼일빌딩

주소: 서울시 종로구 청계천로 85
건축년도: 1970년　건축가: 김중업, 정림건축+원오원(개보수)
면적(㎡): 35,203.97

　　　　　　　　　　국토교통부가 발표한 2021년 대한민국 건축물 연면적 통계에 의하면 주거용 건축물이 46.4%(188만 2,918㎡)로 가장 높다. 상업용 건축물은 그 절반에 못 미치는 22.1%(89만 4,675㎡)로 그다음이다. 주기용 건축물이 차지하는 엄청난 비중을 새삼 확인하게 된다. 나라 전체로 보면 대략 절반 정도가 주거용이고, 나머지 절반에 조금 못 미치게 상업용인 셈이다. 상업용 건축물 중에는 상가와 일반 사무용이 섞여 있는데, 통계에서는 더 이상 세분하고 있지는 않다.

　다른 자료를 좀 더 들여다보면, 2020년 기준 서울시 건축물 연면적 통계가 있다. 이에 의하면 서울시의 건축물 총면적은 5억 9,989만 9,329㎡이며 이 중 사무실 면적은 3,480만 98㎡로서 비율은 5.8% 정도다. 높은 곳에 올라 도시를 가득 채운 수많은 고층 건물을 바라본 적이 있는 사람이라면 그 비율이 그리 높지 않은 것에 놀랄 것이다. 그러나 규모가 큰 사무실 건축은 주로 도심 지역에 집중 분포되어 있고 나머지 지역으로 가면 사무실 건축 비율이 급격히 떨어진다는 사실을 고려하면 어느 정도 이해가 되기도 한다. 예를 들어 대표적으로 업무지역이 집중된 종로구와 중구의 사무실 면적 비율은 각각 13.5%와 18.3%이며 강남구가 그다음으로 12.0%이다. 반면 도시의 주변부로, 주로 주거지역으로 구성된 도봉구와 노원구는 각각 1.7%와 1.2%에 불과하다.

그런데 도시에서 사무실 건축이 차지하는 비중과 의미는 단순히 통계 숫자의 차원을 넘어선다. 도시 자체가 무수한 직장의 복합체이며 그 직장 중 상당수가 사무실 건축에 입주해 있기 때문이다. 즉 도시가 창출하는 부의 원천은 사무실 건축이라고 할 수 있다. 근로 시간이 단축되면서 사무실에서 야근하는 사람의 숫자가 줄어들어 한국 도시의 야경이 이전만 못하다는 이야기가 나올 정도로 사무실 건축은 도시 경관에도 큰 영향을 미친다. 특히 높은 건물 안에서 도시를 굽어보며 일하는 경험은 이전 시대와는 확연히 다른 것이었다. 이렇게 사무실 건축은 내외부 모두에서 새로운 시대를 경험할 수 있게 했다.

사무실 건축에서 레거시 플레이스의 사례를 찾으려면 도시의 어떤 지역을 들여다봐야 할까. 서울이라면 여러 가지 변수를 고려했을 때 역시 사무실 건축의 비중이 상대적으로 높은 종로구나 중구, 혹은 강남구일 것이다. 그중 레거시 플레이스의 조건인 건축의 연륜을 고려하면 강남구보다는 역사가 깊은 종로구나 중구에서 찾는 것이 빠르다(물론 강남 개발의 역사가 50년을 넘어서는 시점에서 보면, 강남에도 수많은 후보 사례가 있을 수 있다). 인지도와 상징성 등을 고려하여 이번에 다루고자 하는 사례는 서울시 종로구 청계천로 85에 있는 삼일빌딩, 이전 명칭으로 삼일로빌딩이다.

1970년에 건축가 김중업1922-1988년의 설계로 완공된 삼일빌딩은 서울이라는 도시, 나아가 대한민국이라는 나라의 근현대사에서 하나의 건축을 넘어서는 의미가 있다. 삼일빌딩은 완공 당시 대한민국에서 가장 높은 건물이었으며 상당 기간 대한민국 근대화의 상징이었다. 이어 청계고가도로의 마지막 구간인 삼일고가도로가 완성되면서 같은 이름을 공유하는 삼일빌딩과 인접하게 되었다. 수직의 유리 상자인 삼일빌딩이 근대의 효율을 보여줬다면 유연한 곡선의 삼일고가도로는 근대의 매끄러움이었고, 둘이 만들어내는 시각적 조화야말로 근대의 이미지 그 자체였다. 수많은 사진과 영상이 이 장면을 기록했으며 삼일고가도로가 철거된 2006년까지 그 상징성은 대단했다. 게다가 삼일빌딩은 김중업의, 삼일고가도로를 포함한 청계고가도로는 한국종합기술개발공사 시절 김수근1931-1986년의 작업이었는데 사제지간이면서도 치열한 라이벌이었던 두 건축가의 관계가 흥미롭게 드러나는 사례이기도 하다.

반복되어 등장하는 '삼일'이라는 이름은 삼일로에서 왔다. 삼일로는 서

삼일빌딩과 삼일고가도로
(출처: 한국정책방송원)

울 구도심이 북악산 자락을 만나는 최북단인 감사원 길에서 가회동 길을 거쳐 도심을 남북으로 관통하는 도로의 이름인데, 인근에 삼일운동의 발상지인 탑골공원이 있어서 그런 이름이 붙었다. 삼일빌딩은 마침 층수도 31층이다. 결과적으로 이름을 빌려왔으나 마치 원조인 듯한 느낌을 주는데, 아마 의도적인 결정이었을 것이다. 삼일로는 남쪽으로 이어져 남산 1호터널과 한남대로를 지나고 한남대교를 건너면서 강남대로를 만난다. 거기서 경부고속도로로 뻗어나가니 그야말로 국토의 척추인 셈이다. 삼일빌딩은 바로 그 길가의 도심 한복판에 자리 잡고 있어 사무실의 상징적인 위치로서도 최적이 아닐 수 없다. 1978년에 롯데호텔이 세워지기 전까지 한국에서 가장 높은 건축의 지위를 한껏 누렸다.

삼일빌딩은 한국의 근현대 건축사에서 여러모로 문제작이다. 우선 표절이냐 차용이냐를 이야기할 때 종종 사례로 등장한다. 삼일빌딩은 뉴욕의 시그램빌딩 Seagram Building과 전체적으로 매우 유사한 모습인데, 이를 적극적으로 참고했다고 김중업도 인정했다. 그런데 코어의 위치, 평면 구성, 디테일 등 세부적으로 들어가면 여러 가지 차이를 보이고, 무엇보다 김중업이 변용의 과정을 상당히 능숙하게 처리함으로써 결과적으로 매우 수준 높은 사무실 건축으로 평가받게 되었다. 특히 전체 높이를 조율하는 과정에서 철골빔에 구멍을 내어 배관을 위한 통로로 사용한 것은 기술적으로도 탁월한 방식이었으며, 결과적으로 건물의 비례 역시 품위가 있다. 시그램빌딩이 전면부를 적극 개방하고 수평 진입을 가능하게 한 것에 비해 삼일빌딩은 오히려 좀 더 고전적으로 포디움 podium, 즉 기단을 둔 것 또한 눈여겨볼 차이다.

또 다른 특이점으로는 김중업이 르 코르뷔지에 Le Corbusier, 1887-1965년의 제자임을 그토록 자랑스러워했음에도 유독 이 건물에 대해서는 스승이 아닌

또 다른 근대 건축의 거장 미스 반 데어 로에의 작업을 차용했다는 사실이
다. 이에 대해 김중업 평전인《시적 울림의 세계》를 저술한 한양대학교 정
인하 교수는 르 코르뷔지에가 1920년대부터 마천루를 기계 시대의 중요
한 유형으로 보고 계속 연구해 왔지만, 그것이 한국의 실정과 맞지 않는다
는 김중업의 판단이 있었다고 설명한다. 김중업이 남긴 건축 작업은 물론,
그의 어록 등을 살펴보면 그는 르 코르뷔지에가 갖는 근대 합리주의자의
면모보다는 낭만적이고 예술적인 면모에 좀 더 심취했었던 것 같다. 2018
년 국립현대미술관 과천관에서 열린〈김중업 다이얼로그〉전에 등장한 어
록은 이러한 그의 태도를 잘 보여준다.
　"근대 건축계에 있어서는 르 코르뷔지에의 롱샹교회와 가우디의 사그

좌> 시그램빌딩 전경(출처: Wikimedia Commons, Ken OHYAMA from FUNABASHI, Japan – Seagram Building) ·
우> 삼일빌딩의 포디움

라다 파밀리아 성당만이 나를 꽉 붙잡고 영락없이 사로잡았다."

　삼일빌딩은 종종 한국 최초의 커튼월curtainwall 건축으로 거론된다. 커튼월이란 건축의 외피가 하중을 받지 않게 유리와 같은 가벼운 재료로, 마치 커튼을 두른 것처럼 구성한다는 의미인데 근대 건축의 핵심적 개념 중 하나다. 이를 통해 외벽은 더욱 얇고 가벼우며 투명해지고 자연채광만으로도 내부가 한결 밝아질 수 있다. 삼일빌딩은 당시로서는 매우 파격적으로 커튼월 공법을 극단까지 밀어붙였다. 그 결과 후면의 코어 부분을 제외하고는 사방으로 탁 트인 경관을 내부에서 조망할 수 있는 장점을 얻었다. 바닥부터 천장까지 시원하게 뚫린 전면 유리 벽 앞에 앉아서 도시를 바라보며 일하는 경험이 주는 통쾌한 감성은 이전의 건축에서는 찾아보기 힘든 것이었다. 한국 도시의 일상에 본격적인 근대 건축 공간이 등장했다고 해도 과언이 아니었다.

　여기서 레거시 플레이스의 조건을 하나씩 거론해 보자면 다음과 같다. 우선 연륜에 있어서 삼일빌딩은 1970년에 완공되었으므로 이미 50년이 넘은 세월을 이겨내 왔다. 그리고 지금까지 서울 구도심을 대표하는 사무실 건축으로서 그 용도가 그대로 유지되고 있다. 정인하 교수에 따르면, 건축주인 삼미그룹이 제철업을 하고 있어 철과 유리를 이용한 단순한 건물을 원했다고 한다(삼미그룹은 이미 1967년 삼양특수강 및 삼미광업개발을 인수한 바 있다). 이후 산업은행을 거쳐 소유주와 입주사가 여러 번 바뀌었으나 사무실이라는 원래의 용도는 그대로 유지되고 있어 레거시 플레이스의 두 번째 조건도 어렵지 않게 충족한다. 세 번째 조건인 원형에 대한 존중이란 측면에서 삼일빌딩은 매우 드문 경우다. 어쩔 수 없는 물리적 노후화로 2020년에 리모델링이 진행되었는데(설계: 정림건축+원오원) 지금까지 민간 프로젝트에서 비슷한 사례를 찾아보기 어려울 정도로 건물의 원형을 충실하게 재구성했기 때문이다. 김중업의 또 다른 고층 건축인 26층의 단암빌딩_{1971년 완공. 구 도큐호텔, 국제화재보험빌딩}이 얼마 전 거의 원형을 알아보기 어렵게 리모델링된 것과는 크게 대비되는 사례이다.

마지막으로 공공성이라는 기준 역시 충족한다. 이 책에서 반복적으로 강조하는 부분이지만, 불특정 다수의 시민이 오랫동안 사용한 건물은 굳이 공공시설이 아니어도 충분히 공공성을 획득한다고 볼 수 있다. 삼일빌딩은 수많은 직장인의 일터였고, 여러 기업의 사옥이었으며, 건물을 이용한 사람들의 숫자도 셀 수 없을 정도다. 나아가 서울 구도심 한복판에서 오랜 시간 불멸의 아이콘처럼 도시 경관의 중요한 랜드마크로 작동해 온 그 역할 또한 절대 작지 않다. 이런 점들을 종합해 봤을 때 삼일빌딩을 한국의 사무실 건축 중 레거시 플레이스로 선정하는 데 주저할 이유가 없다. 이 건물을 통해 한국의 건축뿐 아니라 근현대 역사 자체가 조금 더 두텁고 풍족해졌다고 하면 과언일까.

04
도심의 귀부인
광통관 (현 우리은행 종로금융센터)

광통관 전경
(출처: 국가유산청 국가문화유산포털)

주소: 서울 중구 남대문로 118
건축년도: 1909년 건축가: 탁지부 건축소
면적(m²): 1,527.57

하나의 건축물로서 은행은 어떤 곳일까. 은행은 임직원이 근무하는 사무실이면서, 고객을 응대하는 영업장이고, 다양한 귀중품을 보관하는 저장소이기도 하다. 따라서 업무공간으로서의 효율, 영업장으로서의 쾌적함 그리고 저장소로서의 안전함을 모두 갖추어야 한다. 고객의 신뢰를 얻는 것이 최우선이기 때문에 은행은 건축의 외관에서 세밀한 부분에 이르기까지 다양한 방식으로 최대한 신뢰의 이미지를 만들고자 한다. 이것을 우리는 은행의 핵심적 존립 기반인 '지급 준비율'의 건축적 표현이라고 할 수도 있다. 나아가 은행은 자본주의의 핵심적 기능을 수행하는 기관으로서 충분한 자금력도 갖추고 있다. 세계 건축사의 중요한 건물 중 은행이 종종 등장하는 것은 아주 자연스러운 결과다.

신뢰의 이미지를 주기 위해 건축은 무엇을 해야 할까. 크게 두 가지 방법이 있는 것 같다. 하나는 실제로 건물을 육중하고 견고하게 짓거나 적어도 그렇게 보이게 하는 것이다. 웅장한 석조 건축은 이런 경우 매우 효과적이다. 그런데 실제로 석조가 아니더라도 그런 효과를 낼 수 있다. 철골조 혹은 콘크리트조 위에 석재를 붙이면(이를 '치장 석재'라 한다) 적어도 겉으로는 석조 건축처럼 보이게 할 수 있다. 식민 통치를 위한 건축으로써 천년만년 그 자리에 있을 것 같았던 조선 총독부가 석재로 마감된 철근 콘크리트 건축이었다. 대부분의 건축은 실제보다 더 견고하게 보이도록 설계된다. 건축계의 문화적 습관인데 그런 문제에 별로 구애받지 않게 된 것은 포스트모던 이론이 유행하고 난 이후의 일이다.

또 다른 방법은 이전 시대의 역사적 양식을 차용하는 것이다. 그리스, 로마, 비잔틴, 로마네스크, 고딕, 르네상스, 바로크 등 수많은 건축 양식이 그것을 낳았던 시대가 저물고 난 이후에도 지속적으로 반복된 것은 이런 이유에서였다. 오히려 옛날 것일수록 더 좋았다. 역사적 양식은 갓 지어진 건축에 수백 년의 서사를 부여하는 마술 같은 효과가 있었다. 은행은 물론 정부청사, 박물관, 대학 등이 이런 추세에 적극적으로 참여했다. 서구가 아니더라도 서구의 영향력이 미치는 곳이라면 같은 현상이 일어났다. 한반도도 예외는 아니었으며 적어도 20세기 전반까지는 그러했다. 현존하는 가장 오래된 은행 건축이면서 아직도 원래의 용도로 사용되고 있는 매우 드문 경우인 광통관, 즉 현재의 우리은행 종로금융센터가 지어진 배경 역시 이러하다.

조선시대 청계천에 놓인 다리 중 가장 규모가 컸던 것이 광통교다. 도성의 중요한 하천인 청계천과 현재의 남대문로가 교차하는 위치에 있었다. 광교라고도 불린 이 다리는 청계천 복개 공사 때 도로 밑에 깔려 자취를 감췄다가 2005년 청계천 복원 사업 때 다시 세상 빛을 보게 되었으나 차량 교통의 무게를 감당할 수 없어 원래 자리에서 상류 쪽으로 155m 정도 이설되어 현재에 이르렀다. 폭이 거의 15m에 달하는, 당시로서는 매우 넓은 다리였다. 이 다리가 기존의 자리에 있던 1909년, 대한제국의 정부 기관이지만 주로 도쿄제대 출신의 엘리트 일본인들이 장악했던 탁지부 건축소의 설계로 지어진 건물이 광통관이다. 흔히 근대 금융기관의 선구가 되는 민족계 은행, 대한천일은행의 남대문 점포로 알려져 있으나 근대건축사 안창모 교수에 의하면 정부 재정 고문관의 계획에 의해 진행되었다가 훗날 천일은행의 수형 조합, 즉 어음 조합으로 사용된 공간이라고 한다. 주소는 남대문로 118로 지하 1층과 지상 2층, 연면적은 1,527.57m^2다.

흔히 광통관은 르네상스 양식이라고 하지만 서구에서의 르네상스는 시대적으로 한참 전이고 일본에 의해 재해석되었다. 근대 건축사의 고민스러운 지점인데, 이전 시대의 건축 양식 중 그나마 가장 유사하다는 현실적

1920년대의 광통관 전경
(출처: University of Southern California Digital Library)

의미로 받아들이면 좋을 것 같다. 벽돌과 석재로 마감되었는데 벽돌로는 면을 만들고 석재로는 기둥과 같은 선형 부재 혹은 문과 창 주변을 처리하였다. 벽돌은 '불식 쌓기' 방식인데 여기서 불식은 프랑스식이 아닌 플랑드르식을 가리킨다. 불식 쌓기의 영어 이름이 'Flemish bond'인 것을 보면 알 수 있다. 벽돌의 긴 변과 짧은 변을 반복해 쌓는 방식으로 적절한 변화가 있으면서도 아름다운 외관을 만들기에 적합하다. 특히 짧은 변을 생략하면 요즘도 자주 쓰이는 '영롱 쌓기'가 되어 현대 건축가에게도 친숙한 방식이다. 줄눈을 하나하나 튀어나오게 하는 '내민 줄눈' 방식 또한 주목할 만하다. 내민 줄눈은 이전에는 흔했으나 현대에 들어 인건비가 상승하면서 거의 사용되지 않는다.

외관의 정면에서 가장 특징적인 것은 2개 층을 관통하는 소위 '자이언트 오더giant order' 기둥이다. 자이언트 오더는 그리스나 로마 건축에는 없던 것으로, 초기 르네상스의 거장인 라파엘로나 알베르티 등이 고안하여 미켈란젤로, 팔라디오를 거쳐 널리 사용한 바 있는 서구 건축사에서 매우 중요한 요소다. 서구 건축을 학습하고 이를 구현하고자 했던 당시 탁지부의 일본인 건축가들 역시 그 흐름에 편승했던 셈이다. 이 자이언트 오더 덕분에 광통관은 실제 그리 큰 규모가 아님에도 불구하고 상당히 웅장한 외관을 갖게 되었다. 지금은 비록 남대문로 일대의 고층 건물에 파묻혀 있지만 여전히 당당한 존재감을 유지하고 있다. 1914년 화재로 건물의 절반이 소실되면서 복구 과정에서 일부 변형이 있었으나 이후 서울특별시 기념물로 문화유산 지정이 되며 외관이 잘 유지되고 있다.

한국인, 그러니까 조선인 건축가들은 이 상황에서 어디에 있었을까? 당시 탁지부는 물론이고 이후로도 상당한 기간 동안 오늘날 우리가 이해하는 의미에서의 한국인 근대 건축가들은 나타나지 않았다. 광통관이 지어

위 좌> 불식 쌓기와 내민 줄눈   위 우> 현대식 영롱 쌓기의 사례(설계: 황두진건축사사무소, 촬영: 박영채)
아래> 광통관 정면의 자이언트 오더

위> 광통관 로비의 인테리어와 바닥의 이화문
아래> 광통관 로비의 고종황제 흉상

지던 1909년, 훗날 최초의 한국인 근대 건축가로 재조명되는 이훈우1886-1937년는 자비 유학생으로서 일본의 나고야고공에 다니고 있었다. 한반도 최초의 근대 건축 교육기관인 경성공전(이후 경성고공) 건축과 창설은 1916년이고, 박길룡1898-1943년을 필두로 한 첫 졸업생들이 배출된 것은 그로부터 3년 후인 1919년의 일이었다. 그러니까 광통관이 건립되던 당시, 근대 건축 교육을 받은 한국인 건축가의 참여는 현실적으로 있을 수 없었다. 일본의 개항은 1854년, 조선의 개항은 1876년으로 숫자상 22년의 차이가 있을 뿐이지만 그 격차는 이 정도로 컸다.

로비에 들어가면 상당히 인상적인 인테리어가 기다리고 있다. 왼쪽에는 현금입출금기가 있고 오른쪽에는 건축의 역사를 소개하는 전시물이 있는데 특이하게도 설립자로 고종황제를 추앙하여 그 흉상을 배치해 놓았다(실제 금융사 분야에서는 이 부분을 어떻게 보고 있는지 궁금하다). 바닥에는 대한제국의 국장인 이화문도 보인다. 영업장으로 들어가는 정면에 '대한천일은행'이라는 이름이 붙어 있어 역사적 기원을 기리는 것도 주목할 만하다. 외관에도 '조선상업은행 종로지점'과 '우리은행' 간판이 공존하고 있는 등 광통관은 한국 역사에 등장하는 여러 금융기관의 수많은 부침과 합병의 역사를 그대로 보여주고 있다. 사료를 살펴보면 대한천일은행에서 조선상업은행, 한국상업은행, 한빛은행, 우리금융지주, 우리은행 등으로 이어지는 면면한 계보가 파악된다.

아쉬운 점이 있다면 1층과 2층의 내부 공간이다. 원래 1층은 천일은행과 수형 조합에서 사용하고 2층은 회의실, 흡연실, 대기실로 사용했는데 아마 건립 당시에는 상당히 근사한 서구풍의 인테리어였을 것이다. 그러나 현재, 내부는 일반 건물과 크게 다를 바 없다. 지금이라도 사료를 발굴하고 건물을 정밀 조사하여 당시의 인테리어를 복원한다면 더욱 의미 있는 사례가 될 것이다. 정면의 조경도 이전 사진에는 없던 것으로 후대에 추가로 설치한 듯 보이는데, 오히려 건물에 대한 물리적, 심리적 거리를 벌린 듯하다. 조경 자체는 바람직하지만 건물과의 관계를 흐리게 만든다면 재고할 필요가 있다.

흥미롭게도 우리은행은 광통관으로 대변되는 자신들의 초기 서사를 상당히 의식하고 있는 듯하다. 예를 들어 우리은행 효자동금융센터는 원래 단순한 백색 박스형 건물이었는데 약 10년 전쯤 대대적인 리모델링을 거쳐 서양풍의 건물로 변신했다. 강북 수유동을 비롯한 몇몇 지점들도 비슷한 외관이며, 여러 기사를 종합해 보면 광통관의 역사성을 의식하고 은행 차원에서 대대적으로 마음먹고 진행한 결과다. 광통관과 마찬가지로 자이언트 오더를 사용하고 있으며 기타 디테일 등도 광통관을 의식한 것으로 보인다. 엄밀하게 건축적으로 보면 굳이 어떤 양식이라고 하기 어려울 정도로 혼합적인 표면 장식에 가깝지만, 스스로의 역사성을 이러한 방식으로 긍정하는 경우가 대한민국에 얼마나 있었나 생각해 보면 그 시도 자체는 충분히 귀하다.

1909년에 지어져 백 년이 훌쩍 넘는 역사가 있고 놀랍게도 아직 애초의 용도인 은행으로 사용되고 있는 점, 무엇보다 현 건물주인 우리은행 측이 상당한 노력을 기울여 외관의 원형을 유지해 왔을 뿐 아니라 심지어 이와 유사한 디자인을 다른 지점에까지 적용하고 있는 점, 그리고 왕실에서 시작하여 일반 서민에 이르는 다양한 사람들의 금융 업무를 처리해 왔다는 공공성 등을 종합하면 광통관은 레거시 플레이스의 네 가지 조건을 충분히 만족하는 사례이다. 격변의 한국 근현대사를 생각해 보면 이런 사례가 있다는 것 자체가 놀랍기도 하다.

우리은행 효자동금융센터

05
여전히 빛나는 한강의 망루
63빌딩 (현 한화금융센터 63)

주소: 서울 영등포구 63로 50
건축년도: 1985년 건축가: SOM
면적(m²): 167,902.77

여기 한 장의 사진이 있다. 가운데 한강이 흐르고 그 배경은 여의도다. 63빌딩, 그리고 LG트윈타워가 보인다. 한창 공사가 진행 중인 곳은 다름 아닌 한강공원 건설 현장이다. 바지선 위에 크레인이 보이고 대우중공업에서 만든 굴삭기가 토사를 퍼 올리고 있다. 사진 중간쯤, 한강을 가로지르는 미완성 교량은 현재의 서강대교다. 자세히 보면 그 뒤로 마포대교가, 빌딩 사이사이로 여의도 시범아파트가 보인다. 여의도 둔치는 이미 깔끔하게 정비 사업이 완료되었다. 이 사진은 언제 찍은 것일까?

63빌딩이 완공된 것은 1985년 5월 30일이었다. LG트윈타워는 이보다 조금 늦은 1987년 6월에 완공되었다. 서강대교는 역사가 조금 복잡한데 원래 1980년부터 공사를 시작했으나 1983년 이후 교각만 만들어 놓고 중단되었다가 1993년에 공사를 재개, 1996년에 완성되었다. 사진에 등장

좌> 1980년대 중반의 63빌딩과 그 주변

하는 한강공원의 북단 구역은 전체 길이가 41.5km의 대공사여서 구간별로 공사 기간이 다르지만 대체로 1982년에서 1987년 사이에 건설되었다. 1968년부터의 여의도 개발 계획에 의해 주변에 둑이 만들어졌고, 12층 높이의 여의도 시범아파트는 1971년에 완공되었다.

63빌딩이나 LG트윈타워가 이미 완공되어 있고 한강공원은 공사 중이므로 대략 1985년에서 1987년 사이의 어느 시점에 찍은 사진일 것이다. 이제 와서 밝히지만 당시 대학원생이던 내가 직접 흑백 필름으로 찍고 현상과 인화까지 한 사진이다. 이 사진이 포함된 필름 스트립을 보면 같은 과 후배들과 낮부터 해 질 무렵까지 저 일대에 머물러 있었음을 알 수 있다. 삼각대를 세우고 찍었던 모양인지 나의 모습도 간간이 보인다. 이 글의 주인공인 63빌딩 못지않게 이 사진도 그만큼의 연륜이 쌓여 나름 도시의 레거시를 담은 역사적 기록이 되었다.

당시 우리는 과 내의 사진 동아리였는데 가을에 있을 건축학과 작품전의 부대 행사로 사진전을 준비 중이었다. 그전에 지어진 31빌딩이나 롯데호텔은 산으로 둘러싸인 강북 구도심에 있어 그 지역을 벗어나면 잘 보이지 않았는데, 한강변 개활지에 들어선 63빌딩은 달랐다. '어디 가니까 거기서도 63빌딩이 보이더라'라는 이야기가 심심치 않게 들려왔다(오늘날 잠실롯데타워에 대해서도 비슷한 이야기가 돌아다닌다. 인천 송도, 동두천, 남양주, 의정부, 용인 수지 등에서도 보인다고 한다). 그래서 하나의 건물이 도시 경관에서 차지하는 역할에 대해 사진전을 준비하기로 하고 길을 나섰다.

이미 그전 학부 시절에 63빌딩 건설 현장을 단체로 방문한 적이 있었다. 지금도 기억나는 것은 외관을 구성하는 유리의 시공 방법이었다. 현장에서의 작업을 최소화하고 품질을 높이기 위해 각 패널을 미리 공장에서 조립한 후 현장에서는 하나하나 크레인으로 끌어올려 조립만 했다. 연결

당시의 필름 밀착 인화

부위가 생각보다 작아서 놀랐던 기억이 있다. 전문 용어로는 유닛-월unit wall 방식이라고 한다. 전체적으로 완만하게 오목한 곡면의 외벽에 '황금색' 반사유리가 끼워져 있어서, 우리는 곡면 중심 부근에 어마어마한 태양광이 집중될 것이라는 우려도 했다(헬리콥터가 지나가면 어떻게 될지 모른다는 이야기도 오갔다). 이 밖에도 레이저를 쏘아 건물 전체의 수직을 맞춘다는 첨단 공법에 대한 설명도 들었다. 지금은 이 모든 것이 상식이 되었고 63빌딩이 주변에 광해를 일으킨다는 이야기도 들은 바 없다.

63빌딩의 현재 소유자는 한화그룹이지만 처음 지어졌을 때는 신동아그룹이 소유주여서 건설 역시 자회사인 신동아건설이 했다. 당시 건축학도였던 우리에게 너그럽게 현장 방문을 허락한 바로 그 회사다. 신동아그룹은 건물의 외관을 로고로 만들어 사용하기도 했다. 완공된 이후 계열사였던 대한생명보험이 사옥으로 사용하면서 이 건물을 '63빌딩' 못지않게 '대한생명 사옥'으로 기억하는 사람들도 많다. 지금은 인근에 금호 리첸시아 등의 건물이 들어서 있지만 처음 완공 당시만 해도 한강변에 홀로 우뚝 서 있는 장관을 연출했다. 경부선 전철이 바로 그 옆을 지나는 덕에 전국적인 지명도도 높았다. 게다가 이 건물에는 식당가, 전망대, 심지어 아이맥스 영화관에 수족관까지 있어서 관광지로서도 큰 인기를 끌었다. 옥상에 있던 대공포대에 대한 이야기는 지금도 서울의 도시 전설 중 하나다.

건축계에서 63빌딩은 외국 설계 회사가 본격적으로 한국에 진출한 사례로 기억된다. 이 건물의 설계는 SOM and Associates가 맡았다. KPF Kohn Pedersen Fox와 더불어 업무 및 상업 건축, 특히 초고층 빌딩에 있어서 최고의 명성을 누려온 미국의 또 다른 SOM Skidmore, Owings and Merrill사와는 발음만 같고 전혀 다른 회사다. 이로 인해 건축계 내에 수없이 많은 혼란이 있기도 했다. 63빌딩의 설계 회사도 미국에서는 나름대로 명성이 있었으나 잘 알

주변에 별다른 건물 없이 홀로 서 있던 63빌딩

려진 SOM에 비하기는 어려운 존재였다. 그러나 이름의 유사성 때문인지 인허가와 건설 당시부터 이 회사의 일거수일투족이 건축계에서 화제가 되었다.

외국계 회사의 설계인지라 63빌딩은 당시의 다른 건물들과 여러 가지에서 차이가 있었다. 일단 층고가 3.9m에 천장고가 2.5m였는데 지금은 이 정도 층고나 천장고의 건물이 흔하지만 당시로서는 획기적이었다(나 역시 요즘 설계하는 업무용 건물은 기본 층고를 4m로 잡는다).

15년 전인 1970년에 완공된 31빌딩은 정해진 높이 내에 여러 층을 넣다 보니 천장고가 불과 2.3m였다. 249.6m에 달하는 63빌딩의 전체 높이야말로 이 건물을 가장 돋보이게 만드는 요소였다. 이름은 63빌딩이지만 실제로는 지상 60층에 지하 3층을 더해 63이라는 숫자를 억지로 만든 것

노을 속의 63빌딩

이다. 그러나 높이 자체는 건립 당시에 동양 최고였고, 이후 2003년까지 18년 동안 한국에서 가장 높은 건물이었다. 이후 한국에 초고층 빌딩이 많이 들어섰으나 2021년에도 18위권을 유지했다. 다만 일부 구간의 층은 코어 비율이 1/3이나 되어(소위 '코어 비') 평면의 효율이 떨어지는 단점이 있는데, 이는 고층 건물의 숙명 같은 것으로 63빌딩만의 문제는 아니다.

63빌딩에 레거시 플레이스의 기준을 적용해 보자면, 우선 연륜에 있어서는 건립 연도가 1985년인데 2023년 기준 38년이므로 기본적인 조건을 충족한다. 그러나 실제로는 숫자 이상의 의미가 있다. 63빌딩은 지금도 한강을 가장 아름답게 조망할 수 있는 건물로서 서울은 물론 전국에서 수많은 사람이 방문한다. 내 주변에는 3세대가 함께 이 건물을 즐기는 사람들도 있다. 그다음 기준인 '원래 용도의 유지'라는 측면 또한 충분히 충족한다. 63빌딩은 예나 지금이나 업무시설과 다양한 부대시설이 공존하는 복합 건물이기 때문이다.

순서가 바뀌었지만 이 덕분에 자연스럽게 네 번째 조건인 '어느 정도의 공공성'이라는 기준도 충족한다. 전국적인 관광지로서 엄청나게 많은 사람들이 이 건물을 드나들어 왔고 수많은 드라마와 영화의 배경이 되기도 했다. 민간 소유의 사무실 건물이 이 정도의 공공적 관심을 받기란 어렵다. 세 번째 기준인 '원형에 대한 존중'도 충분히 지켜왔다. 그동안 몇 차례 대대적인 리모델링을 거쳤으나 한강변에 우뚝 선 니켈 합금 코팅의 황금색 빌딩이라는 이미지, 사람 인ㅅ 자를 닮은 매끄러운 곡면의 조형이라는 기본 성격은 그대로 유지되고 있으며 아마 앞으로도 그럴 것이다.

63빌딩은 고도 성장기의 아이콘과 같은 건물이자 서울, 그리고 대한민국의 랜드마크로서 많은 사랑과 관심을 받아왔다. 레거시 플레이스로서의 연륜은 길지 않지만 그 의미와 역할은 앞으로도 계속 주목할 만하다.

해외 설계 회사에 대한 의존도를 높이는 계기가 됐다는 의견도 있지만, 그 과정에서 한국의 설계 회사들이 귀중한 노하우를 축적했다는 사실 또한 무시할 수 없다. 개인적으로 위에서 언급한 사진 말고도 63빌딩에 얽힌 즐거운 기억이 또 있다. 코로나 이전인 2019년에 이 건물의 현 소유주인 한화(한국 화약)에서 진행하는 서울세계불꽃축제를 카약을 타고 아주 가까운 거리에서 본 적이 있는데, 그때 63빌딩은 마치 이 장대한 행사의 기준점과도 같았다. 학생 시절 못지않게 지금도 여전히 서울 여기저기에서 잘 보인다. 일상의 한 부분이라는 점에서 개인적으로도 의미 있는 레거시 플레이스이다.

06
금융가 한복판의 전기회사 사옥
경성전기 사옥 (현 남대문로 한국전력공사 사옥)

경성전기 사옥의 현재 모습

주소: 서울 중구 남대문로 92
건축년도: 1928년 건축가: 미확인
면적(㎡): 7,140.52

전기 없는 삶은 생각하기 어렵다. 전기차가 부상하는 시대에 살고 있는데, 그 역사는 길고 전기의 역사는 그보다 훨씬 오래되었다. 전기가 처음으로 발견된 것은 기원전 550년경, 그리스 철학자 탈레스의 시대로 거슬러 올라간다. 그는 호박을 문지르면 작은 물체가 달라붙는 것을 알게 되었다. 오늘날의 용어로 '정전기'의 발견이다. 본격적으로 전기가 인류의 삶으로 깊숙이 들어오기 시작한 것은 17세기부터다. 1600년 영국의 길버트는 지구 자체가 거대한 자석임을 밝혀냈고 1729년 영국의 그레이는 '도체'와 '부도체'를 구별했다. 1752년 미국의 프랭클린은 번개가 전기임을 입증하고 그 원리를 이용한 피뢰침을 발명했다. 1800년 볼타가 전류의 개념을 이용한 전지를 발명하였고, 이로 인해 인류는 전기를 본격적으로 이용할 수 있게 되었다. 이후 옴, 패러데이, 줄, 맥스웰 등 여러 학자의 연구로 전기에 대한 이론이 정립되었고 1879년 에디슨이 백열전구를 발명하면서 인류는 드디어 밤에도 환한 빛을 누리기 시작했다. 에디슨은 최초의 상업용 발전소를 뉴욕에 세웠는데 이 역시 백열전구의 조명을 위한 것이었다.

에디슨의 백열전구, 그리고 전기가 한반도에 오는 데 걸린 시간은 생각보다 짧았다. 백열전구가 발명된 지 불과 7년 5개월 만인 1887년 3월 6일, 한반도 최초의 전등이 경복궁 건청궁 일대를 밝혔다. 기존에 발전 시설이 없어 자가 발전기를 이용하였는데 향원정의 물을 냉각수로 사용하였고 고종 내외의 침실과 마루, 뜰에 전등을 설치했다. 당시 이처럼 빨리 전기가 전해진 것은 인류 최초의 공항이 1909년에 세워진 지 불과 7년 만인 1916년에 한반도 최초의 공항이 여의도에 들어선 것에 비견할 만하다. 이에 반해 철도는 훨씬 더 많은 시간이 필요했다. 최초의 철도가 1825년 영국에 부설되었는데 한반도의 경인선은 1899년에 개통되었으니 74년 정도 걸린 셈이다. 철도, 전기, 비행이 한반도에 전달된 과정을 보면 대체로 문명이 발달하면서 그것이 전달되는 속도도 증가한다는 사실을 알 수 있다. 그 중에서도 전기는 최초로 설치된 곳이 궁궐이라는 점에서 대표적인 톱-다운 방식을 따랐는데, 내막을 알고 보면 이 사업을 추진한 에디슨램프 사의 절묘한 마케팅 영향이었다. 중국 자금성이나 일본의 궁성보다도 2년 먼저

좌> 최초로 전등이 설치되었던 경복궁 내 건청궁 (출처: Wikimedia Commons, 오모군 - Geoncheonggung)
우> 서울시립 역사박물관에 전시 중인 전차

조선의 궁궐에 전등을 설치하여 이를 동양 진출의 효과적인 교두보로 삼았다.

전기가 사람들의 일상에 파고드는 것은 시간문제였다. 그러자면 회사가 필요했고 이런 배경에서 등장한 한반도 최초의 전기회사가 1898년 1월 26일에 설립된 한성전기회사였다. 불과 두세 달 전인 1897년 10월 12일에 대한제국이 선포되었는데, 자신을 황제라 칭한 고종은 이 신생 회사에 전기, 전등, 전차의 사업 허가를 내주었다. 민간 회사의 형태였지만 사실상 황실 기업이었다. 1899년 동대문과 흥화문 사이에 전차가 놓였고 야간 운행을 하기 위해 조명을 설치하는 등 전기는 빠르게 한국인의 삶에 침투하기 시작했다. 1900년 4월 6일, 종로에 3개의 가로등이 설치된 것을 계기로 이날을 '전기의 날'로 기념하고 있다. 최초의 발전소는 1898년 현재의 동대문시장 자리에 들어선 동대문발전소였다. 한성전기회사의 사장이었던 이채연[1861-1900년]은 한반도 근대화 과정의 매우 흥미로운 인물 중 하나다. 영어에 능통하여 초대 주미공사관의 번역관으로 미국에서 생활한 후 귀국, 한성판윤으로서 서울 중심부의 도시개조사업을 진행하였고 또 다른 레거시 플레이스인 파고다공원의 조성에도 관여하였다. 한성전기 사장으로서의 이채연은 서울에 전차를 놓은 사람으로 알려져 있기도 하다.

한성전기는 설립 이후 미국인 콜브란에 대한 부채 등 내부 자금 문제 및 당시의 국내외 정세와 맞물려 상당한 홍역을 치렀다. 결국 미국 측에 채무를 변상하는 과정에서 한미전기회사로 명칭이 변경되었으며 러일전쟁 이후 한반도 내 일본의 영향력이 급등하면서 1908년에 설립된 일한와사에 매각되었고, 1909년 일한와사전기주식회사라는 새로운 회사로 변경되었다. 여기서 '와사瓦斯'는 가스를 의미하며, 일한와사전기주식회사는 가스와 전기, 전차를 모두 공급하는 이른바 종합 에너지 및 교통 인프라 사업체였다(시인 김광균의 '와사등'에 나오는 그 '와사'다). 동시에 이는 한반도의 전력 기간 사업이 본격적으로 일본의 식민지 지배 구도로 편입되었다는 것을 의미했다. 당시 용산 일대에 늘어나는 일본인 상점과 주거지를 위해 삼각지에 설치한 가스 공급 시설의 건물 일부가 아직 남아있다. 일한와사전기주식회사가 1912년 인천에 있는 인천전기주식회사를 매입하면서 1915년 9월 새로 이름을 바꾼 것이 바로 경성전기주식회사이며, 남대문로에 세워진 그 회사의 사옥이 이번 글의 주인공이다. 경성전기주식회사는 해

삼각지에 남아있는 일한와사전기주식회사의 흔적

방 후 1961년까지 존속하다가 한국전력주식회사가 되었다. 이 건물이 지금 한국전력공사 사옥으로 불리게 된 연유다.

서울특별시 중구 남대문로 92^{지번 주소로는 남대문로2가 5}에 위치한 이 건물의 건축물대장을 살펴보면 안타깝게도 오래된 건축에 대한 대한민국의 공공 기록이 얼마나 부실한지 잘 알 수 있다. 대지면적, 사용승인 일자 등 주요 내용이 공란이며, 심지어 건립 당시부터 엄연히 존재했던 엘리베이터도 '0대'로 되어 있다. 다른 자료들을 종합하면, 이 건물은 1928년 12월 30일에 경성전기 경성지점으로 준공되어 95년 정도의 역사가 있다. 당시 경성전기 본사는 동경에 있었는데 이후 경성으로 본점을 이전, 1932년부터는 이 건물이 본점 사옥이 되었다. 한반도 최초의 근대적 사무용 건물, 최초의 내진·내화 설계가 적용된 건물이며, 2002년 2월 28일 당시 용어로 국가등록문화재^{현 국가등록문화유산} 제1호로 등록되는 등 다양한 기록을 보유한 건물이다. 내진 및 내화 설계와 관련해서는 1923년 관동대지진의 경험이 반영된 결과로 알려져 있다. 지하 1층, 지상 7층의 철근 콘크리트 구조인데 이 중 6, 7층은 1965년에 증축되어 지금도 외형적으로 확연히 구별이 가능하다.

살짝 이지러진 사다리꼴 부지의 형상을 따라 지어진 건물은 전형적인 3단 구성을 보여준다. 1층에 해당하는 저층부는 줄눈이 깊게 파인 석재로 치장^(마감)되어 그림자에 의한 시각적 중량감을 더한다. 2층부터 5층까지의 중간 부분은 조적조에서 자주 사용되는 수직 창호가 설치되어 있고 그 사이에 자이언트 오더^(여러 층을 관통하는 기둥)를 연상케 하는 2개의 벽기둥이 설치되어 상당한 수직감을 부여한다. 이 부분은 많은 일본식 건축이 그러하듯 타일로 마감되어 있는데, 자세히 보면 오래된 것과 새것이 섞여 있다. 2020년 3월 문화재 복원 및 재생사업의 결과다. 수직 창호 역시 새로끼운 것으로 보이는데 건물 북쪽 1층에는 원래의 것을 수리 복원한 수직

가동형 창호double-hung window가 일부 남아있다. 상층부는 별도의 층은 아니지만 돌출된 코니스처마 끝의 장식 요소로 마무리되었고 그 위에 가로에서는 잘 보이지 않는 2개 층의 옥탑이 있다. 이후의 증축으로 전체적인 조형적 밸런스는 깨진 상황이다.

일제시대 당시 이 건물의 사진이 여럿 전해지는데 당시로서는 일대에서 가장 높은 건물이었고 대각선 방향으로 명동성당이 잘 보였다. 지금은 여러 고층 건물이 들어서 있어 시야가 훨씬 제한되었다. 과거 사진을 유심히 보면 옥상 주변을 따라 여러 개의 조명등이 보인다. 전기 및 가스회사의 사옥으로서 화려한 외부 조명을 통해 회사의 위상을 드러내고자 하는 의도를 짐작할 수 있다. 당시로서는 고층 건물이고 평지붕이라 옥상에 올라가 탁 트인 주변 풍광을 즐길 수 있어 금상첨화였을 것이다. 그런 이유 때문에 이 건물 옥상은 영화에 등장한 적이 있다. 필름이 현존하는 세 번째로 오래된 한국 영화인《미몽》이 바로 그것이다. 훗날 스카라극장이 되는 충무로의 야초좌芳草座에서 1936년 10월 26일에 개봉한 이 영화에는 서울역 등 당시 서울의 여러 장소가 등장하는데, 그중 한 장면을 이 건물 옥상에서 촬영했다. 두 인물이 등장하여 상대의 재혼에 대해 이야기하는 장면인데, 배경으로 남산의 안온한 산세와 하늘을 찌를 듯 서 있는 명동성당의 실루엣이 겹쳐 보인다. 조명등 또한 상부에 뾰족한 탑이 있어서 명동성당과 묘한 동질감이 있다. '서구'와 '문명'이라는 두 개의 키워드를 연상케 하는 대목이다. 현재 이 조명등은 없는데 아마도 2개의 층을 증축하는 과정에서 철거된 것 같다.

이 건물이 들어섰을 당시 남대문로, 즉 남대문통은 당대의 번화가였다. 같은 해에 발간된 지도인 '대경성부대관'을 살펴보면 이 건물이 있는 남대문로 동쪽에는 제일은행, 삼화은행, 조선신탁, 상업은행 지점광통관, 한성

저층부의 석재 마감과 수직 창호

은행, 청계천 너머의 동일은행 등이 있었고, 그 반대편 서쪽에는 조선은행, 상업은행, 안전은행, 대한매일신보 지국, 식산은행, 해동은행 등의 이름이 보인다. 하도 금융권 건물이 많아 이 일대를 '경성의 월스트리트'라 부르기도 했다. 그 한복판에 전혀 성격을 달리하는 전기회사 사옥이 자리 잡고 있었던 셈이니 상당한 위세였던 것을 알 수 있다. 대부분의 건물이 경사지붕을 갖고 있는데 경성전기 사옥은 기술적으로 훨씬 까다로운 평지붕 건물이라는 점에서 앞선 면모를 느낄 수 있다. 철근 콘크리트 구조가 아니라면 어려웠을 일이다. 《미몽》에서는 이 건물 옥상에서 남대문통을 바라보는 모습이 나오는데 멀리 미츠코시백화점현 신세계백화점은 물론, 이 회사가 운영하던 전차 등 당시 번화했던 풍경을 잘 보여주고 있다. 경성전기회사는 1929년 전차 노선을 보여주는 입체지도인 '경성 전차 연선 안내도'를 펴낸 바도 있다.

경성전기 사옥에 레거시 플레이스의 기준을 적용해 보자. 우선 100년에 가까운 역사가 있어 연륜에는 문제 될 것이 없다. 원래 용도로 사용되고 있느냐는 보다 까다로운 두 번째 조건 역시 충족한다. 회사 이름이 여러 번 바뀌고 지금은 전차나 가스 관련 사업을 하고 있지 않으며 본사도 나주 혁신도시로 이전했지만, 대한민국 전력 사업의 중추인 한국전력 사옥으로 여전히 기능하고 있다는 것은 역사의 연속성을 느끼게 하는 중요한 사실이다. 원형에 대한 존중이라는 세 번째 항목과 관련해서는, 비록 옥상에 2개 층이 더해지기는 했으나 지나치게 단순한 조형으로 처리한 덕에 건물의 원형을 확연히 구별할 수 있다는 장점이 있다. 국가등록문화유산 등록 이후 대대적인 수리 복원 과정을 거쳐 현재에 이르고 있다는 사실 또한 기억할 만하다. 마지막으로 공공성이라는 측면 역시 충분히 충족한다. 비록 일본의 한반도 진출 과정에서 지어졌지만, 현재의 건물주인 한국

전력이 갖는 공공성에 더하여 일제시대 이후 수많은 한국인이 사용해 온 건물이라는 역사적 사실 또한 결코 가벼이 볼 수 없다. 일제시대의 여러 근대 건축물을 태생적 배경에도 불구하고 대한민국의 문화유산으로, 명소로 보존하고 기억하는 것은 바로 이런 이유 때문이다.

07
건축과 테라코타 벽화의 만남
명동 쌍용빌딩

주소: 서울 중구 명동9길 39
건축년도: 1964년 건축가: 김수근
면적(m²): 1,853.06

　　　　　　　　서울의 명동이 어디서부터 어디까지인가에 대해서는 여러 가지 관점이 있다. 행정적인 명동은 생각보다 범위가 넓다. 북쪽으로는 을지로를 훌쩍 넘어 청계천 남단까지다. 동아일보, 조선일보, 서울신문은 물론 서울시청도 명동에 속한다. 동쪽으로는 삼일대로 너머 을지로3가 지하철역 인근까지 뻗어있다. 남쪽으로는 퇴계로를 건너 무려 남산 중턱까지에 이른다. 남산의 산복도로에 해당하는 소파로 인근을 운전하다보면 사람들이 죽 늘어서서 호객하는 돈가스 집들이 있는데, 주소가 모두 명동이다. 명동은 유일하게 서쪽으로만 큰길을 건너지 않는다. 즉 명동의 서쪽 경계는 의심할 여지 없이 남대문로다.
　　행정적인 경계는 그렇다 치고 '감각적인' 명동의 경계는 어디일까? 대부분의 사람은 동서남북 기준으로 삼일대로와 남대문로, 퇴계로와 을지로로 둘러싸인, 위가 좁고 약간 이지러진 사다리꼴 모양의 지역을 명동이라 부를 것이다. 이 안에는 명동성당, 중국대사관과 한성화교학교, 명동예술극장, 하동관에서 명동교자에 이르는 밥집들, 사보이호텔과 로얄호텔 그리고 수많은 쇼핑과 업무시설이 있다. 아마도 서울에서 가장 이질적인 것들이 집중해서 자리 잡은 지역이 명동일 것이다. 이 글에서는 바로 이 지역을 명동이라 부르기로 한다.

이들과 구별되는 명동의 또 다른 건물군이 금융회사들인데 명동의 동북쪽 일대에 있다. 하나금융그룹, 유안타증권, IBK파이낸스타워, 대신파이낸스센터 심지어 중국건설은행까지 이곳에 몰려있다. 은행권 공동의 현안 과제를 풀어나가기 위한 기관인 은행연합회 건물은행회관이 함께 있는 것도 우연이 아니다. 을지로 너머에는 미래에셋, KB국민은행, 하나은행 그리고 기업은행이 버티고 있다. 일제시대 '경성의 월스트리트'로 불렸던 남대문로 일대 금융계의 무게 중심이 이쪽으로 이동한 것 같다. 물론 현재는 여의도의 비중이 더 높겠지만, 서울 구도심 금융계의 존재감도 여전히 만만치 않다. 최근에는 다시 무게 중심이 이 지역으로 이동한다는 이야기도 있다.

을지로에 면한 명동의 북쪽에 금융계 건물들의 위세에 눌린 듯한 작은 건물들 무리가 있다. 바로 서쪽, 을지로 입구에 사선으로 놓인 을지한국빌딩과 동쪽의 하나금융그룹 명동 사옥(일제시대 동척사옥 부지) 사이에 옹기종기 모여 을지로변의 가로 풍경을 혼종적으로 만들어주는 존재들이다. 그 중 하나, 하동관에 곰탕을 먹으러 명동 안쪽으로 걸어 들어가는 사람들의 이목을 끄는 건물이 하나 있다. 전면의 대범한 테라코타 벽화가 눈길을 끄는 건물의 이름은 쌍용빌딩이다. 서울특별시 중구 명동9길 39가 주소다. 지하 1층, 지상 6층의 철근 콘크리트 건물로 연면적은 1,853.06㎡인데 실제 가서 보면 8층이다. 건축물대장에는 엘리베이터가 없는 것으로 나오지만 실제로는 1대가 설치되어 있는데 아마도 후대에 추가한 것 같다(여담이지만 건축과 관련된 대한민국 공공 기록의 질적 수준은 이처럼 개탄할 정도다).

첫인상부터 만만치 않은 이 건물은 아니나 다를까, 상당히 '족보 있는'

건물이다. 김중업과 더불어 한국 현대 건축의 1세대 거장으로 손꼽히는 김수근의 초기작 중 하나이기 때문이다(다만 건축물대장에는 설계자 이름이 나오지도 않는다). 눈길을 끄는 것은 건립 연도다. 건축물대장에 사용승인을 1964년 7월 31일에 받았다고 나오는데 1931년생인 김수근은 당시 33세, 아직 그를 세간에 유명하게 만든 일련의 건물들을 완성하기 전이었다. 잘 알려진 대로 김수근은 일본 유학 중이던 1958년에 남산 국회의사당 현상공모에 당선되면서 귀국하였으나 5·16 쿠데타로 프로젝트가 무산되었다. 대신 김종필로 대표되는 혁명 세력과의 연결고리를 확보하면서 화려하지만 굴곡진 경력을 시작했다. 이후 남영동 치안본부 대공분실1976년을 설계하는 등 독재정권에 '부역'했다는 이유로 그의 명성은 생전에 비해 많이 초라해졌으나 장인적, 예술가적 건축가로서의 자취는 부인할 수 없으며 쌍용빌딩 또한 이러한 면모가 잘 드러나는 사례이다.

쌍용빌딩의 건축적 특징으로는 우선 노출 콘크리트 건물이라는 점을 들 수 있다. 노출 콘크리트는 구조체인 콘크리트가 그대로 외장재가 되는 방식이다. 시공이 까다롭지만 개념적으로 단순하고 무엇보다 강렬한 느낌의 조형이 가능하기 때문에 근대 이후 많은 건축가가 애호하고 있다. 그러나 현재의 쌍용빌딩은 순수한 의미의 노출 콘크리트 방식이라고 보기는 어렵고, 콘크리트 구조체 위를 미장시멘트 페이스트으로 다듬고 그 위에 페인트를 칠한 방식이다. 쌍용빌딩의 이전 사진을 보면 선명한 나무 거푸집 널 흔적이 보이는데, 현재 마감은 이후에 덧붙여진 것 같다. 남쪽 면은 근대 건축의 대가인 르 코르뷔지에를 연상케 하는 격자의 콘크리트 차양인 브리즈 솔레이brise-soleil이고, 북쪽 면은 프레임이 돌출된 사각 창으로 되어 있어 건물의 방위에 따라 창을 다르게 설계한 김수근의 의도가 뚜렷하게 드러난다. 이에 반해 도로에 면한 동쪽은 평범한 보통의 창이 배열되어 있다. 60살이다 된 건물치고는 전반적으로 관리 상태가 매우 양호한 편이다.

이 밖에도 전면 도로에 의한 사선제한의 영향이었을 것으로 추정되는 계단식 조형 등도 눈에 띈다. 하지만 김수근의 다른 작업, 특히 이 건물 직전에 설계했던 역삼각형의 워커힐 힐탑바 1961년 등에 비하면 조형적으로는 그다지 특이할 것이 없다. 결국 쌍용빌딩에서 가장 눈길을 끄는 것은 전면의 테라코타 벽화다. 건축의 다른 특징보다 부가적 예술품이 더 중요하게 다뤄지는 것은 아이러니지만, 건축을 중심으로 다른 예술을 통합하려는 시도가 지금도 이어져 오고 있다는 점을 염두에 두면 그리 특별한 경우도 아니다. 특히 김수근은 예술적 가능성에 대해 일찍 눈을 뜬 것 같다. 그림을 잘 그렸고 훗날에는 의자 등 가구를 직접 디자인하기도 했다.

그런 김수근에게 좋은 파트너가 되어준 인물이 화가, 도예가, 교육자로 알려진 정규 1923-1971년 다. 정규는 강원도 고성 출신으로 김수근보다 일찍 일본으로 유학을 떠나 1944년 제국미술학교에서 서양화를 공부했다. 1958년 록펠러 재단 초청으로 미국 로체스터 공예학교에서 도자기를 연구한 이후 서양화가 아닌 도자기와 판화에 전념했다. 1960년과 1961년 도자기전을 가졌고 1963년 경희대학교 요업공예과가 신설되자 교수로 부임하였다. 전후 상황으로 보면 이 무렵 쌍용빌딩의 벽화 작업을 시작했을 것이다. 김수근과 정규의 인연은 개인적 차원을 넘어 1960년대 건축과 도자 벽화의 협업이라는 의미를 갖는데, 이를 연구한 학술 논문도 나와 있을 정도다. 김수근이 이후에 설계한 자유센터 1967년 와 세운상가 1968년 에도 테라코타 벽화가 적용되었는데 이는 원산 출신이자 일본 유학생이었던 김영주의 작업으로 알려져 있다.

쌍용빌딩의 원래 이름은 오양빌딩인데 그 이름으로 뉴스 검색을 해 보면 흥미로운 기사가 하나 나온다. 1967년 12월 1일 자 매일경제 기사에 의

위> 남쪽 면의 콘크리트 차양
아래> 서로 다른 종류의 창문

좌> 정규가 작업한 쌍용빌딩 도자기 벽화
우> 서울미래유산 표지판

하면 미국의 BOA^{Bank of America}의 서울지점이 바로 이 오양빌딩에서 개점했다. 외국은행의 국내 진출 5호인데 그 이전에는 미 8군 내에 영업소를 운영하다가 이때 정식으로 지점을 내게 된 것이다. 비자카드의 시초로 알려진 BOA는 아직도 미군 은행인 DOD Community Bank를 운영하고 있으며, 현재 서울지점은 명동에서 멀지 않은 서울파이낸스빌딩에 있다. 1974년 5월 25일에는 그 전날 오양빌딩의 은행 창고에서 화재가 발생했다는 기사가 동아일보에 실리기도 했다. 이 밖에도 서울투자, 삼성투자금융, 대농 등이 이 건물을 거쳐 갔던 기업이다. 현재의 쌍용빌딩에는 설렁탕집, 의원 등이 입주해 있지만 한때 그 인근에 일제시대 구 조선증권취인소 건물^{1922년}을 그대로 승계받은 명동 증권거래소가 있었으니 이 건물과

금융권과의 인연은 결코 우연이 아니었던 셈이다.

　레거시 플레이스의 관점에서 쌍용빌딩을 바라보면 다음과 같다. 우선 2024년에 지어진 지 60년이 되었다는 점에서 충분한 연륜을 가졌다. 비록 업종에 변화가 있었지만, 전체적으로 오피스 건물의 성격이 이어져 왔다는 점에서 원래의 용도를 잘 유지했다고 볼 수 있다. 원형에 대한 존중이라는 측면에서도, 외부 마감이 더해지기는 했으나 기본적으로는 커다란 변화 없이 원형을 잘 보존해 온 드문 경우다. 이러한 측면은 2017년에 서울특별시 미래유산으로 지정되는 등 이미 사회적으로도 인정받고 있다. 그러나 현재 용적률이 416.13%인데 주무 관청에 문의한 결과 최대 800%까지 개발할 수 있는 대지인 것으로 확인되는 등 보존에 대한 법적 강제성이 없는 상황에서 이 건물의 장기적인 운명을 논하기에는 어려움이 있다. 끝으로 대한민국 금융계, 건축계 및 미술계와 동시에 깊은 관련을 맺고 있는 유서 깊은 건물로서 그 공공성에 대해서도 결코 부족함이 없다. 큰 규모는 아니지만 수많은 이야기를 담고 있는 쌍용빌딩은 서울 구도심의 소중한 레거시 플레이스 중 하나이다.

08
예술과 한 몸이 된 금융기관
우리은행 종로4가 금융센터

우리은행 종로4가 금융센터 전경

주소: 서울 종로구 종로 186
건축년도: 1974년 건축가: 조건영
면적(㎡): 2,303.47

서울의 종로4가는 인지도가 그리 높지 않다. 우선 지하철역이 없다. 종로3가역도, 종로5가역도 있지만 종로4가역은 없다. 지도를 보면 바로 남쪽의 을지로4가역에서 북상하는 5호선과 대한민국 최초의 지하철인 1호선이 이 부근에서 교차하는데, 어떤 이유에서인지 역을 만들지 않았고 5호선은 그대로 종묘를 비켜 지나가 버린다.

그래서 어지간히 서울 지리를 잘 아는 사람도 종로4가에 대한 뚜렷한 이미지를 갖지 못한다. 주변에 이렇다 할 랜드마크도 없다. 효성주얼리시티, 세운스퀘어를 사람들이 알까? 그런데 근대의 더께라는 잣대를 들이대면 종로4가는 절대 만만치 않은 곳이다. 바로 광장시장 덕분이다. 광장시장이 어떤 곳인가. 광장시장 홈페이지에 의하면 운영 주체인 광장주식회사는 일본의 화폐정리사업에 대한 조선 상인들의 대응으로 1905년에 설립된 대한민국에서 오래된 기업 중의 하나다. 당시 '동대문시장'이라는 이름으로 시장 개설 허가를 받았는데 허가를 해준 관청이 서울시청이나 경성부청이 아닌, 대한제국 한성부였다. 이 일대는 조선시대부터 운종가, 칠패와 더불어 한양의 3대 시장으로 불렸던 배오개시장이 있던 곳이었다.

지금도 그 이름이 광장시장 남서쪽의 '배오개다리'에 남아있다. 배오개시장은 운종가의 시전 상인들과 달리 개인이 모여 형성한 소위 난전이었는데, 그만큼 이 지역 상인들은 민간 자본가로서의 정체성이 강했음을 짐작할 수 있다.

오늘날 우리가 '동대문시장'으로 통칭하는 거대한 시장의 기원은 배오개시장의 전통을 잇는 광장시장이다. 동대문시장은 종로4가 일대에서 시작하여 점차 동쪽으로 성장해 갔으며 광장시장이라는 이름은 1960년에 공식화되었다. 광장주식회사의 설립자 명단에는 박승직, 김종한, 장두현, 최인성 등이 있는데 이 중 가장 잘 알려진 인물은 두산그룹의 시조인 박승직이다. 그의 아내가 만들어 당대의 히트 상품이 된 '박가분'의 '박'은 바로 그의 성을 딴 것이다. 박승직은 해남, 송파, 제물포 등지를 배경으로 사업을 벌이다가 1896년 종로4가 15번지에 자신의 이름을 딴 '박승직상점'을 차렸다. 이를 승계한 두산그룹은 한국 최초의 기업으로 평가받는다. 현재 박승직상점 자리에는 두산그룹의 창업 터임을 밝히는 기념 조형물과

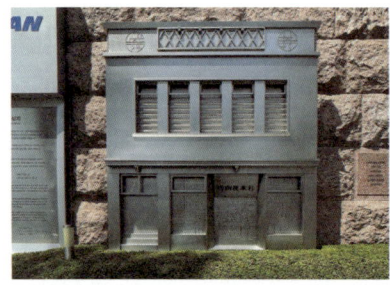 

좌> 박승직상점 터
우> 종로4가 사거리 전경 (출처: 서울시 에스맵)

공원이 조성되어 있다. 바로 광장시장 서쪽 입구에서 길을 건너면 마주 보는 종로의 북쪽 변이다. 광장시장이 한국 최초의 근대 기업이 되지 못한 이유가 창업자 중 하나인 박승직이 이전에 세운 이 상점 때문이라는 것이 아이러니하다. 이처럼 종로4가 일대는 한국 근대 자본주의의 맹아가 탄생한 지역이다.

상점이 있고 시장이 있는 곳에 은행이 없을 수 없다. 박승직상점을 마주 보는 광장시장의 북동쪽 코너에 대한천일은행의 동대문지점이 들어선 것은 1916년이었다. 대한천일은행은 1899년 고종황제의 자본을 받아 설립되었는데 영친왕이 2대 은행장을 했을 정도로 왕실과 관련이 깊다. 1897년에 설립된 한성은행과 더불어 한국 최초의 민족 은행 중 하나다. 대한천일은행은 이후 1911년 조선상업은행, 1950년 한국상업은행이 되었다가 1998년에 한일은행과 합병하여 한빛은행으로, 다시 2002년 우리은행으로 상호를 변경했다. 이 책에도 나오는 광통관, 즉 대한천일은행 남대문지점이 오늘날 우리은행 종로금융센터인 연유다. 한편, 한성은행은 이후 조흥은행을 거쳐 지금의 신한은행이 되었다. 소위 '조-상-제-한-서'로 불리던 조흥-상업-제일-한일-서울 등 과거 한국을 대표했던 은행 역사의 일부다. 대한천일은행이 상업은행이던 시절인 1974년, 이 자리에 있던 서구풍의 근대식 은행 건물을 헐고 새로운 현대식 건물이 들어섰는데 바로 이번 글의 주인공인 우리은행 종로4가 금융센터다. 건축도 건축이지만 정면의 테라코타 벽화로 더 잘 알려진 건물의 사연이 흥미롭다.

이 건물의 설계자는 한국 건축계에서 가장 뚜렷한 진보 계열 인물 중 하나로 평가받는 조건영[1946(?)]이다. 날카로운 기하학적 형태의 철골 구조인 대학로의 JS빌딩[1990년], 기존 언론사들이 몰려있는 서울 구도심과는 거리가 먼 만리재 중턱에 있는 한겨레신문 사옥[1991년] 등이 그의 대표작이다.

그의 건축은 형태적 안정성이나 매끄러운 만듦새와는 일부러 거리를 두는 강한 조형과 거친 물성으로 알려져 있다. 우리은행 종로4가 금융센터 역시 정도의 차이는 있으나 파격적인 요소의 도입이라는 점에서는 동질성을 갖는다. 한쪽 면이 사선으로 처리된 거대한 테라코타 벽화가 그것인데, 뒷부분의 조형은 대비 효과를 의식한 듯 비교적 담담하게 처리되어 있다. 1946년생(?)인 조건영은 이 건물을 설계했을 당시 불과 20대 후반이었는데 삼각형 대지의 모서리를 향해 전면 벽이 날카롭게 각을 세우고 있는 것은 훗날 그의 도발적인 모습을 예견케 하는 단서처럼 느껴진다.

당시 광화문에서 기인건축훗날의 기산건축을 운영하던 청년 건축가 조건영이 이 건물을 설계하게 된 과정이 특이하다. 건축 전문지인 《스페이스》 641호에 실린 조현경의 기고문에 의하면 조건영 친구의 아버지가 당시 상업은행장이었다고 한다. 여기서 '친구'는 훗날 서울미술관을 설립한 화가 임세택이고 '아버지'는 1968년부터 1971년까지 은행장을 지낸 임석춘이다. 지금 기준으로 보면 파격적인 수의계약인데, 사회 체계가 느슨했던 당시의 시대상을 엿보는 듯하다. 물론 종로4가에 상당히 개성 있는 건축이 자리 잡게 되어 결과적으로는 탁견이었다. 일을 맡게 된 조건영은 자기 친구들을 끌어들였다. 임세택과 함께 1969년 미술계의 대단한 사건이었던 '현실동인'에 참여했던 오윤과 오경환이었다. 정작 일을 연결해 준 임세택은 작업에 참여하지 않았는데 그가 1972년 프랑스로 떠났기 때문으로 추정된다.

이렇게 해서 완성된 작품이 '평화'라는 제목의 대형 테라코타 벽화다. 돌출이 심한 부조로서 약 1,000장의 조각을 이어서 만들었다고 한다. 훗날 1980년대 민중미술 운동의 상징적 존재가 되는 오윤은 이 일을 하기 전부터 경주에서 오경환, 윤광주 등과 신라의 전통을 잇는 전돌 제작 기술을

위> 모서리의 날카로운 예각
아래> 테라코타 벽화 '평화'

공부했다. 개성 출신의 윤광주 역시 작업에 참여했는데, 그는 일찍 경주로 이주해 훗날 복원 복제 전문가로 이름을 날린 인물이다(이 책에서 다루고 있는 부산 코모도호텔의 고대 문양 역시 그의 작업이다). 비슷한 또래의 20대 친구들이 합세하여 만든 건축과 벽화는 세간의 관심을 끌게 되었다. 건물이 완공된 직후인 1975년 조건영과 오윤은 미술 평론가이자 시인인 최민과 더불어 《스페이스》 93호에 '건축, 조각, 시, 그리고 민중'이라는 제목으로 대담을 하기도 했다. 결과적으로 우리은행 종로4가 금융센터는 광통관과 더불어 우리은행이 소유한 수많은 건물 중에서 건축적으로 가장 의미 있는 사례가 되었다.

좌> 벽화 안내판
우> 낙원아파트의 중정과 부조

물론 이 건물이 한국 근현대 건축사에서 건축과 조각이 만난 최초이거나 희귀한 사례는 아니다. 이 책에 등장하는 김수근과 정규가 협업한 쌍용빌딩1962년은 물론, 김중업의 프랑스 대사관1961년, 세운상가1967년 그리고 비록 무명작가의 작업으로 알려져 있지만 중정의 부조가 매우 아름다운 낙원아파트1968년, 설계 연합건축 김만성 등에 비하면 오히려 시기적으로 늦은 편이다. 1만m^2 이상의 건물에 대해 예술 작품 설치를 강제하는 소위 '1% 법'이 등장한 것은 이 건물이 지어지기 이전인 1972년이었는데, 그나마 당시에는 권장 사항이었고 강제화된 것은 1995년 이후다. 이 건물은 규모 면에서나 법령의 내용으로 보나 당시 이 법에 해당하는 대상은 아니었는데, 그럼에도 불구하고 이런 시도를 한 것을 어떻게 해석해야 할까. 고객의 돈을 관리하는 은행으로서 업무와 직접적인 연관이 없는 부분에 이렇게 상당한 투자를 한 것에 대해서는 젊은 창작인들의 열정 등 여러 이유가 있겠지만 근본적으로 건축을 발주했던 은행장 이하 주요 결정권자들의 문화적 식견이 상당히 높았을 것으로 이해할 수 있다. 건축은 사회로부터 받은 혜택을 사회에 돌려준다는 의미를 갖고 있는데, 이런 점에서 현역 건축가이면서 역사에 관심이 많은 나로서는 우리 사회가 예전에 비해 퇴보하는 것 같아 아쉽다.

안타깝게도 벽화의 구체적인 도상학적 내용을 이해하기에는 다소 어려움이 있다. 물론 추상과 구상 사이의 간극에서 비롯된 일일 수도 있으나 벽화 전면에 충분한 거리가 확보되지 않은 탓이 크다. 역으로, 주어진 거리에 비해 벽화의 도상이 너무 크다고 이야기할 수도 있겠다. 게다가 오염이 심하여 벽화를 파악하고 감상하는데 더 방해가 된다. 관리상의 아쉬움과 별도로 이것이 작품과 그것이 놓이는 환경과의 미묘한 관계에 대한 현장 경험이 많지 않았던 젊은 예술가들의 한계였는지는 판단하기 어렵다.

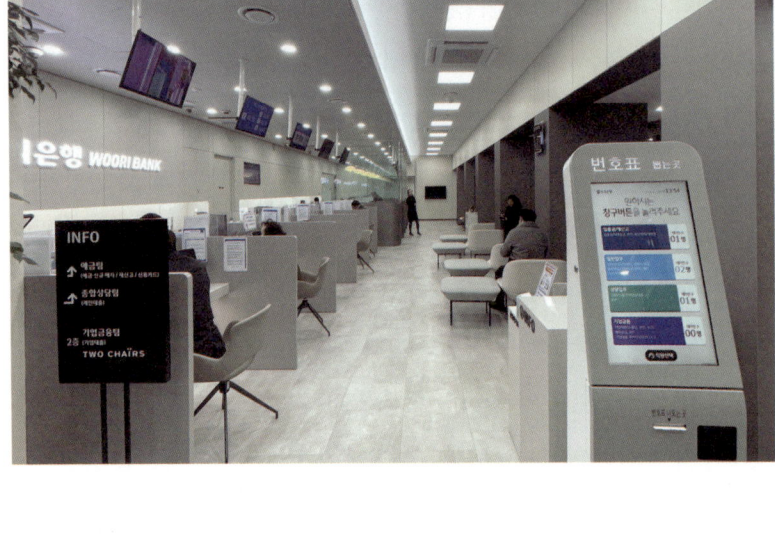

위> 말끔하게 인테리어가 된 실내
아래 좌> 정초석   아래 우> 반투명 막으로 덮인 모습

바로 앞의 노점상에게 이 일대에 계신 분들은 이 작품을 어떻게 이해하냐고 물었더니, '남녀가 그것을 하는 것 아니냐(!)'라는 대답이 돌아왔다. 위치를 이동하며 유심히 살펴봤으나 어렴풋이 인간의 신체를 소재로 한 것 정도가 감지될 뿐이었다. '평화'라는 제목과는 어떻게 연결되는 것인지도 궁금하다.

우리은행 종로4가 금융센터는 50년 정도의 연륜이 쌓인 건물로서 애초의 용도인 은행으로 계속 사용되고 있으며, 민간이 주도했지만 공공적 성격을 갖는 벽화로 인해 구도심의 가로에 활력을 불어넣고 있는 점 등에서 레거시 플레이스의 제반 조건을 충족하고 있다. 다만 원형에 대한 존중이라는 기준에 대해서는 살펴볼 문제가 있다. 원래의 입구는 모서리 방향이었고 벽화 중간에 있는 현재의 입구는 나중에 만들어졌다는 설이 있기 때문이다. 그런데 이는 조금 더 조사와 연구가 필요한 부분이다. 만약 새로 입구를 바꿔 낸 것이라면 건물 완공 시에 설치하는 정초석이 현재의 입구 측면 벽에 설치되어 있는 것이 설명되어야 한다. 게다가 현장에서 우리은행 관계자와 대화를 나눠보니 지금 상태가 원형 그대로라고 한다. 인테리어는 최신 경향으로 매끄럽게 만들어져 있는데 원래 모습은 어땠을까 궁금하다. 만약 건물 구조가 변경된 것이라면 조사와 연구를 거쳐 이 시대 은행의 기능을 충족하면서도 건물과 벽화를 원형대로 다시 복원하는 것이 어떨까.

* '평화'는 2024년 연말, 반투명 막으로 덮인 상태다. 노후화로 보행자 안전 문제가 있어 내린 조치라고 하며, 언제 원형이 복원될지는 알 수 없다는 것이 은행 직원의 설명이었다. 미술계의 적극적 관심이 필요한 상황이다.

09
아직도 여전한 서울의 상징
남산서울타워

주소: 서울 용산구 남산공원길 105
건축년도: 1975년 건축가: 장종률
면적(m²): 15,435

서울의 대표적 랜드마크는 무엇일까? 간단한 실험을 해봤다. 구글에서 'Seoul landmark'와 '서울 랜드마크'로 검색해 보았다. 영어 사용자와 한국어 사용자 사이에 관점의 차이가 있을까 궁금했기 때문이다. 검색 조건은 동일하게 '모든 시간'으로 하여 최근 경향이 차지하는 비중을 줄이고자 했다. 결과는 흥미로웠다. 영어 사용자의 경우 예상보다 전통 건축물의 비중이 높았다. 동대문, 경복궁, 한양도성, 창덕궁 등이 대부분이었고 남산서울타워와 롯데월드타워가 간간이 등장했다. 한국어 사용자로 넘어가면 양상이 사뭇 다르다. 일단 랜드마크의 종류가 다양해진다. 전통 건축, 남산서울타워와 롯데월드타워는 당연히 등장하고 63빌딩, 동대문 DDP, 심지어 요즘 논란이 되는 서울링 계획안도 나온다. 두 경우 모두에서 순수한 자연물, 예를 들어 북악산, 북한산 혹은 한강 등을 찾아보기 어려운 것도 특이했다. 랜드마크 하면 인공물을 떠올리는 것이 대체적인 추세인 듯하다.

그중에서도 이번 글에서 다루고자 하는 대상은 남산서울타워, 속칭 남산타워다. 물론 레거시 플레이스의 입장에서 접근하는 것이지만, 워낙 랜

드마크의 성향이 강하므로 그 이야기도 빼놓을 수는 없다. 남산서울타워가 랜드마크로서 특이한 점은 자연물과 인공물의 결합이라는 것이다. 서울의 내사산內四山 중 하나인 남산의 최정점 위에 고층 타워가 있다. 전 세계의 고층 건물 및 고층 타워들의 집합 사이트인 세계타워연맹WFGT, World Federation of Great Towers에 의하면, 안테나를 포함한 남산서울타워의 높이는 238m이고 여기에 타워의 건축 지점 높이인 243m를 더하면 481m가 된다(자료에 따라 479.7m라 하기도 한다). 남산의 높이에 타워의 높이를 포함해야 하느냐 아니냐가 신문 기사로 등장할 정도로 남산서울타워와 남산은 혼연일체의 관계다. 남산서울타워의 합산 높이와 서울의 대표적 랜드마크로서의 지위는 오랫동안 상당히 견고했으나, 2017년 자체 높이만 555m에 달하는 롯데월드타워가 완공되면서 이전만큼의 독보적 지위는 누리지 못하고 있다. 각각 강북과 강남의 대표적 랜드마크로 생각하면 무리가 없을 것이다.

 잘 알려진 것처럼 남산서울타워는 방송용 타워라는 상당히 실용적인

위> 강북 구도심과 남산서울타워
아래> 남산서울타워와 KBS 송신탑

목적으로 지어졌다. 착공은 1969년 12월 15일, 완공은 1975년 7월 30일 이므로 2024년 기준으로 50년에 가까운 연륜을 갖고 있다. 당시 3개 방송사가 공동 투자한 사업이었는데 이후에는 KBS, MBS, SBS, BBS, CBS, PBC, TBS 등이 안테나를 수직 부위별로 나누어 사용하기도 했다. 2000년 이후 방송 송출 기능의 상당 부분을 관악산으로 이전하였고 그나마 다른 방송도 바로 옆의 KBS 송신탑에서 대부분 송출 중이다. 처음에는 보안시설이었으나 1980년에 전망대를 설치하면서 민간에게 공개하기 시작했다. 지금의 남산서울타워는 부분적으로는 여전히 방송 기능을 수행하되 서울 강북의 랜드마크로서, 그리고 무엇보다 남산을 방문하는 사람들을 위한 복합 시설로서의 성격이 더 강하다. 남산을 오르는 도로에는 기본적으로 전기 버스만 운행하고 남산서울타워로 오르는 마지막 경사 구간은 아예 차량 출입이 금지되어 있다. 결과적으로 타워의 하부 주변은 보행자와 자전거 천국을 이루고 있으며 이는 여타 관광지와 크게 다른 점이다. 게다가 무려 1962년에 설치되어 이 타워보다도 오래된 남산케이블카가 인접하여 남산서울타워는 대한민국에서도 접근 방식이 특이한 장소 중 하나가 되었다.

남산서울타워는 외형상 크게는 기단과 타워의 2부분으로 나뉜다. 건물 전체는 2000년 무렵부터 YTN 소유지만 운영 주체는 YTN과 CJ푸드빌로 이원화되어 있다. 기단은 다양한 식당과 홍보관 그리고 일부 방송 시설이 있는 6개 층의 복합 문화시설로서 최상층을 제외하고는 '서울타워플라자' 라는 이름으로 YTN이 직접 운영한다. 기단의 최상층(법적 5층)과 타워 부분은 CJ푸드빌이 'N서울타워'라는 이름으로 운영하는데 2005년에 대대적으로 리모델링하여 낡은 시설이라는 그간의 이미지를 종식했다. 타워 부분은 다시 크게 4부분으로 나뉜다. 하부의 두꺼운 원통형 부분에는 다양한

F&B 시설이 들어가 있고 그 위는 타워의 몸통이며, 그 위는 이 타워의 가장 상징적인 부분인 전망대, 마지막으로 최상부에 안테나가 있다. 이 중에서도 전망대와 그 안의 식당은 남산서울타워에서 가장 상징적인 부분으로 건립 당시에는 없었고 나중에 추가된 것이다. 이 부분은 청와대가 보인다는 안보상의 문제로 여러 우여곡절을 겪었는데, 지금은 최상층에 서서히 회전하는 프렌치 레스토랑 엔그릴이 있어 예나 지금이나 서울의 명물임을 자랑한다.

세계타워연맹의 웹사이트에는 남산서울타워 이외에도 부산타워, 롯데월드타워, 부산엑스더스카이 등이 있는데, 남산서울타워에 대해 국내 자료에서는 찾기 어려운 흥미로운 내용들이 많다. 예를 들어 건물의 전체 하중은 15,000톤이며 전체 연면적이 15,345m^2에 달한다. 세종문화회관의 연면적인 16,122m^2에 비견할 만하다. 물론 그 대부분이 넓적한 기단부에 집중되어 있다. 시속 160km의 바람을 이겨내도록 설계되었으며 이 경우 타워는 0.2m 정도(!) 거동한다. 시속 14.5km의 속도로 움직이는 2개의 24인승 엘리베이터는 시간당 480명의 승객을 운송하며 제작사는 오티스OTIS다. 나름 건축 엔지니어링의 총화이며 한 나라 수도의 경관을 바꿔놓은 이 건물은 누가 설계했을까? 세계타워연맹 웹사이트는 친절하게도 건축가의 이름을 자료의 앞부분에 소개하고 있다. 'Jong Youl Chang', 즉 '장종률 1934-1994년'이다. 한국 근현대 건축가들에 대해 비교적 잘 알고 있는 나로서도 처음 접하는 다소 낯선 이름이다. 자료를 찾아보면 1934년생으로 1994년에 불과 만 60세로 사망하였다. 서울대학교에서 건축을 전공한 이후 여러 기관과 회사를 거쳤으며 남산서울타워는 그의 대표작이다. 작품 연보에 KBS 부산 및 대구 방송국이 등장하는 것으로 보아 방송 산업과 인연이 많은 건축가였다.

남산서울타워에 레거시 플레이스의 기준을 적용해 보자. 우선 연륜으로는, 1975년 완공되어 2024년 기준 49년의 세월을 이겨내고 있다. 숫자상으로는 30년, 혹은 적어도 두 세대 이상이 경험을 공유해야 한다는 첫 번째 기준을 충분히 충족한다. 아마도 이 타워의 전망대 레스토랑에서 큰 맘 먹고 비싼 식사를 하며 미래를 약속했던 수많은 연인의 후손들이 지금도 같은 상황을 반복하고 있을 가능성이 매우 높다. 그다음 기준들인 원래 기능의 유지와 원형에 대한 존중 역시 충분히 합격점을 줄 만하다. 비록 방송용 타워로서의 비중이 이전만은 못해졌지만, 여전히 방송 송출의 기능을 수행하고 있다. 무엇보다 이 타워의 의미는 단순한 기술적 구조물에 그치지 않고 수도 서울의 랜드마크, 시민들을 위한 복합 문화 및 휴게시설이라는데 있으며 그 성격은 지금도 여전히 유지되고 있다. 타워 하부의 난간에 매달려있는 엄청난 숫자의 자물쇠들은 시민들에게 사랑받는 장소로서의 성격을 잘 보여주고 있다. 즉 남산서울타워는 공학 구조물로 시작했지만 결국 장소가 되는 데 성공한 사례이다. 비록 복원된 것이지만 인근의 역사 유적인 봉수대 그리고 1968년에 지어진, 전통 건축 양식인 팔각정 등과 연계되어 장소로서의 성격은 더욱 다양하게 확장된다. 이런 점에서 레거시 플레이스의 마지막 기준인 공공성에서도 별도의 설명이 필요하지 않다.

남산서울타워는 건립된 이후 오랜 세월 서울의 일상적 풍경을 구성하는 대체 불가이자 불변의 요소가 되었다. 우주 로켓을 연상케 하는 외형은 남산을 가상의 발사대로 만들면서 미지의 미래로 날아가고자 하는 당시 대한민국의 열망을 담은 것처럼 보인다. 1990년 발의되어 1994년 남산 외인 아파트 철거로 본격화된 남산 제모습 찾기 운동은 2021년 5월 남산 예장자락 재생사업 완료와 더불어 일단락되었다. 이 과정에서 남산의 최정

위> 서울성곽과 남산서울타워
아래> 남산 팔각정

상에 있는 남산서울타워를 없애자는 논의는 본격화되지 않았다. 물론 방송용 시설이라는 현실적 필요성을 인정한 결과이기도 했지만 그 못지않게 남산서울타워가 어느덧 서울이라는 도시의 핵심적인 경관으로 자리 잡았기 때문이기도 하다. 밋밋하게 생긴 남산에 뚜렷한 존재감을 부여했다고도 볼 수 있다. 이에 부응이라도 하듯 남산서울타워는 미세먼지와 같이 시민들의 생활에 지대한 영향을 주는 정보, 혹은 우크라이나 전쟁과 같은 국제적 사건에 대한 의견 등을 다채로운 빛을 통해 시각화하여 보여주는 등 일종의 미디어 매체의 역할 또한 수행하고 있다. 물론 개별 내용이나 표현에 대해서는 이견이 있을 수 있으나 남산서울타워가 스스로에게 그런 역할을 부여해 온 것에 대한 근본적인 반대 의견은 접한 바 없다.

남산서울타워는 남산케이블카, 63빌딩 등과 더불어 서울 사람이라면 누구나 알고 있지만 정작 가지는 않는다는 독특한 도시 전설(?)의 일부이기도 하다. 어떤 도시건 그런 장소는 있기 마련이다. 예를 들어 뉴욕이라면 엠파이어스테이트빌딩, 파리라면 에펠탑이 그럴 것이다. 그만큼 관광명소가 되었다는 의미인데 막상 가 보면 시설의 쾌적함과 경관의 아름다움을 느끼지 않을 수 없는 근사한 장소이다. 지난 수십 년 동안 서울의 대표적 랜드마크로서, 그리고 수많은 시민의 휴식과 위락을 위한 장소로서 기능해 온 남산서울타워는 우리 사회의 대표적 레거시 플레이스로서 손색이 없다.

10
어느 외국 건축가의 집념
부산 코모도호텔

주소: 부산 중구 중구로 151
건축년도: 1979년 건축가: 조지 프루
면적(m²): 33,077.13

　　　　　　　　　　　조지 프루George Frew, 1930-2019년. 어지간히 한국 근현대 건축사에 해박한 사람이라도 이 이름을 듣고 그가 누군지 바로 알기는 어렵다. 대중적으로는 물론이고 건축 분야 내에서도 그렇다. 간단히 설명하자면 호주 출신이고, 지금까지 외국인이 이 땅에 남긴 가장 충격적인 건축의 주인공으로 기억할 만한 인물이다. 문제의 건물은 바로 부산의 코모도호텔이다. 조지 프루는 이 건물을 설계한 호주 건축가로 여러 기록에 전해진다.

　1876년 강화도조약으로 개항한 이후 한반도에는 수많은 외국인 건축가가 들어오기 시작했다. 그중에는 지금의 기준으로 보아 건축가인지 시공자인지 구분이 어려운 사람들도 많았다. 처음에는 주로 일본인, 청국인들이 한반도에 진출한 자국 상인들을 위한 건물을 지었다. 개항장이었던 인천, 부산 등이 시발점이었고 그 흔적은 지금도 목격된다. 이후 서구 건축가들이 진출하면서 한반도 건축은 이전과 비교할 수 없을 정도로 다양해지기 시작했다. 각국의 외교 공관은 물론이고 종교 시설, 학교, 호텔 심지어 궁궐까지 서구인 건축가들의 작업 대상이 되었다. 그들은 대부분 자국의 건축 양식을 그대로 옮겨왔으며 일본 건축가들 역시 서구 양식주의 건축을 답습했기 때문에 1920년 중반의 경성 중심가는 유럽의 여느 도시 같은 분위기를 느낄 수 있을 정도였다.

한국은 결국 일본의 식민지가 되었다. 이후 일본과 서구와의 관계가 서서히 경직되고 결국 2차 세계대전이 일어나면서 서구인 건축가의 유입은 거의 중단되었다. 한반도 건축계에는 도쿄제대 출신 등의 일본인 건축가가 중심에 있고, 경성고공과 같은 차상위 근대 건축 교육기관을 졸업한 한국인 건축가들이 보조적 역할을 하는 이원적 체제가 자리 잡았다. 이후 해방되면서 다시 본격적으로 해외와의 교류가 시작되었다. 미국인 건축가를 중심으로 유럽 혹은 기타 지역의 건축가들이 한반도에서 작업을 남기기 시작했고, 그 흐름은 지금까지도 이어지고 있다. 역으로 수많은 한국인 건축학도가 해외로 유학을 떠났다. 근대 이후 한반도 건축의 역사는 외부 세계와의 긴밀한 교류라는 틀을 벗어나 설명하기 어렵다.

그중에서도 조지 프루의 입지는 너무 독특하여 지금도 사실상 해석이 쉽지 않다. 현재까지 그가 한반도에 남긴 작업으로 알려진 것은 부산 코모도호텔 단 하나인데, 이 호텔은 근대 이후 한반도에 지어진 어떤 건축보다도 한국의 전통 건축을 직설적으로 차용한 사례이다. 대형 건축이라 기본 골조가 철근 콘크리트인 '콘크리트 한옥'인데 규모나 정교함에 있어서 역대급이다. 굳이 비교하자면 남한의 경우 경복궁 안에 있는 현 민속박물관구 국립박물관, 북한의 경우 평양의 인민대학습당 등 국가적 건축물 정도가 비교 대상일 것이다. 한반도에 자국 건축을 이식하거나 한국 전통 건축에 대한 피상적인 감상과 흥미 정도를 표현해 왔던 다른 외국 건축가들과는 확연히 구별되는 태도다.

물론 이것은 호텔이라는, 일반 대중을 상대로 하는 상업용 건축 특유의 스타일적 유연성 정도로 이해할 필요가 있다. 앞으로 세월이 흐르고 건축에 대한 새로운 시각이 등장한다고 해도 코모도호텔이 한국 전통 건축 재해석의 유의미한 사례로서 깊이 있는 평가의 대상이 될지는 미지수다. 일단 다양한 자료를 종합해 보면 조지 프루는 전문적인 건축가라기보다는 일종의 부동산 사업가로서 코모도Commodore, 즉 '제독'이라는 이름의 호텔 체인을 운영했던 것으로 알려져 있다. 부수적으로 호주의 역사적 건축이나 선박을 보존 혹은 복원하는데 열심이었다는 이야기가 전해진다. 부산 코모도호텔의 특이한 성격 또한 그가 전통과 역사에 대해 나름대로 관심이 있었다는 맥락에서 이해될 수 있다. 1979년 3월 10일 경향신문에는 '부산 코모도는 호주 코모도호텔이 진출한 호화 호텔'이라는 기사가 실렸다. 그러나 부산 코모도호텔 측에 문의하니 설립자는 현재 구순의 노령인 국내 기업인이며, 조지 프루가 운영했다는 해외의 코모도호텔 체인과는 관련이 없다고 한다. 부산 코모도호텔 웹사이트에는 이 호텔의 이름이 충무공 이순신을 염두에 둔 것이라는 설명도 나온다.

이 호텔을 굳이 레거시 플레이스의 대표적 사례 중 하나로 거론하려는 이유는 책의 목적에 부합하기 때문이다. 이 책은 기본적으로 우리 주변의 여러 건축을 '레거시 플레이스'라는 개념을 통해 바라보고 관련된 이야기를 발굴하고자 하는 의도가 있다. '레거시 플레이스'라는 명칭 자체가 긍정과 부정의 의미를 동시에 담고 있다. 나아가 조금 덜 알려진 사례를 적극적으로 발굴해 보고자 하는 나의 의욕 또한 부정할 수 없다.

부산 코모도호텔에 대한 이야기는 동료 건축가들에게 처음 들었다. 내 또래들은 이 건물에 대한 평가가 인색했다. 부산에 신기한 콘크리트 한옥 호텔이 하나 있는데 시대착오적이고, 전통적 요소의 단순한 차용에 불과하며, 나아가 한국적인지도 잘 모르겠다는 의견이 대부분이었다. 심지어

1952년에 지어진 대만 원산대반점의 짝퉁이 아니냐고 화를 내는 사람도 있었다. 이해하는 입장에서 보자면 내가 속한 세대에는 기능주의, 구조적 진실함, 건축의 보편성 등과 같은 소위 전형적 근대 건축의 가치를 교육받은 사람들이 많았다. 심지어 한옥과 같은 한국 전통 건축마저도 학습의 대상은 될 수 있을지언정 실천의 대상은 될 수 없다고 믿었을 정도다.

비유하자면, 세계 근대 건축의 거장 미스 반 데어 로에의 제자인 김종성이 설계한 힐튼호텔의 근대적 미학에 열광하는 사람일수록 부산의 이 특이한 호텔을 받아들이기가 쉽지 않았다. 그런 사람들에게 코모도호텔은 건축의 깊이가 낮은 키치^{kitsch}에 불과했다. 그런데 어느 시점부터 건축계 안팎에서 좀 다른 이야기가 들려오기 시작했다. '적어도 그냥 키치로 폄하할 정도는 아니지 않은가'였다. '직접 가보면 무언가 진정성이 느껴진다'라는 의견도 있었다. 백문이 불여일견, 내 눈으로 직접 보기로 했다. 일부러 오리지널 인테리어가 남아있는 방을 잡아달라고 요청하여 하룻밤을 보냈다. 솔직히 건축가로서가 아니라 글을 쓰는 작가로서의 호기심이 더 강하게 작동했다.

부산역에서 내려 코모도호텔로 걸어가는 길은 부산 특유의 경사 지형을 연속적으로 극복해야 하는 과정이다. 코모도호텔은 언덕 위에 자리 잡고 있는 데다가 지상 15층으로 상당한 고층이어서, 밤하늘을 배경으로 마치 전설 속의 용궁처럼 강한 조명을 받으며 서 있다. 이 일대는 원래부터 '영선산'이라고 하여 부산 원도심 내의 지형적 장애물로 여겨지던 지역이다. 일제시대에 대대적인 평탄화 및 매립 사업을 벌였으나 여전히 상당한 경사가 남아있다. 조선시대 당시 추정 해안선 지도를 보면 현재의 코모도호텔 앞까지 바다였다는 사실을 알 수 있다.

코모도호텔이 이 위치에 자리 잡은 것은 1979년인데, 대형 콘크리트

부산 원도심의 골목에서 바라본 코모도호텔 야경

한옥의 계보로 보면 사실상 끝자락에 가깝다. 앞에서 언급한 구 국립박물관이 1966년, 또 하나의 대표적인 콘크리트 한옥인 현충사가 1967년, 철거 이후 잔해 일부가 현재 서울역사박물관 뜰에 전시된 콘크리트 광화문이 1968년, 국기원이 1971년에 지어진 것을 감안하면 더욱 그렇다. 이것은 역으로 부산 코모도호텔이 지어질 무렵 한국에 정교한 콘크리트 한옥을 짓는 경험과 기술이 이미 상당히 축적되어 있었음을 의미한다.

가파른 경사지를 걸어 건물의 로비에 들어서면 쉽게 경험할 수 없는 신세계가 펼쳐진다. 천장에는 단청, 벽면에는 문양 전돌, 계단에는 용 무늬 난간, 이런 식이다. 여백이 거의 없이 사용 가능한 모든 면과 공간을 가득 채우고 있다. 지금까지 살면서 이 정도로 공예적 세계관이 과하도록 충만한 장소를 경험해 본 적이 있을까 싶을 정도였다. 조지 프루는 한국의 궁궐 건축에서 많은 영감을 얻었다고 하는데 적어도 그 말은 사실인 듯하다. 하나하나 만듦새도 상당히 정교했고 한눈에도 정성이 들어간 것을 느낄

위 좌> 로비의 샹들리에　위 우> 전통문양으로 화려하게 장식된 로비의 벽면
아래 좌> 계단의 용 난간　아래 우> 객실의 주물 스탠드

수 있었다. 객실에 들어가 보니 역시 마찬가지였다. 한식 창호에는 나뭇잎이 창호지에 정갈하게 접착되어 있었고, 미니 냉장고의 덧문 또한 한식 창호의 모티브를 구현했다. 침대 머리맡의 스탠드도 하나하나 주물을 떠서 만들었다. 개념적으로는 키치로 불릴지 몰라도 만들기라는 측면에서는 상당한 고급을 실현한 이원적 태도를 어떻게 평가할 수 있을지 모르겠다. 한 가지 확실한 것은 이 정도의 공예적 완성도는 비용적인 이유에서라도 이제 더 이상 가능하지 않다는 것이다. 부산 코모도호텔은 이렇게 나름대로 한 시대를 충실히 증언하고 있다.

연륜은 40년이 조금 넘었고, 처음부터 지금까지 호텔로서 잘 기능하고 있으며, 건축의 외관이나 내부 공용 부분의 원형이 잘 유지되고 있다는 점에서 부산 코모도호텔은 레거시 플레이스의 여러 기준을 무리 없이 충족한다. 공공성이라는 또 다른 기준으로 보아도 한때 부산 일대의 중요한 사건들이 이 호텔에서 많이 일어났고, 특히 김영삼이 애용하던 장소였다는 점에서 충분히 설명된다. 게다가 이제 시대가 변했다. 탈근대주의, 해체주의, 문화적 다원주의 등이 등장하면서 특이한 건축을 바라보는 시선도 이전에 비해서는 훨씬 순화되었다. 이보다 이후인 1980년대 중반에 지어진, 자타가 공인하는 한국 근현대 건축의 기념비인 힐튼호텔이 철거냐 보존이냐의 논쟁 속에 앞날이 불투명한 가운데, 그와는 사뭇 다른 건축적 성격을 지닌 부산 코모도호텔은 여전히 건재하다. 이를 보면서 한국 사회에서 건축이 존재하는 사회적 지형의 다양성과 예측 불가능성을 새삼 실감한다.

11
한국 화교 역사의 산 증인
빈해원

주소: 전북 군산시 동령길 57
건축년도: 1960년대 건축가: 미확인
면적(m²): 1,072.14

물가 빈濱, 바다 해海, 동산 원園. '바닷가 동산' 정도의 의미로 군산에 있는 중국음식점의 이름이다. 이름만으로는 인천 차이나타운의 공화춘과 더불어 전국에서 가장 잘 알려진 중국음식점이 아닐까 한다. 공화춘은 짜장면의 원조집으로 알려져 있다. 그러나 여러 정황을 보면 짜장면은 이미 인천 차이나타운 일대에서 만들어지고 있었으며, 공화춘이 가장 먼저 짜장면이라는 이름을 걸고 팔기 시작한 것이라고 한다. 그렇다면 빈해원은 무엇으로 유명해졌을까? 음식에 대한 리뷰가 그다지 열광적이지 않은(?) 편임에도 불구하고 군산에 가면 꼭 가 봐야 할 곳으로 빈해원을 꼽는 이유는 아마도 특이한 건축 때문일 것이다.

빈해원이 자리 잡은 곳은 전북 군산시 동령길 57. 빈해원이란 이름에 걸맞게 뜬다리 부잔교로 유명한 군산 내항이 지척이다. 바로 길 건너편은 군산근대건축관인데 원래 조선은행 군산지점으로 지어졌던 건물이며 건축가는 나카무라 요시헤이 中村 與資平, 1880-1963년 로, 이 책에 여러 차례 등장하는 인물이다. 빈해원은 군산 내항을 따라 달리는 4차선 도로인 해망로에 면해 있는데 그 입구는 코너를 돌아 동쪽의 다소 좁은 길 쪽으로 나 있다. 일제시대에 조성된 이 일대 도시 블록은 대강 한 변의 길이가 40m에서 70m 정도인데, 빈해원은 그중에도 40m 폭의 블록 한 면을 완전히 채우고 있는 비교적 큰 건물이다. 2층에 불과하지만 길이로만 보면 이 일대에서 학교나 대형 박물관을 제외하고는 빈해원보다 더 긴 건물이 없을 정도다.

정면에서 보면 2층 건물인 것이 확연히 드러난다. 좌우 대칭에 한가운데 입구가 있고 창문에는 철창살이 끼워져 있는 외형은 한때 많은 전통적 중국음식점의 표준이다. 바로 인접하여 4층 건물이 블록의 모서리를 차지하고 있어 빈해원 입구는 그리 넓어 보이지 않지만 내부로 들어가면 훨씬 넓은 공간이 기다리고 있다. 입구 안쪽에서부터 식사 공간이 시작되고 한쪽에는 2층으로 올라가는 널찍한 계단이 있는데 주된 공간은 그 안쪽이다. 건물 전체 길이의 절반에 해당하는 이 공간은 1층과 2층이 열려 있는 중정, 그리고 주변의 단체실로 구성되어 있다. 무협영화를 많이 본 사람들에게는 매우 익숙할 구조다. 어떤 사람들은 이를 가리켜 중국식 전통 여관인 객잔客棧의 구조와 유사하다고 한다. 중정에 해당하는 부분에는 천창이 있는데 컬러 비닐로 덮어놓아 과도하게 햇살이 들어오는 것을 막고자 했다.

단적으로 말하자면 장소로서 빈해원의 유명세는 중심 공간의 유형이 갖는 보편적 매력에서 비롯되었다. 중국식 인테리어 요소를 제거하고 나면 딱히 중국적이라고 할 만한 것이 아니다. '다층의 중정과 그 주변의 공간'이란 전 세계 건축 역사에서 수도 없이 반복되어 온 유형이기 때문이다. 대표적인 비잔틴 건축인 성 소피아 성당(현재는 모스크), 스웨덴의 군나 아스플룬트가 설계한 스톡홀름 시립도서관, 미국 건축가 루이스 칸이 설계한 필립스 엑시터 고등학교 도서관, 밀라노의 갈레리아 등 관련 사례는 수도 없이 많다. 대한민국에서도 세운상가, 낙원아파트, 원일아파트 등을

위> 빈해원과 군산 근대 건축관 (출처: 국토교통부 V-WORLD)
아래> 빈해원 입구

위 좌> 빈해원의 중정   위 우> 세운상가의 중정
아래> 캐슬 오브 스카이워커스(설계: 황두진건축사사무소, 촬영: 박영채)

포함하여 60, 70년대에 수많은 중정형 아파트가 지어진 바 있다. 규모가 워낙 커서 그렇지 잠실의 롯데월드 또한 기본적으로는 같은 유형이다. 건축가인 나 역시 매우 선호하는 유형으로, 프로배구팀의 훈련 시설인 천안의 캐슬 오브 스카이워커스를 중정형으로 설계했다.

중정형 유형의 최대 장점은 한마디로 '따로 또 같이'라고 할 수 있다. 건물 각 공간의 독립성을 유지하면서도 전체적으로 유기적인 연관성을 갖고 싶을 때 중정형은 매우 훌륭한 대안이다. 따라서 종교 공간에서부터 사무실, 공동 주거에 이르기까지 그 적용 범위 또한 매우 넓다. 한국의 전통 주거인 한옥도 중정형 건축의 특징을 갖는다. 특히 혼잡한 도심에서 중정형은 매우 탁월한 성능을 발휘한다. 건물의 외곽 부분을 통해 주변 소음을 차단할 수 있고 중정을 이용하여 내부의 경관을 만들 수 있어 주변 환경 변화에도 큰 영향을 받지 않는다. 다세대, 다가구로 둘러싸인 한옥이 안에 들어가 보면 의외로 거주성을 잘 유지하고 있는 것 또한 이런 이유에서다. 빈해원의 경우, 개방된 넓은 공간에서 식사하기를 원하는 손님들의 욕구와 개별적으로 구획된 공간을 원하는 단체 손님들의 필요를 모두 충족시키기 위해서 중정형을 선택한 것으로 보인다. 1960년대에 처음 지어졌을 때는 1층이었는데 나중에 2층으로 증축하면서도 이 유형을 유지했다. 이는 단순히 분위기 조성을 넘어 사업의 목적에도 잘 부합했기 때문이었을 것이다.

건축물대장 등 공공 기록에 의하면 현재의 건물은 1965년 9월 16일에 건축허가를 받았다. 아마도 2층 증축이 이때 이루어진 듯하다. 주소는 동령길 57이지만, 건물은 이를 포함한 4개의 필지에 걸쳐있다. 지하층 없는 지상 2층 건물로 실제 상황과 공부상 기록이 일치한다. 특이하게도 건물의 용도가 '제2종 근린생활시설, 주택'으로 되어 있다. 현장을 방문했을 때

위> 2층에서 내려본 빈해원의 중정
아래> 2층 복도의 바닥

중정을 기준으로 남쪽에는 단체 손님실이 있고 북쪽은 그렇지 않아서 '혹시나?' 했는데, 종업원을 위한 숙소였다는 대답이 돌아왔다. 그런 점에서 내가 주장하는 '무지개떡 건축', 즉 층별로 용도가 다른 주상복합 건축의 기본 개념과도 연관이 있다.

빈해원은 화교인 왕근석씨가 1952년 창업했고 현재의 주인은 그의 조카인 소란정씨다. 흥미로운 역사의 또 다른 한편으로는 한반도에서 화교들이 겪어야 했던 쓰라린 역사와도 맥이 닿아있다. 화교는 전 세계에 퍼져 있으나 한반도 화교들의 특징은 지리적으로 인접한 중국 산둥성에 연고를 둔 사람들이 많다는 것이다. 한국 이외 지역의 화교들은 중국 동남부 지역 출신이 많다. 그러다 보니 한국 화교들은 광둥어가 아닌 표준 중국어를 구사하곤 한다. 화교가 본격적으로 한반도에 이주한 것은 1882년 임오군란 때이다. 당시 청나라 군대를 따라온 상인들이었고 대부분 초기 개항장 중 하나인 인천에 정착했다. 화교의 경제력은 한때 상당했으나 1961년 외국인 토지 소유 금지법, 1962년 화폐 개혁 등으로 입지가 대폭 축소되었고 현실적으로 요식업이 거의 유일한 대안이 되었다.

그들 중 하나가 빈해원의 창업자인 왕근석씨다. 산둥반도 출신으로 인천에 살던 그가 군산으로 오게 된 것은 한국전쟁 때문이었다. 그 역시 피난민이었고 그런 점에서 역사의 수레바퀴를 피할 수 없었던 수많은 사람 중 하나였다. 군산 화교의 역사는 그보다 더 오래되었다. 1876년 강화도조약으로 부산, 인천, 원산 등이 개항했고 임오군란과 청일전쟁을 겪은 후 1899년 군산이 개항했다. 당시 인천과 원산에 거주하던 청국인들이 치외법권 지역인 군산 조계지로 이주하고 이들을 위해 청국 영사관이 설치된 것이 군산 화교의 시초다. 도시 상공인 혹은 농민, 노동자로 생활하던 군산의 화교는 해방 당시 1,200명에 달했으나 현재는 소수만 남아있다.

1942년 빈해원에서 걸어서 10분 거리인 구도심 남쪽의 명산동에 군산화교소학교가 창설되었으나, 2019년부터 휴교 상태인 것이 현재 군산 화교들이 처한 상황을 잘 보여주는 듯하다.

빈해원은 레거시 플레이스의 조건들을 모두 충족하고 있을까? 우선 역사로 보면 현재의 건물 기준으로 60년 내외이므로 충분하다. 최소 30년이라는 정량적 기준을 넘어서고 여러 세대가 함께 공유해 온 장소라는 정성적 기준 역시 만족시킨다. 그다음 '원래의 용도가 유지되고 있는가'라는 점에서도 빈해원은 건축 당시부터 내내 중국음식점으로 사용되어 왔으므로 아무런 문제가 없다. 세 번째 조건인 원형에 대한 존중 역시 마찬가지다. 건립 이후 증축을 거치면서도 애초의 중정형 배치를 그대로 유지한 점, 입구 등에서 당시 중국음식점 건축 형태가 잘 남아있는 점 등을 보면 원형을 유지하고자 하는 의지가 확실히 읽힌다. 바로 그런 점 때문에 빈해원은 2018년 8월 6일 국가등록문화유산이 될 수 있었다. 2020년 군산시는 〈군산 빈해원 기록화 조사 보고서〉를 발간하기도 했다. 마지막 조건인 공공성 또한 몇 세대를 이어오며 수많은 사람의 추억이 담긴 장소로서의 역할을 생각하면 충분히 충족한다.

빈해원은 전국에 존재하는 수많은 중국음식점 중 하나지만, 한반도 근대사와 화교의 역사가 독특한 유형의 건축에 잘 담겨온 우리 사회의 소중한 레거시 플레이스이다. 지금도 우리 주변에 얼마나 많은 음식점이 끊임없이 생겼다가 없어지기를 반복하는지 생각하면 60년이라는 세월은 그만큼 무겁게 다가온다. 화교들은 한국인과는 또 다른 의미에서 동아시아 역사의 변화를 이겨내야 했으며, 그 점 역시 이 장소를 특별하게 만든다. 마지막으로 빈해원이 음식점이니만큼 음식에 대해 한마디 하자면, 세간의 여러 가지 평가와 무관하게 나의 입맛에는 상당히 잘 맞았다. 대체로 간이 그리 강하지 않으며 해산물 등 재료를 아끼지 않고 풍성하게 사용하는 점도 좋았다. 빈해원은 요즘의 유행보다는 옛 맛을 유지하는 것으로 알려져 있는데 이 점 또한 매력적이라고 생각한다. 장소 못지않게 음식에서도 레거시가 느껴지는 듯하다.

12
건물도 메뉴도 레거시
진주 천황식당

천황식당 입구

주소: 경남 진주시 촉석로207번길 3
건축년도: 1954년 건축가: 미확인
면적(m²): 79.34

진주의 천석꾼이었던 1대 정 엽 할아버지는 강문숙 할머니와 들말(신안, 평거동 지역)에서 사시다가 자식들이 커가면서 현재의 자리(나무전거리)로 이사하셨습니다. 집 안에 일해주는 사람이 20명이 넘을 정도로 부족함이 없이 사시던 할아버지와 할머니는 나무전거리에 나무를 팔러 오던 나무꾼들이 나무를 다 팔지 못하면 나무도 맡아주시고, 배가 고프다고 하면 밥 한 끼 내어 줄 정도로 인심도 좋으셨습니다. 그리고 집 안에 제사도 많고 집 안 식구들도 많은 탓에 손도 크시고 음식 솜씨도 좋았던 할머니를 동네사람들은 '대방네'라고 불렀습니다. 시대상황과 주변환경으로 인해 자연스럽게 장사를 하게된 강문숙 할머니는 1915년 '천안식당'이라는 이름으로 음식장사를 시작하게 되었습니다. 이 후 2대 정봉문 할아버지께서 말년에 명리학을 공부하시다가 예전에 진주지역에 봉황이 살았다는 전설(옥봉동, 봉래동, 비봉산 등 지역명에도 유래가 있습니다)과 하늘의 봉황이라는 뜻으로 지금의 '천황식당'으로 식당이름을 바꾸셨습니다. 천황식당은 초기에는 냉면, 정식 등 다양한 메뉴들을 판매하였지만 2대 정봉문, 3대 전한영에 이어 4대 정순인은 단일 메뉴로 집중하여 진주지역의 비빔밥의 맛과 전통을 이어가고 있습니다.   _천황식당 안내문

경남 진주시 촉석로207번길 3 대안동 4-1에 있는 진주의 대표적 노포인 천황식당의 벽에 붙어있는 안내문의 내용이다. 띄어쓰기 및 철자법 등을 일부러 원문 그대로 옮겨 적었다. 가게의 내력을 자세하게 적어서 제공하는 경우는 흔치 않다. 일단 그만큼 역사가 오래되었다는 이야기이고, 한 편으로는 이름으로 인한 오해를 풀기 위한 노력의 일환이기도 하다. 여기저기 자료를 보면 '천황'이라는 이름의 유래에 대해 궁금해하는 사람들이 많은데, 주인은 식당 이름이 '일본의 덴노'가 아닌, '하늘의 봉황'에서 온 사실을 분명히 밝히고자 했던 것 같다. 게다가 진주가 어떤 곳인가. 임진왜란 당시 진주성 전투와 논개의 투신이 있었고 조선 말기에는 진주의병이 일어났으며, 일제시대에는 기생과 걸인을 포함한 모든 계층이 참여한 진주 3·1운동이 일어났던 곳이다. 한마디로 끈질긴 항일 투쟁을 이어온 대표적 지역의 하나다. 이런 곳의 오래된 식당 이름에 일본을 연상케 하는 단서가 들어갔을 리 없지 않을까.

현재의 진주는 인구가 34만 남짓한 비교적 큰 도시인데, 19세기 지도인 〈진주성도〉를 살펴보면 원래 도시의 중심은 진주성과 촉석루 주변, 즉 남강의 북쪽 강 안과 그 북쪽 지역이었다. 배후의 비봉산을 중심축에 놓고 보면 진주성은 상대적으로 서쪽으로 돌출해 있다. 이후 진주는 크게 성장하여 남강을 넘은 지 오래지만, 남강 북쪽의 원 구도심 인근 지역만 놓고 보면 대체로 서북 방향으로 새로운 개발이 이루어져 왔음을 알 수 있다. 천황식당이 자리 잡은 대안동 일대는 바로 진주의 원 구도심 중에서도 핵심 지역이다. 멀지 않은 곳에 진주 객사가 있고 1884년에 개장한 진주중앙시장은 천황식당 바로 그 일대다. 안내문에 나오는 나무전이 바로 중앙시장에 있었다. 현재 지도를 보면 천황식당 인근 지역은 도로가 모두 격자형으로 반듯반듯하다. 꼬불꼬불한 전통적 도시 구조에 익숙한 사람이라면 의문을 가질 수밖에 없다. 이에 대한 답은 1951년의 진주 항공사진을 보면 풀린다. 일제시대가 끝난 지 얼마 되지 않은, 한국전쟁 당시에 촬영한 이 사진에는 조선시대 진주의 도시 조직이 희미하게 남아있다. 원 구도심 전역에 걸쳐 격자형의 간선 도로망이 구축되어 있는데 도로와 도로 사이에는 여전히 오래된 도시 조직이 보인다. 조선시대 도시 위에 격자형 도로망이 더해졌고 원 구도심 서북쪽, 즉 현재의 진주여고 남쪽 지역은 일제시대의 신개발지로서 격자형 블록이 촘촘하게 들어섰다. 이후 원 구도심의 나머지 지역에도 같은 도시 구조가 적용되어 현재에 이르고 있다.

이 항공사진에 현재의 천황식당 건물은 나오지 않는다. 천황식당의 건축물대장에 의하면 항공사진을 촬영한 이후인 1954년 12월 1일에 건축허

오늘날의 진주 항공사진. 붉은 색은 각각 일신여고보와 천황식당 위치
(배경지도 출처: 국토교통부 V-WORLD)

가를, 같은 해에 사용승인을 받았다. 근대 이후 이 일대에는 상당한 도시적 변화가 있었고, 동시에 천황식당 일대의 소규모 격자형 도로는 일제시대 이후에 본격적으로 형성된 것이다. 천황식당은 사거리의 남서쪽 코너에 자리 잡고 있으며 연면적과 건축면적이 동일한 79.34㎡다. 작지만 단단하고 정감 있게 생긴 건물이다. 지붕은 특이하게도 정자처럼 용마루가 한 점으로 모이는 사모지붕과 우진각지붕이 혼합된 형태다. 모서리 부분의 직각을 완화하는, 소위 '가각전제'된 코너에 놓인 경사지붕 건물의 고뇌(?)가 느껴진다. 암키와와 수키와가 일체형으로 되어 있는 개량 시멘트 기와가 덮여 있고 벽체 상단이 적산가옥에서 흔히 보는 시멘트 뿜칠로 마감되어 있다. 당연히 적산가옥으로 착각할 수 있으나, 처마에 원형 서까래가 돌출되어 있을 뿐 아니라 건립 연대를 보더라도 엄연히 한국전쟁 이후의 변형 한옥으로 보아야 한다. 다만 건축물대장에는 단순히 '목조'로만 나온다.

내부에 들어가 보면 비교적 깔끔하게 정리된 모습인데 유리 벽 너머로 주방 내부가 보이는, 이른바 오픈 주방 형식인 것이 이색적이다. 이 집의 메뉴는 매우 간단하다. 진주의 상징 논개가 그려진 입구의 메뉴판을 보면 육회비빔밥, 육회 그리고 석쇠불고기가 전부다. 앞서 소개한 안내문에서처럼 원래는 진주냉면을 포함한 다양한 메뉴를 제공하다가 비빔밥을 중심으로 메뉴를 개편했다. '선택과 집중'이라는 측면에서 나름 브랜드 관리의 좋은 사례인 듯하다. 진주는 전국적으로도 음식문화가 매우 발달한 곳인데, 경상도 지역으로서는 특이한 경우다. 특히 진주냉면은 평양냉면에 버금가는 명성을 누려왔는데, 이 전통적 인기 품목을 메뉴에서 제하고 비빔밥에 집중하기로 한 것은 경영자로서 큰 결단이었을 것이다. 또한 타 지역의 유명 노포 중에는 정작 현지인들로부터 외면당하는 경우가 종종 있는데, 천황식당은 그렇지 않다. 지금까지 세 번인가 갔는데 모두 지역 분들이 먼저 권해서였다. 그만큼 진주 원 구도심의 상징적 존재로 잘 자리 잡은 듯하다.

　진주는 항일운동 말고도 백정의 신분 해방을 목표로 한 형평사 운동의 본거지로도 잘 알려져 있다. 외세에 대한 투쟁 의지와는 별도로 평등사상 또한 강한 도시였다. 한마디로 이치에 밝고 심지가 곧은 사람들의 도시다. 또한 한국인 최초의 근대 건축가로 알려진 이훈우의 활동 무대이기도 하다. 이훈우는 나를 포함한 3인의 연구로 최근 그 존재가 본격적으로 알려진 인물로서, 진주 인근의 하동 출신이다. 그는 일본 나고야고공에서 유학했고 귀국 후 조선 총독부에서 근무하다가 1920년에 사무실을 개업했다. 진주 항일운동의 역사와 궤적을 함께한 일신여고보^{현 진주여고의 전신} 교사를 설계하였는데, 이 학교는 훗날 토지의 저자인 박경리^{1926-2008년}, 그리고 재불화가 이성자^{1918-2009년} 등 쟁쟁한 동문을 배출했다. 이 학교의 건립 과정 자체가 진주 사람들의 엄청난 항일 투쟁의 역사다. 그가 설계한 일신여고보 자리에는 현재 진주 갤러리아백화점이 자리 잡고 있으며, 천황식당으로부터는 걸어서 200m 정도밖에 되지 않는다. 그가 일신여고보를 설계한 것은 1928년이므로 천황식당의 전신인 천안식당이 개업한 지 13년 후다. 아마 이훈우도 그곳에서 진주냉면이나 비빔밥을 먹지 않았을까.

　레거시 플레이스의 기준을 천황식당에 적용해 본다. 일단 연륜으로 보면 이미 100년을 훌쩍 넘겼고, 이 정도 역사를 가진 식당은 전국적으로도 그리 흔치 않다. 비록 현재 건물은 창업 이후인 1954년에 지어졌으나 이것만 해도 그 역사가 이미 70여 년에 달한다. 이후 지금까지 식당으로 사용 중이므로 원래 기능의 유지라는 기준도 무리 없이 통과한다. 다음으로 원형에 대한 존중 측면에서도 현재의 건물은 한국전쟁 직후의 건축 구법

위> 천황식당 내부
아래> 천황식당 외부

이나 의장적 특성을 잘 유지하고 있어 합격점을 줄 수 있다. 마지막으로는 공공성인데 100년 가까운 역사를 자랑하는 오래된 식당의 공공성은 새삼 거론할 필요도 없다. 아마도 천안식당 시절부터 조사하면 이훈우를 필두로 어지간한 진주의 근현대인들 중 이 식당을 이용하지 않은 사람은 없을 것이다. 거기에 박경리, 이성자 등 진주여고 동문과 일일이 거론하기도 힘든 대단한 명단을 자랑하는 진주고등학교 동문, 이 밖에도 진주를 거쳐 간 수많은 사람을 생각해 보면 그들 대부분의 공통분모였을 천황식당의 공공적 의미는 더 커진다. 작은 식당일지언정 그 장소의 힘은 이처럼 대단하다. 레거시 플레이스란 이런 것이다.

13
호수를 향해 벌린 날개
춘천 어린이회관 (현 KT&G 상상마당 춘천)

의암호 쪽에서 바라본 KT&G 상상마당 춘천의 전경

주소: 강원 춘천시 스포츠타운길399번길 25
건축년도: 1980년 건축가: 김수근
면적(㎡): 12,914

                한반도의 대표적 산수山水 도시를 꼽자면 아마도 춘천일 것이다. 산수 도시는 한반도에서 보편적인 개념이다. 한반도의 지형상 산은 기본이고 강과 호수도 많기 때문에 사람들은 안보, 산업 등 특별한 이유가 없는 한 산기슭과 물가 언저리에 자리 잡아 왔다. 서울의 경우, 내사산과 외사산은 물론이고 그 사이와 너머에 여러 언덕과 봉우리들이 있다. 그리고 그 사이를 한강과 수많은 지류가 종횡으로 흐른다. 부산은 어떤가. 아예 이름에 '뫼 산山'자가 들어갈 정도로 산이 넘쳐난다. 하도 산이 많아서 입지로만 보면 부산이 오늘날과 같은 대도시가 된 것은 일본 식민 지배와 한국전쟁 등과 같은 역사적 사건을 빼놓고는 설명하기 어렵다. 부산에는 서쪽의 낙동강, 동쪽의 수영강과 그 지류인 온천천 등이 있으나 압도적인 산의 존재감에 비해 물의 존재감은 다소 부족한 느낌이다. 물론 그 아쉬움을 단번에 날려주는 것은 별다른 설명이 필요 없는 남해와 그 너머의 드넓은 태평양이다. 부산과 같은 항구 도시를 빼고 다시 서울과 같은 내륙 도시를 살펴보자면, 대부분의 도시에 산이 넘쳐나고 강이나 하천도 하나 정도는 흐르고 있음을 알 수 있다. 대구에는 금호강이 있는데 시의 북쪽 외곽을 따라 흐르고 있어 도시를 남북으로 흐르는 지류인 신천의 존재감이 더 크다. '달구벌'이라는 옛 이름에서도 알 수 있듯이 시내는 의외로 너른 평지지만 외곽으로 가면 팔공산 등 높은 봉우리가 여럿이다. 이에 반해 대전은 대표적인 평지 도시로서 산의 존재감이 약하며 물 또한 외곽에 대청호, 도시 중심에 갑천과 유등천이 흐르는 정도다.

하지만 춘천은 차원이 다르다. 삼악산, 계관산, 대룡산, 용화산 등 600~800m 정도의 봉우리들이 도시 주변을 에워싸고 있고, 도시 자체가 북한강과 소양강의 합수부에 있다. 거기에 의암댐과 소양강댐 등이 건설되면서 물의 절대량 자체가 다른 도시와 비교되지 않는다. 그 중간중간에 붕어섬, 중도, 고슴도치섬 등이 떠 있어 땅과 물이 만나는 관계가 풍성하며 이는 곧 경관적 스펙터클로 연결된다. 춘천이 '호반의 도시'라는 명성을 갖게 된 이유다. 마지막으로 그 자체로 하나의 관광 목적지인 유서 깊은 공지천이 동에서 서로 흘러가면서 산수의 체계를 완성한다. 여기는 물, 여기는 산, 이렇게 명확하게 구별된 것이 아니라 물속에 산이 있고 산 사이로 물이 흐르는 형국이다. 한편 인구가 밀집한 곳은 작은 언덕과 봉우리들이 산재한, 상대적으로 평탄한 부분이다. 그래서 춘천 역시 대구처럼 분지로 분류된다. 결과적으로 시내의 어지간한 부분은 모두 자전거로 갈 수 있다. 원도심인 교동이나 소양로 일대에는 오르막이 여기저기 있지만 그리 심하지 않고 불쑥불쑥 만나는 물의 풍경이 더해지는 재미도 있다. 여기에 서울에서 춘천으로 가는 북한강변 옛 경춘선 철길의 빼어난 풍광 덕분에 춘천은 대표적인 자전거 도시가 되었다. 수도권에 살면서 자전거에 입문하면 누구나 어느 정도 시간이 지나 '춘천 한 번 갈까?'라는 생각을 하게 될 정도다. 춘천시에서도 이를 의식한 듯 경춘선 자전거 길에서 시내로 진입하는 의암호 주변에 상당한 길이의 의암호 자전거 길을 조성해 놓았다.

자전거 길이 도시의 주 진입로가 되는 흔치 않은 도시가 바로 춘천이다.

KT&G 상상마당 춘천은 한반도의 대표적 산수 도시인 춘천에서도 가장 춘천답다고 할 절묘한 자리에 있다. 일단 전형적인 배산임수 지형이다. 산이라고 하기에는 낮지만 그래도 적당한 덩치의 구릉이 바로 뒤에 버티고 있다. 소위 '비빌 언덕'이 있는 셈이며, 전면은 의암호다. 건물 대부분을 이루고 있는 야외 공연장의 객석은 구릉의 완만한 경사를 이용해서 만들었다. 무대가 북서쪽에 있어 만약 한낮에 공연이 진행된다면 태양이 그대로 조명이 되어 무대를 비추는 경험을 맛볼 수 있다. 배산임수라고는 하지만 산이 남쪽, 물이 북쪽에 있어 언뜻 보아 불리해 보이는 조건을 기막히게 역으로 이용했다. 건물의 기능과 주변의 지형 그리고 방위를 탁월하게 해석한 건축가 김수근의 역량이 돋보이는 부분이다. 그는 여기에서 그치지 않았다. 무대를 가급적 낮추고 건물 두 동 사이를 벌려 배경이 되는 부분을 아예 열어 놓았다. 그래서 객석에서 보면 무대 배경은 의암호가 된다. 이 건물의 입지가 어떤 것인지를 말이 필요 없는 방법으로 보여주고 있다. 물론 이러한 공간적 구성이 특정 종류의 공연에는 적절치 않다는 지적이 있을 수 있다. 그러나 이런 조건을 적극적으로 받아들이고 오히려 그에 따라 무대 디자인을 하는 것이 더 창의적인 열린 태도일 것이다.

시내 쪽에서도 이 건물에 접근하는 도로가 있지만 그 경우에는 건물의 특성을 절반도 느끼기 어렵다. 오히려 반대쪽, 즉 의암호로부터 접근하는 것이 훨씬 더 드라마틱하고 효과적이다. 그런데 이 방향으로는 자동차 도로가 없다. 대신 춘천시가 의욕적으로 설치한 의암호 자전거 길과 산책로만 있다. 애초에 김수근이 이런 상황까지 의도했는지는 알기 어려우나, 적어도 이 도시의 후예들이 한참 시간이 흐른 후에 이 건물의 개념을 도시적으로 완성했노라고 말할 수 있을 듯하다. 대한민국의 수많은 문화시설 중

위> 객석과 무대 전경
아래> 건물 사이로 보이는 의암호

에서 이렇게 보행자와 자전거 접근이 자동차 접근보다 훨씬 근사하게 처리된 사례가 또 있는지 모르겠다. 더구나 이 방향의 호숫가에 널따란 잔디밭과 조각공원 그리고 엄청난 인기의 카페가 있어 장소로서의 매력은 더 극대화된다. 실제로 자전거를 타고 춘천 시내에 진입하다 보면 이 지점을 발견하는 즐거움이 대단하다. 바로 뒤가 공지천이 의암호에 합류하는 지점으로 본격적인 시내가 펼쳐지는데, 그곳에 근사하게 사람을 맞이하는 장소가 있는 것이다. 먼 길을 마무리한다는 안도감과 잠시 쉬어가도 좋겠다는 느긋함, 앞으로 경험하게 될 새로운 도시에 대한 기대감 그리고 훌륭한 건축을 경험하는 즐거움이 모두 이곳에서 교차한다.

KT&G 상상마당 춘천은 1980년 서울, 부산에 이어 세 번째 어린이회관으로 건립되었다. 당시 춘천은 전국체전 유치 등으로 도시의 위상이 높아지고 있었다. 원래 사격장 부지였던 이곳에 건물을 설계하게 된 김수근은 1931년생으로서 당시 만 48세, 건축가로서의 기량이 한창 무르익을 때였다. 일반적인 건축가라면 이때부터가 본격적인 경력의 중반부였겠지만, 유감스럽게도 김수근은 이미 경력의 후반부에 접어든 시점이었다. 풍운아였던 그가 워낙 젊어서부터 활발한 활동을 해온 이유도 있지만, 결과적으로 단명하여 불과 6년 후인 1986년, 만 55세의 나이에 간암으로 사망하기 때문이다. 따라서 이 건물은 그의 작품 연보상 비교적 후기에 속한다. 흠모했던 단게 겐조丹下健三, 1913-2005와 스승이었던 요시무라 준조吉村順三, 1908-1997년, 마쓰이에 마사시의 소설 '여름은 오래 그곳에 남아' 주인공의 모델 사이를 오가며 영웅적이며 양감적인volumetric 건축과 반대로 섬세하며 선적인linear 건축을 모두 섭렵했던 그였지만, 이 건물에서 드러나는 모습은 결이 조금 다르다.

위에서 언급한 지형에 대한 절묘한 해석이 첫째고, 그다음으로는 어린이에 대한 그의 생각이다. 당시 김수근은 자신을 어린이에 비유하며 설계에 매진했다고 하는데 만들어진 결과물은 오늘날 우리가 이해하는 어린이 시설의 전형적인 성격과는 다소 거리가 있다. 한마디로 이 건물은 알록달록, 유치찬란하지 않다. 오히려 재료에서 공간에 이르기까지 낮고 묵직하며 심지어 어두운 편이다. 설명 없이 이 건물을 대하면 원래 어린이를 위한 시설이었다고 믿기 어려울 정도다. 반면 계단을 최소화하고 경사로를 도입한 것은 뛰어노는 어린이를 위한 배려로 볼 수 있다. 결과적으로 동의하건 그렇지 않건 '어린이 시설이 어때야 하는가'를 논의할 때 빼놓을 수 없는 사례이다. 물론 춘천 시내에서 차로 가도 15분이 걸리는 다소 외진 곳이라는 입지 조건이 애초에 어린이를 위해 적절했냐는 또 다른 태생적인 질문은 여전히 남는다.

건축가가 아무리 심혈을 기울여 자기 자식처럼 만들어냈다고 해도 일단 떠나보내면 건물은 스스로의 운명을 따라가게 된다. 이 건물은 공공시설로 지어진 것에 비하면 의외로 세월의 풍상을 많이 겪었다. 최초의 발주자였던 강원도에서 강원일보사로, 다시 바른손을 거쳐 춘천시로 넘어가면서 한때 유명했던 춘천인형극제의 장소가 되기도 했으나 2001년에 새로 건물을 지으면서 그마저 떠나버렸다. 새롭게 시도한 사업은 모두 적자였고 천혜의 부지인 이곳에 새로 건물을 지으려는 개발업자만 관심을 보였다. 결국 2012년 춘천시와 현재의 운영자인 KT&G가 건물의 외형을 유지한다는 조건으로 리모델링 사업에 합의했다. 벽돌 한 장 한 장을 재활용하는 지난한 과정을 거쳐 2014년에 다시 개관했고 그때나 지금이나 충실한 리모델링의 대표적 사례로 건축계 안팎에서 손꼽힌다. 다만 이후에도 운영에 대한 논란이 끊이지 않아 지역 신문의 단골 테마로 등장해 왔다. 오죽하면 한 시의원이 자신의 시정 활동 중 가장 후회스러운 것이 이 건물을 포기한 일이라고 인터뷰했을 정도다.

건물의 연혁을 보여주는 표지판

　　KT&G는 이 건물 바로 옆의 강원도 체육회관을 함께 매입해 숙소로 활용 중인데, 성수기에는 방을 구하기 어려울 정도로 인기 장소가 되었다. 일단 적어도 시설의 활용이라는 면에서는 어느 정도 합격점을 받은 셈이다. 한편 건축물대장에 의하면 현재 이 건물의 명칭은 여전히 '어린이회관'이다. 지어진 지 40년이 넘어 적어도 부모와 자식 두 세대가 그 기억과 경험을 공유할 수 있다는 점, 대외적 명칭은 바뀌었으나 여전히 시민들을 위한 복합 문화시설로써 활용하고 있다는 점, 상당히 정성을 기울인 리모델링 과정을 통해 원형을 잘 유지했다는 점 그리고 상업성에 대한 논란은 있지만 여전히 불특정 다수에게 공개된 춘천의 명소로서 가치를 더해가고 있다는 점 등에서 KT&G 상상마당 춘천은 우리 사회의 귀중한 레거시 플레이스임에 틀림없다.

14
철거 직전에 살아남은
대구 무영당

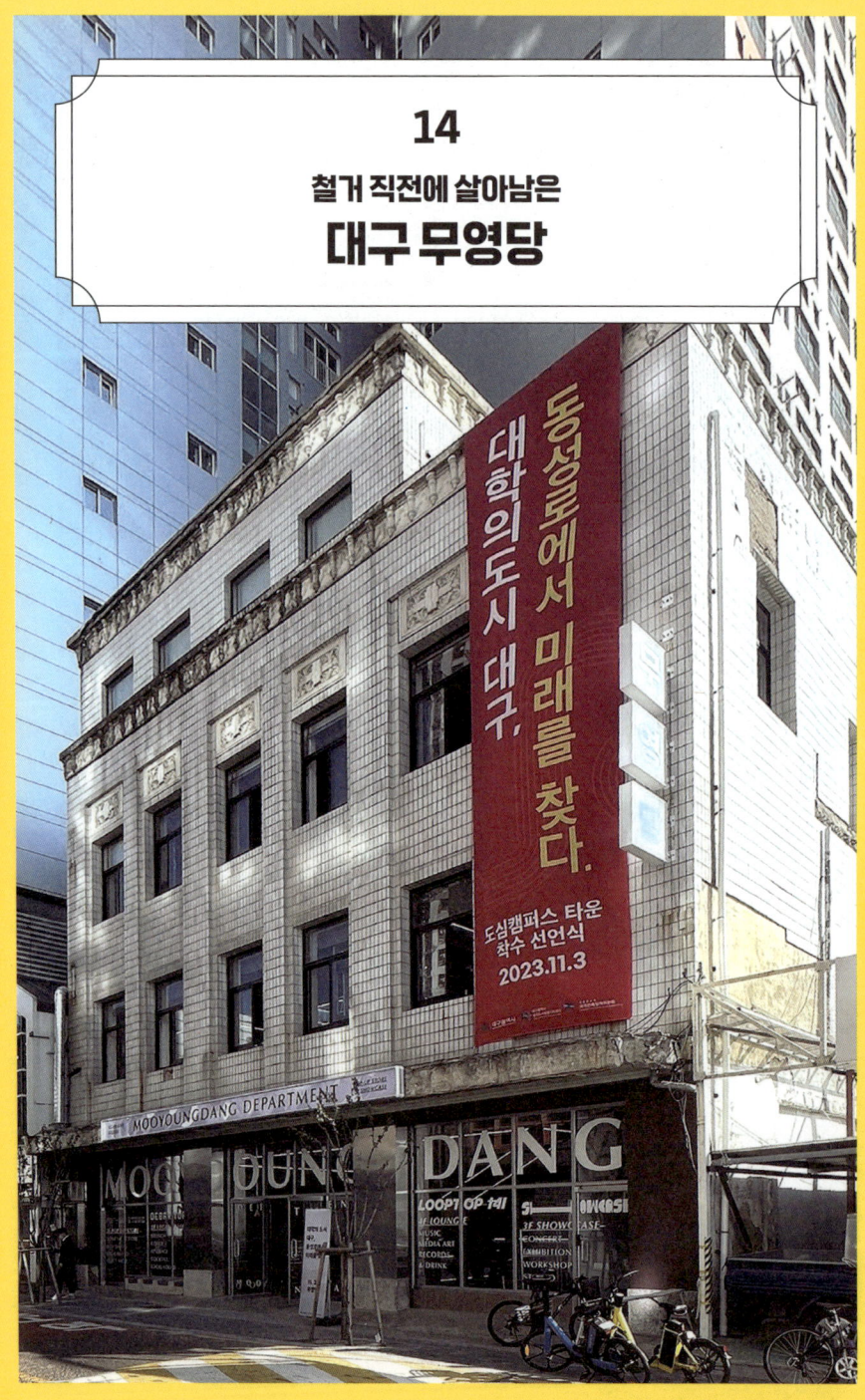

주소: 대구 중구 경상감영길 8
건축년도: 1937년 건축가: 미확인
층수: 4층 면적(m²): 894

○
      2023년 11월 3일 금요일, 대구 원도심의 한 오래된 건물에서 공공 행사가 개최되었다. 대구 원도심에 캠퍼스타운을 조성한다는 취지에서 열린 '대학의 도시 대구, 동성로에서 미래를 찾다'가 그 제목이었다. 경북대학교, 대구대학교, 계명문화대학교 등 대구 일대의 12개 대학이 참여한 '대학 포럼 총장협의체 발족식'과 '도심 캠퍼스타운 심포지엄'이 이어졌다. 대구광역시가 주최한 행사라 홍준표 대구광역시장이 환영사를 했다. 그다음 날인 11월 4일 토요일에는 신청자들을 대상으로 대구 원도심 투어가 제공되었다. 대한민국 대도시의 전반적인 정책 흐름으로 볼 때 이 행사는 상당히 특별한 것이었다. 서울을 비롯한 대부분의 대도시가 도시를 광역화하고 원심적으로 팽창하려는 의지를 보여주는데, 대구는 이날 행사를 통해 본격적으로 원도심에 관심을 갖겠다는 입장을 만천하에 공개했다. 물론 대구 역시 최근 칠곡군을 흡수하는 등 광역화에 대한 노력도 하고 있지만, 이와 동시에 구심적으로 원도심에 관심을 갖겠다고 선언한 것이라 앞으로의 추이가 자못 궁금해졌다.

  이날 모인 사람들은 행사 말고도 특별한 장소 구경이라는 호사를 누렸다. 구도심 한복판의 오래된 건물, 4층에 불과하지만 인접한 고층 건물들 사이에서 전혀 존재감이 떨어지지 않는 인상적인 외관, 건물 안팎의 정성스러운 타일 외피와 테라코타 장식, 장인의 손길이 깃들어있는 고풍스러운 난간 디테일 등이 볼거리로 제공되었다. 낡은 건물의 흔적을 덮거나 지우지 않고 명쾌한 대조를 이루며 꾸며진 내부 인테리어는 덤이었다. 통창을 통해 시원하게 보이는 바깥 거리의 풍경은 이 건물이 어디에 자리 잡고 있는지 명확하게 확인시켜 주었다. 내부의 가구와 집기들은 일체의 장식이 제거된 날 것 그대로의 감성을 여실히 보여주면서 낡은 건물과 매우 효과적인 대비를 이루고 있었다. 계단을 오르내릴 때 머리 위 공간이 심하게 낮아 혹시 부딪히는 건 아닌지 살펴야 했지만 뭔가 독특하고 색다른 장소에서 행사가 열렸다는 사실만큼은 명확했다. 이 건물의 이름은 무영당茂英堂, 대구 최초로 민족 자본에 의해 세워진 백화점이다. 대구 중구 경상감영길 8 혹은 대구 중구 서문로1가 58, 도로명주소나 지번주소 어디로 보아도 대구 원도심이라는 정체성이 진하게 묻어 나온다.

개성상인 출신의 이근무李根茂가 무영당서점을 처음 시작한 것은 1923년이었다. 관동대지진이 일본 도쿄와 관동 일대를 강타한 바로 그해였다. 서점 이름의 첫 글자에 본인 이름의 마지막 글자를 넣은 것으로 보아 대담하게 자신을 드러냈던 듯하다. 이후 1937년에 그 자리에 현재의 건물을 지어 무영당백화점으로 성장시켰다. 당시 상황에 대해 1937년 7월 16일 자 조선일보에 '대구 상계의 자랑인 대백화점무영당'이라는 제목의 기사가 실렸는데 무영당백화점의 개장이 대구를 넘어 전국적인 관심의 대상이 되었음을 알 수 있다. 현대어로 풀어 쓰면 다음과 같다.

'대구의 무영당이라면 대구뿐만 아니라 남조선을 통틀어 모르는 이가 없을 만큼 그 존재가 큰 것이다. 금년 개업 15주년을 맞아 4층 양옥의 위

위 좌> 타일 외피와 테라코타 장식   위 우> 계단 디테일
아래 좌> 계단 난간   아래 우> 천장 디테일

풍당당한 점포를 신축하여 돌아오는 8월 말에 준공되는 다음 날에는 남조선 유일한 우리 대백화점으로 대구 상계에 군림할 것이며 동점이 15년 전 설립 당시에는 단순히 서적문구상으로서 오늘날의 대백화점에 이른 성공의 배후에는 점주 이근무씨의 눈물겨운 노력과 통제 있는 점원 일동의 봉사가 있었던 것이다. 동점의 유일한 무기는 양품을 염가로 사입하여 고객에 신용 본위로 제공하는 데 있는 것으로 그 근대적 시설과 과학적 경영은 대구 상계에 한 자랑거리로 되어 있다고 한다. (후략)'

이근무는 1902년 개성에서 태어났고 훗날 일제시대 말기에는 오아먀시게루大山茂라는 일본식 이름으로 바꿨다. 그는 상인이면서 동시에 출판 사업가였는데 대구의 경제계는 물론 문화계에도 크게 이바지했다. 출판인으로서는 대구의 아동문학가 윤복진과 작곡가인 박태준의 작품을 세상에 내놓았으며, 무영당 백화점 2층에 전시장을 마련하여 전시회와 음악회를 개최했다. 위의 두 사람 외에도 당시 대구의 대표적 예술가인 시인 이상화, 화가 이인성, 시인 백기만 등이 무영당의 공간을 자신들의 사랑방처럼 사용했다. 인간의 활동이 추상적이고 관념적으로 발생하는 것이 아니라 구체적인 장소를 매개로 전개된다는 점을 염두에 두면, 이근무는 수많은 사람에게 이른바 '판'을 깔아준 존재였다. 이 밖에도 당시 신문 기사를 살펴보면 그가 문맹 퇴치, 대구종합운동장 건립, 대구상공회의소 선거 등 다양한 사회 활동에 참여했다는 게 확인된다. 이와 동시에 이근무는 대구를 선점하고 있었던 일본계 백화점들과 치열한 경쟁을 벌였는데, 이에 대해서는 조금 더 넓은 역사적 차원의 이해가 필요하다.

한반도에 백화점이 처음 등장한 것은 1920년대로, 1926년 지금의 명동 고려대연각타워구 대연각빌딩 자리에 2층 목조 건물로 시작한 히라타백화점平田百貨店이 최초의 사례이다. 대량 구매와 염가 공급이라는, 지금의 마트와 유

사한 영업 형태였다. 이후 경성에는 소위 5대 백화점이라고 하여 히라타를 비롯, 현재의 밀리오레 자리에 있던 미나카이三中井, 신세계백화점의 전신인 미츠코시三越, 현 롯데 영플라자 자리에 있었던 조지야초우지야, 丁子屋, 그리고 현재의 종로타워 자리에 한국인 박흥식이 운영하던 화신백화점 등이 각축을 벌였다. 흥미롭게도 한반도 남부의 대표적인 대도시답게 대구에도 4개의 백화점이 서로 경쟁하고 있었다. 그중에서도 이비시야イビツヤ는 1932년에 개설한 대구 최초의 백화점으로 대구 중구 동성로 63, 현 신라귀금속백화점 자리에 있었다. 그다음 미나카이는 1945년 종전 당시 조선 전역에 무려 12개의 점포가 있는 막강한 체인이었는데, 그 시작은 1905년 대구 서문시장 근처에서 문을 연 미나카이상점이었다. 이후 경성으로 넘어

일제시대 대구백화점과 대구 읍성 경계
(배경지도 출처: 국토교통부 V-WORLD)

가 크게 성장하여 경성 5대 백화점의 반열에 오르게 되었다. 1934년에 백화점이 되어 대구에 다시 돌아온 미나카이는 대구 최초로 엘리베이터가 설치된 5층 건물을 세웠다. 그다음은 반월당半月堂백화점으로 현재, 같은 이름의 도시철도역 22번 출구 자리에 있었다. 정확한 건립 시기는 알 수 없지만, 한국인 차병곤이 세운 백화점이었다. 이들과 경쟁하던 대구의 또 다른 백화점이 바로 무영당인데, 대구 최초로 민족 자본이 건립한 백화점이라는 타이틀을 갖게 된 것은 반월당과 달리 명확한 개업 일자가 알려진 덕분인 듯하다.

일제시대부터 형성된 대구 백화점들 사이의 치열한 경쟁 구도는 그 이후에도 계속 이어지고 있다. 지금도 대구 시민들에게 '대백'이라는 이름으로 친숙한 대구백화점은 1944년 한국인인 구본홍이 설립했다. 뒤이어 동아백화점이 1971년 개점했고 2003년 롯데백화점, 2011년 현대백화점 그리고 2016년에 동대구역 복합환승센터와 연계된 신세계백화점이 등장하면서 경쟁은 실로 최고조에 달했다. 특히 신세계백화점은 삼성 계열로 대구가 삼성의 본진임을 감안하면 대구 입장에서는 '어차피 올 것이 오고야만' 경우다. 이 과정에서 대구백화점, 동아백화점 등 대구 지역 연고의 백화점들은 경쟁력을 상실하고 실질적으로 존재감이 사라지는 중이다. 심지어 절대 강자인 롯데백화점이나 현대백화점마저 새롭게 등장한 신세계백화점으로 인해 힘겨운 국면을 맞았다. 이런 상황에서 대구 구도심 한 자락에 자리 잡은 원조 백화점 격인 무영당이 기적적으로 새로운 삶을 시작했음은 흥미롭다 못해 통쾌할 지경이다. 마치 불사조가 환생한 것과도 같다고나 할까. 일설에 의하면 철거 전날 건물주를 설득하여 대구시가 매입에 성공했다고 하니 더욱 드라마틱하다. 매일경제 2020년 12월 22일 자 기사에 의하면 대표적인 근대 건축사학자인 경기대학교 안창모 교수는 이 건물에 대해 1920~30년대의 보편적 구조로 되어 있으며, 외장, 내장 등이 모두 양호하여 근대 건축으로서 수준 높은 진정성을 갖추고 있다는 평가를 내렸다. 결국 건물의 높은 질이 자신의 운명을 결정했다고 해도 과언이 아니다. 한때 대구에서 경쟁하던 일본 자본의 백화점들이 모두 철거되거나 원형을 상실했고, 같은 한국인이 운영하던 반월당백화점마저 도시철도역 이름으로만 남아있는 지금, 무영당의 의미는 그만큼 크다.

지금 무영당의 내부는 실제 매장으로도 사용 중이다. 1층에는 비건 카페가 있으며 위층은 편집숍으로 신발, 의복, 서적 등을 판매한다. 최상층에는 크리에이터 공연장이 있다. 무영당백화점 시절 여행용품, 서양식 가구, 식료품, 완구, 도자기, 사진 등을 취급하고 전시실, 식당, 휴게실, 전망대 등을 갖추고 있었던 것 혹은 무영당서점 당시 서점과 도서, 잡지, 문방구, 운동구, 잡화, 악기 등을 취급했던 것과 어느 정도 비교할 만하다. 무엇보다 이제는 대구시의 공공건축물로서 대구 문화예술인들의 사랑방 역할을 계속하게 되었으니 이근무가 시작했던 문화백화점으로서의 장소적 성격은 여전히 현재진행형인 셈이다. '도심 캠퍼스타운 심포지엄'에 참석했던 경제학자이자 로컬 크리에이터 문화의 대표적 연구자인 연세대학교 모종린 교수는 페이스북을 통해 무영당을 소개하면서 '공공시설인 것이 믿어지지 않는다'라며 나아가 대구 원도심의 키워드를 '무영당을 통해서 드러나는 하드코어 힙스터'라고 규정하기도 했다. 건립된 지 90년이 다 되어가는 대단한 연륜에다가 극적으로 철거를 피했을 뿐만 아니라 내외부의 원형이 큰 손상 없이 살아남았다. 또한 백화점이라는 성격이 조금 다른 맥락이지만 여전히 이어지고 있고, 한국 백화점 역사의 산증인으로서 수많은 시민에게 쇼핑의 즐거움을 선사해 왔을 뿐 아니라 공공시설로서의 성격까지 더하게 된 점 등에서 무영당은 우리 사회의 귀중한 레거시 플레이스이다.

좌> 1층의 비건 카페
우> 편집숍

15
한국 고도성장 신화의 현장
울산 HD현대중공업조선소

울산 현대조선소 전경 모형. 오른쪽이 북쪽이다.

주소: 울산 동구 방어진순환도로 100 일대
건축년도: 1974년 설계자: 다수(미확인)
면적(m²): 해당 없음

　　　　　　　　안내를 맡은 여자 과장은 활기에 넘쳤다. 인테리어 파트 소속이라고 했다. 요즘은 선박이 고급화되면서 고품질의 인테리어에 대한 필요성이 커지고 있으며, 언젠가 크루즈선의 인테리어를 하게 될 날도 기다린다고 했다. 선박 인테리어는 긴물 인테리어에 비해 건식dry construction 비중이 높으며 이로 인한 공사 기간 단축이나 경량화 등 부수적인 효과도 기대된다는 설명이 뒤를 이었다. 우리가 건축가인 것을 알고 본인이 안내를 자청했노라며, 지금도 귀에 쟁쟁 울리는 다음의 말을 덧붙였다. "육상에서는 '집채만 하다'고 하면 아주 큰 걸 의미하잖아요. 그런데 여기서는 그렇지 않아요. 오히려 작은 거죠. 저기 구조물은 여기 용어로 '슈퍼 스트럭처'라고 하는데요, 배의 주요한 생활공간 등이 저 안에 다 들어있어요." 안전모를 꽉 조여 쓰고 현장 유니폼을 단정하게 입은 그가 가리키는 곳에는 어지간한 아파트 한 동 크기 이상의 거대 구조물이 유조선의 상부에 고정되기 위하여 허공에 매달려 이동 중이었다. 그렇게 큰 물건이 하늘에서건 땅에서건 움직이는 것을 본 적이 없었다. 바다는 스케일이 달랐다. 건축가의 자존심에는 조금 상처가 났지만, 경이로운 세계를 새롭게 경험하는 순간이었다.

　1970년대 초반에 신문을 읽은 사람이라면 어느 날 신문에 실린 거대한 두 척의 배 사진을 기억할 것이다. 우리나라에 이렇게 큰 조선소가 있었는지도 잘 모르던 사람들에게 각각 26만 톤급에 해당하는 두 척의 초대형 유조선VLCC: Very Large Crude Carrier이 한꺼번에 진수되어 그리스의 유명한 선박왕 오나시스Onassis의 처남인 리바노스Livanos라는 선주에게 인도된다는 소식은 경이로움 그 자체였다. 이어지는 신문 기사를 통해 조선소도 없는 상황에서 선박 수주부터 먼저 했으며, 이 과정에서 500원권 지폐의 거북선 그림이 큰 기여를 했다는 등의 전설에 가까운 이야기들이 전해지기 시작했다. 두 척의 배 중 하나인 애틀랜틱 배런Atlantic Baron, '대서양의 남작'이 도크를 떠나 울산 앞바다로 나아간 것은 1974년 2월 15일 새벽의 일이었고, 또 다른 배인 애틀랜틱 배러니스Atlantic Baroness, '대서양의 남작 부인'와 함께 명명식과 정식 진수식 그리고 조선소의 준공식이 한꺼번에 치러진 것은 그로부터 4개월 후인 1974년 6월 28일이었다. 이 두 척의 배는 그해 11월 공해상에서 선주에게 인도될 예정이었다.

　지금은 여러 기업군으로 나뉘어 있지만 '현대'라는 이름이 한국인들의 뇌리에 각인된 사건으로 1960년대 말 경부고속도로 건설 이후 두 번째 일이었다. 20세기 최대의 역사役事로 기록된 사우디 주베일 항구 프로젝트는 1979년 말에야 완성되었고, 본격적인 마이카 시대를 연 포니 1이 출시된 것은 1976년 1월 16일이었다. 그야말로 국내외의 땅과 바다에서 이전에 경험해 보지 않은 대규모 사업들이 한 기업군에 의해 연달아 진행되었는데, 두 척의 거대한 배가 동시에 등장한 사진이 그중에서도 시각적으로 강렬한 기억을 남겼을 것이었다. 이후 울산 현대조선소현재 정식 명칭 'HD현대중공업'는 한동안 기업의 작업장을 넘어 국가적 순례 코스가 되었다. 여수 등지에도 어마어마한 국가산업단지가 들어섰지만, 일반인의 일상적인 규모 감각을 완전히 뒤엎어버리는 스펙터클이라는 측면에서 조선소를 능가하기는 어려웠다. 2001년 5월 18일 자 매일경제 기사에 의하면 그해 4, 5월 두 달 동안 전국 138개 학교의 학생 8,000여 명이 이곳을 찾았고 일반인의 산업체 견학까지 합치면 연평균 방문객 수는 약 7만에서 8만 명에 달했다.

두 유조선의 진수가 워낙 큰 뉴스였기 때문에 지금도 울산 하면 현대조선소를 연상하는 사람들이 많다. 하지만 내막을 들여다보면 이전부터 진행해 오던 훨씬 큰 국가적 사업의 일부였다는 사실을 알게 된다. 그것은 다름 아닌 오늘날 '울산미포국가산업단지'라 부르는 긴 이름의 사업이었다. 2024년 전국에는 34개의 국가산업단지가 있는데 그중 첫 번째가 바로 이 울산미포국가산업단지다. 우리에게 친숙한 여수^{여천}국가산업단지나 창원국가산업단지, 구미국가산업단지 모두 그 뒤에 등장했다. 울산미포국가산업단지가 처음 구상된 것은 무려 1962년으로, 여수국가산업단지가 여천공업기지개발구역으로 지정 고시된 1974년에 비하면 무려 12년이나 빨랐다. 이 일대에 가장 먼저 들어선 것은 대한석유공사, 현대자동차 등이었고, 그 뒤를 이어 현재의 울산 동구인 동해안에 1972년 3월 23일 현대조선소가 건설되기 시작했다. 1954년 항공사진을 보면 원래 이 해안가에는 북쪽으로부터 3개의 백사장이 있었다. 각각 미포만, 전하만, 일산만으로 조선소 공사는 그중 가장 북쪽의 미포만으로부터 시작되었다. 1번 도크는 북쪽의 미포만을, 2번 도크는 남쪽의 전하만을 향했다. 각각 애틀랜틱 배런과 애틀랜틱 배러니스를 키워낸 어머니 뱃속 같은 시설들이다. 해방 후 부산 영도에서 대한조선공사로 본격화된 한국의 조선 산업이 울산에서 꽃을 피우게 된 것이다.

현재 울산 현대조선소에는 2009년 시점으로 10개의 도크가 있으며 도크 내외부를 합쳐 동시에 제작할 수 있는 선박의 수는 40척에 달한다. 우리를 안내했던 과장의 말에 의하면 2주에 한 척씩 진수하는 경우도 있다고 한다. 진수식에 사용되는 행사용 연단이 조선소 여기저기 널려있는 것 또한 인상적이었다. 이 조선소의 시작이었던 1, 2번 도크는 아직도 현역으로 가동 중이다. 1974년을 두 도크의 완공 시점으로 보면 2024년 기준 50세가 된 셈이다. 반백 년의 세월 동안 당연히 많은 변화가 있었다. 특히 2009년에는 1번 도크의 서쪽 중간에 또 다른 도크가 건설되어 전체적으로 T자 형을 이루게 되었다. 이를 통해 소위 탠덤tandem 공법을 이용, 동시에 건조할 수 있는 선박의 숫자가 2배 이상 향상되었다. 조선업이 워낙 국제경기에 민감하고 타이밍이 절대적인 산업임을 감안할 때, 어떻게든 시간이라는 변수를 컨트롤해야 하는 고뇌가 담긴 시도의 결과다. 이 밖에도 현대조선소가 작업 효율을 높이기 위해 궁리해 낸 시도들이 신문에 기사로 등장하기도 했다. 예를 들어 원래 배는 도크에서 만드는 것이 상식이었으나 2004년부터는 육상에서 만들어 그대로 진수하는 방법을 개발했다.

상상을 초월하는 거대한 쇳덩어리들이 이리저리 움직이고 용접 불꽃이 여기저기에서 튀어 오르며 각종 기계의 소음으로 가득한 조선소 한쪽에는 전혀 다른 분위기의 장소가 있다. 미포만과 전하만 사이, 반도가 있던 곳인데 원래 지형의 일부가 둘안산이라는 이름으로 남아있다. 해발 41.2m에 불과하지만 동해 바닷가에 바로 면해 있어 풍광이 제법 장쾌하다. 조선소 전체를 조망하기에 최적의 장소이다. 이곳에는 현대 건축과 한옥으로 구성된 영빈관이 있다. 워낙 전 세계에서 선주와 엔지니어 등이 많이 찾는 곳이다 보니 이들을 응대하기 위해 만든 시설이다. 바닷바람을 정면으로 맞는 곳이라서 목재로 지어진 한옥은 관리에 어려움이 있지만, 조선소 건설 당시부터 이순신 장군의 거북선 고사를 인용했던 배경을 생각해 보면

영빈관에서 바라본 조선소

 전통 건축을 조선소 한복판에 지은 맥락을 충분히 가늠할 수 있다(이 한옥은 훗날 한예종 총장이 되는 김봉렬 교수가 설계했다). 바다를 향한 조망도 일품이지만 사이사이로 보이는 거대한 골리앗 크레인과 장대한 스케일의 조선소 광경은 초현실적인 느낌을 준다. 한국의 자연과 근대사 그리고 전통 건축이 빚어낸 특이한 시각적 드라마다.

 현대조선소 초창기의 도크가 50년의 연륜이 넘었다는 것은 우리에게 새로운 가능성을 시사한다. 50년이면 문화유산이 되기에 필요한 최소한의 시간이다. 산업 시설이 문화유산이 되는 것에 의문을 느낄 수도 있지만, 비슷한 사례는 세계적으로도 많다. 특이한 예로는 휴스턴에 있는 미국

항공우주국, 즉 나사NASA의 미션컨트롤센터Mission Control Center가 있다. 1969년 인류가 최초로 달에 착륙했을 때 그 과정을 총괄했던 공간이다. 달 탐사가 전 세계로 TV 중계되었기 때문에 거대한 스크린과 빽빽하게 놓인 수많은 책상과 컴퓨터 등으로 구성된 역사적인 공간 또한 많은 사람의 기억에 남았다. 1985년에 미국의 국립역사기념물National Historic Landmark로 지정되었고, 1992년까지 사용되다가 2018년 이후 대대적인 '복원'을 거쳐 아폴로 계획 때의 모습을 회복한 후 2019년에 다시 일반에게 공개되었다. 충실한 복원을 위해 당시 벽지를 인쇄하는 데 쓰였던 롤러를 찾아내 사용했다는 일화도 전해진다. 현대조선소의 1, 2번 도크는 꼭 그렇게 시간대를 정해놓고 '박물관화'하는 것보다는, 시대에 따라 서서히 변화하면서 원래 장소의 의미를 기억하는 방식을 택하는 이른바 제3의 길을 갔으면 좋겠다. 파괴되거나 심하게 변형되거나, 아니면 잊혀지기에는 산업화 시대의 간절함이 구구절절하게 서려 있는 장소다. 오랜 시간 당당한 현역으로서, 야성을 간직한 생산 현장으로서의 생명을 이어가는 것이 더 이 장소에 어울린다고 생각한다.

   울산 현대조선소는 한 기업의 생산 활동 공간을 넘어 대한민국 근대화의 기억을 상징적으로 간직하는 역사적 장소다. 그 연륜도 50년이 되었으니 시간의 도전도 어지간히 견뎌내 온 셈이다. 수많은 사람의 일터였을 뿐 아니라 수차에 걸친 치열한 노동 투쟁의 현장으로 공공적 서사 또한 다원적, 심층적이다. 또한 시대의 변화와 기술의 발전에 따른 변형은 수없이 겪었으면서도 미포만과 전하만 사이의 반도를 가로질러 남북으로 길게 형성된 초기의 모습은 지금도 그다지 큰 차이가 없다. 울산 현대조선소를 레거시 플레이스의 사례로 주저 없이 소개하는 이유다.

사족: 두 도크가 잉태한 두 척의 초대형 유조선은 '남작'과 '남작 부인'이라는 이름에도 불구하고 서로 다른 길을 갔다. 전 세계 초대형유조선을 추적하는 사이트인 aukevisser.nl에 의하면 애틀랜틱 배런은 1974년 예정대로 선주에게 인도되었고 이후 두 차례 선주가 바뀌며 전 세계를 누비다가 1991년 폭발과 화재로 인해 침몰했다. 침몰 지점은 남위 14.05, 동경 00.14로 아프리카 서쪽이니 그 이름처럼 결국 대서양에서 함생을 마친 셈이다. 남작 부인의 운명은 더욱 기묘했다. 이 배는 선주였던 리바노스가 세계 조선 시장의 변동을 이유로 교묘하게 인수를 회피하는 바람에 울산 바닷가에서 한동안 세월을 보냈다. 당시 신문에서는 이를 두고 '육상 풍랑', '남작과 남작 부인의 슬픈 이별'이라고 했을 정도다. 당시 정주영 회장은 일종의 역발상으로 아예 상선회사를 만들어 이 배를 국적선으로 활용하기로 했고, 이 아이디어는 이후 1976년 '아세아상선'으로 현실화되었다(그 이후의 현대상선, 오늘날의 HMM이다). 남작 부인은 '코리아 선Korea Sun'으로 개명되어 한국 최초의 초대형 유조선으로서 중동을 오가며 원유를 실어 나르다가 남작이 떠난 다음 해인 1992년에 폐선되었다. 이런 사단이 있었으나 리바노스 가문은 이후에도 현대조선소와의 인연을 계속 이어오고 있다고 하니, 국제 비즈니스의 현실은 실로 오묘하다.

16
대륙 침략의 교두보에서 나라의 관문으로
김포공항

리모델링 이후의 김포공항 국내선 청사

주소: 서울 강서구 하늘길 38
건축년도: 1939년 건축가: 다수(미확인)
면적(m²): 해당 없음

○　　　　　　　1903년 12월 17일, 미국 노스캐롤라이나주의 작은 마을 키티 호크로부터 남쪽 6km 지점, 훗날 킬 데빌 힐즈Kill Devil Hills로 불리게 될 바닷가에서 윌버와 오빌 라이트 형제가 함께 만든 동력기 플라이어 1호Flyer I가 12초 동안 37m를 비행하면서 인류 최초의 항공 시대가 시작되었다. 두 형제는 이어 1909년 미국 메릴랜드주에 미 육군의 비행훈련을 위해 칼리지 파크College Park 공항을 건설했고, 이 인류 최초의 공항은 지금도 사용되고 있다. 최초로 등장한 상업 비행용 공항은 1919년 8월 런던 근교에 건설된 하운슬로 히스 공항Hounslow Heath Aerodrome이며, 1922년 동프로이센에 또 다른 상업 비행용 공항인 데바우 공항Flughafen Devau이 건설되었다. 비행과 공항의 역사는 이제 100년을 넘겼다.

　한반도 공항의 역사는 의외로 길다. 최초의 공항이 들어선 곳은 여의도였는데, 초기에는 활주로 위주의 시설이어서 여의도 비행장으로 불렸다. 지금도 공항 하면 상당한 부대시설이 갖춰진 경우고, 그렇지 않은 경우는 비행장airfield 혹은 airstrip으로 부른다. 여의도 비행장은 건설 연도가 1916년으로 칼리지 파크 공항에 비해 불과 7년 후다. 이는 비행기라는 새로운 발명품과 그것을 운용하기 위한 시설에 대해 온 인류가 얼마나 열광했는지를 보여주는 증거인데, 유감스럽게도 일본의 대륙 진출 교두보라는 또 다른 성격을 함께 갖고 있다. 여의도 비행장은 1922년 한국인 조종사 안창남이 시험 비행을 한 곳인데, 1929년 시설을 확충하여 여의도공항(경성공항)이 되었다. 광복 이후 1949년부터 공군기지로 사용되다가 한국전쟁 후인 1953년 국제공항이 되었다. 1958년 민간 공항 기능이 김포공항으로 이전, 다시 공군기지가 되었다가 1971년 성남에 공군기지인 서울공항이 들어서면서 폐쇄되었다. 이후 유사시를 대비해 활주로를 사용할 수 있도록 한 5·16광장이 되었다가 1980년대에는 여의도광장으로 불리며 대규모 행사 장소로 사용되었고, 1999년 여의도공원이 되어 오늘에 이른다.

이제 김포공항이 등장할 시점이 되었다. 김포공항은 1939년 만주 침략을 염두에 두고 일본 군부에 의해 건설된 경성신공항이 그 기원이다. 당시는 행정구역상 경기도 김포군이었고 지금은 서울특별시 강서구지만 이전의 지명을 그대로 사용하고 있다. 해방 이후 1949년에 한미 간 운영 협정을 통해 인력과 시설을 본격적으로 확보했다. 1958년 국제공항이 되었고 여의도공항의 기능을 승계하면서 훗날 대한항공공사를 거쳐 대한항공이 되는 대한국민항공사가 운항을 시작했다. 1960년은 김포공항의 역사에서 매우 의미 있는 해인데, 종합터미널을 건설하면서 미국으로부터 관할권을 넘겨받았다. 2001년에는 인천공항의 개항과 더불어 국제선 기능을 이전하고 국내선 전용이 되었으나, 서울 시내와 가깝다는 지리적 이점으로 근거리 국제선에 대한 요구가 있었고 김포(서울)-하네다(도쿄) 노선을 시작으로 다시 국제선 서비스를 시작, 오늘에 이르렀다.

이제 본 내용으로 들어가 보자. 공항은 레거시 플레이스일까? 그 대답은 조건부 긍정이다. 조건부일 수밖에 없는 이유는 공항이 필연적으로 겪게 되는 엄청난 변화 때문이다. 라이트 형제에 의한 최초의 비행 이후 항공기와 공항 모두 상상하기 어려울 정도로 빠르게 성장했다. 그 결과 대부분의 공항은 어쩔 수 없이 단계별 확장의 과정을 겪고, 단일 건물이 아닌 수많은 건물과 장치가 복합적으로 얽혀있는 대규모 시설군이 될 수밖에 없었다. 따라서 레거시 플레이스의 기본 조건들을 적용하는 데 상당한 유연성이 필요하다. 이것을 인정할 수 있다면 공항은 분명히 대표적인 레거시 플레이스 중의 하나다.

김포공항은 공항의 복합적 성격을 잘 보여주는 사례이다. 김포공항에서 가장 오래된 건물은 1960년 완공한 국내선 및 국제선 겸용 종합터미널이다. 현재 전체적으로 T자형 배치를 보이는 김포공항의 중심에 있다. 당시 사진을 보면 랜드 사이드 land side 쪽으로는 외벽에 한옥의 아亞자 살 문양을 적용하였고 에어 사이드 air side 쪽으로는 수평, 수직선으로 간결하게 구성하여 모던한 느낌을 줬다. 그 앞에 뜨고 내리는 비행기를 직접 볼 수 있는 송영대를 설치하였는데, 당시 김포공항 전체에서 가장 인기 있는 장소였다. 송영대에서 비행기가 착륙하여 게이트로 들어오는 것을 보고 도착대합실로 이동하면 약 30분 정도 지난 후 승객들이 나왔다.

종합터미널이 완공되면서 공항의 운영을 미군으로부터 인계받았다. 현재 계류장 관제탑은 이 건물의 완공 직후에 건설하기 시작했는데, 이후 주변으로 건물이 증축되어 전통 문양의 창호 디자인이나 송영대의 자취는 더 이상 찾아보기 어렵다. 종합터미널 건물에는 인천공항 개항 이후 이마트가 입점했으나 폐점 후 현재는 한국공항공사 본사 및 항공지원센터로 사용되고 있다. 이렇게 보면 레거시 플레이스의 여러 조건 중에 원래의 용도 및 원형에 대한 존중이라는 두 가지 조건에는 미흡한 것처럼 보이지만, 개별 건물이 아닌 공항 전체로 보면 원래의 용도는 그대로 유지되고 있는

김포공항 종합터미널. 전통 창호 문양이 보이고 반대쪽에 송영대가 있었다. 관제탑은 공사 중이다.
(출처: 국가기록원 소장, 관리번호 CET0031309)

것이 맞다. 그리고 원형에 대한 존중은 공항이 지속적인 증축과 변형이 불가피한 시설이라는 점에서 좀 더 유연하게 해석할 필요가 있다. 다만 장기적으로는 유서 깊은 종합터미널의 존재와 의미를 조금 더 다양한 방식으로 부각할 필요가 있다. 예를 들어 역사관 같은 것을 만들 수도 있겠다.

종합터미널 완공 이후 김포공항에는 격납고, 사옥 등 개별 항공사의 시설을 제외하고는 크게 2개의 청사가 추가되었다. 현재 명칭을 기준으로 1980년에 활주로 길이 방향으로 현 국내선 청사가, 1988년에는 북서쪽에 현 국제선 청사가 들어섰다. 두 건물 모두 인천공항의 개항과 더불어 일련의 변화를 겪었다. 현 국제선 청사에는 상업 시설과 영화관이 들어서기도 했으나 우여곡절 끝에 두 건물 모두 공항 청사로서의 기능을 계속 이어

김포공항의 변화 과정 1. 종합터미널 2. 현 국내선 청사 3 현 국제선 청사
(배경지도 출처: 서울시 에스맵)

가고 있다. 이 중 현 국내선 청사는 시설이 노후화되어 2018년에 대대적으로 리모델링했는데, 이 과정에서 천장에 노출되어 있던 와플 슬래브^{waffle slab} 위에 금속 장식물이 첨가되어 원래 건물의 담백한 구조미가 사라진 것이 아쉽다. 특이하게도 내진 성능을 개선하기 위한 초대형 댐퍼를 추가하였는데, 쉽게 볼 수 있는 구조물이 아니어서 관심 있는 사람들 사이에서는 좋은 구경거리이기도 하다.

김포공항은 레거시 플레이스이기 위한 나머지 두 조건, 즉 연륜과 공공성을 무난하게 충족한다. 공항 전체의 역사는 1939년을 기점으로 하면 80년이 넘었고, 1960년의 종합터미널을 기준으로 해도 60년 이상이니 사람으로 치면 환갑을 넘긴 셈이다. 공항의 이용객도 이미 4세대를 넘어선 지 오래다. 공공성에 대해서는 굳이 논의가 필요 없을 것이다. 공항은 엄연히 사회적 교통 인프라의 일부일 뿐 아니라, 국가의 관문으로서 경제에서 문화에 이르는 다양한 요소들이 모두 동원되어야 하는 고도로 복합적인 성격의 시설이기 때문이다. 게다가 어느 정도 경제가 성장하고 국력이 상승한 다음에 건설된 인천공항과 달리, 김포공항은 그야말로 전쟁의 폐허 속에서 성장한 대한민국 영욕의 역사를 관통하는 가장 상징적인 장소 중 하나로서 그 시대를 살아온 수많은 한국인의 마음에 깊게 각인된 곳이다.

한 가지 추가하자면, 서울 시내에서 김포공항으로 오가는 길목에 있던 한 대형 조각물에 대한 것이다. 종합터미널이 완공되고 김포공항이 본격적으로 대한민국의 관문으로 기능을 시작한 지 몇 년 후인 1964년 6월 25

제2한강교 북단의 유엔 참전기념탑
(출처: 서울기록원)

일, 당시 건설되고 있던 제2한강교현 양화대교 북단에 약 50m 높이의 대형 탑이 세워졌다. 서울대학교 미술대학 교수였던 조각가 김세중의 작업인 유엔 참전기념탑이다. 탑의 북쪽에는 칼을 든 유엔 자유 수호 남신상이, 남쪽에는 팔을 벌린 유엔 자유 수호 여신상이 설치되었고 하부에는 4개의 부조와 참전 16개국의 국기 게양대 등이 놓였다. 김포공항에서 서울로 들어올 때 이 조각이 보이면 드디어 서울에 도착했다는 느낌을 주었다. 일종의 이정표와도 같던 탑은 1979년 1월 11일 제2한강교가 확장되어 양화대교가 되면서 마땅한 이전 장소가 없다는 궁색한 이유로 서울시가 철거 계획을 발표했고 불과 15년 남짓 만에 사라질 운명에 놓이게 되었다. 그리고 1981년 결국 그것은 현실이 되었다. 잔해가 한동안 양화대교 북단 교각 밑에 버려져 있었는데 지금은 흔적마저 사라졌다. 다행히 남녀 자유 수호 신상의 축소 원형을 김세중 기념사업회가 소장하고 있었고, 유족의 동의를 얻어 2015년 부산의 유엔평화기념관에 설치했다.

17
아직도 현역인 역사 유산
한양도성

주소: 서울 구도심 주변 내사산 능선
건축년도: 1396년 설계자: 미확인
면적(㎡): 해당 없음

       1392년 개국한 조선은 논의 끝에 1394년 한양으로 천도를 결정했다. 최우선적으로 종묘와 사직, 궁궐을 건립했고 그 다음이 한양도성이었다. 즉 한양도성은 조선 건국기에 가장 먼저 지어진 여러 국가적 시설 중 하나다. 총연장 18,627km의 상당히 긴 구조물로서 태조 5년인 1396년 농번기를 피해 한겨울에 49일간 쌓기 시작했고, 이후 8월에 다시 2차 공사를 진행했다. 현재와 같이 전문 건설회사가 없는 상황에서 국가적 시설을 짓는 일은 일종의 군역이었다. 전체를 97구간으로 나눈 후 천자문 순서로 이름을 부여하고 경상도, 전라도, 강원도, 평안도, 함경도 등의 군현별로 공사를 할당하였다. 공사 기록을 각자성석刻字城石이라고 하여 구간별로 성벽에 새겨 놓았는데, 이를 추적하는 것은 상당히 높은 수준의 답사에 해당한다. 이전에는 서울성곽으로도 불렸으나 차차 한양도성이라는 이름을 병행하여 사용하고 있다.

  한양도성은 성벽만이 아닌 문루와 기타 부대시설로 구성되었다. 문루는 소위 사대문과 사소문 등 8개가 있었고 청계천에 설치한 오간수문과 남소문동천에 설치한 이간수문 등은 부대시설에 해당한다. 그밖에 보다 적극적인 방어를 위한 시설로서 성곽이 돌출된 치雉가 도성 내 평지 구간과 북악산 자락 등에 설치되었는데 지금은 북악산 것만 남아있다. 우리가 일반적으로 아는 흥인지문동대문, 숭례문남대문, 돈의문서대문, 숙정문북대문 등이 사대문이며, 광희문남소문, 시구문, 소덕문서소문, 창의문북소문, 혜화문동소문 등이 사소문이다. 광희문의 위치가 불편하여 추가로 만든 또 다른 남소문이 있었으나 지금은 터만 전한다. 서대문과 서소문 역시 소실되었다. 문루의 이름에 인의예지 등 유교의 기본 원리가 반영되는 등 한양도성은 유교 국가 조선이 만든 국가적 상징체계의 일부이기도 했다.

한양도성 건립의 일차적인 목적은 도성의 방어였으나 성벽 자체가 그리 높지 않고 해자와 같은 적극적 방어 시설이 없는 것으로 보아 도성의 경계를 명확히 하는 것이 더 중요했던 듯싶다. 세계 전쟁사의 입장에서 방어용 구조물로서의 한양도성을 1453년 치열한 공성전 끝에 파괴된 콘스탄티노플 성벽 등과 비교하기는 어렵다. 임진왜란 당시 선조는 아예 한양을 떠나 몽진을 택했기 때문에 한양도성이 실제 외적과의 전쟁에 사용된 바도 별로 없다. 축성 기간이 겨울철이어서 눈이 먼저 녹는 능선을 따라 쌓았다 하여 설성雪城으로 불리기도 했다. 일반적으로 오래된 행정구역의 경계는 능선이나 하천을 따르는 경우가 많다 보니 한양도성 역시 도성의 안팎을 구별 짓는 중요한 행정적 경계가 되었고 그 성격은 지금까지도 이어진다.

태조 때 축성된 이후 한양도성은 세월의 흐름에 따라 몇 차례 보수를 거쳤다. 처음에는 한 사람이 쉽게 들 수 있는 크기의 자연석이 주로 사용되었으나 후대로 갈수록 부재가 커지고 조금 더 다듬은 형태로 변했다. 세종 때는 토성 구간을 모두 석성으로 다시 쌓으면서 하부에 긴 돌을 다듬어 배치하여 강성을 높였다. 이어 문종, 광해군 연간에도 보수했고 병자호란

위 좌> 여러 시대의 축성술을 볼 수 있는 낙산 구간   위 우> 좌우 성벽이 철거된 흥인지문
아래> 백악산 자락에서 바라본 서울 구도심

당시 청나라와의 약조로 부서진 곳을 그대로 두고 있다가 숙종 때 질서정연한 형태로 대대적인 보수를 거쳤다. 이후에도 여러 차례 보수가 진행되었는데, 현재 남아있는 구간은 대체로 태조, 세종, 숙종, 순조 때의 것으로 보면 된다. 인왕산 남쪽이나 낙산 동북쪽 구간에는 다양한 축성 방식을 한 눈에 볼 수 있는 구간이 있다.

한양도성이 본격적으로 수난을 겪기 시작한 것은 대한제국 당시였다. 1907년 성벽처리위원회가 조직되어 숭례문 일대부터 철거가 시작되었고 이어 흥인지문의 좌우 구간의 철거가 본격화되었다. 한양도성 철거를 일본에 의한 악의적인 훼손으로 보는 시각도 있으나, 전차선로의 부설이라는 엄연한 시대적 요구가 있기도 했다. 유럽에서도 전통적인 성곽의 철거는 중세적 도시 구조가 근대화되는 과정이다. 이후 일제시대와 한국전쟁을 거치면서 한양도성의 파괴는 더욱 심해졌다. 대한민국 시대에 들어 박정희 정부 연간부터 복원이 시작되었고 2012년을 전후하여 한양도성이 유네스코 세계문화유산 잠정 목록에 등재되면서 복원 사업이 계속되었다. 2017년 사실상 등재가 어려워졌지만 이후 재도전을 위해 노력 중이다.

한양도성은 이미 조선시대부터 유명한 도성 사람들의 산책길이었다. 이를 순성巡城이라 했는데, 지금도 그 전통은 계속 이어지고 있으며 한국을 찾는 외국인들에게도 잘 알려져 있다. 나 역시 산책을 통해 어지러운 마음을 다스리고자 2002년부터 순성을 시작했다. 처음에는 일부 구간을 따라 걷다가 2004년 11월 22일에 드디어 하루에 한 바퀴를 다 도는데 성공했다. 이후 현재에 이르기까지 24회에 걸쳐 순성을 계속해 오고 있다. 컨디션에 따라 8시간에서 10시간 정도 소요되므로 체력적으로 상당히 부담되지만, 일단 순성을 한 번 하게 되면 서울에 대한 생각과 느낌이 완전히 바뀔 정도로 강렬한 인상을 받게 된다. 시내에서 산발적으로 조우하는 여러

문과 성벽이 알고 보면 하나로 이어져 있고 현재 행정 구역상의 경계는 물론 도시 경관의 중요한 일부로서 작용한다는 사실을 알게 되는 것은 매우 신선한 경험이다.

한양도성은 어떤 의미에서 레거시 플레이스일까. 우선 첫 번째 조건인 '충분한 연륜'은 매우 쉽게 충족한다. 최초의 공사가 시작된 시점으로만 보아도 이미 역사가 600년이 훌쩍 넘는다. 이 책에서 이보다 더 역사가 깊은 사례는 몇 개 되지 않는다. 두 번째로 가장 까다로운 조건인 '애초의 기능이 유지되고 있는가' 여부는 매우 흥미로운 분석이 필요하다. 결론적으로는 '그렇다'고 보는데 이유는 다음과 같다. 한양도성은 처음부터 물리적 경계를 명확히 하여 왕권을 드높이려는 목적과 유사시에 도성을 방어하고자 하는 군사적 목적이 있었다. 이 중 도성의 물리적 경계라는 역할은 여전히 현재형이다. 물론 서울은 사대문 밖으로 확장을 거듭해 왔으나 구와 구, 동과 동의 경계로서 한양도성은 아직도 그 역할을 상당 부분 이어오고 있다. 더구나 복원이 진행되면서 그 성격은 더욱 강화되었다. 조선시대에 시작된 순성이 지금도 활발히 이루어지고 있는 것 또한 이러한 기능적 연속성의 또 다른 측면이다.

군사시설로서의 기능 역시 인왕산, 백악산 구간 등에서 여전히 작동하고 있는 것이 목격된다. 비록 그동안 꾸준히 한양도성에 대한 개방의 노력이 진행됐고, 특히 윤석열 정부에서 대통령 집무실을 용산으로 옮기면서 이전과 같은 삼엄함은 많이 완화되었으나 여전히 많은 지점에서 초소 등 군사시설이 목격되며 인근 군부대들도 여전히 남아있다. 만약 한반도에 다시 전쟁이 발발한다면 수도 방어 과정에서 한양도성 일부가 어느 정도 군사시설로서 기능하리라 예측할 수 있으며, 실제로 1968년 1월 21일에 일어난 1·21 사태 당시 그러한 역할을 수행하기도 했다. 북악산 구간에 남아있는 소위 '김신조 소나무'에 박혀있는 총탄이 살아있는 증거다.

세 번째 조건인 원형에 대한 존중이라는 기준에 대해서는 논란의 여지가 있다. 복원이란 근대에 들어 본격화된 개념이다. 그전에는 동서고금을 막론하고 원형을 존중한다는 생각이 강하지 않았다. 오히려 시대별로 다른 형태, 다른 공법을 사용하는 것이 더 자연스러운 일이었다. 한양도성 역시 이런 과정을 거쳤지만 서로 다른 시대의 흔적을 다듬어 보는 것 또한 매우 즐겁고 유익한 경험이다. 문제는 대한민국 시대에 들어서 진행된 일련의 복원 과정이다. 박정희 정부 당시 진행된 복원 사업은 지금 기준으로 보면 일종의 조경 공사에 가까운 수준이며, 최근의 복원 공사도 원형에 대한 시대적 기준이 모호한 상태에서 진행되었다. 그런데도 이 조건 역시 충족한다고 보는 이유는 적어도 이러한 논쟁이 존재했으며 무엇보다 유네스

좌> 백악산 순성길
우> 조잡하게 복원된 남산 구간

코 세계유산 등재라는 과업이 주어진 이상 원형에 대한 존중이 더욱 진지해질 수밖에 없기 때문이다. 실제로 한양도성 전 구간 중 도심지 한복판, 혹은 홍파동, 장충동 일대와 같은 주택 밀집 지역을 제외하고는 상당 구간 복원이 이루어져 도성으로서의 물리적, 시각적 연속성이 많이 회복된 것을 결코 가볍게 볼 수 없다.

네 번째이면서 마지막 조건인 공공성 역시 충분히 충족한다. 한양도성은 대한민국 사적이라는 문화유산의 성격 못지않게 순환형 도시공원으로서의 공공적 성격을 갖고 있다. 한양도성 전 구간은 입장료도 없고 특별한 출입구도 따로 존재하지 않아 서울 구도심 어디에서나 다양하게 접근할 수 있다. 아침 일찍 출발했던 장소로 오후 늦게 다시 돌아오는 경험은 서울에 대해 말로 설명하기 어려운 독특한 느낌이 들게 한다. 한양도성을 따라 걸으면 사계절의 변화를 온몸으로 받아들이게 되며 도심에서 경사지 마을, 산악 구간에 이르는 서울의 다양한 공간과 지리적 조건을 경험할 수도 있다. 무엇보다 백악산, 낙산낙타산, 남산목멱산, 인왕산의 네 산을 넘으며 내려다보는 서울 구도심의 풍광은 장쾌하기 짝이 없다. 한양도성 전체가 도시를 향한 전망대 역할을 한다 해도 과언이 아니다. 이 정도로 절대다수의 시민에게 개방되어 있고 삶의 일부로 자리 잡은 문화유적지는 드물다. 한양도성은 비교 대상을 찾기 어려울 정도의 대표적인 레거시 플레이스이다.

18
다시 대륙으로 연결될 날을 꿈꾸며
서울역 (현 문화역서울 284)

서울역 전경

주소: 서울 중구 통일로 1
건축년도: 1925년 건축가: 츠카모토 야스시, 만철 설계조직
면적(m²): 6,159.11

○   구 서울역사, 즉 현재의 문화역서울 284가 지어진 것은 1925년이다(이 글에서는 편의상 '서울역'으로 칭한다). 2025년 완공된 지 100년이 되었다. 100년이면 상당히 긴 시간이다. 한국의 근대사도 상당히 층위가 두터워졌다. 이름 중 '284'라는 숫자의 의미가 궁금했는데 대한민국 사적 제284호라서 그렇단다. 대대적인 리모델링 후 재개관한 2011년에 그런 이름이 붙었다. 듣고 보면 이해는 되지만 2021년 11월 19일 이후 국보, 보물, 사적, 천연기념물의 지정 번호를 사용하지 않게 된 현재 상황으로 보면, 누구도 특별히 궁금해할 것 같지 않은 사적의 일련번호를 굳이 왜 건물의 이름에 넣었는지는 의문이다. 이 건물을 이용할 시민보다는 행정관청의 입장이 좀 더 반영된 결과가 아닌가 추측할 뿐이다.

이 건물을 이해하려면 한반도 철도사와 근대 건축사를 함께 훑어보아야 한다. 철도의 역사는 1814년 영국의 스티븐슨이 상업화가 가능한 증기기관차를 발명하면서 시작되었다. 1825년 스톡턴-달링턴 사이에 철도가 놓였고 세계 최초의 여객 철도용 기관차 로커모션호가 운행을 시작했다. 이후 철도는 영국을 넘어 전 세계로 확산되었다. 지구 반대편 일본에

는 1872년 요코하마와 도쿄 신바시 사이의 짧은 구간에 일본 최초의 철도가 놓였는데 영국과 약 50년 정도의 격차가 있었다. 일본은 협궤 중에서도 남아프리카 공화국에서 유래한 케이프 궤관으로 불리는 1,067㎜ 폭을 채택했다. 이로부터 4년 후인 1876년 조선의 수신사 김기수가 이 철도를 타보고 그의 일본 관찰기인 일동기유日東記游에 이를 화륜거火輪車, 혹은 쇠당나귀라고 적은 것이 한반도에 철도가 소개된 최초의 사례이다. 이후 그 이름은 철마鐵馬가 되었고, 강요된 근대화와 식민지의 피해의식이 더해지면서 철마鐵魔가 되기도 했다.

한반도에 놓인 최초의 철도는 제물포역-노량진역 33㎞ 구간에 놓인 경인선으로 1899년 9월 18일에 개통되었다. 이로 인해 한동안 9월 18일이 철도의 날이었으나 일제시대의 잔재라는 이유로 지금은 한국 최초의 철도국 창설일인 1894년 음력 6월 28일을 기준으로 삼는다. 경인선의 개통은 1876년의 개항으로부터는 22년이 걸렸다. 경인선 사업을 시작한 사람은 미국인 제임스 모스James Morse로 그는 일본식 협궤가 아닌 미국식 표준궤1,435㎜를 채택함으로써 이후 한반도 철도사에 지대한 영향을 미쳤다. 당시 일본은 협궤, 러시아는 광궤, 중국은 표준궤였는데 국제정치의 역학관계가 급변하면서 한반도에 놓일 철도의 폭과 관련된 외교적 경쟁도 치열했다. 결국 모스가 이를 정리한 셈이 되었다. 다만 그는 공사를 끝까지 완수하지 못하고 도중에 사업을 일본에 매각했고 경인선은 일본에 의해 완성됐다. 이후 추가로 경성역까지 약 3㎞의 공사가 다시 시작되어 경인선 전 구간이 완성된 것은 1900년 7월 8일이었다.

경성역이라고 하면 현재의 서울역만 떠올리는데 사실상 1900년에서 1919년까지의 경성역은 지금은 터만 남은 서대문역으로 당시 이름은 경성정거장이었다. 신문로를 통해 종로 일대의 서울 도심으로 바로 갈 수 있는 편리한 위치였으나 1905년 경부선이 개통되면서 현재의 염천교 변에 있던 2층 목조의 남대문역이 증축되었다. 이에 경성정거장은 몇 개월 동안만 경부선의 시종착역으로 기능했을 뿐, 이후 서대문역으로 명칭이 격하된다. 거기에 1906년 개통된 경의선까지 1920년대에 들어 애초의 기점인 용산역이 아닌 남대문역에서 경부선과 연결되면서 서대문역은 결국 1919년 폐역되고 그 부지에 철도관사가 들어선다. 그 후 남대문역이 향후 한반도 철도 인프라의 중심으로 성장하게 된다. 최초의 근대 장편 소설로 일컬어지는 춘원 이광수의 소설《무정》에 등장하는 역이 바로 남대문역이다. 독립운동가 강우규 의사가 사이토 총독에게 폭탄을 던진 곳이기도 하다. 그의 동상이 현재 서울역 앞에 서 있게 된 연유다.

이제 우리가 아는 서울역이 등장할 시점이 되었다. 1923년을 기점으로 남대문역은 경성역으로 이름이 바뀌었고 본격적인 개축 공사에 들어갔다. 1922년 12월 8일 자 동아일보는 '신년원단부터 경성역 남대문의 일홈을 곳치기로 확뎡'이라는 기사를 내보냈다. 동경제국대학 건축과 교수인 츠카모토 야스시塚本靖, 1869-1937가 동경역을 참조하여 설계한 것으로 알려져 있었는데, 경기대학교 안창모 교수의 연구로 새로운 사실이 밝혀졌다. 당시 새로운 경성역의 기능적 설계는 만철, 즉 만남주철도회사의 내부 엘리트 조직이 했고 츠카모토는 외관 디자인을 맡았는데 정작 그는 자신이 창의적으로 설계하지 않고 스위스 루체른역의 디자인을 참조, 변형하는 데 그쳤다는 것이다. 그래서인지 만철은 1925년 완공 이후 이 건물을 잡지에 발표하면서 설계자 이름을 넣지 않았다. 공교롭게도 루체른역은 1971년 화재로 소실되었다.

서울역은 공사 과정에서 무악재에서 발원하는 만초천 바닥을 이용하여 선로를 깔았기 때문에 선로가 지표보다 낮은 지하 1층에 있다. 그런데 경

위> 루체른역(출처: Wikimedia Commons, Ernst Roepke - Luzern)
아래> 지면보다 낮은 철로

부선이 경의선과 연결되는 과정에서 선로가 급격히 서쪽으로 방향을 틀 뿐 아니라 서서히 지표면으로 올라오기 때문에 상당한 운행 기술이 필요하다. 철도 애호가들 사이에서 이 구간은 '서소문 드리프트'라는 재미있는 별명으로 불린다. 지금도 서울역을 기점으로 북쪽을 보면 수많은 철로가 주변 지표면보다 낮게 깔린 것을 볼 수 있다. 이러한 조건은 승하차 시에 상당한 장점으로 작용한다. 1925년 이종상이라는 사람에 의해 작성되고 2016년에 공개된 당시 경성역 준공 도면을 보면, 단면상 철로가 역사보다 한 층 낮다. 따라서 역사에서 수평 진입한 후 계단을 타고 한 층 내려가면 바로 플랫폼에 접근할 수 있다. 철로가 지표면에 있다면 한 층 올라갔다가 다시 내려가야 하는 수고가 불가피하다.

서울역이 지어질 당시 일본 건축계는 큰 틀에서 서구의 역사주의적 건축 양식을 답습하는 단계에 있었고 서울역도 예외는 아니었다. 서울역은 유럽의 기차역을 참조한 사례답게 전형적인 르네상스풍 양식이며, 거대한 돔이 조형의 중심에 있다. 벽면은 붉은 벽돌과 화강암의 조합으로 구성되어 있으며 독창적인 건축으로 보기는 어려우나 전체적인 비례가 잘 잡혀있고 디테일도 정교하여 완성도 면에서 손색이 없는 일제시대의 대표적 건축물의 하나다. 이 건물이 완성되던 1925년 경성에는 수많은 거대 건축물이 속속 들어서고 있었다. 이 중 최대 규모인 총독부 청사가 1926년, 애초의 설계안에 비해 부분만 진행되었지만 영국 건축가 아더 딕슨Arthur S. Dixon, 1856-1929년이 설계한 정동의 성공회 서울대성당이 1926년, 최초의 조선인 근대 건축가 이훈우가 설계한 천도교 대신사출세백년기념관이 1924년, 현재 서울시청의 일부로 도서관으로 사용되는 경성부청이 1926년에 각각 완공되어 경성의 스카이라인이 급격하게 변했다. 1926년을 식민 지배를 위한 일본의 기본 도시 인프라가 완성된 기점으로 보기도 한다.

서울역은 어떤 측면에서 레거시 플레이스일까? 우선 연륜은 100년이 넘었으니 더 이상 언급할 필요가 없다. 그런데 두 번째 조건인 '원래 용도로의 사용'이라는 측면에서는 약간 주춤할 수밖에 없다. 서두에 적었다시피 현재는 '문화역서울 284'라는 이름의 문화 공간으로 사용되고 있기 때문이다. 본격적인 항온 항습 시설 등을 갖추지는 못해 행사용 공간으로서의 성격이 더 강하다. 그럼에도 불구하고 두 번째 조건 또한 충족한다고 보는 것은 2017년 11월 28일부터 서부역에 있던 수도권 경의중앙선 승강장이 이 건물의 북쪽 윙을 사용하기 때문이다. 비록 중앙 공간을 이용하지는 않으나 엄연히 건물 일부가 아직 기차역으로 사용되고 있다는 점은 의미심장하다. 언젠가 대륙으로의 철도 운행이 시작되면 그때는 이 건물 전체가 다시 기차역으로 환원되기를 바란다. 이미 공항철도가 지하 수십 미터에 자리 잡은 것처럼 서울역 전체를 지하화하는 계획도 있으니, 언젠가 이 건물이 서울역 전체를 위한 일종의 관문, 즉 게이트 하우스gate house의 역할을 하게 되는 것도 충분히 가능한 상상이다.

그다음 원형에 대한 존중은 건물이 사적으로 지정되었을 정도이니 굳이 이야기할 필요가 없다. 2011년 보수공사는 당대 전문가들이 동원된 상당히 전문적인 과정이었으며, 실제 복원 기록이 건물 한쪽에 충실하게 전시되어 있기도 하다. 당시 공사 도중에 초대되어 현장을 방문한 경험이 있는데 근대에 지어진 건물이기는 하나 산자를 엮은 위에 회칠하는 등 여기저기에 매우 전통적인 공법이 많이 사용된 것을 볼 수 있었다. 마지막으로 공공성의 영역으로 가면 사실상 이 건물에 견줄 만한 대상을 찾기 어려울 정도다. 한때 추석과 같은 민족의 대이동 상황에서 이 건물은 뉴스의 중심이었다. 워낙 오랜 시간 수도 서울의 관문 역할을 해 왔기에 한국전쟁 이후 인근에 '관문'이라는 이름을 갖는 건물이 지어져 지금도 남아있을 정도

위> 전시가 열리고 있는 서울역
아래> 행사장으로 활용되는 서울역

위> 서울역 천장
아래> 서울역의 복원 과정을 보여주는 전시

다. 1930년대 발표한 이광수의 소설《흙》에서는 당시 이곳에서 팔던, 영국식 아침 식사로 추정되는 메뉴에 대한 이야기도 나온다. 1936년에 발표된《미몽》과 같은 흑백 영화에는 건물과 인근 지역, 특히 교각 위를 달리는 남행 열차의 모습이 등장한다. 격동에 휩싸인 한반도 역사의 중심 공간 중 하나이면서 수많은 개인의 미시사를 관통하는 장소로서 서울역이 갖고 있는 존재감은 예나 지금이나 현재형이다.

19
노인들만 오는 곳이 아닙니다
탑골공원

아케이드로 둘러싸인 탑골공원
(출처: 서울기록원)

주소: 서울 종로구 종로 99
건축년도: 1897년 이후   설계자: 미확인
면적(m²): 15,501

　　　　　　　　　　같은 장소라도 연령대에 따라, 자신의 관심사에 따라 전혀 다르게 다가오는 경우가 있다. 탑골공원이 그렇다. 서울에 사는 나이 드신 분들에게 이곳은 또래 노인들이 장기나 바둑을 두며 시간을 보내는 곳이다. 한국의 근대사에 관심이 많은 사람들에게는 삼일운동이 시작된 곳이며, 그보다 거슬러 올라가면 박지원 등을 비롯한 조선 정조 연간의 대표적 지식인 그룹 백탑파가 모이던 지역이기도 하다. 종로와 인사동 거리를 오가는 젊은 세대들이라면 레트로 Retro 아니 뉴트로 Newtro 음악 유튜브 채널인 '온라인 탑골공원'이 훨씬 더 친숙할 것이다. 다양한 성정체성이 만드는 사회적 현상에 관심이 있는 사람들은 이 일대가 한국의 대표적 게이 문화의 중심지라는 사실 또한 알 것이다. 한편 도시의 역사를 추적하는 사람들은 이곳을 최초의 근대 공원 중 하나로 기억한다. 굳이 '근대 공원 중 하나'라는 표현을 사용하는 이유는 이보다 8년 앞서 조성된 인천 자유공원과 구별 짓기 위해서다. 자유공원이 외국인들에 의해 만들어졌다면 탑골공원은 한국인들의 적극적 역할이 있었다. 오랫동안 파고다공원으로 불렸으며 1991년 '탑골공원'이 되었고 이후 2011년에 다시 '서울 탑골공원'이 되었으나 이 글에서는 편의상 탑골공원으로 부르겠다.

이처럼 다양한 연상 작용을 불러일으키는 탑골공원의 주소는 서울시 종로구 종로 99, 그야말로 서울 구도심의 한복판이다. 공원이 조성된 것은 대한제국 원년, 즉 광무 1년인 1897년 이후지만 터로서의 역사는 그보다 훨씬 오래되었다. 서울이 조선의 수도가 되기 이전인 고려시대에 이미 이 자리에 흥복사라는 절이 있었다. 조선 왕조는 숭유억불로 알려졌지만 국초만 해도 꼭 그렇지는 않아서 태조 때 흥복사는 조계종의 본사였다. 이후 불교대호왕佛敎大護王으로 불릴 정도로 독실한 불교 신자였던 7대 왕 세조가 왕명으로 흥복사를 확장, 1465년 원각사라는 이름의 절을 세웠다. 2년 후인 1467년에는 대리석으로 12m 높이의 원각사지 십층 석탑을 세웠는데, 아직도 이 자리에 남아있으며 '백탑파'나 '탑골'이라는 이름 또한 여기에서 유래되었다. 이 석탑은 고려시대에 만들어진 경천사지 십층 석탑과 매우 유사하며 정교한 조형 등으로 인해 조선시대의 대표적인 불교 문화재로 평가된다. 하지만 이후 연산군이 이곳을 기생들과 노는 장소로 만들면서 원각사는 사실상 없어졌고, 중종 때 석탑을 제외하고는 완전히 철거되었다. 다만 그 이름은 지금도 인근의 '탑골공원 원각사 무료급식소' 등에 흔적을 남기고 있다. 한편 한국 최초의 극장으로 '원각'이라는 한자도 같은 원각사圓覺社가 세워진 것은 1908년으로, 그 위치는 지금의 신문로 새문안교회 자리였다.

탑골공원이 있는 종로2가 일대는 예나 지금이나 서울의 대표적 상업가로다. 이 길에 왕조의 제례 공간인 종묘와 탑골공원이 자리 잡은 것은 지금 보아도 의미심장하다. 탑골공원의 원래 이름은 '탑'이라는 뜻의 '파고다'가 들어간 '파고다공원'이었고 이를 계획한 사람은 당시 한성판윤 이채연과 탁지부 영국인 재정 고문 브라운이었다. 이채연은 놀라울 정도로 근대 문물에 노출된 삶을 살았던 인물이다. 영어에 능하여 초대 주미 공사관의 번역관으로 근무했다. 이완용에 이어 대리공사로 근무하던 시절 득남하였는데, 이 남자아이는 미국에서 태어난 최초의 한국인이었으나 어려서 사망했다. 귀국 후에 과거에 합격하였고 한성판윤으로 재직하던 중 한성 개조 사업의 주역으로서 서울 중심부에 워싱턴에서 본 방사상 도로망을 도입했다. 지금도 소공로와 서대문로 등을 포함한 서울광장 주변의 육거리에 그 흔적이 남아있다. 이채연은 또한 한성전기회사의 사장으로 서울에 전차를 놓은 주역이기도 하다.

영어 신문인 코리아 타임즈에 탑골공원의 역사에 대해 기고한 로버트 네프 Robert Neff에 의하면, 원각사지 십층 석탑에 대해 주목하여 기록을 남긴 최초의 서구인 중 하나로 1883년 겨울 이 일대를 방문한 미국인 퍼시벌 로웰 Percival Lowell, 1855-1916년을 들 수 있다. 천문학자로 알려진 그는 글과 사진으로 이 탑에 대한 기록을 남겼으며, 다른 미국인들도 이 장소를 주목하기 시작했다. 이후 등장한 인물이 바로 스코틀랜드-아일랜드 혈통의 영국인 맥리비 브라운 McLeavy Brown이다. 그는 청나라를 거쳐 영국 정부의 천거로 탁지부의 재정 고문 및 해관海關 책임자가 되었는데, 국왕의 사치마저 제한할 정도로 엄격하게 공공 재정을 관리했다는 평가를 받았다. 브라운은 1897년 이 일대를 근대식 공원으로 조성할 것을 제안했고 직접 계획을 실천에 옮겼다. 그는 16세기에 세워진 이 탑이 임진왜란 당시 훼손되어 상층부 3개 층이 지상에 분리된 것을 안타깝게 여기고 이를 복원코자 했으나 '궁중 점쟁이'들의 반대로 뜻을 이루지 못했다. 공원이 조성된 이후에도 계속 훼손된 상태로 있던 석탑은 1946년 2월 17일 미군 공병대가 45분 만에 크레인으로 상층부를 원래 자리에 올려놓으면서 원형을 회복할 수 있었다.

위> 상층부가 분리된 원각사지 십층 석탑(출처: 한국정책방송원)
아래 좌> 현재의 탑골공원 팔각정   아래 우> 팔각정의 지붕 구조

브라운의 제안으로 만들어진 이 공원은 점차 현재의 모습을 갖추기 시작했다. 1902년에는 석탑 남쪽에 팔각정을 지었는데 이 대목에서 우리는 한국 근대 건축사의 주목할 만한 인물인 심의석1854-1924년을 만나게 된다. 서울 출신으로 평생을 거의 정동에서 지낸 그는 서구 건축과 전통 건축, 설계와 시공을 오가며 폭넓게 활동했다. 정동의 배재학당, 독립문, 정동제일교회, 이화학당 본관, 원구단과 황궁우, 광화문 사거리 교보 사옥 앞의 기념비전, 손탁호텔, 석조전 등 그가 직간접적으로 관여한 건축 리스트는 길고도 묵직하다. 위에 언급한 한국 최초의 극장 원각사의 전신인 협률사의 건축에도 관여했다. 심의석의 대표작 중 하나인 탑골공원의 팔각정은 5개의 기단석 위에 세워진 화려한 개방형 정자로 지금도 야외 음악회를 비롯한 다양한 행사 및 휴식을 위한 장소로 사용되고 있다. 일본 국가 〈기미가요〉의 편곡자이기도 한 독일인 프란츠 에케르트Franz Eckert가 1906년 본인이 작곡한 〈대한제국 국가〉를 연주한 곳도 이 팔각성이다. 일제시대 당시의 사진을 보면 팔각정 이외에 서양식 야외 음악당도 있었으나 현재는 전하지 않는다.

탑골공원이 한국 역사에 본격적으로 등장한 계기는 삼일운동이다. 여러 가지 이설이 있기는 하지만, 학생과 시민 5천 명이 모여 학생 대표인 정재용이 팔각정에서 기미독립선언서를 낭독했다고 전한다. 공원의 한쪽에 삼일운동을 기념하는 다양한 조형물이 놓여있고, 그 주역인 의암 손병희, 만해 한용운 등의 동상이 자리 잡게 된 배경이다. 이후 4·19혁명으로 탑골공원은 또다시 역사의 현장이 되었다. 1960년 4월 26일 공원 안에 있던 이승만 대통령의 동상을 시위대가 철거했고 그 직후에 이승만이 하야 선언을 했다.

공원 조성 당시만 해도 없었던 삼일대로가 1960년대 말에서 1970년대 초 공원 바로 서측에 개통됐는데, 이 과정에서 타원형으로 조성된 탑골공원 주변을 따라 파고다 아케이드가 설치되는 등 본격적인 훼손의 시기를 맞는다. 원래 탑골공원 인근에는 대한제국 양악대가 있었고 파고다 아케이드 역시 악기 판매로 유명했다. 시민사회의 끈질긴 지적이 이어지면서 치열한 법정 공방 끝에 1983년 아케이드가 철거되었다. 이 과정에서 파고다 아케이드에 있던 악기상들이 인근 낙원상가로 이전, 결과적으로 낙원상가가 오늘날 세계 최대의 악기 도소매 시장으로 성장하는데 기여한 것을 보면 새삼 역사의 끈질김을 느낄 수 있다. 1972년 현재의 정문인 삼일문은 장기인이 이끌던 삼성건축의 설계로 강릉 객사문을 참조하여 지어졌다.

현재 탑골공원은 궁궐이나 종묘 등을 제외하고는 여전히 서울 구도심의 대표적인 공공 공원이다. 노인들이 독점하고 있다는 사회적 이미지가 있으나, 막상 가보면 방문객들의 연령대는 다양하다. 어린이들을 위한 행사도 자주 열리며 삼일운동을 기리는 정부의 공식적 연례 행사장으로서의 역할 또한 빼놓을 수 없다. 흥미롭게도 공원의 남서 측은 투시형 석재 담장이, 동남쪽은 전통적인 한식 담장이 주변을 두르고 있다. 동서남북 4개의 문이 있으나 정문인 남쪽의 삼일문만 사용하고 나머지는 닫혀있다. 4개의 문을 모두 개방하면 보행자 동선이 훨씬 자유롭겠지만 공원을 통과하는 인원이 너무 늘어나는 것을 우려하는 듯하다. 100년이 넘는 역사에도 불구하고 공원의 전체적인 타원형 배치는 거의 그대로 유지되고 있다. 원각사지 십층 석탑과 대원각사비도 그대로 잘 남아있으나 석탑의 경우 매연과 새똥으로 인한 훼손을 방지하기 위해 1998년에 유리 건물을 지어 그 안에 보존 중이다. 최근에는 10층이 아닌 13층으로 보아야 한다는 의견이 제시되고 있기도 하다.

탑골공원은 레거시 플레이스로 부르기에 손색이 없다. 이미 그 역사는 125년에 달하며 공공 공원의 역할과 성격 역시 예나 지금이나 변함이 없다. 정문이 바뀌고 인근에 도로가 개설되고 상업 아케이드가 들어서는 등 그간의 이런저런 변화에도 불구하고 공원의 원형은 상당히 회복되었다. 그리고 한국 근현대사와 함께 호흡해 온 역사적 장소로서의 공공성에 대해서는 별다른 설명이 필요 없다. 한 가지 우려되는 점이 있다면 이 공원에 이름을 부여한 원각사지 십층 석탑이 너무 둔탁한 철골 및 유리 보호각으로 가려져 그 아름다움을 충분히 즐길 수 없다는 것이다. 부식이 너무 심하여 장기적으로 국립중앙박물관으로의 이전도 고려 중이라고 하는데, 이 경우 모조품으로 대체될 가능성이 높다. 그렇다면 유리 구조물도 철거할 수 있지 않을까 기대한다. 이전 시, 공원의 진정성은 다소 약해지겠지만 역사적인 경관을 회복하는 것은 충분히 의미 있는 일이다.

탑골공원은 도시공원으로서의 현재적 가치를 충분히 발휘하고 있으며 이채연, 심의석과 같은 인물과도 관련 맺고 있는 등 한국의 근대사가 상당한 두께와 서사를 확보하고 있음을 보여주는 역사적 사례이다. 이런 점에서 탑골공원은 대표적 레거시 플레이스라고 할 수 있다.

좌> 삼일운동 관련 조형물
우> 의암 손병희 동상

20
위치가 너무 좋아 오히려 문제인
서울고속버스터미널

서울고속버스터미널 전경

주소: 서울 서초구 신반포로 194
건축년도: 1981년　건축가: 완 종합건축사사무소
면적(m²): 12,981.6

　　　　　　　　서울시 서초구 신반포로 194$^{반포동\ 19-4}$에 자리 잡은 거대 교통 인프라의 정식 명칭은 '서울고속버스터미널'이지만 그렇게 부르는 사람은 아직 본 적이 없다. '강남고속버스터미널'이거나 줄여서 '강남터미널' 혹은 더 심하게 줄여서 '고터'다. 인근 지역에서 오래 산 사람들은 '반포터미널'이라고도 부른다. 이 외에도 통용되는 이름이 더 있으며 인근 '센트럴시티'까지 포함하면 그 명칭은 실로 복잡해진다. 일단 이 글에서는 건물 외관에 적혀있는 '서울고속버스터미널'로 통일하기로 한다. 건축물대장에 의하면 이 건물의 대지면적은 87,111m^2로 경복궁의 5분의 1 정도다. 지하 1층에 지상 10층, 연면적은 12,981.6m^2로 국립현대미술관 과천관의 2.6배 정도다. 건폐율이 26.54%로 도시에 있는 건물로서는 매우 낮은데 버스 터미널로서 넓은 야외 공간, 즉 박차장이 필요하므로 당연한 결과다.

　이 건물이 계획되었던 1970년대 중반은 경제성장률이 9%를 오르락내리락하던 고도성장기다. 현실이 예측을 훨씬 초과하던 시절이라 당시의 기록을 보면 온갖 계획을 끊임없이 수정했는데, 이 건물도 예외는 아니었다. 특이한 삼각형 단면의 건물이 완공된 것은 1981년이지만 대규모 버스 터미널이 이 자리에 자리 잡은 것은 그보다 몇 년 전인 1976년이었다. 제대로 된 건물도 없는 상태였는데, 이를 반영하듯 당시 이름은 소박하기 짝이 없는 '강남종합버스정류장'이었다. 노천 시설이나 다름없는 상태로 일단 개장했으나 고속버스 이용객 수가 급증했다. 1978년 시외버스 터미널로 계획했던 서울종합터미널이 완공되자 계획을 수정, 고속버스 호남선과 영동선 전용으로 변경했을 정도다. 당시 신문에는 이들 시설에 대한 박정희 대통령의 관심을 보도하는 기사가 반복적으로 실렸다. 즉 국가적 프로젝트였다.

고속버스 수요만 예측을 벗어난 것이 아니었다. 건물 자체에도 심각한 결함이 발견되었다. 애초의 설계는 승하차장을 1, 3, 5층에 두어 건물을 입체적으로 활용하려고 했다. 장대한 경사로를 따라 버스가 건물을 오르내리는 모습은 미래 도시, 그 자체였을 것이다. 그런데 고강도 콘크리트가 아닌 일반 콘크리트를 사용하는 바람에 건물이 버스의 하중을 견디지 못한다는 진단이 나왔고, 결국 3층과 5층의 승하차장이 폐쇄되고 말았다는 다소 믿기 어려운 이야기가 전해진다. 1980년대 초반 대학에서 건축을 공부하던 학생들에게 이 건물의 삼각형 형태와 입체적 개념은 매우 신선한 것이었다. 특히 내부의 구성을 드러내는 단면도가 매우 인상적이었고 당시 해외의 어떤 건물 도면 못지않게 매력적이었다. 이를 보기 위해 일부러 건물을 찾아가는 경우도 있었다. 이 때문에 건물의 핵심 개념이 작동하지 못했을 때의 실망감 또한 컸다. 한마디로 그 시대의 열망과 좌절을 동시에 보여주는 사례였다.

이 건물은 완元종합건축사사무소가 설계했다. 프로젝트의 규모나 개념, 사회적 중요성으로 보면 존재감이 상당했을 회사인데, 그 이름을 들어본

적도 없고 지금은 인터넷에 검색해도 나오지 않는다. 당시 매체에 발표된 내용을 보면 하루에 25만 명의 승객을 처리할 수 있다고 전망했는데 2020년 기준 서울에서 가장 승객이 많은 지하철역인 잠실역의 하루 이용객 수가 14만 명 내외인 것을 감안하면 얼마나 도전적인 규모였는지 알 수 있다. 또한 단순히 버스 터미널만 있는 것이 아니라 쇼핑 등 다른 도시 기능을 복합적으로 배치했고 시내버스 및 택시와의 연계 또한 고려했다. 당시 매체에 실린, '공익 시설이니만큼 이용자인 승객들만이 아니라, 일반 시민도 휴식 및 약속 장소로 활용할 수 있도록 조경, 녹지 공간 확보에 최선을 다함'이라는 문구에서는 거대 공공 교통 시설을 설계한 건축가의 자부심

건립 당시의 투시도(출처: 서울기록원)

이 깊게 배어 나오는 것을 느낄 수 있다.

현재 서울고속버스터미널에서는 경부선, 구마선, 영동선 고속버스를 운행한다. 이웃하는 센트럴시티에서 호남선 고속버스와 일부 지역의 시외버스를 운행하므로 이 두 시설을 합치면 그야말로 서울과 전국을 잇는 고속버스 대부분이 이곳으로 집결되는 셈이다. 천만다행으로 경부고속도로 진입로까지 직선거리 1km 정도의 가까운 위치라 들고 나는 고속버스로 인한 교통 혼잡을 상당히 줄일 수 있으나, 해당 지역인 서초구로서는 장기적인 고민의 대상이다. 1975년 이곳에 종합버스터미널을 이전하는 결정을 내렸을 당시, 서울의 고속버스는 서울역과 동대문역 같은 구도심에 승하차 시설이 있었다. 교통 혼잡을 피해 현재의 위치로 옮긴 것인데 다시 유사한 상황이 된 것이다. 현재 서초구의 두 시설 말고 서울을 오가는 기타 고속버스와 시외버스는 동서울터미널(경기 북동부, 강원, 충북, 경북), 상봉터미널(광주, 대전 원주 등 / 2023년 11월 폐업), 남부터미널(주로 부산, 청주 등 시외버스) 등에 분산하여 운행 중이다.

서울고속버스터미널에 레거시 플레이스의 기준을 적용하자면 다음과 같다. 우선 연륜에 있어서는 1981년 완공 시점을 기준으로 하면 이제 40년이 넘었으므로 충분히 조건을 충족한다. 그다음으로 고속버스터미널이라는 원래의 용도 역시 지금까지 잘 유지되어 왔다. 건립 당시부터 지금까지 교통 인프라라는 기본 기능에 더해 쇼핑, 외식, 사무실 등의 부수적 기능이 더해진 복합 시설이라는 점 역시 변하지 않았다. 건축물대장에 나오는 기능만 해도 여객 자동차 박차장, 대합실 등에 부속 상가, 업무시설 심지어 운동시설 등이 있다. 원형의 보존이라는 기준에 대해서는, 부분적인 변형에도 불구하고 건물 전체의 형태나 구조는 건립 당시의 기본을 유지하고 있다는 점에서 긍정적이다. 다만 3층과 5층의 용도가 바뀌면서 버스

경사로는 철거되었다. 내부는 2017년부터 단계별로 리모델링 중인데 상당한 수준으로 업그레이드되어 거의 호텔급이라는 좋은 평가를 받고 있다. 마지막으로 공공성이라는 기준 역시 공공 교통 인프라로서 비교 불가의 존재다. 서울고속버스터미널은 서울역, 김포공항, 인천공항 등과 함께 서울의 관문으로서 역할을 이어오고 있다.

무엇보다 이 건물은 레거시 플레이스의 기본 개념을 다시 돌아보게 하는 존재라는 점에서 특별한 의미를 갖는다. 이 책을 시작하면서도 밝혔듯이 '레거시'라는 단어가 갖는 이중성, 즉 역사적 유산임과 동시에 시대에 뒤떨어진 존재라는 극단적 대비는 이 건물에서 뚜렷하게 나타난다. 건립 당시에는 구도심의 혼잡을 피해 강남이라는 외곽 신개발지에 자리 잡았으나, 강남 개발이 진행되면서 이제는 가장 핵심적인 위치를 차지하게 되었다. 경부고속도로로의 접근도 비교적 용이하며 지하철은 무려 3, 7, 9호선과 연결된다. 즉 교통 인프라로서 이보다 더 좋은 입지는 상상하기 어렵다. 이웃 센트럴시티의 일부인 강남 신세계백화점은 2022년 기준 단일 점포 세계 매출액 1위를 달성했다. 한마디로 강남의 노른자 위인 것이다. 바로 그 자리에 서울고속버스터미널이 있어 불특정 다수의 시민이 얻는 편리와 효율 등의 혜택은 돈으로 계산하기 어려울 뿐 아니라 사회적 공정함이라는 측면에서도 시사점이 많다.

그러나 이러한 모든 사실은 역으로 이 위치에 대한 수많은 다른 개발 시나리오의 유혹 요인이기도 하다. 항공사진으로 보면 서울고속버스터미널 주변으로 개발의 압력이 점점 더 심해지고 있음을 알 수 있다. 반포 자이, 래미안퍼스티지 등 고층 브랜드 아파트 단지가 주변을 에워싸고 있고 다른 오래된 아파트나 상가도 재건축을 기다리는 중이다. 개발의 관심이 집중되는 지역 한복판의 거대 토지에 자리 잡은, 태생적으로 건폐율이 낮을 수밖에 없는 시설. 게다가 드나드는 차량으로 인해 주변에 어쩔 수 없이 교통 체증을 일으키고 있다면? 이를 옮기고 다른 용도로 개발하자는 주장이 당연히 있을 법하지 않은가. 아닌 게 아니라 서울고속버스터미널의 이전에 대한 소문이 돌기 시작한 지 이미 꽤 되었다. 송파구 장지동으로 이전을 검토 중이라는 2008년의 신문 기사를 필두로, 2018년에는 경부고속도로 서울 요금소 인근으로의 이전 설이 대두되었고, 이에 대한 국토교통부의 반박이 마치 약속이라도 한 듯 같은 날 나왔다. 아예 경부고속도로의 서울 구간을 모두 지하화하자는 발상도 나온 지 오래며 그때마다 서울고속버스터미널의 운명도 동시에 거론된다. 그러나 이로 인해 누가 상대적으로 혜택을 입고, 누가 불편을 감수해야 하는가에 따른 논의 또한 필수적일 것이다.

수십 년간 많은 시민에게 편리를 제공해 온 역사적 장소이면서도 이제는 그 자리를 비워줬으면 하는 눈총의 대상이 된 서울고속버스터미널이야말로 레거시 플레이스라는 개념의 이중성을 어디보다 극명하게 보여주는 사례이다. 현재로서 그 운명을 예측하기는 어렵지만 이런 논의가 존재한다는 사실 자체만으로도 현대 사회 속에 던져진 대다수 건축의 운명이 어떤 것인지 헤아릴 수 있게 한다. 1950년 연말에 건립된 뉴욕의 포트 오소리티 버스 터미널 Port Authority Bus Terminal이 아직 맨해튼 한복판에 그대로 있는 연유가 무엇일지 생각해 봐도 좋을 듯하다.

위> 점점 조여오는 개발의 압력 (출처: 서울시 에스맵)
아래> 1층 승하차장과 새로 단장된 내부

21
540살 먹은 현역 교량
살곶이다리

살곶이다리의 항공사진
(출처: 서울시 에스맵)

주소: 서울 성동구 성수동1가 694-124
건축년도: 1483년 설계자: 미확인
면적(m²): 해당 없음

　　　　　　　　　　서울 강북 구도심을 서쪽에서 동쪽으로 흐르는 청계천을 따라 하류 쪽으로 걷다 보면 한양대학교 인근에서 의정부로부터 흘러 내려오는 중랑천을 만난다. 합수부에 마치 어떤 거대한 힘이라도 작용하는 듯 청계천과 합수한 중랑천은 급격하게 남서쪽으로 방향을 틀다가 한강을 만나 서쪽을 향해 서서히 서해로 흘러간다. 서울의 주된 물줄기가 거대한 태극 무늬를 그리는 바로 그 현장이다. 방향의 전환점 근처에 중랑천을 가로질러 북서쪽에서 남동쪽으로 비스듬하게 놓인 돌다리가 하나 있다. 길이 76m, 너비 6m로 현존하는 조선시대 최장의 돌다리인 살곶이다리다. 1483년에 완공되어 2023년 기준 무려 540살이 되었으나 아직도 사람들이 그 위를 오가는, 엄연한 현역 교량이다.

　이 다리는 그 이름부터 건립 과정에 이르기까지 조선 건국 초기의 역사와 관련이 깊다. 잘 알려진 것처럼 태조 이성계는 건국의 과정을 일단락한 후 1, 2차 왕자의 난을 거치면서 자기 자식과의 치열한 정치 투쟁에서 패배한다. 이성계는 상왕으로 밀려 고향인 함흥에 칩거하게 되는데 '함흥차사'가 바로 이 당시의 상황에서 비롯되었다(야사와는 달리 실제 이 일로 죽은 사람은 없다고 한다). 그러다가 태종, 즉 이방원의 지속적인 간청에 따라 다시 서울로 돌아오게 되는데, 일설에 의하면 이때 자기 아들이지만 최대의 정적이기도 한 이방원을 향해 중랑천변에서 화살을 쏘았다고 한다. 세기의 명궁으로 손꼽히는 이성계였으나 화살은 이방원을 맞히지 못하고 땅에 떨어졌는데, 그 자리를 화살이 꽂힌 곳이라 하여 '살곶이'로 불렀다는 것이다. 이성계는 결국 아들과 화해하고 창덕궁에서 세상을 떠난다.

이 자리에 다리가 세워진 것은 태종 이방원이 세종에게 왕위를 물려주고 상왕이 된 후, 도성 동쪽 2개의 이궁을 오가며 소일하게 된 것과 관련이 있다. 그 하나는 현재 광진구 자양동의 한강변에 있던 낙천정이고, 또 다른 하나는 현재의 남양주시 진접읍의 풍양궁이었는데, 도성에서 이곳을 오가기 위해서는 중랑천을 건너야 했다. 공사는 세종 때 시작되었으나 태종이 승하하면서 흐지부지되었다가 성종 때 완성됐다. 정작 태종은 이 다리를 이용하지 못했지만 그럼에도 불구하고 공사가 진행되었던 것은 이 다리가 한양 동남 지역으로 가는 중요한 교통로의 시발점이기 때문이었다. 조선시대에는 의주대로, 경흥대로, 평해대로, 영남대로, 삼남대로, 강화대로의 6대 간선도로가 있었고, 이와 별도로 손꼽히던 또 다른 간선도로 중에 봉화로가 있었다. 바로 살곶이다리, 뚝섬, 송파나루, 하남, 광주, 이천, 음죽, 단양, 풍기, 봉화로 이어지는 길이었다. 한양과 경북을 잇는 중요한 도로가 바로 이 살곶이다리에서 시작되었다.

모든 오래된 것들이 그러하듯이 살곶이다리도 세월의 시련을 여러 차례 겪었다. 일제시대에는 미륵사지석탑이나 석굴암처럼 상판을 콘크리트로 보수했고 여러 가지 측면에서 한국 근대사의 대사건이었던 1925년 을축년 대홍수 때는 일부가 유실되기도 했다. 당시 4차례의 홍수 중에서 특히 영향이 컸던 것은 경성부와 경기도 일대를 강타한 1, 2차 홍수로 추정된다. 특히 태풍을 동반한 7월 16일의 2차 홍수는 누적 강수량이 650mm에 달했다. 이로 인해 수많은 이재민이 발생했고 한강과 지류의 흐름이 바뀌었으며, 북한산성 및 남한산성의 행궁 등 여러 구조물이 피해를 입었는데 그중에 살곶이다리도 있었다. 1938년에는 하류에 성동교가 들어서면서 도로 인프라로서의 살곶이다리 가치가 더욱 낮아졌고 손상이 방치된 상태는 1972년까지 계속되었다. 그사이 중랑천 폭이 넓어짐에 따라 복구 과정에서 콘크리트 다리가 남동쪽에 추가로 연결되었는데, 공교롭게도 살곶이다리 쪽은 평소에는 땅이 드러나 있다가 비가 많이 와야 물이 흐르는 상황이다(덕분에 교각을 관찰하러 내려갈 수 있다). 2009년에 추가 복원이 진행되었고 현재는 보물로 지정되어 있다. 다행스럽게도 보행자의 출입을 막지 않아 다리의 역할을 계속하고 있다.

문화유산청 기록에 의하면 현존하는 한국에서 가장 오래된 다리는 불국사의 청운교와 백운교, 연화교와 칠보교인데, 이들은 건물 기단의 일부이므로 사실상 동등한 비교는 어렵다. 연대를 따지자면 8세기 중엽으로 1,300년 정도의 역사를 갖는다. 그 외에 충북 진천 농다리[1273년], 선암사 승선교[1713년], 개성 선죽교[고려], 청계천에 있다가 장충단공원으로 이전된 수표교[1441년], 광통교[1410년], 창덕궁 금천교[1411년] 등이 한국의 오래된 다리들이다. 종종 살곶이다리를 서울에서 가장 오래된 다리라고 하는데, 완공 연대를 기준으로 하면 금천교와 광통교, 수표교 등이 더 오래되었으므로 이는 오류다.

540살 다리가 여전히 현역이라는 것은 한국 내에서는 대단할지 몰라도 세계적으로는 그리 대단한 기록이 아니다. 세계적으로 오래된 다리들의 연대는 이를 훌쩍 뛰어넘는다. 중국 허베이성 자오현에 있는 조주교는 석조 아치형 교량으로 무려 1,400년의 연륜을 자랑하며 그리스의 아르카

디코 다리는 길이가 22m로 청동기 시대인 기원전 1300년에서 1900년 사이에 지어졌고 아직도 사용 중이다. 고대의 대표적인 토목 국가였던 로마 역시 수도교를 포함, 수많은 다리를 남겼다. 트라야누스 황제 시절인 서기 98~117년 무렵에 세워진 스페인 메리다의 푸엔테 로마노 다리는 길이가 790m로 현존하는 가장 긴 고대의 교량이다. 물론 그렇다고 해서 살곶이다리의 역사적 가치가 축소되는 것은 아니다. 540년이면 땅에 꽂아놓은 쇠막대기 하나도 버티기 어려운 세월이 아닌가.

한강이나 청계천과 마찬가지로 중랑천도 지속적인 정비가 이루어져 왔고 쾌적한 환경 덕분에 주말이면 걷고 뛰거나 자전거를 타는 사람으로 활기를 띤다. 그 대신 자연 하천으로서의 모습은 거의 볼 수가 없고 제방은 물론 주변의 건물과 도로 풍경까지 모두 현대 기계문명의 기하학적 분위기 일색이다. 그런 상황에서 불쑥 조선시대의 돌다리인 살곶이다리를 만나는 것은 매우 신선한 충격이다. 알고 보아도 그렇고 모르고 보면 더욱 그렇다. 모든 것이 반듯한 현대 도시에서 손으로 가공하여 구불구불한 순 아날로그 구조물이 주는 색다른 감성이 있다. 게다가 이 오래된 다리 위로 여전히 사람들이 활발히 걸어 다니는 모습을 보는 것은 또 다른 즐거움이다.

살곶이다리는 가로로 4열, 세로로 22열의 돌기둥을 하천 바닥에 세우고 그 위에 기다란 돌을 가로 세로로 쌓은 후 최상단에 넓적한 돌판을 깔아 완성했다. 구조 공학적으로 말하자면 이른바 형교桁橋, girder bridge로서 교각, 교대, 상판의 단순한 구성이다. 돌은 압축강도에 비해 인장강도가 현저하게 낮은 재료이므로 석재 아치교에 비해 석재 형교는 구조적 효율이 훨씬 떨어진다. 결국 기둥이 두꺼워지고 교각의 간격이 촘촘해지므로 흐르는 물에 저항하는 정도가 높아지는 단점이 있다. 어떤 자료에는 살곶이다

살곶이다리 위를 걸어가는 사람들

리의 교각이 사각형이 아닌 마름모꼴로 주변으로 물이 잘 흐르도록 설계되었다고 적혀 있으나, 실제로 교각은 사각형이고 다리 전체가 현재 기준으로는 중랑천에 비스듬하게 놓여있다. 결과적으로 교각이 물의 흐름에 대해 마름모꼴로 놓여있다고 볼 수 있다. 이에 반해 수표교의 교각은 정확히 45도 돌려진 마름모꼴이다.

애초 이 책을 시작할 때 가졌던 의도 중 하나는 건축물만이 아니라 토목 구조물, 심지어 공원 등도 모두 포함하자는 것이었다. 그래서 '레거시 빌딩'이나 '레거시 건축'이 아닌 '레거시 플레이스'라는 용어를 선택했다. 만드는 입장에서 보면 토목과 건축, 조경은 엄연히 서로 다른 분야지만, 이를 일상에서 접하고 향유하는 입장에서 보면 어떤 분야가 만들었는지는 별로 중요하지 않다. 모두가 우리 삶의 배경이기 때문이다. 살곶이다리는

위> 살곶이다리의 측면
아래> 살곶이다리의 하부와 측면 상세

오랜 역사를 갖고 있고 새로운 다리와 연결되어 있을지언정 원래의 부분은 비교적 원형을 잘 유지하고 있다. 무엇보다 박물관이나 유리 상자 안에 보관된 유물이 아니라 여전히 보행교로서의 역할을 충실히 수행하고 있는 살아있는 역사 문화유산이기도 하다. 중랑천, 한강 합수부 일대의 주요 지점을 연결하는 공공 보행자 통로의 일부로서 사회적 공공성은 두말할 것도 없다. 노익장을 과시하는 살곶이다리는 어느 모로 보나 우리 사회의 훌륭한 레거시 플레이스이다.

22
왜 한강에는 이렇게 다리가 많을까?
한남대교와 한강의 다리

카약에서 바라본 우아한 원효대교

주소: 서울 강남구 신사동
건축년도: 1969년 설계자: 현대건설(?)
면적(m²): 해당 없음

○   서울시계의 한강에는 모두 몇 개의 다리가 있을까? 세어보기 전에 우선 기준을 정하는 것이 좋겠다. 다리의 남북단 중 어느 하나라도 서울 행정구역에 속해있으면 서울시계의 다리로 본다. 물리적으로 복수의 다리라고 해도 이름이 동일하면 같은 다리로 본다. 한강을 지하로 건너는 지하철 터널은 다리로 보지 않는다. 이 기준으로 세어보면 2023년 5월 기준 서울시계 내의 한강에는 모두 28개의 다리가 있다. 각 다리의 주요 특징을 포함하여 상류부터 나열하자면 다음과 같다.

강동대교	1991년 완공, 2018년 확장 / 남단은 서울시, 북단은 경기도 구리시
구리암사대교	2014년 완공 / 남단은 서울시, 북단은 경기도 구리시
광진교	1936년 완공, 철거 후 2003년 재완공
천호대교	1976년 완공
올림픽대교	1990년 완공
잠실철교	1979년 완공 / 지하철 2호선 철교로 1980년부터 실제 운행 / 철도, 자동차, 보행자 겸용 다리
잠실대교	1972년 완공, 2003년 확장 / 수중보와 남단 상류의 송파예술마루

청담대교	2001년 완공 / 하부에 지하철 7호선을 운행하는 복층교 / 보행자 통로 부재
영동대교	1973년 완공
성수대교	1979년 완공, 1994년 붕괴, 2004년 재완공
동호대교	1985년 완공 / 가운데 지하철 3호선이 지나가는 복합교
한남대교	1969년 완공, 2004년 확장 / 남단 상류의 한남새말카페 / 제3한강교
반포대교	1982년 완공 / 잠수교의 상부 / 달빛무지개분수
잠수교	1975년 완공 / 반포대교의 하부 / 안보교 / 넓은 자전거 도로
동작대교	1984년 완공 / 가운데 수도권 전철 4호선이 지나가는 복합교 / 남단에 동작대교 전망쉼터(상류) 및 미니스톱 동작대교점(하류)
한강대교	1917년 완공(등록문화유산), 1981년 확장 / 노들섬 통과 / 북단의 공유이엔씨(상류), 노들직녀카페(하류) / 한강 최초의 인도교 / 제1한강교
한강철교	1900년 완공, 1994년 제4철도교 완공 / 한강 최초의 다리
원효대교	1981년 완공 / 민간투자 사업 / 영화《괴물》의 괴물 서식지
마포대교	1970년 완공, 2005년 확장 / '자살 명소'라는 불명예
서강대교	1999년 완공(공사 및 중단 기간 포함 19년) / 밤섬 통과
당산철교	1983년 완공, 철거 후 1999년 재완공 / 지하철 2호선 철교
양화대교	1965년 완공, 2012년 확장 / 남단의 양화카페(상류), 선유카페(하류) / 제2한강교
성산대교	1980년 완공, 현재 성능개선공사 중 / 성수대교와 같은 게르버 트러스 Gerber Truss 교량이나 장식적인 아치 추가로 구조적, 미학적 가치 손상
월드컵대교	2021년 완공(공사 기간 11년) / 순 공사 기간으로 국내 최장 / 비대칭 복합사장교
가양대교	2002년 완공 / 동일 구조 방식으로는 교각 사이 거리가 대한민국 최장(최대 180m)
마곡대교 (마곡철교)	2010년 완공 / 복선철도교 / 남단은 서울시, 북단은 경기도 고양시
방화대교	2000년 완공 / 한강 다리 중 최장(2,559m) / 남단은 서울시, 북단은 경기도 고양시
행주대교 및 신행주대교	1978년 1차 완공(현재 폐쇄), 1995년, 2000년 확장 / 남단은 서울시, 북단은 경기도 고양시

이 밖에도 서울시계를 벗어난 상류에는 미사대교2009년와 팔당대교1995년, 그리고 하류에는 김포대교1997년, 일산대교2008년 등이 있으며 추가로 하성대교 등이 논의된 바 있다. 상류 팔당댐에 관리교가 있으나 일반 교통이 불가능하므로 제외한다. 이렇게 보면 서울시계에는 28개, 북한강과 남한강의 합류 지점인 양수리 하류에서 서해까지는 무려 32개의 다리가 있다. 한국전쟁 당시 국군이 한강대교의 전신인 인도교와 한강철교, 광진교 등을 폭파해 수많은 서울 시민이 고립되었던 것을 생각하면 그야말로 엄청난 변화다. 뉴욕 맨해튼과 뉴저지 사이의 허드슨강 위에 다리가 불과 3개 있는 것과도 대비된다.

한강의 다리 모두가 레거시 플레이스는 아니다. 30년이라는, 레거시 플레이스를 위한 최소한의 시간 기준을 적용하면 상당수가 제외된다. 좀 새것처럼 보인다 싶으면 거의 예외가 없다. 게다가 대다수의 시민에게 한강 다리란 수많은 도시기반시설의 일부로서 너무나 일상적인 존재일 뿐이다. 다리란 문자 그대로 건너가기 위한 수단이므로, 다리 자체가 목적지가 되거나 관심의 대상이 되는 경우가 별로 없다. 한강의 다리는 국제적인 기준으로 보았을 때 아름답다고 인정되지도 않는다. 해외여행 등으로 높아질 대로 높아진 시민들의 안목으로 보면 대부분은 실용적인 공학 구조물일 뿐이다. 파리의 알렉상드르 3세교, 시드니의 하버브리지, 뉴욕의 브루클린교, 샌프란시스코의 금문교, 피렌체의 폰테 베키오, 런던의 타워브리지 등 세계적으로 유명한 다리들이 차지하는 위상과는 비교하기 어렵다. 게다가 성수대교나 신행주대교 등 일부 한강 다리들이 사용 중에 혹은 공사 중에 붕괴되어 공학 구조물로서 최소한의 조건도 충족시키지 못하고 말았다.

하지만 인간에게는 서사를 만들고 부여하는 습관 내지는 능력이 있다. 역대 스코틀랜드 왕들이 그 위에 앉아 대관식을 치렀다는 '운명의 돌'은

위> 이 글에서 언급된 모든 다리가 보이는 사진(출처:국토교통부 V-WORLD)
아래> 한남대교의 북향에는 남산이, 남향에는 강남대로의 고층 빌딩이 보인다(출처: 서울시 에스맵)

223

한국의 레거시 플레이스

그 자체로는 평범한 암석 덩어리에 불과하지만 인간들은 거기에 구약성경 창세기와 관련된 서사를 갖다 붙였다. 몇몇 한강 다리 또한 마찬가지여서 시간이 흐르고 역사적 사건과 이런저런 이야기들이 덧붙여지면서 슬슬 하나의 장소로서의 성격을 갖기 시작했다. 그중에서도 이번 글에서 다룰 대상은 한남대교다. 한남대교는 그 자체로는 한강의 다른 다리들에 비해 별로 특이할 것이 없다. 건립 연도는 한강 최초의 다리인 한강철교나 한강대교에 비할 수 없고, 강판형 Steel Plate Girder과 강상형 Steel Box Girder 구조라 공학적으로는 효율적일지 모르나 형태적으로는 한강 다리 중에서도 가장 단조로운 편에 속한다. 드라마틱한 복층 구조의 청담대교나 'PC 상자교'로 V자 교각에 우아한 곡선미를 자랑하는 원효대교, 한강 다리 중 가장 막내로서 경사진 주탑에서 케이블이 드리워진 사장교 형식의 월드컵대교 등과는 조형적인 면에서 견주기 어렵다.

그럼에도 불구하고 한남대교에 의미를 부여하는 데에는 몇 가지 이유가 있다. 일단 한남대교는 대한민국이 사람의 몸이라면 그 척추에 해당하는 경로에 위치한다. 이 책의 삼일빌딩이나 탑골공원 편에서도 언급한, 북악산 자락의 감사원 길에서 삼일대로를 거쳐 한강을 건너 강남대로, 경부고속도로로 연결되는 바로 그 길이다. 한남대교의 건설은 단순히 다리 하나를 짓는 차원을 훌쩍 넘는 국가적 사업이었다. 경부고속도로, 강남 개발이 모두 한남대교 건설과 맞물려 있었다. 원래 경부고속도로의 시점은 반포IC였으나 한남대교 완공과 함께 그 남단으로 옮겼을 정도다(지금은 다시 양재IC로 이전했다). 그다음으로는 통행량이다. 한남대교는 남향과 북향을 가리지 않고 공히 대한민국에서 가장 바쁜 다리다. 2020년 통계에 의하면 하루 평균 무려 19만 1,039대의 자동차가 이 다리를 건넜다. 물론 이렇게 되기까지는 1969년 이후 신교 확장, 상판 보수, 구교와 신교의 통합 등 수많은 공사를 치러야 했다. 참고로 2020년 통계에 의하면 가장 통행량이 적은 한강 다리는 남향의 경우 원효대교, 북향의 경우 서강대교였다. 두 경우 모두 한남대교의 20% 수준이었다.

한남대교의 특별한 점은 또 있다. 바로 대중성인데, 여기에는 가수 혜은이가 1979년 1월에 발표한 메가 히트곡 '제3한강교'가 큰 기여를 했다. 한강 인도교^{한강대교}가 제1한강교, 양화대교가 제2한강교 이어 한남대교가 제3한강교로 불렸던 시절이었다. 다리의 역사로 보면 한강철교나 광진교도 포함되어야 했으나 한강철교는 보행자가 다닐 수 없고, 광진교는 외진 곳에 있어 작명 과정에서 빠진 것으로 추정된다. 혜은이의 '제3한강교'는 당시 디스코 열풍의 최정점을 찍었다고 해도 과언이 아닌데, 퇴폐성을 이유로 개사를 했다거나 중간 부분의 박자 맞추기 등이 절묘하다는 이유로 큰 화제가 되었다. 당시는 이미 제3한강교가 완공된 지 10년 정도 지난 무렵이었는데, 몇 년 후인 1985년 한강종합개발사업 당시 한강의 다리 명칭을 일제히 정비하면서 한남대교로 이름이 바뀌었다. 이렇게 제3한강교는 역사 속의 이름 혹은 대중가요 가사의 배경으로 남게 되었다.

신기하게도 내 주변에는 유독 한남대교를 걸어서 건넜다는 사람들이 많다. 한때는 가수 주현미의 히트곡 가사 '밤비 내리는 영동교를 홀로 걷는 이 마음'의 영향으로 영동교를 걸어서 건너는 것이 유행하기도 했으나, 한남대교를 걸어서 건너는 일은 그보다 더 오랫동안 꾸준한 인기를 끌고 있는 듯하다. 짐작건대 한남대교의 남북단이 각각 신사동과 한남동 등 중요한 지역이라는 점과 북향으로는 남산, 남향으로는 강남의 고층 빌딩이 파노라마처럼 펼쳐지는 등 다리에서의 경관이 상대적으로 좋은 점 등이 작용하는 것 같다. 또한 한남대교 남단에는 이른바 '교량 카페'가 2009년을 전후하여 들어섰는데, 엘리베이터와 계단을 통해서는 한강공원, 버스

정류장을 통해서는 도시의 다른 부분과 쉽게 연결되는 등 보행자가 접근하기에 유리한 조건을 갖고 있다(참고로 교량 카페의 정식 명칭은 '한강 교량 보행자 시설'이며 잠실, 한남, 동작대교의 경우 나의 사무실에서 설계하였다).

처음 지어진 지 50년이 넘었고 한강을 건너는 다리라는 본래의 기능을 당연히 수행하고 있으며, 여러 차례의 추가 공사에도 불구하고 그 외형을 유지하고 있는 점, 이른바 국토의 척추에 해당하는 상징성 등에서 한남대교는 레거시의 플레이스의 네 가지 조건을 모두 충족한다고 볼 수 있다. 한 번 정도는 걸어서 건널 것을 권한다. 우연이었을까. 내가 기억하는 가장 드라마틱한 '인생 구름'은 바로 한남대교를 걸어서 건너며 본 것이었다.

위 좌> 교량 카페와 버스 정류장(제공: 황두진건축사사무소)　위 우> 한남대교 교량 카페(촬영: 박영채)
아래> 한남대교에서 본 구름

23
땅 밑에서 발견된 근대의 유산
노량진 지하배수로

노량진 지하배수로 2구간 전경

주소: 서울 동작구 노량진동 14-5
건축년도: 1899년 이전 설계자: 최춘웅(개보수)
면적(m²): 350

　　　　　　　　　　건축 도시 답사에는 여러 종류가 있다. 새로
문을 연 유명한 장소에 가서 연인이나 친구와 사진을 찍어 간단한 설명과
함께 인스타그램 같은 곳에 올리는 것도 나름대로 답사의 기록이며 적극
적으로 장려할 일이다. 이렇게 생긴 관심 이후 더욱 성장할 수 있기 때문
이다. 실물 못지않게 이야기, 즉 서사에 관심이 있는 사람들도 있다. 누가
설계했고, 어떤 생각이 있었고, 당시 시대적 배경은 어떠했고 등등. 서서히
전문적인 영역에 들어서는 셈인데, 최근 대중의 교양 수준이 꽤 높아져 이
렇게 진지한 태도를 보이는 일반인도 부쩍 늘어났다. 남들이 관심을 갖지
않는 것들에 집중하는 사람들도 있다. 내 주변만 해도 2개의 도로가 예각
으로 만나는 코너에 자리 잡아 모서리가 날카로운 건물을 답사하고 기록
하는 신민재 건축가 같은 사람이 있는가 하면 맨홀 뚜껑을 보러 다니는 사
람, 심지어 나무 전봇대를 찾아다니는 사람도 있다. 이쯤 되면 소위 마니
아라고 할 만하다. 참고로 서울 구도심에는 아직도 일제시대 경성부 시절
의 맨홀 뚜껑이 여기저기 남아있고, 충정로의 금화산 도로변에는 몇 년 전
까지만 해도 나무 전봇대가 서 있었다.

요즘 새로운 관심사로 떠오른 것은 서울의 숨겨진 지하공간이다. 박정희와 그를 따르던 세력이 5·16 직전 지휘 본부로 사용하던 영등포 옛 6관구수도경비사령부의 전신의 지하 벙커는 현재 문래근린공원의 일부가 되었다. 지난 2023년 9월에는 서울 지하철 1호선 시청역과 2호선 을지로역 사이의 335m에 달하는 지하 터널이 일반인에게 공개되기도 했다. 신기한 점은 이 공간이 왜 만들어졌는지 기록이 아직 발견되지 않았다는 것이다. 서울에서도 가장 붐비는 지역 중 하나인 시청 인근 지하에 연면적이 3,182m^2에 달하는 거대한 공간이 존재한다는 사실이 이제야 알려졌다. 마치 어떤 귀중한 유물이 '발견'되었는데 그 장소가 박물관 수장고였다는 류의 신문 기사를 연상케 한다. 이 밖에도 서울시는 지난 2017년 여의도의 지하 비밀 벙커, 경희궁 방공호, 신설동 유령역 등 3개의 지하공간을 시민에게 개방했다.

개인적으로는 이전 총독부 자리에 남아있던, 지하실로 추정되는 소위 '지하 경복궁'에 가본 적이 있다. 국립박물관 시절에는 수장고로 사용했다고 하는데; 방문 당시는 박물관이 용산으로 이전하고 난 이후라 텅 비어 있었다. 이곳은 아직 개방 소식이 없어 인근 국립고궁박물관의 수장고로 사용하고 있지 않을까 짐작할 뿐이다. 이처럼 우리 도시 여기저기에는 잘 알려지지 않은 지하공간이 의외로 많다. 그중 상당수는 뭔가 비밀스럽거나 으스스한 곳이다. 영등포 문래근린공원의 지하 벙커 말고도 무거운 역사를 갖고 있는 곳들이 꽤 많다. 충정로의 충정아파트 지하에서는 한국전쟁 당시 민간인 학살이 있었다고 하는데 뚜렷하게 사료로서 입증된 것은 아닌 듯하다. 문화유산청 국가문화유산포털 사이트에 의하면 철원의 수도국 급수탑에서는 한국전쟁 당시 민간인 300여 명이 학살되었다. 이와는 달리 일반적인 도시 인프라의 일부이면서 시민을 위한 답사 장소로 새롭

위 좌> 충정로의 나무 전봇대   위 우> 문래근린공원 지하 벙커의 환기탑
아래 좌> 철원 수도국 급수탑   아래 우> 노량진 지하배수로 안내판

게 조성된 곳도 있는데, 이 글에서 소개할 서울 노량진 지하배수로가 바로 그런 곳이다.

　1936년 조선 총독부 경기도 고시 제32호에 의해 경기도 시흥군 북면 노량진리가 경성부에 편입, 노량진정(町)이 되었다. 노량진의 경성부 편입은 1930년대 초부터 거론되어 오던 일이었다. 그러나 노량진이 현재의 서울과 인연을 맺은 것은 그보다 훨씬 전, 대한제국 시대인 1899년의 일이었다. 미국에 의해 시작되었지만 결국 일본에 의해 완성된 한반도 최초의 철도 노선인 경인선이 인천과 노량진 사이에 완성되었다. 그다음 해인 1900년 한강철교가 완공되면서 경인선은 노량진을 지나 한강을 넘어 서울 시내로 연결되었다(이후 1905년에 경부선이 개통되면서 노량진을 포함한 구로 이북 구간은 명칭상 경부선에 편입되어 현재에 이른다). 서울에서 가장 오래된 하수관로인 노량진 지하배수로, 조금 더 정확하게는 그중 2구간이 건설된 것은 1899년 경인선 개통 전으로 추정한다. 그러니까 서울 시내도 아니고 당시로서는 한참 외곽 지역이었던 노량진에 무려 대한제국 시대의 토목 유적이 남아있는 것이다.

　이 지하배수로가 세간에 알려진 경위가 특이하다. 2011년 동작구청에서 침수 해소 사업을 위해 관내 해수관로를 정비하면서 이 지하 구조물이 '발견'되어 서울시와 합동 조사를 벌였다. 이미 문화재로 지정된 서울광장 지하수관로 보다도 약 20년 정도 앞선 구조물임이 밝혀지며 상당히 획기적인 사건이 되었다. 이후 2022년 5월 26일 서울대학교 최춘웅 교수의 설계로 개보수가 완료되어 시민에게 개방되었을 때 '130년 전 토목 기술'과 같은 열렬한 환영사가 등장했다. 총 길이 92m의 노량진 지하배수로는 모두 5개 구간으로 되어 있는데, 각 구간은 지상의 철도가 변화하는 과정과 맞물려 있다. 또한 구간별 조성 방식도 달라서 철도와 하수도라는 양대 인프라의 역사를 동시에 보여주는 귀중한 유적으로 평가받는다. 입시학원과 수산시장 정도로 알려진 노량진에 갑자기 의미심장한 근대의 역사가 덧붙여진 것이다.

노량진 지하배수로를 찾아가는 길은 그리 어렵지 않다. 지하철 9호선 노량진역 7번 출구로 나와 약 250m 정도 서쪽으로 걷다 보면 인도 한쪽에 일반적인 지하도나 지하철역 입구보다 훨씬 세련된 디자인의 구조물이 나타난다. 철망 안에 돌을 집어넣어 쌓는 소위 개비온월Gabion wall로 된 벽체 사이로 들어가 좌측 엘리베이터를 타거나 우측 계단으로 내려가면 노량진 지하배수로의 5구간과 4구간 사이로 연결된다. 엘리베이터와 계단을 연결하는 축과 배수로의 축은 서로 직각으로 만나는데 이 배수로가 도로, 즉 노량진로와 그 너머의 철도 하부를 가로질러 놓여있다는 것을 의미한다. 이로써 배수로가 남쪽의 구릉지에서 흘러 내려오는 하수를 한강으로 유도하기 위한 경로의 일부임을 알 수 있다. 여러 정보를 취합하여 배수로를 현재의 지도에 겹쳐서 그려보면 지하배수로와 지상의 철도 및 도로가 맺고 있는 관계를 어느 정도 짐작할 수 있다. 가장 역사가 오래된 2구간은 현재의 경부선이전 경인선 구간에, 5구간은 노량진로에 각각 해당한다.

단면 형상과 구조 방식을 살펴보면, 5구간은 상하부에 헌치hunch, 즉 경사면이 있는 사각형 철근 콘크리트 구조이고 4구간은 말굽형 철근 콘크리트 구조, 3구간은 헌치가 없는 단순 사각형 철근 콘크리트 구조다. 이 중 가장 오래된 2구간은 말굽형 석축 및 벽돌 구조이며 마지막으로 1구간은 상부에만 헌치가 있는 사각형 철근 콘크리트 구조다. 특이하게도, 그리고 어처구니없게도 1구간은 원래 역경사였다. 만약 배수로에 물이 흐르고 있다면 이 구간에 항상 일정량의 물이 고여 있을 것이다. 이는 명백한 시공 오류인데 현장의 설명문에 측량 오차에 의한 결과로 추정된다고 나와있

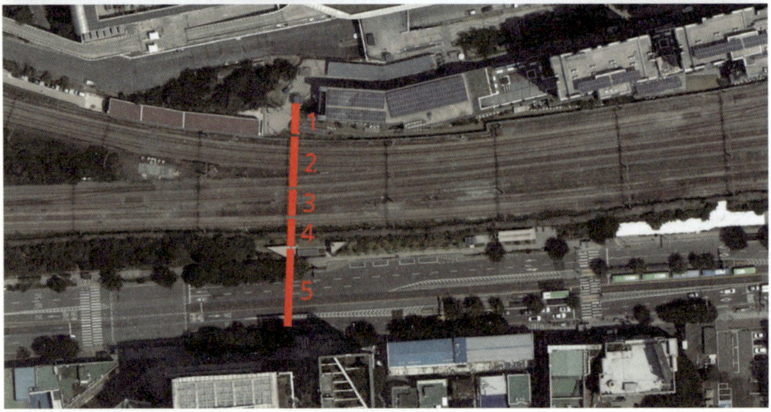

위> 노량진 지하배수로 입구
중간> 노량진 지하배수로의 각 구간과 지상과의 관계(배경지도 출처: 서울시 에스맵)
아래> 구간별 설명

다. 1구간의 끝부분에는 개보수 과정에서 엘리베이터가 추가 되어 노량진 수산시장의 외부로 바로 연결된다. 종합적으로 볼 때 노량진 지하배수로는 경인선 철도 및 그 이후의 수도권 전철 그리고 노량진로의 변천 과정과 맞물려 있다. 또한 시대별로 서로 다른 기술 및 재료적 특성을 보여주며 당시 기술력의 한계까지 드러내고 있으니 그야말로 한반도 근대 기술사의 명암을 모두 포함하는 사례라고 할 수 있다.

이 대목에서 딜레마를 한 가지 토로하고자 한다. 현재의 노량진 지하배수로는 일종의 역사 유적지로서 개보수를 통해 시민에게 개방하면서 배수로 기능은 멈춘 것으로 보인다. 그렇다면 '원래 기능의 유지'라는 레거시 플레이스의 기존 조건 중 하나를 충족하지 못하는 셈이다. 그런데도 내가 이곳을 방문한 이유는 현장에 부착된 설명문 때문이었다. 2구간에 대한 설명 문구에 '그러나 실제 하수가 흐르고 있어 시민이 직접 볼 수 있는 말굽형 배수로는 노량진 지하배수로가 유일하다'라고 적혀 있었다. 이를 인터넷에서 확인한 후 현장 답사를 진행했는데, 그 어디에도 하수는 흐르고 있지 않았다. 바닥에 폭이 좁은 트렌치가 설치되어 있기는 하지만 이것은 만약의 누수나 결로 등을 대비한 것으로 보인다. 시민 개방을 위해 하수가 우회하는 관을 별도로 설치한 것으로 짐작되지만, 유명한 파리의 시 하수도 같은 것을 연상했던 입장에서는 다소 실망스러웠다. 그럼에도 불구하고 장소로서의 매력과 역사적 의미가 크다고 생각하여 이 책에 포함시켰다.

노량진 지하배수로는 현재 하수가 흐르는 모습을 볼 수 없다는 점을 제외하고는 레거시 플레이스의 제반 조건을 무난히 충족한다. 일단 전체 역사가 130년 정도로서 비록 지하 구조물이기는 하지만 한반도 근대 기술의 변천 과정을 잘 보여준다. 오랜 시간 보이지 않는 곳에서 하수를 흘려보냈던 사실만으로도 공공성은 충분히 확보된다. 그리고 무엇보다 오래된 구조물을 시민이 쾌적하고 안전하게 방문할 수 있도록 원형을 충분히 살리면서도 효과적인 현대 디자인과 잘 결합하여 새로운 명소를 만들어냈다. 배수로 자체에 못지않게 진입 과정의 공간적 처리와 디테일 등이 뛰어난 수작으로, 전국에 산재해 있는 근대 유적을 앞으로 어떻게 다루어야 하는지에 대한 나름의 기준을 새롭게 설정한 작업으로도 충분히 기억할 만하다. 다만 아쉽게도 현장 어디에도 설계자 최춘웅을 포함한 관련 인물들에 대한 설명을 볼 수 없었다. 또한 위에서 언급한 것처럼 핵심 사실에 대한 설명은 조금 더 친절하게 보완할 필요가 있다.

우> 계단실 디자인

24
더 이상 나이는 묻지 마라
제천 의림지

의림지 박물관

주소: 충북 제천시 모산동 241
건축년도: 삼한시대　설계자: 미확인
면적(m²): 약 139,456

　　　　　　　　　　대학 시절 같은 과에 제천에서 온 친구가 있었다. 키가 크고 표정이 온화하며 목소리가 낮고 부드러웠다. 처음 그를 만났을 때 말을 어떻게 걸어야 할지 몰라 대뜸 의림지 이야기를 꺼냈다. 아마 고등학교 시절 교과서 어딘가에 한국의 오래된 저수지로 김해 벽골제, 밀양 수산제와 더불어 제천 의림지가 실려 있었을 것이다. 그가 씩 웃으면서 '어렸을 때 하도 소풍을 많이 가서 좀 지겹지'라고 했다. 그러고 보니 서울 성북구에서 자란 나는 이성계 계비 신덕왕후의 능이라는 정릉貞陵에 몇 번이나 소풍을 갔었는지 모른다. 신덕왕후가 목마른 이성계에게 물을 떠 주면서 급히 마시지 말라고 버들잎을 띄운 사람이라는 이야기도 수없이 들었다. 친구와 나는 방학 때 시간이 맞으면 의림지에 가보자 하고는 서로 잊고 지냈다. 안타깝게도 그 친구는 우리가 학교를 마치고 막 사회생활을 시작하려는 무렵, 뜻밖의 병으로 세상을 떠났다. 젊었을 때 별생각 없이 한 약속이었지만 마음 한구석에 담고 있었다. 그러다 의림지를 보러 길을 나선 것은 지난 2024년 6월 초였다. 친구는 이제 세상에 없지만 거의 40년 만에 약속을 지킨 셈이 되었다.

잘 알려진 것처럼 의림지는 인공 저수지다. 더욱 정확히는 농업을 위해 둑을 쌓고 물길을 내어 만든 거대 토목 프로젝트다. 여기까지는 별로 특별할 것이 없으나 만들어진 시기가 실로 어마어마하다. 삼한시대 설, 삼국시대 설 등이 있으며 어느 정도 현재의 모습이 갖춰진 것도 기원후 8세기라고 하니 우리의 일상적인 시간 감각이 마비될 정도로 까마득한 옛날이다. 아마 이 책에 소개하는 레거시 플레이스 중 가장 긴 역사를 자랑하는 장소일 것이다. 게다가 이 오래된 구조물은 아직도 현역이다! 한국의 고대 3대 수리 시설 중에서 저수지 기능이 사라져 일부 흔적만 남은 김제 벽골제나 밀양 수산제와는 달리 제천 의림지는 지금도 저수지로 기능한다. 의림지 남쪽의 넓은 경작지인 청전뜰을 네이버 지도에서 찍어보면 약 $3km^2$, 한

의림지와 주변 지역. 제천시와 거의 인접해 있다.
(출처: 국토교통부 V-WORLD)

변의 길이가 100m의 정사각형을 의미하는 헥타르로는 300이다. 대한민국 거대 토지 면적의 기준인 소위 '여의도 면적', 즉 한강공원을 제외한 윤중로 제방 안쪽 면적인 2.9㎢보다 조금 큰 정도의 면적에 물을 대고 있다. 한반도는 세계적으로도 긴 역사를 자랑하지만, 그 시간의 무게를 현재형으로 느낄 수 있기로는 의림지만 한 곳이 없다.

의림지는 구체적으로 어떤 곳일까. 일단 인공물이니만큼 만든 시기와 만든 사람이 있을 것이다. 위에서 언급한 것처럼 만든 시기에 대해서는 다양한 설이 있으며, 종종 학계에서 치열한 토론의 대상이 되기도 한다. 이전에는 삼한시대의 축조물이라고 했으나 이에 대한 반론이 많아 2002년 이후 중고등학교 국사 교과서 개편 과정에서 언급이 제외되었다. 그러나 이후 또 다른 의견이 개진되면서 다시 교과서 등재가 추진되는 등 의림지 역사 연구 자체가 하나의 역사를 이루어가고 있는 듯하다. 건립 시기가 이러하니 건립의 주체 또한 모호할 수밖에 없다. 그중 흥미로운 설은 가야 출신으로 신라에 귀의한 가야금의 창시자 우륵이다. 우륵이 신라 진흥왕 때 용두산 물을 막아 둑을 쌓음으로써 의림지를 축조하고 나중에는 이 인근에서 가야금을 탔다는 것이다. 그간 경북 고령을 비롯한 여러 지역이 우륵의 고향임을 주장해 왔는데 충북 제천도 가세하고 있다. 우륵은 어느 모로 보아도 고대사의 매력적인 인물이기 때문에 그가 의림지를 만들었다는 말은 그야말로 '믿고 싶은 이야기'가 아닐 수 없다. 간단한 내용이기는 해도 국가유산청 홈페이지에 의림지의 우륵 축조설이 소개되어 있는 것은 의미심장하다. 실제로 의림지 주변에는 우륵을 기리는 장소가 여럿 있다. 물론 그 진위를 밝히는 일은 학계의 숙제지만 말이다.

최초 건립 후 700년이 지나 고려시대에 이 지역 현감인 박의림이 보완했으며 이후 조선 세조 때 제찰사로 이곳에 온 정인지가 3도의 병력 1,500

명을 동원, 대대적으로 보수했다는 등의 이야기도 전해진다. 〈조선왕조실록〉 세종실록 149권에는 제천을 소개하면서 '큰 방죽大堤이 하나 현의 북쪽 6리에 있는데, 의림제義林堤라 한다. 길이 530척이며 논 400결結에 물을 댄다' 등의 내용이 있으며, 성종실록 46권에는 "제천堤川의 의림지義林池는 전조前朝 때에 쌓은 것인데 근래에 수령들이 고기잡이를 하였기 때문에 못뚝이 터졌는데, 이 방죽은 관개灌漑하는 바가 매우 넓으니 이것도 마땅히 쌓아야 할 것입니다"라는 홍윤성의 발언이 기록되어 있기도 하다. '전조'란 고려이므로 당시 사람들은 의림지가 고려시대에 축조됐다고 알고 있었던 것 같다. 토지 1결은 곡식 1결(300두)을 생산하는 면적을 의미한다. 토지 비옥도에 따라 실제 면적은 차이가 있으며, 심지어 시대별 계산 방식도 다르다. 약산하자면 400결은 비옥도에 따라 3.6km^2에서 14.6km^2 정도인데, 위에서 언급한 현재 청전뜰의 지도상 면적인 3km^2와는 다소 차이가 있다.

오늘날의 의림지는 어떤 모습일까. 일단 의림지는 제천 시내에서 아주 가깝다. 그 사이에 경작지인 청전뜰이 있어서 그렇지 사실상 제천 시내와 닿아 있다고 해도 과언이 아니다. 농업용 저수지라서 시내로부터 멀리 떨어진 곳에 있겠다고 생각했는데 오산이었다. 거리가 워낙 가까우니 제천 시민들에게 의림지는 역사 유적이기 이전에 가까운 유원지의 성격을 겸한다. 대학 시절 친구가 '소풍을 너무 가서 지겹다'라고 한 이유를 알 것 같았다.

답사를 가서 제일 처음 놀란 것은 둑의 높이였다. 의림지는 남쪽에서 진입하게 되어 있는데 그 남쪽 둑 아래에 식당이 있다. 식당 주차장에서 보면 보통 건물 4, 5층 높이의 언덕이 있는데 이것이 의림지의 둑, 제방이다. 그 너머에는 실로 어마어마한 양의 물, 즉 국가유산청 자료에 의하면 661만 1,891m^3의 물이 담겨있다. 이 사실을 알고 둑 아래에 서 있으면 자못 오금이 저릴 지경이다. 여기서 완만한 경사길을 올라가면 의림지 둘레를 한 바퀴 돌 수 있는 길이 나온다. 둘레는 약 1.7km로 천천히 걸어도 20분이 채 안 걸린다. 그러나 제천시가 친절하게 이런저런 설명문을 많이 붙여 놓았고 도중에 구경할 만한 것들이 꽤 많아 실제로는 20분 보다 더 걸린다. 의림지 북쪽은 완연한 유원지 모습이다. 테마파크와 놀이동산 등이 있어서 모르고 오면 그다지 역사적인 분위기를 느끼지 못할 수도 있다. 다행히 의림지박물관이 있어서 진지하게 의림지에 대해 알고 싶은 사람들에게 여러 정보를 제공한다.

그중 흥미로운 점은 1972년의 전국적인 홍수에 대한 것이다. 당시 의림지 제방 위로 물이 넘쳐 청전뜰은 물론 제천 시내까지 침수될 위험에 처하자 일부 제방을 헐어 물을 빼냈다. 이 과정에서 제방의 단면이 드러나 의림지의 축조 방식을 연구할 수 있었다. 이후 2012~2013년에도 의림지 제방 일부를 절개하여 조사를 진행했다. 이를 통해 밝혀진 바에 의하면 의림지 제방에는 소위 부엽토공법이 적용되었다. 이는 판축공법과 더불어 고대의 대표적인 토목 기술 중 하나로, 물의 영향을 많이 받는 곳에서 갈대와 같은 초본류 혹은 나뭇가지, 삼나무 껍질 같은 식물성 유기물을 점질토와 함께 깔아 흙의 유실을 방지하고 연약지반을 보강하는 공법이다. 부엽토공법은 중국에서는 산초법山草法이라고 불렀는데 고대 동아시아에서 널리 사용되었고, 한반도에서도 풍납토성, 부여 나성, 김제 벽골제, 당진 합덕제 등 많은 고대 토목 구조물이 이 방식으로 만들어졌다. 일본 오사카의 사야마이케狹山池 저수지 역시 부엽토공법으로 지어졌는데 연구 과정에서 백제계 기술자들에 의해 진행된 것이 밝혀졌다. 이처럼 부엽토공법은 단순한 토목 기술을 넘어 고대 동아시아를 연결하는 과학기술 네트워크의 증거이기도 하다.

박물관을 나와 의림지를 시계 반대 방향으로 한 바퀴 돌아본다. 관광객들이 많지만 복장으로 보아 지역민으로 보이는 사람들도 많았다. 물놀이 보트장도 있고 활터, 소나무가 우거진 숲 등이 있다. 특히 폭포가 두 개 있는데 하나는 인공 폭포지만 남쪽의 용추폭포는 자연 폭포로 의림지의 수량을 조절하는 역할을 한다. 2020년에 유리 전망대가 설치되면서 상당히 인기 좋은 관광 명소가 되었는데 폭포 아래로 조금 더 내려가면 그 전모를 더욱 확실히 볼 수 있다. 경호루라는 정자가 나오는데 전통 양식이지만 건립 연대는 1948년이다. 여기서부터 반대편 도로까지가 의림지의 제방을 조금 더 자세히 볼 수 있는 구간이다. 한쪽을 보면 의림지의 물이고 반대쪽을 보면 위에서 언급했던 건물 몇 층 높이의 제방 아래쪽인데, 한눈에 그 높이 차이를 볼 수 있어 의림지의 구조를 이해하는 데 도움이 된다. 제방 중간에 영호정이라는 작은 정자가 하나 있는데, 원래의 건립 시기는 조선 후기로 경호루보다 빠르지만 한국전쟁 때 파괴된 것을 1954년에 다시 세웠다. 이 두 개의 정자 덕분에 의림지는 단순한 저수지를 넘어 문화의 향기를 풍기는 장소가 될 수 있었던 듯하다. 의림지 주변에는 소나무가 주종을 이루면서 버드나무, 전나무, 은행나무, 벚나무 등이 울창한 숲을 이루고 있는데 이를 따로 '제림堤林'이라 부른다. 문자 그대로 제방의 숲이라는 의미이다. 다시 박물관 쪽으로 가다 보면 우륵정, 우륵샘, 우륵대 등 우륵의 이름이 붙은 장소들이 연달아 나와 의림지와 우륵의 관계를 다시 한번 힘주어 강조한다.

한편 의림지 안에는 '순주섬'으로 불리는 작은 섬이 하나 있다. 원래 조선시대부터 있던 섬이라고 하는데, 일설에 의하면 1920년대에 만들어졌으며 믿기 어려운 유래가 있다고 한다. 의림지 확장 공사를 했는데 인부들이 허기로 힘을 쓰지 못해 미처 치우지 못한 준설토가 쌓여 섬이 생겼다는

위> 용추폭포와 유리 전망대
아래> 제방 구간과 영호정

위> 순주섬
아래> 의림지 표석

것이다. 의림지 자체는 고대의 구조물이지만 이후 조선시대, 일제시대, 한국전쟁 및 대한민국을 거치며 그 층위가 켜켜이 쌓여 현재의 모습이 만들어졌다. 의림지는 역사가 오래되었을 뿐 아니라 기본적 형태와 기능이 유지되어 왔고, 농경 시설로서의 공공성 또한 뛰어나니 여러모로 근사한 레거시 플레이스로서의 자격을 갖추고 있다. 이를 의식한 듯, 의림지 한쪽에는 '농경문화의 발상지 의림지'라는 거대한 표식이 서 있기도 하다. 이를 건립한 사람은 당시 충청북도지사와 제천시장인데, 충청도의 별명인 '호서지방湖西地方'의 호수도 의림지고, '제천堤川'이란 이름에도 의림지의 제방이 들어있으니, 두 지자체장이 의림지에 가졌을 각별함은 짐작하기 어렵지 않다.

25

이제는 밝혀져야 할 이 건물의 '진짜' 역사

하동청년회관 (현 하동지역자활센터)

주소: 경남 하동군 하동읍 청년회관길 13
건축년도: 1920년(?) 건축가: 이훈우(?)
면적(m²): 약 180

　　　　　　　　　국권을 잃은 일제 치하에서, 우리 고장 애국청년들이 3·1 독립정신을 이어 받아, 조국의 자주 독립이라는 민족적 과업달성을 목표로, 독립정신 함양과 국민계몽이라는 기치를 내걸고 군민들의 정성어린 성금을 모아 1927년 하동군 하동읍 읍내리 441의 번지에 하동청년회관을 건립하였다. _하동독립공원의 '하동 항일청년회관 개요'. 이상 원문 그대로 인용

　하동 하면 여러 가지가 떠오른다. 우선 이름은 한자로 '河東'인데 문자 그대로 '강의 동쪽'이란 뜻이다. 이 강, 즉 섬진강은 전라북도 진안에서 발원하여 남동쪽으로 대각선을 그리며 흘러간다. 경상도와 전라도의 경계를 이루는 강이 남해로 흘러 들어가기 전에 만나는 동북쪽 내륙이 바로 경상남도 하동이다. 강 건너는 전라남도 광양으로, 하동은 경상도에 속하지만 전라도와의 각종 교류가 활발한 곳이다. 예를 들어 이 일대의 지명에는 '몬당'이 종종 등장하는데, '언덕', '꼭대기'라는 뜻의 전라도 방언이다. 하동군의 가장 서쪽, 쌍계사로 가는 길목에 있는 화개장터는 영호남 화합의 상징과도 같은 곳으로 조영남의 노래로 유명해졌다. 음식에 관심이 있

는 사람이면 섬진강의 재첩국을 기억할 것이고, 쌍계사 계곡은 유명한 녹차 재배지이기도 하다. 하동 악양면에는 박경리가 쓴 소설 《토지》의 최참판 댁을 가상하여 지은 촬영용 세트장이 있다. 하동은 최근 유행인 '지방한 달 살기'의 인기 있는 대상지일 정도로 풍광이 아름다운 곳이다.

그러나 이들만으로는 하동이 한국인의 마음속에 지금처럼 깊게 자리 잡지 못했을 것이다. 하동은 인근 진주와 더불어 경남 일대 항일운동의 중심지였다. 19세기 말에서 20세기 초에 이르는 전국적 의병 활동 거점 중 하나가 하동이다. 지리산 기슭이라는 위치적 특성 덕분에 경남 의병 활동의 상당 부분이 하동을 중심으로 일어났다. 물론 이 일대에서 의병 활동을 한 사람 중에는 경상도와 전라도 출신이 골고루 섞여 있다. 하동 사람들은 1919년 3월 18일에 '황천皇天이 주시고 신명神明이 도우사'로 시작하는 '대한독립선언서'를 따로 만들어 3·1운동의 정신을 이어 나갔을 정도로 독자적인 행보를 보였다. 이후 36명의 청년이 성금을 모아 건립했던 민족 운동의 산실이 바로 이번 글에서 소개할 하동청년회관이다. 일제시대에 전국에 만들어진 26개의 청년회관 중 현재까지 보존된 유일한 사례이며, 하동읍이 내려다보이는 동광 언덕 위에는 이러한 사실을 기리는 하동독립공원이 조성되어 있다.

이 건물이 지어진 후 오늘날까지 참으로 많은 우여곡절이 있었다. 2014년 2월 27일 자 연합뉴스 기사 및 기타 자료의 내용을 종합하여 정리하자면 다음과 같다. 청년 지도자 36인을 발기인으로 하는 하동청년회가 결성된 것은 3·1운동 다음 해인 1920년이었다. 애향, 교육 계몽, 민족주의, 문화운동 등을 추구하는 이 단체는 1926년 모금 운동을 했고 1만 원의 기금으로 공사를 시작, 이듬해인 1927년에 62평 규모의 목조 회관을 신축했다. 이후 이 건물에서 하동청년동맹, 하동여자청년동맹 등이 결성되었고

위 좌> 쌍계사 계곡의 차밭   위 우> 드라마《토지》를 촬영한 가상의 최참판 댁 별당
아래> 드론으로 촬영한 하동청년회관 조감도

신간회 하동지회의 표지석

하동 최초의 신문으로 청년단체의 대변지 역할을 한 '뭇소리' 1호도 발행되었다. 뭇소리는 이른바 벽보 신문이었는데, 이는 인쇄 시설이 확보되지 않은 경우 종이에 손으로 써서 필요한 곳에 게시하는 형태다. 또한 이 건물은 신간회新幹會의 하동지회가 자리 잡았던 곳이기도 하다. 신간회는 이 건물이 지어진 해인 1927년 2월 15일에 결성되어 1931년 5월까지 존속된 일제시대 국내 최대 항일민족운동단체로, 사회주의와 민족주의 세력이 결집하여 만들어진 좌우합작 독립운동단체다. 전국은 물론 해외에까지 지부가 있었는데 그중 하나가 하동의 이 건물에 있었다. 조선일보 사장으로서 당시 신간회의 중요 인물이었던 독립운동가 안재홍이 건물을 방문했다는 기록도 있다.

이렇게 해서 본격적으로 항일운동의 거점이 된 이 건물을 일제가 그냥 둘 리 없었다. 1931년 만주사변에서 승기를 잡은 일본은 항일독립운동을 더욱 심하게 탄압하였고 이 건물을 빼앗으려 했다. 이에 지역 유지들은 일본이 불교에 대해서는 유화적임을 간파, 기지를 발휘하여 이 건물을 인근 쌍계사의 포교당으로 가장하여 등록하고 부지도 개인이 아닌 단체 이름으로 등기했다. 그러나 1939년 일본은 기어코 이 건물을 접수해 '공회당'이라는 이름으로 변경하고 각종 집회 장소로 활용했다. 해방 이후 재건 학교, 문화관, 하동고등공민학교, 야간 중학교 등으로 이용되다가 1971년 하동청년회관으로 원상 회복되었다. 1973년에는 청년회관관리위원회가 발족하여 건물을 개보수하고 하동항일청년회관으로 명칭을 바꿨다. 쌍계사 포교당으로 사용하는 과정에서 소유권 문제로 소송이 벌어졌고 결국 패하자, 부산 지역 향우들까지 가세하여 다각적인 노력 끝에 매입 방식으로 해결하였다. 실로 오랜 기간에 거쳐 많은 사람의 지난한 노력이 없었더라면 이 건물은 남아있지 않았을 것이다. 이처럼 레거시 플레이스의 관점에서 건물은 그 자체 못지않게 서사가 중요하다.

　이와 같은 역사적 사실을 배경으로 이 건물을 답사해 봤다. 하동은 인근 진주와 같은 생활권으로 분류되지만, 거리상으로는 구례가 더 가깝다. 마침 구례구역에 고속철도가 정차하여 이전에 비해 접근이 매우 쉬워졌다. 하동 읍내는 섬진강을 끼고 있으나 강변에 나지막하게 솟은 산이 강을 가리고 있어 그 존재가 크게 느껴지지 않는다. 동북쪽으로 경사져 올라가는 산자락에서는 읍내가 잘 내려다보이는데 그 중턱 정도에 하동청년회관이 있다. 읍내를 가로지르는 중앙로에서 언덕길을 따라 조성된 접근로의 이름이 '청년회관길'인 것으로 보아 이 건물을 하동 사람들이 얼마나 소중하게 생각하는지 알 수 있다. 현재의 지번주소는 경상남도 하동군 하동읍 읍내리 450-5인데 여러 기록에 나오는 '읍내리 441-1'이란 지번과는 차이가 있다. 현재 441-1은 아무 기록이 없는 지번으로 나오며, 필지가 이합집산하는 과정에서 원래 지번이 사라진 것으로 짐작된다.

창덕궁의 돈화문이나 숭례문처럼 경사지붕의 용마루가 단정하게 한 점으로 모이는 이른바 우진각지붕을 갖고 있으며, 중앙의 현관 위에는 맞배지붕이 추가되어 전체적으로 'ㅜ'자 형의 배치이다. 입구에는 5단 정도의 계단이 있고 양쪽에는 경사로가 있는데 장애인을 위한 배려일 것이다. 이렇게 건물을 지면에서 어느 정도 들어 올리는 것은 이전에는 매우 흔한 일이었다. 시각적으로도 안정감을 주며 무엇보다 습기를 방지하는 대책이기도 했다. 그러나 기술과 재료가 발달하고 불특정 다수의 접근권이 강조되면서 지면과 건물 1층 바닥의 차이를 두지 않는 것이 요즘의 추세다. 전체적으로 좌우 대칭에 엄격한 느낌을 주는 건물이다.

여러 기록이나 건축물대장에 목조로 나와 있으나 현재의 건물에서 그 흔적을 찾기는 어렵다. 이 건물을 처음 방문했던 지난 2011년 9월 18일 읍내에서 만난 하동항일청년회관보존회의 오대식 실장에 의하면, 1980년 초에 재차 공사를 하고 그 이후에도 몇 차례 보수하였는데 건물의 원형을 그대로 두고 위를 덮은 거라 안에는 원형이 그대로 남아있을 것이라고 한다. 기록 간의 불일치는 또 있다. 건축물대장에는 사용승인 일자가 무려 1920년 1월 1일로 되어 있다. 한국의 일반적인 건물의 건립 기록에서 이렇게 오래된 날짜를 보는 일은 흔치 않은데, 이것이 왜 다른 기록이나 증언에서와 같이 1927년이 아닌지 현재로서는 확인하기 어렵다. 심지어 건축물대장상의 연면적도 62평보다 훨씬 작은 $73.72 m^2$에, 주 용도 또한 주택으로 되어 있는 등 의문은 꼬리를 문다. 그러나 현재의 지도와 지번, 항공사진 등을 종합하면 이 건물이 하동청년회관인 것은 틀림없는 사실이며, 네이버 지도에서 현재 건물의 면적을 측정하면 62평과 큰 차이가 없다. 따라서 건축물대장의 기록이 부실한 것이 아닌가 추측할 수밖에 없는데, 이처럼 오래된 공공 기록의 낮은 신뢰도는 한국 사회의 고질적 문제이기도 하다.

레거시 플레이스로의 조건을 하동청년회관에 적용해 본다. 우선 1927년이 건립 연도라면, 2023년 기준으로 연륜이 무려 96년에 달한다. 4년 후면 건립 100주년을 기념하게 될 것이다. 또한 도중에 우여곡절은 있었지만 건립 당시의 용도가 현재까지 이어져 내려오고 있다는 점에서 레거시 플레이스의 주요 조건을 잘 충족한다. 경남 지역 항일운동의 주요 거점으로서 공공성 역시 새삼 거론할 필요가 없다. 마지막으로 남은 조건인 '원형에 대한 존중'에 대해서는 조금 설명이 필요하다. 이 건물의 원래 모습을 추정할 자료가 없는 상황에서 현재의 건물이 원형을 얼마나 잘 유지하고 있는가를 판단하는 것은 한계가 있다. 다만 오대식 실장의 증언처럼 원래 건물을 그대로 두고 그 위를 덮은 것이라면 이는 매우 반가운 사실이다. 안에 원형이 남아있을 것이기 때문이다. 그는 원래 건물이 매우 훌륭했었다는 지역 노인들의 증언도 접한 바 있다고 덧붙였다. 그렇다면 이 건물의 설계자는 누구일까. 1920년대 중반, 항일 정신을 담아 건립하는 건물의 설계를 일본인에게 맡기지는 않았을 것이다. 그렇다면 한국인 건축가 누구였을까? 여기서 조심스럽게 앞서 언급되었던 건축가 이훈우의 존재를 떠올려본다. 그는 마침 하동의 악양면 출신이다. 1886년생이므로 1927년 당시는 41세, 한창 활동할 나이다. 마침 이 무렵 그는 인근 진주의 일신여고보를 설계 중이었다. 게다가 하동청년회관 발기인 36인 중에는 그의 큰형 이은우가 포함되어 있다. 마지막으로 경남 문화사를 꾸준하게 추적 중인 경상국립대학교 외래교수 안영숙 박사의 블로그에 의하면, 이 건물

위> 하동청년회관 전경
아래> 하동청년회관 로비에 걸려있는 현판. 이훈우의 형 이은우의 이름이 적혀있다

의 설계자가 이훈우라는 증언을 하동 일대에서 접할 수 있었다고 한다. 이 모든 사실을 밝혀줄 단서가 그 건물 안 어딘가에 있지 않을까. 지금이라도 정밀 조사를 통해서 한국 근대사 및 근대 건축사의 귀중한 단서가 확인되기를 바라는 마음이 간절하다.

26
한국전쟁을 증언하는 세계적 명소
부산 재한유엔기념공원

부산 재한유엔기념공원 추모관

주소: 부산 남구 유엔평화로 93
건축년도: 1951년 건축가: 김중업 등
면적(m²): 147,000

길을 가로막고 있는 작은 냇가를 건널 때 지프 엔진이 푸드덕거렸다. 포스터가 차에서 내렸다. 언덕 쪽에서 기관총이 날아들었다. 대대를 지휘하기 위해 승진까지 거부했던, 병사들에게는 아버지와도 같았던 퓨질리어스의 지휘관이 머리와 가슴에 총을 맞고 몸을 뒤틀며 쓰러지고 말았다. 포병들이 총알을 피해서 다급히 흩어졌다. 킹슬리 포스터는 루트11을 가로지르는 냇가에 그렇게 얼굴을 묻고 죽어갔다. _<마지막 한발>, 앤드류 새먼 지음, 박수현 옮김, 2009, 시대정신

인용한 문구는 소설의 한 장면이지만 엄연한 실화다. 1951년 4월 25일, 훗날 '적성 전투' 혹은 '임진강 전투'로 세계 전쟁사에 기록되는, 한국전쟁의 순간에 일어난 일이다. 잘 알려진 것처럼 한국전쟁에는 여러 개의 분수령이 있었다. 1950년 6월 25일의 전면적 남침과 서울 함락부터 그해 한여름 낙동강 전선을 둘러싼 치열한 대결에 이르는 과정이 첫 단계라면, 9월 15일 인천상륙작전 이후 유엔군이 북진을 계속하며 압록강변에 도달한 것까지가 그다음 단계다. 그 사이 계절이 바뀌면서 중공군이 '인민지원군'

이라는 명목으로 참전하면서 유엔군이 패퇴를 계속하였고, 그해 연말 유명한 흥남부두 철수 사건, 그다음 해 1월 4일의 서울 재함락에 이르는 과정이 또 다른 단계다. 1951년 3월 14일 가까스로 서울을 재탈환하였으나 전선은 여전히 위태로웠다. 4월이 되자 중공군은 한국전쟁을 통틀어 마지막 대규모 공세로 평가되는 제5차 공세 혹은 춘계 공세를 시작하였다. 이때 서울을 다시 빼앗겼으면 전쟁의 향배가 완전히 바뀌었을 테지만 적성, 가평 일대에서의 선전에 힘입어 서울을 지킬 수 있었다. 위 인용문은 바로 그 당시의 상황을 적은 것이다. 이후 한국전쟁은 이른바 고지전으로 접어들면서 서서히 휴전을 향해 가기 시작했다.

이 전투가 한국전쟁을 넘어 세계 전쟁사에서 중요한 의미를 갖는 것은 수적으로 절대 열세인 영국군이 1951년 4월 22일부터 26일까지 4일 동안 적성 일대에서 거의 고립된 상태로 대규모의 중공군을 방어했기 때문이다. 한국전쟁에서 가장 성공적인 고립 방어 사례로 꼽히며, 나아가 세계 전쟁사에서는 상대적으로 소규모 지역 전투에서 적의 거대한 전략적 목표를 좌절시킨 대표적 사례로 평가된다. 특히 이 과정에서 영국군 제29여단의 글로스터Gloucester 연대 제1대대는 전체 병력의 1/3을 잃고 생존자들 상당수가 중공군에 투항, 이후 가혹한 포로 생활을 거치게 된다. 그럼에도 불구하고 서울 사수라는 절대 목표를 달성하는 데 크게 기여하여, '영광스러운 글로스터즈Glorious Glosters'란 불멸의 명칭을 얻게 되었다. 인용문에 등장하는 킹슬리 포스터Kingsley Foster, 1906-1951년는 제29여단 소속인 푸실리어즈Royal Northumberland Fusiliers 대대의 지휘관으로, 과묵하고 과장을 모르는 전형적인 영국군 장교였다. 완고했으나 부하들의 존경을 받았던 그는 적성 전투의 후반부 중공군으로부터 후퇴하다가 목숨을 잃었다. 인용문의 루트11은 현재 경기도 양주시 광적면과 연천군 미산면을 잇는 지방도 375호선이다.

킹슬리 포스터의 사망 지점은 비교적 정확히 알려져 있다. 지금도 매년 4월이면 주한 영국인 기자 겸 작가인 앤드류 새먼Andrew Salmon이 이끄는 답사단이 이 지역을 방문, 그의 사망 지점에 꽃다발을 남기곤 한다.

이야기의 본론은 이제부터다. 킹슬리 포스터는 현재 어디에 묻혀 있을까? 이 질문에 답하려면 사망한 군인의 유해 처리에 대한 나라별 차이에 대한 약간의 이해가 필요하다. 같은 유엔군 안에서도 미군이나 태국군, 필리핀군의 경우는 본국 송환이 원칙이다. 그러나 영국을 비롯하여 캐나다, 호주, 뉴질랜드 등 영연방 국가들은 전쟁터에 시신을 매장하는 전통이 있으며, 기타 서유럽 국가들도 종종 이 전통을 따랐다. 이리하여 한국전쟁에서 사망한 모든 영국군 중에서 가장 계급이 높았던 킹슬리 포스터의 유해가 영원한 안식을 얻은 곳은 부산광역시 남구 유엔평화로 93 대연동 779-1의 재한유엔기념공원, 영어로는 'UN Memorial Cemetery in Korea'이다. 홈페이지에 접속하여 그의 이름을 치면 군번(P/34768)과 계급(Lieutenant Colonel) 그리고 부대명(The Royal Northumberland Fusiliers) 등이 나온다. 사망일은 위에서 언급한 대로 1951년 4월 25일이며 묘비 위치는 33-1-8, 그리고 묘지 번호는 1700이다. 카리브해의 앤티가Antigua 섬에서 태어난 영국 귀족 군인 가문 출신으로 훈장을 수집하는 취미가 있던 킹슬리 오스번 누젠트 포스터Kingsley Osbern Nugent Foster는 바닷가라는 것을 제외하고는 그의 고향과 공통점이 거의 없는 아시아의 분주한 항구 도시 부산과 이렇게 인연을 맺었다. 그와 함께 묻혀있는 영국군은 889명에 달하는데 이 공원에서 개별 국가로서는 가장 많은 숫자다. 아마도 그런 이유에서인지 영국군 묘지는 14만 7,000㎡에 이르는 광활한 공원의 가장 중심부에 자리 잡고 있기도 하다. 현재 11개국, 2,320구의 유해가 모셔져 있으며 그중에는 카투사로 복무했던 한국인들도 있다.

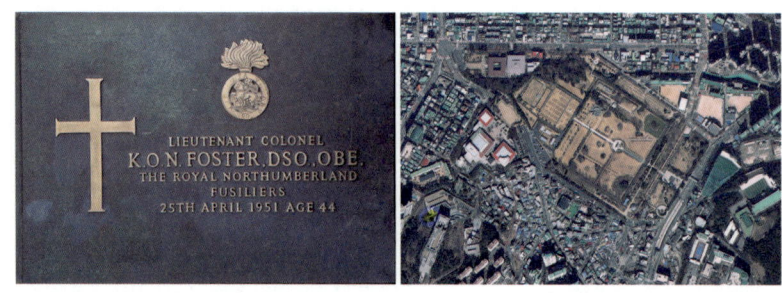

좌> 킹슬리 포스터의 묘비석(출처: 재한유엔기념공원 홈페이지)
우> 재한유엔기념공원 위성사진(출처: 국토교통부 V-WORLD)

영어 이름에 'in Korea'가 들어있어 다른 나라에도 비슷한 장소가 있을 것 같지만 이 공원은 전 세계에서 유일한 유엔기념묘지다. 한국전쟁이 한창이던 1951년 1월, 1·4 후퇴를 전후하여 급격히 늘어나는 유엔군의 시신을 안장하기 위해 유엔군사령부가 이곳에 묘지를 조성하기 시작한 것이 그 시초다. 정인아와 우신구 공저의 논문인 〈유엔기념공원의 배치와 주변 일대 형성 과정에 관한 연구〉에 의하면, 현재의 대연동은 당시 동래군 당곡리 일대로 어업과 염전업, 농업을 영위하던 100호 미만의 소규모 마을이 있었다. 이곳에 대규모 군사 묘지가 조성되면서 개성, 인천, 대전, 대구, 밀양, 마산 등 이전 격전지 인근에 가매장되었던 임시 묘지가 이장되었다. 현재 유엔기념공원은 지속적인 해안의 매립으로 완연히 부산의 내륙으로 보이지만, 해방 직후인 1946년에 미군이 제작한 지도를 보면 남서쪽의 감만 부두와 동쪽의 용호만이 지척이다. 부산항과의 거리도 멀지 않다. 이렇게 항구와 가까우면서 산세가 험한 부산에서 찾아보기 힘든 평지였다는 점이 대규모 묘지가 자리 잡게 된 배경이었다. 전쟁이 끝난 후인 1955년

11월 대한민국 국회는 이곳의 토지를 영구히 유엔에 기증하기로 하였으며 12월 15일 유엔총회에서 이를 승인하였다. 이어 1959년 11월 유엔과 대한민국 간에 '재한 국제연합 기념묘지 설치 및 유지를 위한 유엔과 대한민국 간의 협정'이 체결되면서 지금의 유엔기념묘지가 출발하게 되었다. 이후 유엔한국통일부흥위원단UNCURK, 언커크이 관리하다가 1974년에 해체되면서 11개국으로 구성된 유엔기념공원 국제관리위원회에 관리 업무가 위임되었고 현재에 이르렀다. 2007년에는 대한민국의 등록문화재, 현재 용어로는 등록문화유산이 되었다.

건축사적으로도 이 공원은 큰 의미가 있다. 한국의 대표 건축가 중 하나인 김중업의 작품이 두 개나 있기 때문이다. 정문과 추모관이 바로 그것이다. 1966년 11월 30일 부산 시민들의 헌납으로 세워진 정문은 한국의 전통 건축을 부드러운 곡선에 담아 콘크리트로 재해석했는데 김중업이 자신의 저서 《건축가의 빛과 그림자》에서 '한껏 부푼 선에 부드러움을 불어넣어, 어린 시절의 아스라한 향수를 기억하면서 잃어버린 고향을 되찾으려는 벅찬 작업의 소산이다'라고 말했다. 반면 이보다 앞서 1964년 8월 21일 유엔이 직접 건립한 추모관은 같은 건축가의 2년 전 작업이라고 보기 어려울 정도로 완연히 다른 조형적 특징을 보여준다. 삼각형의 기하학적 형태와 6개의 예리한 노출보는 언뜻 군대의 A형 텐트를 연상케 함과 동시에 이보다 2년 전에 미국 콜로라도에 지어진 공군사관학교의 생도 예배당을 떠올리게 한다. 특히 노출보가 지면과 만나는 지점의 핀 조인트 부분이 매우 유사하다. 유엔군을 위해서 이 두 개의 작지만 귀중한 작품을 남긴 김중업은 1956년 부산대학교 구 본관을 설계한 바 있다. 이어 1983년에는 나라를 위해 싸우다 숨진 한국군을 위해 부산항이 내려다보이는 중앙공원 정상에 거대한 충혼탑을 남기기도 했다. 평양 출신의 실향민인 김중업에게 부산은 단순한 피난처가 아닌, 건축가로서 약속과 기회의 땅이었다.

처음으로 재한유엔기념공원을 방문하는 사람은 부산에 이런 곳이 있었나 싶을 정도로 놀라움을 느낄 것이다. 서울 경복궁의 3배에 달하는 광활한 규모도 대단하지만 이를 조성하고 관리해 온 손길이 어딘가 남다르기 때문이다. 한국의 일반적인 공원에 비해 유엔기념공원은 그 배치와 미학이 매우 절제되어 있다. 군인 묘지라는 특성 때문이기도 하겠지만 아마도 관리 주체가 다국적이라 탈-한국적 상황 또한 작용하고 있을 것이다. 수목을 하나하나 정성스럽게 다듬은 토피어리topiary나 각 나라의 서로 다른 조형 감각이 느껴지는 기념비 등이 그 예다. 어딘가 이국적이고 질서정연한 이 공원을 방문하는 것은 다이나믹한 부산이 제공하는 다양한 도시적 경험 중에서도 매우 특별한 경우에 속한다. 길만 건너면 부산문화회관, 부산박물관 등이 인접해 있는데 이 일대는 부산을 대표하는 문화의 중심지이기도 하다. 기본예절을 지키고 엄숙함을 유지한다면 부산에서 쉽게 방문할 수 있는 가장 쾌적하고 정온한 공공장소가 바로 유엔기념공원이다. 그 연륜이 이미 70년을 넘었고 군사 묘지로서의 성격과 분위기가 꾸준히 유지되어 온 점, 그리고 무엇보다 한국 근대사의 최대 비극인 한국전쟁을 생생히 증언하는 세계적 명소로서의 공공성 등은 이 공원을 한국의 대표적인 레거시 플레이스로 만드는 데 전혀 부족함이 없다. 그러고 보니 이 글을 쓰고 있는 2023년 7월 25일은 바로 한국전쟁 정전 70주년을 기념하는 역사적인 주간이기도 하다.

위> 재한유엔기념공원 정문
아래 좌> 부산 충혼탑   아래 우> 영국군 묘역

27
한번 격전지는 영원한 격전지
칠중성

칠중성 전경

주소: 경기 파주시 적성면 구읍리 일대
건축년도: 해당 없음 건축가: 해당 없음
면적(m²): 해당 없음

'말이 없던 커티스가 갑자기 뛰어나갔다. 그는 소총을 갖고 있지 않았다. 권총뿐이었다. 그는 혼자서 앞을 향해 공격해 들어갔다. 그 모습이 새벽하늘에 뿌연 그림자로 아로새겨지고 있었다. 벙커의 적 기관총 사수가 방아쇠를 당겼다. 기관총 총신에서 불꽃이 일고, 귀를 찢는 소리가 허공을 갈랐다. 커티스가 두 발의 총을 맞았다. (중략) 커티스가 다시 일어났다. '부상 때문에 당황해서 그런가 보다'고 생각한 병사들이 그를 보호하기 위해 그의 몸을 잡아끌려 했다. 그가 부하들을 뿌리쳤다. "캐슬 사이트를 탈환해야 해!" _<마지막 한발>, 앤드류 새먼 지음, 박수헌 옮김, 2009, 시대정신

한 장소에서 바라본 경관의 범위는 그 장소에서의 가시선 line of sight 내의 모든 지점을 포함하는데, 이것을 영어로는 '뷰쉐드 viewshed'라고 한다. 일반적으로는 높은 곳에 오를수록 경관이 열리고 뷰쉐드가 확장된다. 이런 지점들은 군사적으로도 의미가 있어서 소위 감제고지, 즉 적의 활동을 살피기 적합한 지점이 된다. 그런데 주변의 다른 곳에 비해 그다지 높지 않으면서도 이런 조건을 갖춘 곳들이 있다. 이를테면 서울의 남산이 그렇다.

높이가 270m에 불과하여 같은 내사산인 낙산124m보다는 높지만, 인왕산 338m이나 북악산342m보다는 70m 정도 낮다. 그런데 막상 가 보면 남산의 뷰쉐드가 그중 가장 넓다. 강북 사대문 일대가 한눈에 들어오는 것은 물론, 남쪽으로는 한강과 관악산 일대의 경관이 탁 트여있다. 인왕산이나 북악산은 주변에 안산, 북한산 등 다른 산들이 많이 있지만 남산은 그렇지 않다. 상대적으로 그리 높지 않아 군대가 주둔하기에도 쉬웠을 것이다. 잘 확보된 뷰쉐드와 적절한 높이가 결합된 장소다. 남산 위에 봉수대를 만들었을 때 아마도 이런 점이 고려되었을 것이다.

한반도 중부 지역은 오래된 분단의 역사가 새겨져 있는 곳이다. 지금도 임진강변에 남아있는 수많은 고구려, 신라, 백제의 성터가 이를 증명한다. 호로고루성, 이잔미성, 은대리성, 당포성, 덕진산성, 대전리산성, 육계토성 등 이들 대부분은 강변 혹은 강변의 높은 언덕 위에 자리 잡고 있다. 그런데 이들과는 달리 강변과 상당한 거리가 있는 산성들이 이 일대에 존재하는데 그중 하나가 이번 글에서 소개할 칠중성七重城이다. 임진강 일대에서 가장 대표적인 뷰쉐드를 갖춘 장소로 파주 적성積城의 중성산에 있다. 이 일대는 원래 백제의 땅이었다가 고구려시대에는 칠중성, 신라시대에는 중성, 고려 초부터 적성으로 불려 지금에 이른다. 지금 적성은 지역 이름으로, 칠중성은 군사용 성의 이름으로 남아있다. 칠중성이라는 이름은 임진강의 옛 이름인 칠중하七重河에서 왔다. 여울이 여러 겹 겹쳐 흐르는 모습에서 비롯되었다. 고구려시대에는 그 이름을 딴 칠중현이 바로 이곳에 중심을 두고 있었다. 어쩌면 칠중성은 한반도에서 가장 치열한 전투가 여러 번 벌어졌던 현장일 것이다. 최초의 기록은 서기 638년, 소위 제1차 칠중성 전투라 불리는 고구려와 신라 간의 충돌이었다. 6세기에 한강 유역을 빼앗긴 고구려가 반격했는데, 당시 선덕여왕이 지배하던 신라가 이를 막아

냈다. 이때부터 삼국통일 이후의 나당전쟁675년에 이르기까지 37년간 이 야트막한 야산을 두고 신라군과 고구려군, 고구려 부흥운동군와 당나라군, 심지어 나당전쟁 당시 당-거란-말갈 연합군과 신라군 사이에 4차에 이르는 칠중성 전투가 벌어졌다. 어제의 동지가 오늘의 적이 되었던, 냉엄한 역사의 현장이었다.

이것이 전부가 아니다. 김덕원이 쓴 논문 〈칠중성의 영유권 변천과 전략적 역할〉에 의하면 칠중성이 자리 잡은 중성산은 이후 698년 발해가 건국할 때와 통일신라 중대에 서북지방에 설치한 군진인 패강진을 설치할 때도 중요한 교통로의 역할을 하였던 것으로 추정된다. 그 이후 칠중성의 중요성은 점차 줄어들었다. 적어도 조선 초기 이전에 폐성됐을 거라고 전해지는 칠중성은 20세기 중반 다시 역사의 전면에 등장한다. 칠중성은 한국전쟁 당시인 1951년 4월 말, 영국군 제29여단 글로스터 대대가 압도적인 숫자의 중국인민지원군을 3일간 방어한 임진강 전투의 핵심 장소였다. 유엔군은 그 이름의 내력을 알았는지 칠중성을 '캐슬 고지Castle Hill, Castle Site'라고 불렀다.

전투 초기 영국군은 위의 인용문에 등장하는 커티스 소대장이 전사하는 치열한 근접 전투 끝에 이곳을 사수한 후 후방인 감악산 기슭의 설마령으로 후퇴, 최후의 항전을 계속했다. 당시 중국 측 사령관인 펑더화이팽덕회, 彭德懷는 5월 1일 메이데이를 기념하여 서울 재점령을 노렸으나 실패했다. 지금 설마령에는 당시 영웅적인 전투로 중국인민지원군의 서울 3차 점령을 저지한 영국군을 기리는 기념 공원이 조성되어 있다. 칠중성의 전략적 중요성은 여기서 그치지 않는다. 이 일대의 다른 역사적 격전지는 대부분 사적지 혹은 관광지가 되었으나 칠중성은 그렇지 않다. 군대가 주둔하지는 않으나 헬기 착륙장과 참호를 갖춘, 엄연한 대한민국 육군의 현역 요새로서 지금도 그 기능을 이어가고 있다. '한 번 격전지는 영원한 격전지'라는 경구가 딱 들어맞는 곳이라고 해도 과언이 아니다.

해발 고도 148m의 나지막한 야산에 불과한 중성산과 칠중성이 왜 이렇게 반복해서 역사 안으로 소환되고 있을까. 그 답은 바로 현장에 있다. 서울에서 칠중성을 가는 방법은 여러 가지가 있지만, 그중에서도 지리적으로나 역사적으로 가장 의미 있는 길은 의정부시와 양주시를 거친 후 동두천시의 서쪽, 이전에 상수역이 있던 곳을 지나 설마령을 따라 감악산 줄기를 넘어가는 것이다. 옛 지명에는 허투루 붙은 것이 없다. 감악산紺岳山 역시 한자 이름 그대로 검푸른색 돌로 이루어진 산이다. 설마령을 넘어 371번 국도를 따라 계속 북상하면 왼쪽으로 적성면 소재지가 펼쳐지는데

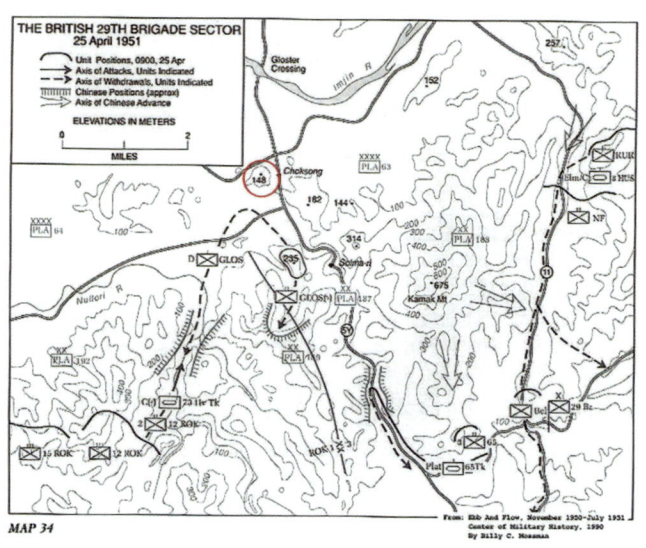

유엔군 작전지도에 등장하는 184고지, 즉 칠중성
(출처: Wikimedia Commons, Japanese Monograph No. 155: Record of Operations against Soviet Russia on Northern and Western Fronts of Manchuria, and in Northern Korea (August 1945))

이곳은 놀랍게도 한국전쟁 이후에 새로 조성된 신시가지다. 원래의 적성은 여기서 조금 북쪽으로 올라가는 안온한 북서향 분지에 자리 잡고 있었다. 민통선 이북 지역에 포함되어 전쟁 이후에 주민들이 돌아갈 수 없었다는 점에서 철원과 유사한 내력을 갖고 있다(현재 민통선은 훨씬 북상했다). 원래의 관아 등은 없어졌지만 향교가 남아있어 이곳이 마을 터였음을 보여준다. 이러한 적성의 모습은 역사 소설가 김탁환의 《열녀문의 비밀》에 자세히 묘사된다. 의금부 도사 이명방이 왕명을 받들어 산으로, 들로, 강으로 수사를 진행하던 곳이 바로 이 일대다. 향교의 뒷산이 중성산이다. 향교 옆으로 난 길을 따라 산을 오르면 점점 군사시설의 면모가 드러난다. 15분 남짓 걷다 오른쪽으로 180도 방향을 틀면 정상의 헬리콥터 착륙장에 이른다.

여기서 바라보는 풍광은 그야말로 일품이다. 왜 칠중성이 중요한 장소였는지 별도의 설명이 필요 없을 정도다. 정면에는 임진강이 동에서 서로 느릿느릿 흘러간다. 371번 국도가 임진강을 건너는 그 일대는 예로부터 걸어서 강을 건널 수 있는 소위 '가여울'이다. 지금 그 근처에는 비룡대교가 서 있는데 한국전쟁 당시 두 번이나 다시 지은 틸Teal교가 있었던 자리다. 유엔군은 가여울을, 이 지역을 지킨 글로스터 대대의 이름을 따서 '글로스터 크로싱Gloucester Crossing'이라 부른다. 이 일대 임진강은 팔뚝만 한 잉어가 잡힌다는 낚시꾼들의 명소이기도 하다. 예나 지금이나 가히 이 지역 최고의 감제고지라 할 만한 칠중성의 중요성을 대한민국 육군이 모를 리 없다. 정상의 북쪽, 임진강 쪽의 사면에는 지금도 참호가 복잡하게 얽혀있다. 군데군데 유적지임을 밝히는 팻말이 서 있으나 일반인의 눈에 구별은 불가능하다. 심지어 한편에서는 한국전쟁 당시의 유해를 발굴하는 작업도 이루어진다. 칠중성에서 과거와 현재의 군사시설을 분리하는 것은 무의미할지 모른다. 몇 년 전 이곳을 처음 찾았을 때, 정상에 인근 부대의 지휘관들이 모여 있었다. 그들과 말을 트게 되었는데, 종종 이곳에 올라와서 사방을 둘러보며 작전 계획을 짜곤 한다고 했다. "예나 지금이나 이곳은 군인들에게 정말 중요합니다." 딱히 군인들에게만 그럴 것인가.

결코 높지 않은 곳이지만 칠중성과 중성산의 존재감은 엄청나다. 지도를 보면 중성산의 남쪽으로는 이 일대에서 가장 높은 해발 675m의 감악산과 그 측면의 235고지가 겹겹이 늘어서 있고 북쪽 임진강과 그 너머로는 탁 트인 지형의 파노라마가 펼쳐진다. 중성산 정상에 서면 그야말로 이 일대에서 어떤 일이 벌어지는지 아주 쉽게 알 수 있다. 서울의 남산처럼 중성산 역시 절대적으로 높은 산은 아니지만, 주변 지형이 상대적으로 낮은 덕분에 엄청난 뷰쉐드라는 혜택을 누릴 수 있게 되었다. 아마도 임진강을 넘어 남하하는 고구려군을 바라보던 신라군이나 산과 들을 모두 덮는 인해전술의 중국인민지원군을 바라보던 영국군, 행여 한반도에 분쟁이 발생했을 때를 대비해서 지금도 이 지역을 지키고 있는 대한민국 육군이 모두 같은 입장일 것이다.

이처럼 칠중성은 누적된 역사와 현재가 한 몸을 이루는 의미심장한 장소이다. 사적 제437호로 지정되었을 정도이며 오랜 시간에 비해 비교적 장소의 형상이 잘 남아있는 곳이기도 하다. 까마득히 오랫동안 주인이 여러 번 바뀌어 가면서 전략적 요충지로서 성격과 기능을 유지해 왔고, 대한민국으로서는 국가적 존폐 위기로부터 벗어날 기회를 제공해 준 감사한 장소이기도 하다. 분단 상황에서 장소의 의미는 더욱 배가될 수밖에 없으며 그런 점에서 안보와 직결된 '공공적' 성격은 현재이면서 동시에 미래이기도 하다. 칠중성은 단순한 군사적 요충지를 넘어 한반도의 대표적 레거시 플레이스라 할 만하다.

위> 칠중성의 대한민국 육군 참호
아래 좌> 비룡대교와 글로스터 크로싱   아래 우> 한국전쟁 유해 발굴 작업

28
작아서 더 정겨운
목포항

현재의 삼학도와 목포항

주소: 전남 목포시 해안로 182 일대
건축년도: 1397년 설계자: 미확인
면적(m²): 해당 없음

○

영산강 안개 속에 기적이 울고 삼학도 등대 아래 갈매기 우는
그리운 내 고향 목포는 항구다 목포는 항구다 똑딱선 운다
유달산 잔디 위에 놀던 옛날도 동백꽃 쓸어안고 울던 옛날도
그리운 내 고향 목포는 항구다 목포는 항구다 추억의 고향
여수로 떠나갈까 제주로 갈까 비 젖은 선창머리 돛대를 달고
그리운 내 고향 목포는 항구다 목포는 항구다 이별의 부두
_목포는 항구다 (작곡: 이봉룡, 작사: 조명암, 노래: 이난영)

지금의 목포시는 한반도 남서해안 해상 인프라의 집결지라 할 만하다. 항구가 여기저기에 하도 많아서 '목포는 항구다'라는 이난영의 노래 제목이 새삼스러울 지경이다. 남해를 향해 튀어나온 반도인 목포 주변을 북쪽부터 시계 반대 방향으로 살펴보면, 목포와 압해도를 잇는 압해대교 남단에서부터 항구가 시작한다. 항구 도시라면 빼놓을 수 없는 조선소가 몰려 있는 곳도 바로 여기다. 항구와 조선소, 기타 산업 시설이 한데 엉켜있어

부산의 영도를 연상케 한다. 반도의 모퉁이를 돌아가는 부분에는 목포 북항과 목포해양경찰서 전용부두가 있다. 이 일대의 해안선은 그간의 간척사업, 산업화로 완전히 기계화되어 원래의 지형과는 거리가 멀다. 반도의 끝을 돌면 유달산 자락에 목포해양대학교가 일대를 차지하고 있으며, 부속 항만시설이 일직선으로 놓여있다. 유달유원지와 신안비치호텔을 지나면 비로소 유달산이 바다를 직접 만나는 온금근린공원이다. 바닷속까지 이어져 있을 유달산 자락의 경사가 너무 급해서 간척하기 어려웠을 구간이다. 그 너머의 고하도, 장구도, 허사도는 이름 그대로 섬이어서 목포와 육지로 연결되어 있지 않지만, 자기들끼리는 완전히 연륙 되어 하나의 큰 섬이 되었다. 이렇게 간척사업으로 형성된 평지에 들어선 것이 바로 현재

목포신항의 세월호

목포 최대의 항구인 목포신항이다. 이름 그대로 목포 일대에서는 최근에 조성된 항구이니 이난영의 노래와는 별 관련이 없음을 짐작할 수 있다. 목포신항은 2017년 우여곡절 끝에 인양된 세월호가 속절없이 녹슬어 가는 곳이기도 하다.

다시 육지 쪽으로 가면 목포 원도심이 바다를 만난다. 해안도로를 따라 바다 쪽으로는 수산업체의 건물들이, 반대쪽으로는 각종 식당이 늘어서 있다. 작은 반도처럼 튀어나온 곳에는 목포항국제여객터미널이 있고, 그 안쪽으로는 남해안 일대 여행객들에게 더없이 친숙한 목포연안여객선터미널이 있다. 여기서 항구는 다시 두 갈래로 나뉜다. 바다처럼 넓은 영산강을 따라서는 목포 외항, 목포 남항이 자리 잡고 있고, 내륙 쪽으로는 작은 어선들이 줄지어 서 있는 만이 있다. 별도로 구별하는 이름은 없지만 사람들은 만의 입구에 있는 목포항국제여객터미널, 목포연안여객선터미널과 더불어 이 아늑한 선창가가 바로 이난영의 노래에 나오는 목포항임을 안다. 노래 가사를 보면 더욱 그 사실이 명확해진다. 영산강은 항구 앞을 흐르고 있고, 영산강과 항구 사이에 있는 섬이 바로 삼학도다. 대, 중, 소 세 개의 섬으로 이루어진 삼학도. 소삼학도에는 이전의 등대 터가 있어 '삼학도 등대'라는 노래 가사가 엄연히 사실에 근거하고 있음을 명확히 보여준다. 유달산은 약간 멀리 서쪽에서 항구 배경으로 우뚝 서 있고, 예나 지금이나 여객선들이 제주로, 한반도 서남단의 수많은 섬으로 떠나간다. 그 '여객' 중에는 한국전쟁 개전 초기 목포에서 해군 함정을 타고 부산으로 피난길에 올랐던 이승만 대통령과 정부 요인들도 있었다.

조금이라도 쓸모가 있을 만한 곳은 바다를 메워 땅을 만든 탓에 목포 일대는 사실상 거대한 간척지이다. 1900년대의 목포 시가지 지도를 현재와 비교해 보면 섬을 제외한 목포시 전체 면적의 절반 정도가 그동안 매립으로 만들어진 곳이다. 간척사업이 활발했다는 것은 그만큼 이 일대의 지형이 평활했다는 의미이기도 하다. 그래야 토사가 적게 들어간다. 또한 이 일대의 바다가 그리 깊지 않다는 뜻이며, 이는 항구 도시로서는 치명적인 제약이었다. 워낙 지형이 완만하고 영산강이 토사를 끊임없이 실어 나르는 탓에 목포는 애초부터 대형 항구가 들어서기에 적합한 조건이 아니었다. 배가 크지 않았던 근대 이전에는 이것이 그리 큰 문제가 아니었다. 1397년에 수군 기지인 목포진이 현재의 목포진역사공원 자리에 들어섰고 대한제국 시절부터 본격적인 항구 도시로 성장했으며, 일제시대에는 한반도의 물자를 일본으로 보내는 수탈의 본거지이기도 했다. 이렇게 한때 부산, 인천, 원산과 더불어 한반도 4대 항구로 불렸던 목포는 현대로 접어들면서 태생적인 지형 조건을 극복하지 못하고 대양 해운보다는 연안 해운에 의존할 수밖에 없게 된다. 같은 호남 지방에서도 인근 광양항의 조건이 여러모로 훨씬 양호했다고 평가된다. 이것은 결국 목포시가 항구 도시로서의 오랜 역사와 풍부한 서사에도 불구하고 대도시로 성장하지 못한 결정적 이유이다. 바다로 인해 항구 도시가 되었지만, 그 바다의 여러 조건적 제약이 지속적인 성장의 걸림돌이 되었다는 사실은 실로 목포의 아이러니가 아닐 수 없다.

이전의 목포항 모습을 가장 잘 가늠해 볼 수 있는 자료가 2개 있다. 하나는 1945년 미군이 작성한 목포시 지도이고, 또 다른 하나는 1954년의 항공사진이다. 현재 상황과 비교해 보자면, 당시의 목포항은 지금처럼 만이 아니었다. 목포의 주거지역인 동명동 일대는 너른 갯벌이어서 영산강에서 흘러 내려오는 물과 바닷물이 이 일대를 뒤덮고 있었다. 무엇보다 삼학도 일대가 매립되기 전이어서 대, 중, 소 3개의 섬이 뚜렷하게 나뉘어져 있는 것이 보인다. 항구에 정박해 있는 배들은 모두 크기가 작은데 이난영

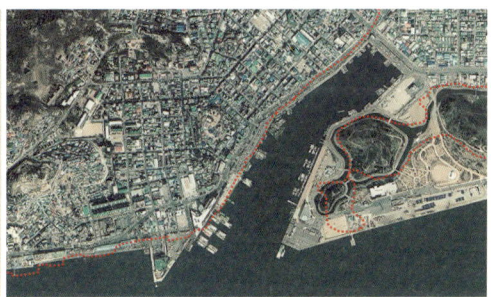

좌> 1945년의 미군 지도(출처: Courtesy of the University of Texas Libraries, The University of Texas at Austin)
우> 현재 목포 항공사진에 1954년 해안선을 표시(배경지도 출처: 국토교통부 V-WORLD)

이 노래에서 이야기한 '똑딱선'일 것이다. 현재 내륙 깊숙이 들어와 있는 목포역이 바로 바닷가 옆이다. 그리고 원도심 일대의 가로망이 질서정연한 격자형인 것도 주목할 만하다. 대한민국 각지의 항공사진을 제공하는 '국토정보플랫폼'에서 열람하면 1969년 당시 이 일대에 간척사업이 한창 진행 중이었음을 알 수 있다. 이 과정을 통해 삼학도는 육지와 연결되었고 목포항은 만이 되었으며 동명동 일대에는 너른 주거지가 조성되었다. 삼학도는 목포진에 땔감을 공급하던 곳이었는데 간척사업 과정에서 토사를 얻기 위해 평탄화의 수난을 겪다가 다시 원지형이 복원되는 등 그간의 사연이 제법 복잡하다. 현재는 서남해안 일대의 지속적인 간척사업으로 목포 일대의 해수면이 상승하는 등 전반적인 환경문제가 대두되고 있다.

이러한 특징들은 지금도 이 일대의 도시적 경험에 지속적인 영향을 미친다. 이전에 양쪽으로 터진 항구였던 목포항이 만으로 바뀌면서 공간적으로는 더욱 포근한 느낌을 주게 되었다. 항구에 정박 중인 배들은 이전의 똑딱선 수준은 아니지만 여전히 고만고만한 크기다. 삼학도 주변은 매립되었지만, 섬의 윤곽을 따라 물길이 상당 부분 남아있어 섬인 듯 섬이 아닌 듯한 독특한 상황을 보여준다. 무엇보다 인상적인 것은 항구와 도시가 맺고 있는 관계다. 항구에 정박 중인 배들은 대부분 어선이며 그들의 작업 광경은 고스란히 도시의 풍경이 된다. 마침 부두를 따라 주차장과 인도, 벤치가 늘어서 있어 작업 광경을 유심히 바라보는 것이 가능하다. 항구도 작고, 배도 작고, 주변의 건물들도 아담하다. 배후로는 목포의 원도심이 겹겹이 두텁게 쌓여 목포역까지 이어진다. 그 사이사이에는 이름만 들어도 군침이 도는 수많은 맛집이 포진해 있다. 대도시로 성장하지는 못했지만 자타가 공인하는 한반도 대표 미식 도시로서 목포의 명성은 여전히 살아있다. 역사는 충분히 오래되었고 인근 지형은 변화했지만 항구로서의 기능이나 도시와의 긴밀한 관계는 그대로 유지되어 왔다. 수많은 사람의 삶의 터전으로서, 역사적 장소로서, 폭넓은 사랑을 받아 온 가요의 장소적 배경으로서 그 공공성이야 말해서 무엇하랴. 이처럼 풍성한 서사를 만들어 온 목포항은 넓은 의미에서 한국의 대표적 레거시 플레이스라 할 수 있다.

위> 목포항의 어선과 일대의 야경
아래 좌> 목포의 산해진미   아래 우> 목포항 인근의 일본식 건물

29
영도다리 난간 위에 외롭게 뜬 초생달
영도다리 (현 영도대교)

영도다리의 현재 모습

주소: 부산 중구 중앙동7가
건축년도: 1934년 설계자: 마스다 준
면적(m²): 해당 없음

　　　　　　　박길전朴吉田은 만주사변이 일어난 1931년 원산에서 태어났다. 태어나 보니 일본의 식민지였고 이후 일본식 성명 강요를 당하여 '박'의 한자를 풀어쓴 '木本', 즉 '기모토'가 성이 되었다. 원산의 항고녀巷高女를 다니던 만 14세에 해방을 맞았다. 항고녀는 원래 감리교 선교사가 세운 원산루씨고등여학교루씨여고, 樓氏女高였다. 원산항이 내려다보이는 언덕 위에 화강석으로 지은, 매우 아름다운 학교였다. 해방 이후 그녀는 평양에서 잠시 학교에 다니다가 교사가 되겠다는 희망을 품고 함흥사범전문학교에 들어갔다. 지금과 달리 가을에 신학기가 시작되던 시절이라 1950년 7월 25일 졸업을 앞두고 있었다. 하지만 한 달 전에 한국전쟁이 일어났다. 그녀의 나이 만 19세였다. 어수선한 분위기 속에서 사범학교의 부속 소학교로 발령을 받았는데 학생도 거의 없었고 유엔군의 반격으로 전쟁의 양상이 급변하면서 학교도 유명무실해졌다.

　맹렬한 추위가 한창이던 그해 연말, 홀로 흥남부두에 가서 대한민국 해군의 상륙함정LST인 조치원호를 타고 거제도 장승포로 향했다. 유명한 흥남철수작전이었다. 잠시 갔다 오면 될 줄 알았는데 평생 돌아가지 못할 길이었다. 거제도에 마냥 있을 수 없어서 다시 상륙함정을 타고 부산으로 갔다. 당시 헤어진 사람을 만나려면 가야 할 곳이 있었다. 다름 아닌 '영도다리'였다. 사방에 쪽지와 천 조각이 붙어있었으나 가족의 소식을 접할 수 없었다. 다행히 친구들을 만났고 부산에서 새로운 삶을 시작했다. 이후 마산을 거쳐 서울로 갔고, 개명을 했고, 거기서 평양 출신 남자를 만나 가족을 꾸렸다. 그녀가 혈혈단신으로 낯선 땅에 적응해 가고 있던 1953년, 우에노 음악학교 성악과 출신의 가수 현인1919-2002년이 발표한 노래가 '굳세어라 금순아'다. 길전 역시 그 수많은 금순이 중 하나였다.

1. 눈보라가 휘날리는 바람 찬 흥남부두에 목을 놓아 불러봤다 찾아를 봤다 금순아 어디를 가고 길을 잃고 헤매었던가 피눈물을 흘리면서 일사 이후 나 홀로 왔다
2. 일가친척 없는 몸이 지금은 무엇을 하나 이내 몸은 국제시장 장사치이다 금순아 보고 싶구나 고향 꿈도 그리워진데 영도다리 난간 위에 초생달만 외로히 떴다
3. 철의 장막 모진 설움 받고서 살아를 간들 천지 간에 너와 난데 변함 있으랴 금순아 굳세어 다오 남북통일 그날이 되면 손을 잡고 울어 보자 얼싸 안고 춤도 춰보자

_굳세어라 금순아 (작곡: 박시춘, 작사: 강사랑, 노래: 현인)

가족의 생사와 행방을 몰라 발을 동동 구르던 수많은 피난민, 갑자기 이들과 뒤섞여 살게 된 부산 사람들이 오가던 영도다리는 이렇게 분단을 상징하는 장소가 되었다. 부산 출신이지만 실향민의 마음을 보듬었던 현인의 노래 역시 영도다리와 떼려야 뗄 수 없는 관계가 되었다.

영도다리, 즉 공식 명칭 영도대교가 착공된 것은 1931년, 길전이 태어난 해다. 건립 당시의 이름은 부산대교였다. 1934년 11월 23일 완공 당시 개통식을 보려고 부산 전체 인구 12만의 절반에 해당하는 6만 인파가 사방에서 몰려들었다. 그도 그럴 것이 이 다리는 보통의 평범한 다리가 아니었다. 육지와 섬을 잇는 연륙교로서도 한반도 최초였고, 런던의 타워브리지처럼 선박의 통행을 위해 다리가 오르락내리락하는 도개교Bascule bridge로서도 최초였다. 바야흐로 한반도에 기계문명이 도입되면서 땅에는 자동차와 기차가 달리고, 바다에는 철선이 오가며 하늘에는 비행기가 날아다니기 시작한 시절이었다. 이런 상황에서 폭이 18.3m, 길이가 31.3m에 수백 톤에 달하는 거대한 구조체가 가늠하기 어려운 기계 근육으로 하루에도 몇 번씩 힘자랑하기에 이르렀으니 스펙터클로는 이만한 것이 없었다. 연륙교는 그 이후 수도 없이 지어졌지만 도개교는 아직도 유일하다는 점에서 영도다리는 여전히 특별하다.

길전이 혹시 가족의 소식을 알 수 있을까 하며 오가던 영도다리는 당시 지어진 지 16년 정도 되는 비교적 새 다리였다. 그러나 모든 것은 낡게 마련이고 더구나 거대한 기계 장치인 도개교는 수명이 길기 어려웠다. 한때 그 위에는 전차도 다녔으나 1966년 9월 1일 다리 하부에 상하수도를 설치하면서 도개를 중지했고 이어 전차 운행도 멈췄다. 1980년에 새로운 부산대교가 동쪽에 준공되면서 그 이름을 내주고 대신 오늘날과 같은 영도대교로 바뀌었다. 다리의 나이가 75세 정도 되던 2009년 8월 재난 위험 등급 판정을 받아 일부 차량을 통제하고 임시 교량을 개통하는 상황에 이르렀다. 그 수명을 다해가던 영도다리는 2010년 6월부터 철거에 들어갔지만, 2013년 11월 27일 부활했다. 중지되었던 도개 기능도 40여 년 만에 회복되어 다시 장대한 광경을 연출한다(현재는 매주 토요일 14시부터 15분간 진행

영도다리의 이전 모습(출처: 한국저작권위원회)

한다). 비록 이전에 비해 다리가 높아지고 폭도 4차선에서 6차선으로 늘어 났으나 각종 기록을 보면 엄연히 복원이 맞다. 이미 2006년 11월 25일에 부산광역시의 기념물 제56호로 지정된 바도 있다.

이름처럼 영도다리는 영도와 부산 내륙을 잇는 다리이다. 현재의 행정 구역으로는 각각 영도구 대교동1가와 중구 남포동 간을 연결한다. 영도의 원래 이름은 절영도絶影島인데, 신라시대부터 이곳에 목장이 있었고 말이 너무 빨라 달리면 그림자影가 끊어져絶 보이는 데서 유래되었다. 이러한 성격은 일제시대에도 이어져 당시는 '마키노시마牧ノ島', 즉 '목장 섬'으로 불

렸다. 현재의 영도는 봉래산과 중리산, 최남단의 태종대 일대를 제외하고는 완전히 시가지로 개발되어 이전의 목초지를 연상하기 어렵다. 영도를 시계에 비유하면 대강 10시부터 5시 정도 방향의 해안선은 조선소, 항만, 해양대학 등으로 완전히 기계화되어 바다 쪽에서 보면 해안이 거의 느껴지지 않는다. 어쩌면 한국에서 가장 드라마틱하게 기계화된 지형에 그 자체로 거대한 기계인 영도다리가 들어선 것이 우연은 아닐 것이다. 이미 일제시대 초반인 1912년부터 최초의 근대식 조선소가 영도에 자리 잡아 현재도 '깡깡이 마을'로 그 명맥을 유지하고 있다. 영도다리 자체가 기계화를 가속하는 역할을 했는데 1937년 미쓰비시가 조선중공업주식회사(이후 대한조선공사, 극동해운, 한진중공업, HJ중공업으로 조선업 계보 이어짐)를 영도에 설립한 것을 필두로 대규모 조선소와 중공업 공장이 들어섰다. 영도 해안의 기계화 역사는 자못 그 유래가 깊다.

2009년 1월 12일 자 부산일보 기사에 의하면 영도다리의 설계지는 일본인 마스다 준增田 淳으로 그는 미국에서 교량 설계를 배웠고 일본 각지에 이와 유사한 도개교를 설계한 경험이 있었다. 당시 사업명은 '부산도진교 釜山渡津橋'였으며 설계 과정에서는 최규용 등 한국인 기술자 2명도 참여했다. 현재 영도대교의 제원은 길이 214.8m, 폭 25.3m로, 길이는 최초 건립 당시와 비슷하지만 폭은 애초의 18.3m에서 7m 정도 넓어졌다. 교량의 형식도 이전과 큰 변화가 없다. 도개교 부분은 트러스Truss교이고, 고정 부분은 게르버Gerber교라 하여 상판을 경첩으로 연결하고 이를 교각으로 지지하는 방식이다. 이전 사진과 비교해 보면 육안상으로도 별 차이가 없다. 철거 후 재시공했음에도 '복원'이라는 표현을 사용하는 배경일 것이다. 더구나 다리와 육지를 연결하는 부분의 석재 구조물은 영도와 부산 내륙 양단 모두 애초의 것을 그대로 사용했다. 건립 당시의 석재 난간 등도 아직 남

아있어 원래 다리의 역사를 이어받고 있다. 관리 주체도 이를 의식한 듯 영도 쪽 다리 입구에 '서기 1934년 11월 23일 개통, 서기 2013년 11월 27일 재개통'이라는 명판을 붙여놓았다.

   건립 이후 90년 가까운 세월을 보낸 영도다리는 한반도 최남단 도시에 있으면서도 분단의 상징이 되었다. 다리 인근에 자리 잡은 점집들은 아직도 해소되지 않은 인연과 운명의 실타래를 조금이나마 풀어보려는 안타까운 노력의 흔적일 것이다. 다리 남단, 즉 영도 쪽에는 '굳세어라 금순아'와 이를 부른 '국민가수' 현인을 기리는 장소가 만들어져 있고, 다리 북단의 롯데백화점 앞에는 '대한토목학회 창립 터'라는 표지석이 놓여있다. 하나의 다리 양옆에 이처럼 한국 근대화 서사의 양극단이 모두 자리 잡은 현상은 절대 우연이 아닐 것이다. 그만큼 한국의 근대화는 물질적 약진과 감정적 화농이 범벅된 다층적인 것이다. 오죽하면 '너는 다리 밑에서 주워왔

위> 부산대교를 배경으로 한 영도다리
아래> 깡깡이 마을 조선소

다'라는, 우리의 근본에 대한 원초적 회의가 담긴 짓궂은 농담(?)의 근원지 중 하나가 영도다리라는 말이 있을까. 이처럼 오랜 역사 동안 나름의 원형을 잘 유지해 온 점, 도개교라는 특수 교량의 형식이 그대로인 점, 중요한 교통 인프라로서 공공적 성격을 여전히 유지해 온 점, 무엇보다 수많은 한국인에게 감정을 배제하고는 대할 수 없는 역사적 장소가 되었다는 점 등에서 레거시 플레이스로서 영도다리가 갖는 가치는 절대적이다.

영도다리 북단 서쪽에는 바다를 향해 튀어나온 작은 공터가 있다. 이곳에 막 피난선에서 내려온 듯한 사람들의 군상이 있다. 보따리를 머리에 이고서 어린 여자아이의 손을 꽉 움켜쥐고 있는 여인, 품에 보따리를 들고 서 있는 소녀, 어린 남자아이와 그 뒤의 남자 어른, 이렇게 다섯 명이다. 부산에 갈 때면, 그리고 이곳에 갈 때면 이 군상을 한참 바라보게 된다. 저 소녀는 아마도 10대 중후반 정도? 보따리 안에는 최소한의 옷가지, 추억이 담긴 앨범이 들어있을 것이다. 이들은 가족일까? 아니면 피난길에 우연히 한 장면에 잡힌 남남들일까. 전자라면 그나마 다행이지만, 후자라면 이들의 사연은 말로 다 하기 어려울 것이며 소녀는 혼자 남은 금순이일지도 모른다. 자동차와 사람들이 바쁘게 오가는 영도다리를 배경으로 서 있는 이들은 여전히 낯선 곳에서 두려워하는 당시 피난민들의 모습 그대로다. 저 군상을 볼 때면 그 모습이 여러 갈래로 흩어졌다가 다시 하나의 이미지가 되어 합쳐져 보이는 듯하다. 아마도 저 소녀보다 몇 살 정도 위였을, 본명이 박길전이었던 내 어머니의 모습이.

위> 피난민 군상
중간 좌> 도개교 구동부 디테일   중간 우> 다리 남단의 석재 구조물
아래> 도개 장면

30
젓갈 못지않은 지역의 명물
강경갑문

강경갑문 전경
(출처: 국가유산청 국가유산포털)

주소: 충남 논산시 강경읍 황산리 일대
건축년도: 1924년 설계자: 미확인
면적(m²): 해당 없음

　　　　　　　　　강경. 행정구역상 이름은 충청남도 논산시 강경읍이다. 이 이름을 듣고 무엇이 연상되느냐는 사람에 따라 다를 것이다. 지리에 관심 있는 사람이라면 왜 그곳이 전라북도⁽전북특별자치도⁾가 아니고 충청남도인지 의아해할 듯하다. 강경은 서해, 수운과 관계가 깊은 곳이어서 같은 금강 수계의 항구 도시인 전라북도 군산과 함께 묶어서 생각하는 것이 더 자연스럽게 느껴진다. 하지만 강경은 오래된 포구라는 명성에도 불구하고 엄연히 충청남도 남단인 논산시의 일부로서 상당한 내륙에 자리잡고 있다. 군산 인근의 금강 하구에서 강경까지는 마라톤 풀코스에 해당하는 42km 정도의 거리다. 즉 과거의 강경은 임진강 수계의 적성, 한강 수계의 마포처럼 이른바 내륙항이었다. 도로나 철도보다 수운이 물류의 상당 부분을 차지했던 시절인 1930년대만 해도 강경은 평양, 대구와 견줄 만한 전국 3대 시장이었으나, 이후 철도가 발달하면서 전성기는 막을 내렸다.

　　근대사에 관심 있는 사람이라면 강경은 20세기 초반부터 본격화된 도시화의 흔적이 타임머신처럼 남아있는 장소임을 알 것이다. 무려 1910년에 지어진 한일은행, 1905년에 개교한 강경중앙초등학교, 1923년에 세워

좌> 현재 강경역사관으로 사용되는 구 강경한일은행
우> 남일당 한약방(연수당 건재 대약방)

진 한옥과 일본 양식이 절충된 2층 건물인 남일당 한약방^{이후 연수당 건재 대약방}, 이보다 연대가 좀 떨어지기는 하지만 1947년에 세워진 강경화교학교 교사와 사택 등이 아직 남아있는 곳이 바로 강경이다. 특히 화교학교는 국공내전에서 패한 장개석 세력이 대만으로 탈출한 이른바 국부천대國府遷臺가 중국에서 점점 더 현실로 다가오던 시기에 지어진 것이다. 당시 화교들이 느꼈던 미래에 대한 불안을 가늠하기란 쉽지 않지만, 정작 그들이 사는 한반도의 정세 역시 이에 못지않게 불안정했다. 결국 1950년 한국전쟁이 발발했다. 당시 화교들 역시 피난민이 되었던 사연은 군산 빈해원 편에서도 언급한 바 있다.

음식에 관심 있는 사람에게 강경은 곧 젓갈의 도시다. 도시의 전반적인 위상은 이전에 비해 비교할 수 없을 정도로 약해졌지만, 한때 번성했으나 이후 흔적도 없이 사라진 예성강의 벽란도나 임진강의 고랑포구와는 성격이 다르다. 특히 젓갈에 있어서 강경의 영향력은 아직도 전국적이다. '강경발효젓갈축제'가 매년 10월 둘째 주 일요일에서 수요일까지 열리는데 강경의 예전 위상과 지역의 상권을 되살리는 이른바 '로컬 축제'로서 명성이 높다. 강경은 같은 충청남도의 광천, 전라북도의 부안 등과 더불어 대한민국의 대표적인 젓갈 시장으로 유명하다. 유통량이 전국의 50% 이상이라고 하니 가히 젓갈의 도시라 불러도 손색이 없다. 구체적으로는 옛 부둣가인 염천리 일대에 아직도 30개가 넘는 대형 '젓갈 백화점'이 들어서 있어 젓갈 축제 기간이 아니라도 비릿한 젓갈 냄새를 맡을 수 있다. 이 매장들은 자체적으로 '토굴형' 대형 저장고를 확보하고 있는데 자연 토굴에 비해 훨씬 더 안정적으로 온도를 유지할 수 있고 위생적이다.

항구로서 강경의 여러 조건이 유리하기만 한 것은 아니었다. 서해 특유의 조수간만 차는 강경이 효과적인 수상 물류의 중심지가 되기 위해서 꼭 극복해야 할 자연조건이었다. 예를 들어 인천은 1918년 갑문식 축항 건설을 통해 한적한 포구였던 제물포를 발전시켰고 훗날 동아시아 굴지의 항구 도시로 성장하는 기초를 다질 수 있었다. 수감 중이었던 백범 김구 선생이 강제 노역으로 공사에 참여했다고 하는 유서 깊은 항만시설이다. 강경 역시 이와 같은 시설이 필요했는데 그 결과가 바로 현재 국가등록문화유산이기도 한 강경갑문이다. 인천항보다 6년 늦은 1924년, 강경 일대를 흐르는 대흥천에 설치된 갑문으로, 금강을 따라 강경을 드나드는 배들은 조수간만의 영향을 최소화하면서 화물의 선적 및 하역을 진행할 수 있었다. 동시에 갑문은 홍수 피해를 줄이는 데도 기여했다. 한편 갑문과 동시에 현재의 강경역 남쪽에 채운산 배수지가 건설되어 주로 일본인이었던 이 일대의 주민들에게 수돗물을 공급했다. 당시 조선일보에서 1924년 7월 5일에 수도 개통식, 7월 7일에 방수 갑문 준공식 기사를 내보낸 것으로 보아 이 둘은 거의 동시에 진행되었던 것 같다. 1930년대 강경포구의 전성기에는 사실상 이 근대 토목 사업 두 개의 역할이 절대적이었다.

강경갑문의 실체는 무엇일까. 우선 갑문이 설치된 곳은 강경 한복판을 비스듬히 북서에서 남동으로 흐르는 대흥천의 하류 지역인 북옥리다. 금강이 그러했듯이 그 지류인 대흥천 역시 소위 감조하천感潮河川, tidal river이이어서 서해 조수간만의 영향을 받아 수위가 오르락내리락한다. 이를 조절하여 배가 원활하게 드나들 수 있도록 하고 홍수도 예방하는 것이 강경갑문이다. 이 갑문을 설치한 것도, 사전에 이 일대의 수계를 대대적으로 정비한 것도 모두 일본 사람이었다. 금강은 워낙 크고 지류도 많은데 그중 논산천, 강경천, 대흥천이 강경 일대에 집중되어 있다. 현재는 강경천과 대흥천이 논산천으로 흘러 들어가서 금강과 이어지는 구조이지만, 당시만 해도 강경천이 현재보다 남쪽으로 굽어 있어 바로 금강과 합류했다. 이것을

왼쪽부터 제1, 2, 3갑문

'직강화'하여 현재와 같은 상황을 만들면서 대흥천을 따라 갑문이라는 문명의 기계 장치를 설치했다. 제1갑문의 상류 측 북단 벽에는 '전양용제全兩用制'라는 문구가 붙어있는데, 조선 총독부 토목부장 하라 시즈오原靜雄가 이 사업의 배후에 있었다고 한다.

대흥천과 논산천이 만나는 최하류에서부터 강경역이 놓인 호남선 철도까지의 구간, 즉 강경 읍내를 흐르는 대흥천에는 무려 15개의 구조물이 확인된다. 이 중에는 갑문도 있고 그냥 징검다리도 있다. 그리 크지 않은 강경 읍내치고는 하천을 건널 수 있는 지점이 워낙 많은데, 개수를 세다가 지칠 정도로 다리가 많은 서울시계의 한강을 축소해 놓은 것 같기도 하다. 그만큼 대흥천이 서울의 한강처럼 강겹읍의 중심을 흐르고 있다는 이야기일 것이다. 하류부터 차례로 제1갑문이 있고 인접하여 제2갑문이 있는데 이 둘은 도로보다 높고 계단이 설치되어 있다. 여기서 55m 상류로 올라가면 도로보다 살짝 낮아서 사람이 건널 수 있는 제3갑문이 있다. 이 갑문 위에 있던 원래의 목재 보행로는 1930년대에 콘크리트 교량으로 변경되어 현재에 전한다. 이 구간의 하천 남쪽에는 펌프장 혹은 기계실로 보이는 건물이 있는데 그 지번인 강경읍 금백로 101-9로 검색해 보면 아무런 부동산 정보가 존재하지 않는다. 짐작에 중요한 공공시설이므로 보안 차원에서 막아놓은 것이 아닌가 한다. 어쩌면 이것이야말로 역으로 아직도 강경 갑문이 기능을 유지하고 있다는 단서가 아닐까.

문화유산청 국가문화유산포털에 의하면 강경갑문은 2014년 9월 1일 등록문화유산이 되었고 소유자는 국토교통부, 관리자는 논산시다. 강경갑문과 관련된 대부분의 자료에는 자동차 및 철도를 위한 교량이자 동시에 방조제 및 배수갑문이기도 한 금강하굿둑이 1990년에 완공되면서 강경갑문이 그 기능을 완전히 상실했다고 나온다. 한창때는 하루에 100척도 넘는 배들이 드나들었던 대홍천은 현재 포구로서의 기능이 정지되고 물길만 남아있는 보통의 하천일 뿐이다. 만약에 이러한 사실뿐이라면 강경갑문은 역사적으로는 의미 있는 구조물이며 장소겠지만, 레거시 플레이스로서는 거리가 있다. 그런데 강경갑문의 기능 일부는 아직도 유지되고 있다. 배를 통행시키기 위한 기능은 정지되었을지 모르지만 홍수를 막는 기능은 여전히 남아있기 때문이다. 현재 제3갑문에 수문은 사라지고 그 작동을 위한 구조물만 남아있으나 제1갑문과 제2갑문은 여전히 홍수 방지를 위한 시설로서 일부 기능하고 있다. 강경갑문이 원래 물류와 홍수 방지라는 두 가지 목적이 있었던 것을 상기하면 적어도 그 기능의 일부는 현재형이다.

강경을 처음 찾은 것은 코로나가 한창이던 2020년 8월 1일이었다. 함께 건축과 도시에 대한 책을 읽던 분들과 의기투합하여 자가격리로 답답했던 마음도 풀고 오랜만에 서로 인사도 나눌 겸 야외로 나가기로 했다. 나름 전국구 모임이라 국토의 중심인 대전역에서 만나 공유 자동차를 빌려 강경 일대를 돌아보았다. 그리 크지 않은 읍내에 젓갈 판매장이 많은 것에 놀랐고 아무 곳이나 카메라를 들이대도 그대로 영화의 한 장면이 될 것 같이 근대 건축물이 많은 것에 또 놀랐다. 코로나로 인해 관광지로서의 활기는 사라지고 없었으나, 남아있는 것들의 느낌은 강렬했다. 그중에서도 가장 기억에 남는 것은 강경갑문이었다. 건축뿐 아니라 토목 구조물에 대해서 애착을 갖는 성격 탓도 있으나, 역사가 100년이 된 오래된 구조물이 아직도 원래 기능의 일부를 수행 중이라는 현재적 느낌이 각별했다. 대홍천을 따라 걸으며 이 도시의 역사를 더듬어 보는 것은 매우 특별한 경험이었다. 2024년 기준 정확히 건립 100주년을 맞이한 강경갑문은 엄청난 시간의 더께는 물론이고 국가등록문화유산으로 지정될 정도로 원형이 잘 남아있으며 일부이기는 해도 원래의 기능이 유지되고 있고, 마지막으

좌> 강경갑문 현장 안내판   우> 제1갑문의 홍수 방지용 수문

로 지역의 경제와 안녕을 위한 시설물로서의 공공적 성격은 두말할 나위가 없으므로 엄연한 레거시 플레이스라 할 수 있다. 한창때는 부산 영도다리처럼 갑문이 열리는 것 자체가 구경거리이기도 했다는 강경갑문. 이제 그런 근대 기계 미학의 스펙터클은 사라졌다고 해도 역사적 구조물로서, 또한 수많은 주민과 방문객의 기억을 담은 장소로서 여전히 그 의미가 새롭다.

31
선교사가 남겨놓은 그림 같은 마을
광주 양림동 호랑가시나무 언덕

양림동 호랑가시나무

주소: 광주 남구 제중로47번길 18 일대
건축년도: 1920년대 이후 건축가: 다수(미확인)
면적(m²): 해당 없음

　　　　　　　　호랑가시나무, 그 이름은 생소할지 모르지만 사진을 보면 대부분 쉽게 알 수 있다. 크리스마스 때면 장식용으로 자주 등장하는, 짙은 초록색 잎사귀에 가시가 있고 빨간 열매가 송이송이 매달려 있는 그 나무다(더욱 정확히는 서양 호랑가시나무다). 여기에 눈을 연상케 하는 흰색까지 더하면 크리스마스 색상이 완성되는데 마침 이 나무의 꽃이 백색이기도 하다. 잎사귀의 가시는 예수의 면류관을, 빨간 열매는 예수의 피를, 흰 꽃은 성스러움을 의미한다. 상록수라서 겨울에도 잎이 푸르고, 신기하게도 빨간 열매는 겨울에 열린다. 거기에 눈꽃이라도 맺히면 그야말로 크리스마스 분위기가 만점이다. 원래 게르만족이나 켈트족이 주술적으로 숭배하던 나무였는데 기독교 문화와 결합하여 오늘날까지 전해지는 것이라고 한다. 나름 서사가 있는 나무다.

　　영화《해리 포터》에서 주인공이 들고 다니는 지팡이가 바로 이 나무로 만들어졌고, 영화 산업으로 유명한 할리우드Hollywood나 커피 체인점 할리스 커피Hollys Coffee라는 이름 또한 이 나무에서 비롯되었다. 동양권에서는 유독 이 나무의 잎사귀에 대한 이야기가 많은데, 고양이 새끼발톱에 비유하여 묘아자猫兒刺나무라고도 하고 '개뼈다귀 나무'란 뜻인 구골목狗骨木이라는 이름도 있다. 호랑가시나무라는 우리말 이름은 호랑이가 이 나무 잎사귀의 가시에 등을 긁는다고 해서 붙여진 것이다. 이처럼 여러모로 동서양에서 애정과 관심을 받아 온 이 나무의 이름이 붙은 동네가 광주에 있다. 바로 양림동의 '호랑가시나무 언덕'이라는 곳이다. 이름답게 커다랗고 오래된 호랑가시나무가 있으며, 오래된 선교사 주택을 여러 채 볼 수 있는 곳으로도 유명하다. 나무의 수령이 400년 가까이 된다고 하는데 '크리스마스 나무'가 있는 언덕에 기독교 선교사들이 모여 살았으니 신기한 우연이 아닐 수 없다.

　광주광역시 남구 양림동은 광주 구도심의 한 지역이다. 구도심을 가로지르는 금남로와 그 끝에 자리 잡은 국립아시아문화전당으로부터 광주천 바로 너머의 남쪽이다. 역사가 천 년이 넘고 이름부터 만만치 않은 사직동社稷洞이 이웃이니 매우 유서 깊은 동네임을 알 수 있다. 대한제국 때 지어진 이장우 가옥과 1920년대 일제시대에 지어진 최승효 가옥 등 다른 곳에서 좀처럼 보기 힘든 상당한 규모의 한옥이 있는가 하면, '광주의 예루살렘'이라는 별명이 무색하지 않게 광주 양림교회, 선교사 오웬의 이름을 딴 오웬기념각, 호남신학대학교, 기독간호대학교, 광주기독병원, '전남지역 선교의 아버지'로 일컬어지는 배유지Eugene Bell, 1868-1925년 선교사가 창설하여 그의 기념관이 남아있는 수피아여고 등 기독교 계열의 단체와 기관들이 밀집해 있다. 지도를 보면 '양림동 선교 동산양림동산'이라는 이름의 작은 산 하나를 중심으로 뺑 둘러 가며 지역이 펼쳐져 있는데 그 남쪽 산기슭 일대가 바로 호랑가시나무 언덕이다. 저 멀리 동북쪽으로 조선대학교가 보이는, 풍광 좋은 곳이다.

　이 언덕에 자리 잡은 주택들과 관련된 몇몇 생소한 이름을 알아볼 필

위> 양림교회와 오웬기념각
아래> 오웬기념각 내부

위> 벽돌 외관의 우일선 선교사 주택
아래 좌> 호랑가시나무 언덕 안내판   아래 우> 우일선 선교사 주택의 입구

요가 있다. 이 중 가장 서쪽에 있는 인도아 선교사 사택은 호남신학대학교 학장을 지낸 토머스 드와이트 린턴Thomas Dwight Linton, 한국명 인도아, 1927-2010년의 집이고, 그보다 약간 동쪽에 있는 브라운 선교사 사택은 호남신학대학교 초대원장이었던 조지 톰슨 브라운G. Thompson Brown, 한국명 부명광, 1921-2014년과 그의 아내 메리 브라운이 약 15년간 살았던 곳이다. 외형이 유사한 이 두 집은 현재 기독간호대학교의 기숙사로 사용 중이다. 여기서 숲속으로 난 길을 따라 동남쪽으로 돌아가면 허철선Charles Betts Huntley, 1936-2017년 선교사 사택이 나온다. 5·18 당시 광주의 참상을 찍어 세계로 전송한 허철선과 그의 부인 마사 헌틀리가 살던 곳이다.

다시 동쪽으로 가면 호랑가시나무 창작소가 나온다. 호남신학대학교 교수였던 원요한John Thomas underwood, 1922-1994년 선교사와 그의 부인 원진희Jean W. Underwood 선교사가 살던 곳으로 1950년대 후반에 지어졌다. 영어 이름을 보면 짐작될 텐데 원요한은 연세대학교 설립자인 언더우드 박사의 손자다. 지금 이 집은 창작 공간과 게스트 하우스로 활용 중이며, 집 앞에 위에서 언급한 호랑가시나무가 있다. 그 뒤에 조금 올라가면 이 일대에서 가장 유명하고 건축적으로도 가치를 인정받는 우일선Robert H. Wilson, 1880-1963년 선교사의 벽돌집이 있다. 그는 선교사이자 의사였으며 1908년부터 제중원현 기독병원의 2대 원장으로 활동한 인물이다. 집주인의 연배도 상대적으로 높은 이 집은 1920년대에 지어져 광주에 남아있는 가장 오래된 서양식 주택으로 알려져 있다. 현재는 그의 본명을 따서 호남신학대학교의 윌슨 영성센터로 활용 중이다.

다시 내려와 동쪽으로 가면 호랑가시나무 언덕 게스트 하우스가 나온다. 광주기독병원 의료 선교사로 조선대학교 치과대학을 설립한 유수만Dick H. Nieusma, 1930-2018년 선교사의 집이었던 곳이다. 지금은 숙박시설로 활

호랑가시나무 언덕 게스트 하우스

용 중이다. 마지막으로는 이 언덕의 가장 동쪽 끝에는 피터슨Arnold A. Peterson, 1932-2015년 선교사의 주택이 있다. 역사학자이기도 했던 그는 5·18 당시 계엄군 헬기가 시민들에게 기총 소사를 가하는 장면을 이 집에서 목격하고 이를 사진과 함께 증언한 기록인 〈5·18 광주 사태The Kwangju Incident〉를 남겼다. 실제로 당시 계엄군에 쫓긴 시민들이 이 집으로 대피하기도 했다. 이 집 또한 2013년 광주 시민을 위한 문화창작소로 재탄생하여 그 명맥을 이어가고 있다. 피터슨은 1975년부터 6년간 이 집에서 살았고, 그전에는 이웃인 유수만 선교사가 살았다.

면면을 보면 알 수 있지만 이들은 모두 기독교 선교사들로 그중 일부는 의료 선교를 겸했다. 자료를 보면 남침례회 출신인 피터슨을 제외하고는 모두 미국 남장로교회 선교사들로 호랑가시나무 언덕, 일명 양림동산은 일찍이 1904년 남장로교회의 광주 선교부가 자리 잡았던 곳이다. 이들 중 어떤 이는 영어 이름으로, 또 어떤 이는 한국어 이름으로 알려져 있는데 특별한 원칙은 없는 듯하다. 7채의 선교사 주택은 지금도 다양한 단체와 기관에 의해 기숙사, 창작 스튜디오, 게스트 하우스, 영성센터 등으로 활용되고 있다. 단순한 유적이나 박물관이 아닌, 여전히 살아있는 기능을 수행하고 있다. 특히 기숙사나 게스트 하우스 등 주거의 기능이 일부나마 유지되고 있는 것은 이 장소의 큰 매력이다. 양림동산의 호남신학대학교 구내 언덕에는 1909년 안장된 오웬Clement C. Owen을 필두로 배유지와 같은 남장로교 선교사들과 그 가족 22명이 안장된 양림동 선교사 묘역이 있기도 하다.

전국에는 여러 곳의 서양 선교사 주택 밀집 지역이 있다. 서울 사직동의 캠벨 주택, 대구의 청라 언덕, 청주의 탑동 양관 등이다. 이 중 캠벨 주택은 배화여고를 창설하고 종교교회와 자교교회의 전신을 만들었으며 현재 양화진 외국인 묘역에 잠들어 있는 남감리교 선교사 조세핀 캠벨Josephine Campbell, 한국명 강모인, 1853-1920년의 이름을 딴 것으로, 특이하게도 화강석으로 외관을 만들었다. 탑동 양관은 미국 북장로교 선교사였던 프레드릭 밀러F. S. Miller, 한국명 민노아, 1866-1937년 등이 1907년부터 1932년 사이에 지은 총 6개 동의 한양 절충의 주택들이다. 선교사 사택 지역은 아니지만 인천 자유공원 아래 조계지 일대도 영국, 독일 등 서구인들이 모여 살던 곳이다. 이들 지역은 한 가지 공통점이 있는데 모두 고지대라는 것이다. 전통적으로 농경사회였던 한국의 마을들이 대부분 물가, 즉 계곡에 모여 있고 어지간해서는 3부 능선 이상으로 잘 올라가지 않는 것과는 대조적이다. 그러다 보니 경관이 좋고 요즘 기준으로 개발하기 좋은 곳이 많으며, 이에 비례하여 살아남기도 어려운 게 현실이다. 역으로 그만큼 살아남은 의미가 크다고 생각할 수 있다.

이 중에서도 대구 청라 언덕은 여러모로 광주 호랑가시나무 언덕과 비교할 만하다. 이름부터 식물에서 따 온 것이고(푸른 담쟁이덩굴을 의미하는 '청라'와 호랑가시나무), 선교사 주택이 다수 밀집하여 있고(3채와 7채), 인근에 지역의 중심이 되는 교회가 있으며(제일교회와 광주 양림교회), 각각 상징적인 나무가 있는 것(사과나무와 호랑가시나무), 박태준과 정율성이라는 생애가 극적으로 대비되는 두 작곡가와 관계 있는 것, 유서 깊은 한옥이 주변에 있는 것(서상돈, 이상화 고택과 최승효, 이정후 가옥), 인근에 기독교 계열 병원이 있는 것(계명대학교 대구 동산병원과 광주기독병원), 둘 다 선교사 묘지가 있다는 것(은혜정원과 양림동 선교사 묘역) 그리고 무엇보다 한국인의 머릿속에 낭만적인 이미지로 각인된 근대 서구풍 주거지역의 분위기를 제공한다는 것 등이다. 대구 청라 언덕은 이은상 작사, 박태준 작곡의 '동무생각'에도 등장해서 대중적으로 친숙하다. 그러나 청라 언덕의 마사 스윗즈 Martha Switzer, 본 챔니스 O. Vaughan Chamness, 허버트 블레어 Herbert Blair 선교사 주택들이 박물관 등으로 사용되는 것에 반해, 호랑가시나무 언덕의 선교사 주택들은 사람

좌> 대구 청라 언덕의 제일교회와 계산대성당
우> 대구 청라 언덕의 스윗즈 주택

들이 '밤에 잠을 자는' 주거 본연의 기능을 어느 정도 수행하고 있다는 점에서 레거시 플레이스에 더 부합한다.

광주 양림동 호랑가시나무 언덕은 20세기 초부터 꾸준히 서구 선교사들과 인연을 맺어왔고 지금까지 100년 넘게 장소의 분위기를 유지해 오고 있다. 주축이 되었던 미국 남장로회 선교부는 1980년대에 한국에서 철수하였으나 그들이 남겨놓은 학교, 병원 등은 아직도 건재하며 여전히 이 지역과 인연을 유지하고 있다. 여기에 개인과 민간단체 등이 합세하여 이 일대를 광주 도시재생사업의 대표적인 장소로 만든 것도 특별한 일이다. 이제 단독주택은 아니지만 다양한 방식으로 원래 기능인 주거가 이어지고 있다는 사실도 레거시 플레이스의 기준으로서 중요하다. 한국 근현대사와 여러모로 밀접한 연관을 맺고 있으며 대학의 부속시설로서, 갤러리 등 시민들을 위한 문화시설로서, 또한 아름다운 산책길과 휴식처로서 그 공공적 성격 또한 여전히 유지되고 있는 호랑가시나무 언덕은 레거시 플레이스의 귀중한 사례가 아닐 수 없다.

32
북한이 바로 코앞
대성동 마을

대성동 마을 전경

주소: 경기도 파주시 군내면 조산리 일대
건축년도: 해당 없음 설계자: 미확인
면적(km²): 4,957

서울에서 북쪽으로 차를 몰고 가다 보면 대강 한 시간 남짓 지점부터 군 검문소가 나온다. 신분증 없이 이 지점을 통과할 수 없고 어떤 경우 사전 예약이 필요하다. 이른바 민통선, 혹은 민간인 출입통제선CCL, Civilian Control Line이다. 이 통제에 따르지 않으면 2023년 7월 17일의 고성 제진 검문소 사건에서처럼 초병이 민간인에게 공포탄으로 위협사격을 하거나 심지어 그 이상의 상황이 벌어질 수도 있다. 군사기지 및 군사시설 보호법 제5조 2항에는 '민간인 통제선은 군사분계선의 이남 10km의 범위 이내에서 지정할 수 있다'라고 되어 있다. 법이 그러니 대강 그 범위 어딘가에 민통선이 있겠거니 생각하겠지만, 민간인이 가보기 전에 지도상에서 이를 쉽게 확인할 방법은 없다. 그나마 가장 쉬운 방법은 네이버나 다음 등 포털 사이트의 지도에서 거리 뷰가 어디쯤에서 끊겼는지 보는 것이다. 그 너머에서 남방한계선까지가 민간인이 갈 수 있는 최대한이다.

남방한계선에서 얼마 더 북상하면 군사분계선이고, 그 너머에는 대칭적 개념으로 북방한계선이 있다. 그 사이가 바로 비무장지대다. 말이 비무장지대지, 알고 보면 엄청나게 무장된 지역이라는 것 또한 아는 사람은 다 아는 사실이다. 남한은 '민정경찰', 북한은 '민경대'라는 명칭으로 무장 병력을 배치하고 있다는 것 또한 공공연한 비밀이다. 지뢰, 철책, 수색대, 사계 청소, 통문 등 듣기에도 으스스한 단어들이 일상어인 지역이 바로 비무장지대. 그런데 그 안에 민간인들이 사는 마을이 있다면 믿어질까. 그것도 북한이 빤히 보이는 군사분계선 바로 앞에? 심지어는 판문점이 위치한 공동경비구역, JSA Joint Security Area 바로 인근이다. 경기도 파주시 군내면 조산리, 일반적으로는 대성동 마을로 불리는 곳이 주인공이다.

2023년 8월 3일은 대성동 마을이 조성된 지 70주년이 되는 날이었다. 마침 언론인인 지인이 행사에 초대받았다며 동행을 권했다. 낯설고 특이

대성동 마을 길목

한 장소에 가 보는 것이 개인적으로나 직업적으로 중요한 일이기에 마다할 이유가 없었다. 민통선 통과에 필수적인 신분증을 챙기고 지인의 차에 올라탔다. 자유로를 따라 북상하다가 문산에서 국도 1번을 타는 지점부터 길가 풍경에 본격적으로 시퍼런 날이 서기 시작했다. 군사 지역에 접근하고 있었다. 몇 겹의 바리케이드를 지나니 검문소가 나왔다. 민통선에 도착했다. 주변의 살풍경에 비하면 이곳을 지키는 군인들은 상대적으로 너무나 앳되어 보였다. 복장만 바꾸면 그냥 케이 팝 아이돌이라고 해도 무리가 아니었다. 전 세계에서 평균 교육 수준이 가장 높은 군인으로 알려진 JSA 부대원의 안내로 버스에 갈아타 대성동 마을로 향했다. 개성공단 방향으로 놓인 것을 제외하고는 이 지역에는 고압선 송전탑이 없었다. 한국 농촌 어디에나 있는 매운탕집, 국밥집도 없었다. 눈에 보이는 것은 다른 곳에서는 보기 어려운 청정한 농경지, 그 사이사이에 이빨처럼 도사리고 있는 초소와 철책 등 군사시설이었다.

　대성동 마을은 축제 분위기였다. 말로만 듣던 마을 입구의 어마어마한 국기 게양대 근처에서 내려 마을을 향해 걸어가니 널따란 마당을 갖춘 마을회관이 나왔다. 엄청난 크기의 태극기가 마당 주변의 건물을 감싸고 있었고 사방은 하객들, 행사 출연자들로 바글바글했다. 흰색과 붉은색의 화려한 제복을 입은 군악대가 한쪽에 있었고 마당 주변에는 태권도복을 입은 군인들이 가득했다. 하객들 사이에는 한국군과 미군, 중립국 감독위원회에서 온 듯한 특이한 제복의 군인들이 앉아 있었다. 키가 큰 서양인 여군이 있었는데 나중에 보니 무려 별이 두 개인 스웨덴 장군이었다. 주민 대부분이 농업에 종사하는 마을 행사치고는 대단히 국제적이었다. 막상 이곳에 도착하니 이 모든 것이 일상이었고 초등학생부터 노인까지 모두 우리 주변에서 흔히 보는 그런 사람들이었다. 다만 JSA 완장을 찬 군인들이 행사장 주변에 죽 늘어서서 행사에 참석한 외부 방문객이 마을 내부로 들어가는 것을 막고 있었다. 그렇다. 일상의 느낌은 순간적인 착각이었다. 이곳은 대한민국에서 가장 특이하고 긴장감 넘치는 마을이었다. 군사분계선이 바로 지척이었다.

행사의 소음과 열기를 피해 마을회관 2층으로 올라가니 탁 트인 전망대가 있었다. 지붕이 있어 어마어마한 햇살의 열기를 피하기에도 좋았다. 무엇보다 여기서 보는 경치가 일품이었다. 눈앞에 북한 땅이 파노라마처럼 펼쳐져 있었다. 말로만 듣던, 한때 세계에서 가장 높은 것으로 유명했던 국기 게양대에는 인공기가 엄청난 한낮의 열기 속에서 게으르게 펄럭이고 있었다. 군사분계선만 넘으면 지형이 달라진다고 했던가. 여기서 바라보는 북한의 산세는 남한의 여느 곳과도 달랐다. 삐죽삐죽하고 날카로웠다. 그 사이에는 북한의 선전 마을인 기정동 마을, 여러 우여곡절이 점철된 개성공단이 보였다. JSA 요원들은 연신 사진 촬영 시 주의 사항을 친절하게 설명해 주고 있었지만 사람들은 별로 귀담아듣지 않았고, 적극적인 제지도 없었다. 때 묻지 않은 한반도 중부 지방의 아름다움과 그 이면에 깔린 비극적 역사, 올해 따라 유난히 바짝 다가온 듯한 지구 온난화, 거기에 마을 조성 70주년 기념행사의 열기까지 더해져 이날의 대성동 마을은 그야말로 온갖 종류의 희로애락과 희비극적 감정이 교차하는 매우 독특한 장소였다.

대성동 마을은 한반도의 안보 상황이 낳은 특수한 결과물이다. 1953년 7월 27일에 휴전협정이 맺어졌고 대성동 마을과 군사분계선을 두고 서로 마주 보는 북한의 기정동 마을이 '형성'된 것은 불과 일주일 후인 1953년 8월 3일이었다. 대성동은 '자유의 마을', 기정동은 '평화의 마을'로 각각 불렸다. 이 짧은 시간 동안 완전히 새로운 마을 두 개가 만들어졌을 리는

위 좌> 행사가 진행 중인 대성동 마을회관 마당   위 우> '우리의 소원은 통일'을 연주하는 대성동 초등학교 학생들
아래> 대성동 마을에서 바라본 북한

없다. 비무장지대 내 이 두 마을만 남긴 후 새로운 이름을 부여했다는 것이 더욱 정확한 사실일 것이다. 대성동 마을은 강릉 김씨 집성촌으로 주민 대부분이 한국전쟁 이전부터 이 지역에서 살아온 토박이들과 그 후손이라는 것이 이 사실을 방증한다. 흔히 이 두 마을의 기원을 이야기하면 휴전협정 당시 판문점 공동경비구역 안에 남북이 각각 한 곳씩 민간 거주 마을을 두기로 합의한 것을 근거로 삼는다. 하지만 정작 휴전협정문에서는 그 직접적인 내용을 찾을 수 없다. 제1조 '군사분계선과 비무장지대'의 10항에 비무장지대 내에 민간인이 들어갈 수 있다는 구절이 있을 뿐이다. 대성동 마을은 휴전협정 후의 추후 합의서에 의해 인가되었고, 마을에 대한 구체적인 내용은 유엔사 규정 525-2 '대성동 민사협정'에 실려있다.

어떤 과정을 통해 형성되었건 대성동 마을은 여러 면에서 일반적인 한국의 농촌 마을과는 다르다. 애초에 주민이 되기 위한 조건 자체가 극도로 까다로워서 외지인의 이주는 결혼한 여성의 경우를 제외하고는 원칙적으로 불가능하다. 대한민국 영토지만 유엔사 관할이어서 헌법에 규정된 국민의 의무와 권리에 제약이 많다. 자유로운 이동과 거주 및 이전에 제약받는 대신 국방과 납세의 의무가 면제된다. 토지를 소유할 수 없어 경작권만 갖는 것도 다른 점이다. 투표권이 주어진 것은 1967년이고 한국 국적을 인정받은 것은 1969년이라고 하니, 얼마나 국가 행정의 사각지대에 있었던 마을인지 알 수 있다.

대성동 마을에는 2019년 기준 46가구 188명이 살고 있다. 비무장지대 내에서는 상업 활동이 불가능해 마트, 편의점 등 기초 생활 인프라를 외부에 의존해야 하지만, 농촌 마을로서 전반적인 소득 수준은 높은 편이다. 행사 도중 식당에서 만난 주민 한 분은 자기 집에서 경작하는 토지가 6만 평약 20ha 정도 되며 마을에서 5위권이라고 했다. 대한민국 농가의 가구당 평균 경작면적이 약 1.4ha라고 하는데, 대성동 마을의 영농 규모가 어느 정도인지 알 수 있다. 전망대에서 내려다본 대성동 마을은 여타의 한국 농촌과 사뭇 다른 모습이다. 일반적인 한국 농촌 마을은 지형에 따라 자연발생적으로 형성된 유기적 형태의 골목길 네트워크가 큰 특징인데 비교적 평지인 대성동 마을은 자로 잰 듯한 격자형 도로망을 갖고 있다. 처음 조성된 이후 1979~1980년 1, 2차에 걸친 종합개발로 현재의 마을이 만들어진 과정이 그대로 남아있는 것이다.

남북분단이라는 상황에서 북한의 기정동 마을과 더불어 비무장지대 내 단 두 개의 민간인 마을인 대성동 마을은 70년이라는 긴 역사를 갖고 있다. 국가안보와 농업이 복합된 특수한 마을로서의 성격은 그대로이며 기본적인 배치 또한 종합개발 이후 크게 변하지 않았다. 까다로운 절차를 거쳐야 들어갈 수 있는 특수한 지역이지만 세계사적 차원의 공공성 또한 부족하지 않다. 언젠가는 마주 보는 기정동 마을과 함께 유네스코 세계유산으로 지정되어야 한다는 의견이 나올 정도로 대성동 마을이 갖는 레거시 플레이스로서의 특별한 성격은 부정할 수 없다.

33
도시를 향해 열린 오래된 주상복합
우일맨션

주소: 부산 해운대구 우동 518
건축년도: 1978년 건축가: 미확인
층수: 4층 면적(m²): 2,523.47

　　　　　　　　한국의 공동 주거 시장에서 단지형 브랜드 아파트는 절대 우점종으로 자리 잡았다. 특히 새로 지은 곳일수록 더욱 그렇다. 일단 소위 '브랜드', 즉 잘 알려진 상업적 이름이 붙는다. 분당 신도시 등에서 일부 아파트 단지에 '마을'이라는 이름을 붙이는 시도를 한 적이 있었지만, 상표명이 주거 공동체의 이름을 대신하는 것은 이제 부정할 수 없는 추세다. 대도시의 중요한 지점에 자리 잡은 대형 건설사의 일류 브랜드냐 아니면 지방 소도시의 무명 브랜드냐의 차이가 있을 뿐이다. 이들은 공통점이 많다. 우선 용적률은 당연히 최대한 확보한다. 그리고 고층을 선호한다. 그러다 보니 건폐율이 낮아진다. 결과적으로 건물과 건물 사이에 여유 공간이 많이 생기는데 이전에는 그 사이에 주차장이 있었지만, 요즘은 주차장이 지하로 들어가고 지상은 조경으로 채워진다. 결국 조경이 잘 된 공원 속에 높은 건물이 들어선 형태가 된다. 당연히 쾌적하며 편리하다. 브랜드 가치라는 이해관계를 공유하는 수많은 사람을 동지로 확보하니 사회적 소속감도 상당하다. 단지형 브랜드 아파트가 왜 이렇게까지 엄청난 사회적 인기를 끌게 되었는가에 대해서는 긴 설명이 필요하지 않다.

그러나 그 이면에는 공동 주거의 다양성 결여라는 어두운 그림자가 있다. 한국이 도시 주거 문제를 일본 교외의 단독 주거 단지와 같은 방식으로 해결하려 하지 않고 일찌감치 공동 주거 쪽으로 방향을 잡은 것은 지금 보아도 백번 잘한 일이다. 공동 주거는 어느 정도의 밀도를 전제로 하기 때문에 도시가 저밀도로 과도하게 수평 확장되는 것을 막는 효과가 있다. 이로 인해 시민의 이동 거리 및 시간, 이동에 수반되는 에너지와 매연 등을 절감하는데 기여한다. 교통, 상하수도, 통신 등 도시 인프라는 물론 직장에서 쇼핑에 이르는 다양한 도시 기능을 효과적으로 이용하는 데 큰 도움을 준다. 한마디로 도시 주거의 핵심은 공동 주거이고 또 그래야만 한다. 다만 한국에서 그 공동 주거 유형이 단지형 아파트 하나로 거의 천하 통일되다시피 한 것은 여러모로 아쉽다. 다른 유형의 삶을 살고 싶은 사람도 분명히 있는데 그들을 위한 선택지는 좀처럼 주어지지 않는다. 이와 관련된 사회적 문제, 예를 들어 단지 이기주의, 면적에 따른 주민 서열화, 단지 내 통로 폐쇄 등도 무시할 수 없다. 원래 단지라는 개념은 교외 공동 주거에 적합한 유형인데 한국에서는 이것이 도시 중심에 자리 잡다 보니 생기는 문제들도 만만치 않다.

물론 처음부터 그랬던 것은 아니다. 일제시대에 아파트가 처음 도입되면서 시작된 한국 공동 주거의 역사는 개념과 유형에 다양성이 있었다. 지금 기준으로 보면 실험적이라고 할 만한 시도들도 많았다. 야외 수영장이 있는 아파트, 라이프 사이클에 따라 가변할 수 있는 평면을 가진 아파트, 올림픽 선수촌 아파트처럼 획일적인 남향 일변도가 아니라 방사상으로 배치된 아파트, 시장과 결합한 아파트 등 그 리스트는 자못 길다. 최대의 공동 주거 공급자 중 하나인 엘에이치LH공사 또한 이전 주택공사 시절의 작업을 살펴보면 오히려 지금보다 더 진취적인 면이 있었다. 안타깝게도 공동 주거 문제와 관련한 대한민국의 개혁 정신은 어느 시점 이후로 실종, 아니 퇴보한 듯하다. 이런 점에서 이전 시대의 공동 주거를 돌아보는 것은 현재 상황에 상당한 시사점을 준다. 굳이 외국 사례를 찾아보지 않아도 이미 이 나라 안에 다양한 생각과 시도의 흔적이 무수히 많이 남아있다. 그리고 그 대부분은 1960년대 말에서 1980년대 초에 집중되어 있다.

여기 소개하는 우일맨션이 그런 사례 중 하나다. 이 건물은 지인을 통해 우연히 알게 되었다. 해운대에 오래된 공동 주거 건물이 하나 있는데 구성이 특이하다고 했다. 마침 부산에 가는 김에 찾아가 보았다. 일단 해운대의 도시 구조와 상황을 간단히 살펴볼 필요가 있다. 해운대는 백사장으로 유명한 관광 지역이지만 동시에 주거지역이기도 하다. 한국 최강의 공동 주거 브랜드 중 하나라고 할 수 있는 엘시티를 비롯하여, 그보다 지명도는 떨어지지만 더에이치스위트H Suite, 경동제이드 및 경동리인뷰 등 엄청난 규모를 자랑하는 공동 주거 프로젝트들이 우후죽순처럼 이 일대에 들어서고 있다. 주거, 그중에서도 공동 주거는 배타성이 강한 유형이기 때문에 향후 해운대 지역의 분위기는 지금과는 사뭇 달라질 것이 예상된다.

백사장과 그 바로 뒤의 상업 및 고층 공동 주거 혼합 지역을 지나면 해운대 일대를 남북으로 양분하는 해운대로가 있는데 그 땅 밑으로는 부산 지하철 2호선이 달린다. 지하철 해운대역, 현재는 문화 공간이 된 구 해운대 기차역과 폐선 부지를 기준으로 북쪽 지역은 소위 '해리단길'이라고 불리는 곳이다. 이곳 역시 상업과 주거가 혼합되어 있는데 남쪽에 비해 훨씬 스케일이 작고 골목길이 아기자기해서 느낌은 사뭇 다르다. 여기서 더 북쪽으로 가면 장지근린공원과 봉대산 사이에 아늑하게 안긴 전형적인 주거지역이 나타난다. 부산의 바다에서 시작하여 해운대 백사장을 거쳐 부산의 산과 연결되는 일련의 도시적 변화 과정이 매우 잘 느껴지는 곳이

위> 우일맨션 정면
아래 좌> 우일맨션과 골목길   아래 우> 가게가 들어와 있는 중정

다. 우일맨션은 바로 그 해리단길 한복판에 있다. 주소는 해운대구 우동 518(참고로 해운대구에는 우동, 중동, 좌동 등이 있는데 서울에서 바라본 방향을 기준으로 정한 이름이라고 하니 부산 사람들이 기가 찰 노릇이다).

해리단길은 서울의 경리단길이 인기를 끌면서 그 이름이 전국적으로 확산된 결과다. 서울 망원동에 망리단길이 있으며 경주에는 황리단길, 전주에는 객리단길, 인천에는 평리단길, 대구에는 봉리단길 등이 있다. 지자체의 자존심을 접은 듯한(?) 이런 이름이 어떤 과정을 통해 만들어지는지는 모르겠지만, 공통점이 있다면 서울의 경리단길이 그러하듯 원래 주거를 위주로 하는 지역이었다는 것이다. 즉, 주거와 상업이 적절하게 공존하는 지역이 갖는 매력 덕분에 '발견'된 것 아닐까. 이후 상업이 지나치게 강화되어 주거가 빠져나가기 시작하면 지역의 매력은 감소되고 결국 쇠퇴의 길을 걷는다는 점 또한 같다. 해리단길은 2017, 2018년을 전후해서 조성되어 그 역사가 길지 않다. 아직은 주거와 상업의 아슬아슬한 공존이 유지되고 있다. 다른 '-리단길'들이 모두 그러하듯이 이곳 역시 한때 누군가의 주차장이었거나 생활공간이었을 장소들이 조금씩 카페로, 가게로, 빵집으로 바뀌는 중이다. 그러면서 다른 곳에서 일부러 찾아온 것이 명백해 보이는 새로운 사람의 무리가 많이 오가고 있다.

우일맨션이 놀라운 것은 이러한 지역 변화가 건물 내로 이어지고 있기 때문이다. 전면도로는 물론이고 건물 주변의 골목길을 따라 가게들이 이어진다. 심지어 공동 주거 1층의 중정은 물론 그 위층까지 가게들이 들어섰다. 건물 1층에 사방으로 나 있는 통로로 사람들이 들어오지만 이들을 제지하는 물리적, 심리적 장애물은 없다. 중정에서 2층으로 올라가는 계단 중 하나가 폐쇄되어 있을 뿐이다. 또 다른 계단이 있기 때문에 주민들은 물론, 방문객들도 거리낌 없이 오를 수 있다. 한여름이라 현관문을 열어놓은 집들도 많았는데 그 앞을 낯선 사람들이 오갔다. 그동안 수많은 상가아파트를 보고 다녔지만 이 정도로 개방적인 경우는 처음 보았다. 대부분 상가에서 주거로 올라가는 길목에 경비실이 있거나 차단 장치가 있으며 최소한 낯선 이를 경계하는 주민들의 불안한 눈빛이 기본이다. 심지어 어떤 오래된 상가아파트는 지극히 적대적인 언어로 외부인의 출입이나 사진 촬영을 경고하기도 한다.

어떤 공동체의 규약이 있기에 우일맨션에서는 낯선 이들과 섞이는 상황을 이 정도로 허용하는 것일까? 물론 국외자의 제한적 경험에 기초한 관찰이기는 하지만, 우일맨션은 오래된 공동 주거임과 동시에 뭔가 새로운 실험이 벌어지는 특이한 장소처럼 보였다. 비유하자면 독일 베를린의 유명한 주거, 상업 복합 지역인 하케셔 마르크트 Hackescher Markt에서의 경험과도 유사하다. 전형적인 유럽 도시 건축인 페리미터 블록 perimeter block의 중정을 서로 연결하여 다공질의 도시 조직을 만들어낸 이곳은 저층부는 상업, 상층부는 주거라는 공식에 충실하면서도 두 기능이 상호 보완적으로 공존한다는 점에서 매우 매력적인 지역으로 손꼽힌다. 그런 현상을 부산의 오래된 지역에서 발견한 것은 신선한 경험이었다.

우일맨션이 위치한 해리단길 일대는 비교적 반듯한 대로와 그 사이사이 좁고 꼬불꼬불한 골목길로 구성되어 있다. 남쪽의 해운대 해변가 지역과는 확연히 차이가 나는데 아마도 이러한 특징이 이 일대를 더욱 매력적으로 만들어주는 듯하다. 1969년에 찍은 항공사진을 보면 그 대비가 더욱 선명하게 나타난다. 당시에도 해운대 해변가 바로 위 지역의 도로망은 지금처럼 격자형이지만 우일맨션 근처는 그렇지 않다. 자연발생적인 골목길의 유기적 패턴만이 희미하게 보일 뿐이다. 우일맨션이 갖는 특이한 배치 또한 이런 연유에서 비롯된 것으로 파악된다. 건축물대장에 의하면 우일맨션은 1978년에 사용승인을 받았는데 1979년 주차장법이 생기기 이전 건물이라 지하 주차장이 없다. 건폐율은 45%, 용적률은 164%이므로 요즘의 단지형 아파트에 비해서 건폐율은 훨씬 높고 용적률은 낮다. 이른바 전형적인 저층 고밀도 유형의 건물이다(건물 일부만 고층화하면 용적률은 쉽게 올릴 수 있다).

건축물대장에 지하부터 옥탑까지 모두 '아파트, 점포, 사무실, 숙직실, 화장실'로 복합 용도가 빼곡히 기록된 것도 특이하다. 건물이 주변 지역과 맺고 있는 관계라는 점에서 우일맨션은 일반적인 단지형 아파트와 완전히 대척점에 있다. 이것을 이전 시대의 낡은 사례로 볼 것인지 아니면 공

해운대 항공사진과 우일맨션 위치
(배경지도 출처: 국토교통부 V-WORLD)

동 주거의 미래에 단서를 던져주는 중요한 사례로 볼 것인지는 각자의 판단이겠지만, 적어도 주거 다양성이라는 측면에서 진지하게 바라볼 대상은 된다고 생각한다. 40년이 넘는 연륜에, 비교적 원래의 모습을 잘 유지하고 있으며 원조 주상복합 격인 본연의 기능이 이어지고 있는 점, 나아가 도시의 맥락이 공동 주거와 결합하는 새로운 공공적 가능성을 보여준다는 점 등에서 우일맨션은 레거시 플레이스의 흥미로운 사례이다.

우일맨션 상부의 개방형 복도

34
이제는 엄연히 한국인들을 위한 건물
인천부 청사 (현 인천 중구청 제1청사)

인천부 청사(현 인천 중구청 제1청사)

주소: 인천 중구 관동 1가 9-1
건축년도: 1933년 건축가: 총독부 영선계
면적(m²): 10,886.19

              한국의 여러 도시 중에 많은 사람들이 적어도 한 번 이상 가 봤을 곳을 꼽자면 인천이 있다. 다름 아닌 인천공항 때문이다. 인천 자체는 한반도의 육지지만 행정구역으로서의 인천은 수많은 섬, 즉 '부속 도서'를 거느리고 있다. 인천공항이 있는 영종도는 물론 강화도, 연평도, 백령도 등 경기만 일대의 섬들이 모두 인천에 속한다. 유인도만 40개 가까이 될 정도다. 가히 '육지 인천'과 '바다 인천'이 있다고 할 만하다. 육지와 바다, 대륙과 해양, 이 길항 관계 속에 최초 개항장의 하나인 인천의 역사가 형성되어 왔다. 정확히는 주몽의 아들 비류가 이곳에 정착하면서 세웠다는 미추홀부터 우리가 아는 인천의 역사가 시작된다. 비류는 자신이 도읍지를 잘못 정한 것이 아닌가 하는 자책으로 자살했다고 전해지지만, 미추홀의 후신인 인천은 자타가 인정하는 한반도의 관문 도시로서 성장해 왔다. 그리고 그 계기는 바로 개항이었다.

  1876년의 강화도조약에 의해 부산이, 1880년과 1883년에는 원산과 인천이 각각 개항했다. 부산은 워낙 왜관이 있던 곳이고 원산 역시 수도인 한양에서 거리가 상당했지만 인천은 그렇지 않았다. 따라서 인천의 개항은 상당한 무게감을 가지는 것으로, 조선은 이 문제에 대해 매우 신중했다. 애초 강화도조약의 제5조에는 '부산 이외의 두 항구를 20개월 이내에 개항하여 통상을 해야 한다'라고 되어 있었다. 조약이 1876년 2월 27일에 이루어진 것을 감안하면 적어도 1877년 10월 정도까지는 나머지 두 항구를 개항해야 했지만, 조선은 이 기한을 훌쩍 넘기고 말았다. 운요호雲揚號사건 이후 어수선한 분위기에서 이루어진 강화도조약 당시 조선 측 실무 책임자였던 신헌申櫶은 '조약이라는 것이 무엇이냐?'라는 식의 어처구니없는 말을 할 정도로 국제 정세에 어두웠다. 7년 후의 인천 개항은 조선이 여러 정황을 고려해 나름의 준비를 갖춘 이후의 상황이라고 이해할 수 있다.

일단 개항이 이루어지자 일본과 청국은 물론 세계 각국에서 배와 물자, 사람이 몰려들었다. 해안선에서 가까운 지역부터 조계지, 즉 조선이 아닌 자국의 법이 적용되는 일종의 치외법권 지역이 형성되었다. 조수간만 차이가 워낙 심하고 해안이 뻘로 되어 큰 배의 정박이 어려웠던 탓에 처음에는 조계지 맞은편의 월미도가 항구의 기능을 수행했다. 육지 쪽에 사용 가능한 대규모 항구가 조성된 것은 조선을 합병하는데 성공한 일본이 1918년에 갑문식 축항을 조계지의 남쪽 해안에 완성하고 난 다음이었다. 당시 축항 공사에 동원된 수많은 한국인 노동자 중에는 인천 감옥에 수감 중이던 청년 김구도 있었다. 개항 당시 인천의 이름은 제물포였고 그 영어 이름인 'Chemulpo'가 전 세계로 퍼져나가기 시작했다. 조계지의 배치를 보면 청국과 일본 조계지는 해안에서 가까운 낮은 곳에 있었고, 경관이 좋은 구릉지 위는 '각국 거류지'로서 주로 서구인들이 자리 잡았다. 구릉지 위에 다국적 사교장인 제물포 구락부 건물이 있었는데 각국 거류지 내부라는 위치, 사교 문화의 차이 등으로 인해 당시 일본인의 발길은 갈수록 뜸해졌다고 한다.

구 제물포 구락부

　때는 바야흐로 제국주의 시대, 조선에 진출한 각국은 표면적으로는 친선에 기반을 둔 상업적 교류를 표방했지만 이면에서는 나름의 정치적 계산을 하고 있었다. 1895년의 삼국간섭, 1902년부터 1911년까지 무려 세 차례에 걸쳐 맺었다가 1923년에 파기된 영일동맹처럼 그때그때의 이해관계에 따라 서로 이합집산하는 모습을 보였다. 그러나 공통분모는 결국 언젠가 조선을 그들 중 하나가 지배한다는 것이었다. 충돌은 예정되어 있었고 조계지에서 남서쪽으로 멀리 내다보이는 팔미도 앞바다가 그 역사의 현장이 되었다. 1904년 2월 8일과 9일, 속칭 '제0차 세계대전'으로 불리는 러일전쟁의 첫 포성이 여순항과 제물포항에서 울려 퍼졌다. 일본 함대와 러시아 함대의 결전에서 승리를 거둔 쪽은 일본이었고, 당시 러시아 함선이 침몰 혹은 자침하는 광경은 조계지의 민간인들에게도 큰 구경거리였다. 국제 정세의 각축전 속에서 전쟁터가 된 인천의 운명은 이후 한국전쟁 당시인 1950년 9월 15일의 인천상륙작전에서 다시 한번 반복된다.

이 모든 상황 속에서 한국인은 끊임없이 무대의 바깥으로, 중심이 아닌 주변으로 밀려나고 있었다. 한국인은 조계지 지역에서 벗어나 수도국산과 같은 외곽 지역에 자리 잡았다. 조계지가 있던 인천 구도심이 이른바 역사 관광의 핫플로 떠오르는 지금도 쫄면의 발상지 신포국제시장, 한반도 역사상 대표적 투기꾼 '반복창'의 집터가 있던 경동 사거리 일대, 인천 향교가 있는 문학산 일대, 인천보다 오래된 이름인 부평 등 한국인들이 살아온 흔적이 담긴 공간은 상대적으로 관심을 끌지 못하고 있다. 제물포와 한양을 연결하는 한반도 최초의 철도인 경인선 부설 역시 미국인 제임스 모스가 자금난으로 공사를 포기한 이후 일본인들이 수행 주체가 되었다. 이런 상황에서 조계지 한복판에 외국인이 주도해 온 역사, 해방 이후 한국인이 다시 회복한 역사가 묘하게 겹치는 건물이 하나 있다. 인천광역시 중구 관동1가 9-1, 한때 인천부 청사였던 현재의 인천 중구청 제1청사가 바로 그것이다.

인천 재능대학교 실내건축과 손장원 교수의 역작인 《인천 근대 건축》에 의하면 이 건물은 1933년에 완공되었다. 1910년의 부산부청사, 1924년 완공된 경성부청사현 서울시 시민청도서관에 비하면 9년 정도 늦은 셈이다. 처음에는 일본 거류민을 관리하던 관청인 이사청 건물을 이어받아 부청사로 사용했으나, 1920년대 후반부터 새로운 부청사들이 지어지기 시작했고 인천부 청사 역시 그런 경우였다. 당시 설계는 총독부 영선계가, 시공은 일본인들로 구성된 다양한 조직이 담당했다. 건축가이자 시인인 이상김해경이 조선 총독부 영선과에 근무하던 시절이므로 '혹시 그가 설계에 참여했을까'라는 상상을 해본다. 처음에는 지상 2층으로 신축되었으나 이후 좌우 양쪽에 별동이 증축되었고 해방 이후 인천시청사로 활용하던 과정에서 1964년 본동과 별동 모두 3층으로 수직 증축되었다. 당시 56개의 방열기를 갖춘 증기난방과 수세식 화장실, 오수정화시설 등 최신 설비를 갖춘 건물로 유명했다. 시청이 구월동으로 이전한 1985년부터 현재까지 중구청사로 활용 중이다. 이로 미루어 볼 때 건물 전체 역사는 90년에 달하며 이 중 일본의 공공청사로 활용된 기간은 불과 12년 남짓하다. 즉 비록 일제시대에 일본인들에 의해 지어진 건물이기는 하나, 한국과 한국인의 역사가 그 이상으로 중첩되어 있다. 이러한 사실은 대부분 일제시대에 기원을 두고 있는 근대 건축물의 보존에서 매우 중요한 논리적 근거가 된다.

조계지 지도와 현재의 지도를 겹쳐보면 당시 이 구역을 둘러싼 미묘한 갈등이 대단했음이 느껴진다. 보빙사의 일원으로 미국에 다녀온 청국인 통역관 및 외교관이자 프랑스인의 유산을 상속받은 인물이기도 한 우리탕 吾禮堂, 1843-1912년의 주택은 청국 조계지를 벗어나 당당하게 각국 거류지 내에 자리 잡았다. 일본인 조계지가 추가되면서 기존 조계지와의 연결 통로를 확보하기 위해 건설한 홍예문은 정확히 일본인 조계지와 조선인 거주지 사이의 경계에 있다. 짜장면 발상지로 유명한 공화춘의 원래 건물인 현 짜장면박물관은 청국 조계지 내에 있는데 지금의 공화춘, 신승반점 등이 있는 지역은 지도상 청국 조계지가 아닌 각국 거류지에 속한다. 원래 건물이 소실되어 다시 지어진 한국 최초의 성공회 성당이 자리 잡았던 내동성당 역시 지도상으로 보면 길 하나 사이로 조선인 거주지에 속한다. 그러나 인천부 청사는 일본 조계지 중심의 대칭축 선상에 반듯하게 위치해 있다. 조선을 둘러싼 제국주의의 각축전에서 누가 최후의 승자가 되었는지를 여실히 보여주는 것 같다.

위> 원래 건물의 모형
아래> 정면의 증축부위

이전 조계지를 중심으로 하는 인천 구도심은 관광지가 된 지 오래다. '복원'이라는 이름 아래 많은 건물이 원래 모습을 되찾거나 완전히 다시 지어졌다. 진짜와 가짜, 진짜 같은 가짜, 가짜 같은 진짜가 뒤범벅된, 초현실 영화의 세트장 같다. 게다가 그 위에 또 다른 세월의 더께가 더해지면서 이제는 진짜와 가짜의 구별 자체가 무의미해지는 것같이 느껴지기도 한다. 거리마다 관광객이 오가고 이제는 사라진 조계지의 경계만큼이나 진실과 허구의 경계가 희미해지는 이 지역에서 명백한 존재감을 과시하는 건물이 바로 인천부 청사다. 관공서라는, 국가 조직을 수행하는 무게감 때문만은 아니다. 인천부 청사는 그 역사적 과정을 별도의 연출 없이 담백하게 보여준다. 1964년에 증축된 3층은 기본적으로 2층과 같은 조형이지만 자세히 보면 그 경계가 감지된다. 본동과 별동과의 연결은 증축 당시처럼 2층에서 이루어지며, 건물 후면은 단정한 정면에 비해서 다소 정리되지 않은 느낌이다. 내부로 들어가면 대한민국의 다른 오래된 관공서 건물과 크게 다르지 않다. 외부보다는 내부의 역사성에 상대적으로 신경을 덜 쓴 듯 실내 마감재 등에서 건물의 원래 모습이 별로 감지되지 않는다.

다시 외부로 나오면 입구 좌우의 곡면 벽이 눈길을 끈다. 직선 벽돌의 조합이 아니고 곡선 벽돌을 사용했다. 특히 수직으로 줄이 나 있어 당시 동아시아에서 유행했던 소위 '스크래치 벽돌 scratch brick'임을 알 수 있다. 건축 자재 생산에 있어 수공예의 전통이 어느 정도 살아있던 시대의 유물이다. 전체적으로는 식민지시대에 보편화되었던 권위주의적 모더니즘이라고 할 만한 외관이다. 좌우 대칭에 중앙부에 수직선을 강조하는 기법은 비슷한 시기인 1934년에 세워진 일본 나고야 시청사나 1944년에 완공된 경북대학교 의대 본관과도 유사한 면이 있다. 세월의 더께 덕분인지 오래된 초등학교처럼 나름 편안한 느낌을 주며, 심지어 해방 이후의 수직 증축으

위> 인천 중구청 제1청사 외관
아래> 곡면 벽과 벽돌

로 전체적인 비례는 더 좋아진 것 같다. 바로 인근의 인천 개항장 근대건축전시관구 일본 제18은행에 전시 중인 원래 건물 모형의 납작함과 비교하면 더욱 그렇다.

인천부 청사는 조만간 100년을 맞이할 정도로 충분한 연륜을 갖고 있으며 해방과 전쟁, 정치적 혼란을 겪으면서도 관공서로서의 원래 기능을 그대로 유지하고 있다. 비록 부분 변형이 있었으나 등록문화재당시 용어 제249호로 등록될 정도로 원형에 대한 존중을 인정받았고 인천 구도심의 행정관청으로서 수많은 시민에게 행정 서비스를 제공해 왔다는 점 등 레거시 플레이스의 제반 조건을 모두 충족하는 귀중한 사례이다. 인천 구도심을 방문하는 대부분의 사람이 지나치기 십상인 이 소박한 건물에도 이런 사연이 있다는 점이 새삼스럽다.

35
세종시 한구석에서 발견된 감성 덩어리
경부선 전의역

전의면에서 바라본 전의역 전경

주소: 세종특별자치시 전의면 만세길 10
건축년도: 1941년 건축가: 미확인
면적(㎡): 269.02

기차만 한 근대의 상징이 있을까. 당신이 근대의 주체라면, 적어도 그런 자각이 있다면 기차汽車는 '증기로 가는 차'라는 단순 기계공학적 이름을 넘어 철마鐵馬, 즉 '철로 만든 말'이라는 수사학적 단어가 된다. 아무리 동탁과 여포, 조조와 관우, 손권과 마충의 적토마가 잘 뛰었다고 하지만 사람 하나 혹은 둘을 태우는 것이 고작이었다. 그런데 이 철마는 엄청난 수의 사람과 짐을 싣고도 먹이, 즉 석탄만 넣어주면 지치는 법이 없다. 처음에는 고작 마을과 마을, 도시와 도시 정도를 잇다가 급기야 나라와 나라, 대륙과 대륙을 잇기 시작했다. 기차는 편리와 쾌적, 무엇보다 속도를 포함하는 문명 그 자체였다. 하지만 당신에게 근대가 강요된 것이라면, 그래서 바라보는 입장이 다르다면, 기차는 놀라움 이상으로 두려운 존재가 된다. 그것은 시커먼 연기와 함께 칙칙거리며 증기를 내뿜었다. 몸통은 검었으며 그 덩치와 무게는 여느 살아있는 것에 비할 바가 아니었다. 가쁜 숨을 쉬며 달리는 거대한 괴물, 그것은 곧 '철로 만든 악마', 즉 철마鐵魔였다.

사람들은 세월이라는 우물에서 기억을 건져 올리고 그것에 의미와 정서를 부여한다. 철로 만든 말이건 괴물이건, 결국 출발과 도착, 만남과 헤어짐, 벌판을 가로질러 쭉 뻗은 일직선과 산모퉁이를 돌아가는 구불구불한 곡선, 기적 소리와 덜컹거림 등에 대한 기억이 몸과 머리에 남는다. 한반도에 기차가 등장한 지 100년이 훌쩍 넘은 지금 기차는 어느덧 추억의 대상이 되었다. 이제 증기 기관차는 의왕의 철도박물관에나 가야 볼 수 있고, 연천이나 철원에 몇 대가 야외에 남아있을 뿐이다. 디젤 기관차의 전성기가 지난 지금 한국 철도의 주역은 전기 기관차로 넘어간 지 오래다. 하지만 기차에 대한 기억과 정서는 철로 위를 달리는 기관차와 객차에 못지않게 기찻길과 건널목, 무엇보다 기차역의 정취에 대한 것이기도 하다.

기차역의 이미지는 세 개로 나뉘는 듯하다. 하나는 대도시 한복판에 있으면서 주변에 쇼핑센터에서 호텔에 이르는 다양한 기능을 거느리고 있는 크고 복잡한, 마치 기계와 같은 대형 기차역이다. 서울역, 용산역, 광명역, 대전역, 동대구역, 부산역, 광주역, 목포역 등이 그것이다. 이들보다 규모는 작지만 강릉역도 이 범주에 들어갈 것이다. 그다음으로는 규모가 작으며 기능도 거의 철도 교통 위주인 중간 규모의 역들이다. 고속철도망이 늘어나면서 기존 도시의 외곽에 새로 세워진 많은 역이 여기에 해당한다. 이 역들은 주변에 도시 맥락이 별로 없거나, 있다고 해도 아직 세월의 더께가 내려앉지 않아 다소 생경한 느낌을 준다. 허허벌판에 있는 경주역이나 공주역이 대표적이고 천안아산역, 진부역 등 또한 그렇다. 마지막으로는 진짜 시골역들이 있다. 규모도 작고 기차도 별로 오지 않지만 적어도 정서와 기억에 있어서는 그 어떤 역에 못지않은 이른바 '감성 덩어리'들이다. 이 글에서 이야기할 경부선 전의역이 바로 그렇다.

경부선 하면 많은 사람이 고속전철을 생각할지 모르지만, 이와 구별되는 원래의 경부선이 아직 엄연히 살아있다. 구간별로 고속전철과 노선을 공유하기도 하지만 완전히 다른 경로로 구별되는 경우가 많다. 예를 들어 지도에서 서울역과 용산역을 지나 광명역으로 경부선 철도를 따라가다 보면, 금천구청 남쪽에서 철도 노선이 둘로 갈라진다. 이 분기점에는 지도상 아무런 표시가 없다. 서쪽으로 방향을 틀어 광명역으로 가는 것은 경부선 고속철도 노선이고, 안양역 방향으로 가는 것이 경부선의 원래 노선이다. 경부선 본선을 따라가다 보면 석수역, 관악역, 군포역 등 수많은 작은 역이 나오는데 이들 중 상당수는 수도권 전철 1호선 역들이기도 하다. 가끔 수원역을 거치는 고속전철을 타는데 이때의 노선이 바로 경부선 본선인 셈이다. 일반 철도는 협궤, 고속철도는 표준궤인 일본에 비해 표준궤로 통일한 것이 한국 철도가 발휘할 수 있는 융통성이다. 이들 역과 유난히 꼬불꼬불한 경부선 본선을 따라 계속 남하하다 보면 천안을 지나 전의역을 만나게 된다.

전의全義. '온전 전全'자와 '뜻 의義'자가 들어갔으니 보통 이름이 아니다. 지도를 보면 경부선 본선뿐 아니라 국도 1번도 이곳을 지나간다. 지역에서도 이 이름을 의식한 듯 거리 푯말에는 '온전한 의'의 고장이라는 문구가 들어있다. 사육신의 한 사람인 박팽년이 전의에 살았던 적이 있는데, 그의 할아버지 묘소가 지금도 전의에 남아있다. 연산군에게 직간하다가 비참한 죽임을 당한 환관 김처선의 고향도 전의다. 서기 1505년인 연산군 11년 4월 1일 〈연산군일기〉에 의하면 "내관內官 김처선이 술에 몹시 취해서 임금을 꾸짖었으니, 가산家産을 적몰籍沒하고 그 집을 못 파고 그 본관本貫인 전의全義를 혁파革罷하라"라고 기록되어 있다. 김처선은 '전의 김씨'의 시조인데, 그가 죽으면서 '전의 김씨'도 사라지고 말았다는 것이다. 관련 자료를 보면 2000년 전국에 전의 김씨가 394명이 있다고 나오는 등 실제 상황은 〈연산군일기〉의 내용과 사뭇 다른 듯하다.

전의역은 작지만 유서 깊은 마을 전의면의 남쪽 끝에 있다. 남쪽으로는 경작지가 있고 그 사이로 국도 1번이 달리고 있다. 전의역 동쪽에는 마을을 가로질러 북서쪽에서 남동쪽으로 북암천이 남쪽의 조천을 향해 흐른다. 조천은 조치원 인근에서 미호강과 합수하고, 미호강은 세종시 남쪽에서 금강과 만나며 방대하고 촘촘한 한반도 중부 수계를 이룬다. 전의역은 다소 높은 위치에 있어 마을 어디서나 잘 보인다. 바로 앞에 작은 광장이 있어서 어느 모로 보나 마을의 중심이다. 멀지 않은 곳에 전의초등학교가 마주 보고 있다. 전의역 북서쪽으로는 전의향교가 있는데 1416년에 창설되어 1638년에 현재 위치로 옮겨왔으며 아직도 유림들이 유도회를 중심으로 활동하고 있다. 하천과 같은 자연 요소, 도로 및 철도와 같은 교통 인프라, 향교와 같은 역사 유산 등이 이 작은 마을을 중심으로 그야말로 알차게 포진하고 있다. 3·1운동 당시 전의에서도 만세 소리가 울려 퍼졌다는 것 또한 이런 조건들이 갖추어진 덕분에 가능했다.

전의역은 우리가 '시골역' 하면 생각하는 바로 그 전형적인 모습이다.

좌> 전의역 안내 문구
우> 전의역 앞의 3·1운동 기념비

단순한 박공지붕과 수수한 회벽, 크지 않은 명패와 단순한 실내 공간 등 소박하기 짝이 없다. 1910년 같은 경부선상의 부산역이 일본 근대 건축의 아버지, 다쓰노 긴고辰野金吾, 1854-1919의 설계로 지어지고, 1905년 11월 용산역이 서구풍의 웅장한 건물로 등장하고, 1925년 도쿄대 교수로 다쓰노 긴고의 수제자였던 츠카모토 야스시塚本靖, 1869-1937의 설계로 서울역이 완성된 것 등과는 사뭇 다르다. 하지만 바로 그런 소박함 때문에 이런 시골역들은 근대를 강요당한 피식민자였던 한반도 사람들에게 조금이나마 덜 두렵고 권위적인 모습으로 다가왔을 것이다. 거기에 세월의 더께가 더해지면서 어느덧 정감 어린 추억의 장소로 기억되기 시작했다.

소박해 보이지만 전의역의 역사는 절대 만만치 않다. 개업 일자가 무려 1905년 1월 1일이라고 하니 경부선 개통과 동시에 만들어진 역 중 하나다. 게다가 이 오래된 역이 아직 현역이다. 비록 현재의 역사 건물은 1941년에 지어진 것이지만, 전의역은 여전히 특별한 의미를 지닌다. 전의역과 유사한 형태의 수많은 작은 역, 예를 들어 청춘남녀의 추억이 깃든 신촌역이나 경춘선 폐선 구간의 백양리역 등은 원형이 심하게 훼손되거나 기능을 상실했는데, 지금도 건재한 전의역의 존재는 새삼 돋보인다. 역 구내에 붙어있는 열차시간표를 보면 의외로 행선지도 다양하다. 서울과 부산은 물론 신탄진, 대전, 천안, 수원, 영등포, 심지어 여수나 제천으로 가는 기차도 있다. 안팎으로 원래 모습을 완벽하게 유지하는 것은 아닐지라도 역으로서는 무려 120년에 가깝고 건물로서는 80년이 넘는 역사를 가진 전의역이 아직 현역으로서 대한민국 철도 체계의 한 일부를 담당하고 있다는 사실이 대단하게 느껴진다.

전의역 대합실에 들어가니 승강장으로의 접근을 막아 놓고 있었다. 기차가 오는 시간을 전후해서 개방한다는 것이었다. 말 타면 종 부리고 싶다고 여기까지 왔는데 철로변 풍경은 보고 가야 하지 않겠는가. 역무실에 들어가 이런저런 사정을 이야기하니 역무원 한 분이 자기가 동행할 테니 잠깐 보고 오라며 문을 열어주었다. 덕분에 한 2~3분 정도 철도에서 바라본 전의역의 모습을 즐길 수 있었다. 흥미롭게도 반대편, 즉 전의면 쪽에서 본 것에 비해 역사의 조형이 조금 더 복잡했다. 2개 승강장 양옆의 철로는 모두 전철화되어 있는데 증기 기관차 시절이었던 전의역 개설 당시는 사뭇 다른 분위기였을 것 같다. 전의역 남쪽의 조치원역 근처에는 홍익대학교 세종캠퍼스와 고려대학교 세종캠퍼스가 나란히 있는데, 이곳으로 통학하는 학생들이 전의역을 거치기도 한다는 이야기 또한 이 역의 현재를 이해하는 데 도움을 준다. 무엇보다 전의역의 주소는 세종특별자치시 전의면 만세길 10읍내리 269-17이다. 즉 전의역은 행정구역상 세종시에 있다. 지난 20년 안팎의 시간 동안 완전히 새로 만들어진 거대 신도시 세종시에서 전의역은 역사적 서사를 담은 흔치 않은 건물이다. 연륜도 충분하고 비교적 원형도 잘 남아있으며, 현역 공공 인프라 시설로서의 기능과 공공성도 유지하고 있으니 전의역이야말로 세종시에서 보기 드문, 어쩌면 유일한 레거시 플레이스일 것이다.

위> 전의역 대합실
아래> 승강장에서 본 전의역 파노라마 사진

36
세계에서 가장 붐비는 지방 공항
제주국제공항

제주국제공항 2개의 관제탑

주소: 제주 제주시 공항로 2 일대
건축년도: 1942년 건축가: 다수(미확인)
면적(㎡): 208,453.74

　　　　　　　　레거시 플레이스에 대한 글을 쓰면서 한 가지 작은 욕심이 생겼다. 이왕이면 전국의 주요 행정구역 당 적어도 하나의 레거시 플레이스를 찾아보자는 것이었다. 예를 들어 작은 시골역인 경부선 전의역은 주소지상 세종시가 아니었으면 생각하기 어려웠다. 대부분의 건물이나 장소가 새것인 세종시 안에 어떤 레거시 플레이스가 있을까 열심히 찾다가 알게 된 곳이었다. 막상 현장에 가보고 관련된 자료를 찾다 보면 그 만남이 절대로 상투적인 것은 아니었음을 깨닫게 된다. 모든 장소는 나름대로 서사와 매력이 있게 마련이다. 글을 마칠 때쯤이면 '여기를 안 와봤으면 서운할 뻔했다'라는 생각이 들곤 한다.

　　제주도 역시 대한민국의 큰 행정구역 중 하나로 절대 놓치고 가서는 안 될 지역이다. 그런데 생각보다 레거시 플레이스를 찾기가 쉽지 않았다. 어느 정도 연륜이 되면서 원래의 형태에 대한 존중이 있고, 애초의 기능을 아직 수행하며 공공성이 있는 건물이나 장소라는, 스스로 만들어 놓은 조건이 얼마나 까다로운지 새삼 깨닫는 계기였다.

　　몇몇 후보(?)를 염두에 두고 있었지만 결국 제주국제공항에 대해 쓰기로 한 것은 무엇보다 제주도를 대표하는 어마어마한 공공성 때문이었다. 누구나 한 번 정도 김포-제주 노선이 전 세계에서 가장 많은 항공편과 승객이 오가는 노선이라는 이야기를 들어봤을 것이다. 일부러 그 노선을 한 번 타보고 싶어서 제주에 오는 사람도 있다고 한다. 심지어 코로나 때도 세계 1위의 기록은 그대로 유지되었다. 물론 이 기록은 지하철 수준으로 자주 뜨고 내리는 항공기의 운항 빈도, 국제 기준에 미달하는 관제사의 숫자와 무리하게 늘어나는 초과 근무와 업무 스트레스, 명절 때의 시외버스 터미널을 방불케 하는 터미널의 혼잡 등이 원인과 결과로 작용해서 생긴 것이기는 하다. 바닷가 바로 옆에 있어 상시 측풍으로 인해 비행기가 뜨고 내리기에 그리 바람직한 환경도 아니고, 제주시와 너무 가까워 소음 문제도 만만치 않은 등 그야말로 모든 것이 임계점을 향해 치닫고 있는 포화상태인 곳이 바로 제주국제공항이다. 많은 사람이 즐거운 마음으로 놀러 가는 곳이지만 이면의 긴장감은 어느 곳보다 팽팽하다.

김포공항과 마찬가지로 제주국제공항의 역사 또한 일제시대로 거슬러 올라간다. 일본이 대륙으로의 진출을 꿈꾸며 제주도와 한반도를 전초기지로 삼으려던 시절과 해방 직후, 제주도에는 무려 5개의 비행장이 있었다. 일본 군부 내의 육군과 해군간 갈등은 자못 유명한데, 이들 비행장 역시 그 경쟁과 암투의 결과물이었다. 제주도를 시계라고 본다면 제주시 바로 동쪽 12시 30분 방향의 원당봉 인근에 1943년부터 육군 동비행장이 건설되기 시작했는데 1945년 6월에 공사가 중지되었다. 이 일대 도로에 활주로의 흔적이 아직 남아있는데, '긴 들판'이라는 뜻의 진뜨르 비행장이다. 그다음으로는 오늘날 대한항공이 소유, 운영하는 서귀포시 표선면 가시리의 정석 비행장이다. 3시 방향의 중산간에 해당하는 이곳은 당시 인근 지역의 이름을 따서 교래리 비행장이라 불렸다. 일본 육군의 특공부대,

즉 가미카제를 위한 비밀 비행장으로서 전쟁 막바지인 1945년 봄부터 계획되었다. 진뜨르 비행장의 공사가 중단되고 교래리 비행장 건설이 시작된 것을 보면 접근해 오는 연합군을 대상으로 비밀을 유지하고자 했던 당시의 긴박한 상황이 보인다. 은폐를 위해 포장도 안 한 다진 흙바닥의 비행장이었다고 한다.

그다음은 해방 이후인 4·3 사건 당시 정찰을 위해 만들어진 6시 방향의 서귀포 비행장이다. 그 위치는 현재 서귀포 시청사 인근으로, 당시 활주로의 흔적이 시청사 바로 앞 일주동로에 남아있다. 8시 방향 해안가인 서귀포시 대정읍 상모리에는 알뜨르(아래쪽 벌판) 비행장이 있다. 1933년에 만들어진 이 비행장은 일본 해군이 건설한 것으로, 중일전쟁 전 중국 난징 등으로 향하는 폭격기들의 기착지였다. 이후 전쟁 막바지에는 제주도민을 강제 동원, 최후의 방어를 위한 소위 '결호작전'의 제7호 대상지로서 시설이 대폭 보강되기도 했다. 지금도 20여 기의 항공기 엄폐호가 남아있어 문화유산으로 보호받고 있다. 쇠락했다 뿐이지 엄연히 국방부가 소유한 공항으로서 국제민간항공기구, 즉 ICAO 등에서 부여하는 공항 코드인 'RKPM'을 갖고 있다. 마지막으로 12시 방향에 해당하는 제주시 서쪽 용담동에 자리 잡았던 것이 일본 육군의 정뜨르(우물이 있는 들판) 비행장으로, 바로 오늘날의 제주국제공항이다. 알뜨르 비행장에 이어 1942년부터 건설된 제주도의 두 번째 비행장으로, 당시 이름은 일본 육군 서비행장이었다.

이런 역사를 알고 보면 일본이 한반도에 남긴 각종 인프라의 존재감이 얼마나 깊고 넓은지, 그리고 얼마나 군사적 목적과 관련이 있는지 새삼 깨닫게 된다. 군용이었던 정뜨르 비행장에 처음으로 민항기가 운항을 시작한 것은 해방 이후인 1946년 1월이었다. 말이 민항기지 미군정청 소속의 비행기가 서울과 광주, 제주 구간을 오갔다. 이후 대한항공의 전신인 대한국민항공사KNA가 1949년 서울-부산-제주 노선에 취항했다. 그러나 곧 한국전쟁으로 항공 수요가 급감하는 등 우여곡절을 겪다가 1955년 정기 항공 운항이 재개되었고, 1958년에는 정식 공항으로 개항했다. 1968년에는 제주 비행장 이름을 떼고 제주국제공항으로 거듭나게 되었다. 국제민간항공기구의 공항 코드는 'RKPC'로 알뜨르 비행장과는 마지막 글자 하나가 다르다. 현재의 청사가 처음 완공된 것은 1983년이며 이후 4차례 증축을 거쳤다. 하지만 넘쳐나는 항공 여객 수요에 부응하기에는 한계가 있어 오랜 국가적 논의 끝에 제주도의 3시 반 정도 방향인 성산읍 수산리에 신공항을 건설하는 것으로 결론이 지어졌다. 원래 군용으로 시작되었던 제주국제공항 한쪽에는 여전히 군용 비행기들이 주둔하고 있다. 김포공항과 마찬가지로 제주국제공항 역시 공항이라는 기능의 특수성으로 인해 변형과 확장이 불가피하여 레거시 플레이스의 조건 중 '원형의 존중'이라는 항목을 엄격하게 적용하기에는 무리가 있다. 이 부분은 해석상 다소 융통성이 필요한 부분이다.

　1969년의 이 일대 항공사진을 보면 현재와 같이 두 개의 활주로가 교차하고 있다. 이 두 개의 활주로는 정뜨르 비행장 시절부터 있던 것인데 이후 여러 차례 확장하여 오늘날에 이른다. 한 개의 물리적 활주로는 사실상 2개의 운용 활주로operational runway다. 제주국제공항의 활주로는 각각 3,180m의 주 활주로(07/25) 그리고 1,910m의 보조 활주로(13/31)로 구성되어 있다. 07/25란 각각 북쪽 기준 약 70도와 250도로 활주로가 놓여있다는 의미다. 주 활주로가 충분히 긴 덕분에 제주국제공항에는 점보 747 같은 대형기의 운항이 가능하다. 보조 활주로는 말 그대로 보조로서 평소에는 거의 사용하지 않는다. 문제는 주 활주로의 방향인데 장애물을 피해

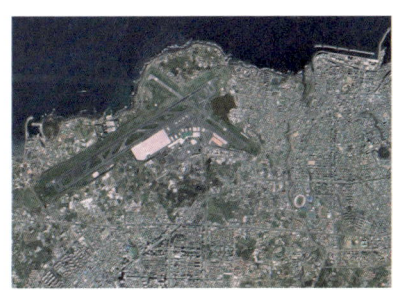

좌> 제주국제공항의 항공사진. 주 활주로가 바다와 나란히 있다. (출처: 국토교통부 V-WORLD)
우> 제주국제공항은 군사 공항이기도 하다.

　해안선을 따라서 놓여있다 보니 측풍의 영향이 심해 제주국제공항은 이착륙이 까다롭다는 불명예(?)스러운 명성을 갖고 있다. ICAO에서 펴낸 제주국제공항 도면을 보면 활주로 옆에 수많은 대각선 방향의 선이 보인다. 이른바 '고속탈출유도로'로서 항공기가 최대한 빨리 활주로에서 계류장으로 이동할 수 있도록 한다. 6개나 되는 고속탈출유도로는 폭발적인 항공 수요에 제주국제공항이 얼마나 긴박하게 대응해 왔는지 보여주는 사례이다.

　터미널 또한 지속적으로 확장됐다. 그러다 보니 현재는 김포공항처럼 관제탑도 2개가 되었고 실제 이용해 보면 명확하게 신구 터미널의 차이가 느껴진다. 커다란 시옷 모양의 건물 동쪽에 돌출한 부분이 신 터미널인데, 기존 구 터미널과 비교하면 시설 수준의 격차가 현격하다. 구 터미널은 층고도 낮고 어떤 미감의 소유자가 선택한 것인지는 몰라도 바닥이 피를 연상케 하는 붉은색 마감재로 되어 있어 눈도 아프고 기분도 좋지 않다. 게다가 의자도 별로 없어 탑승객들이 피난민처럼 바닥에 주저앉아 있는 모습을 흔히 볼 수 있다. 원래 터미널의 원형을 추정해 볼 수 있다는 점이 레

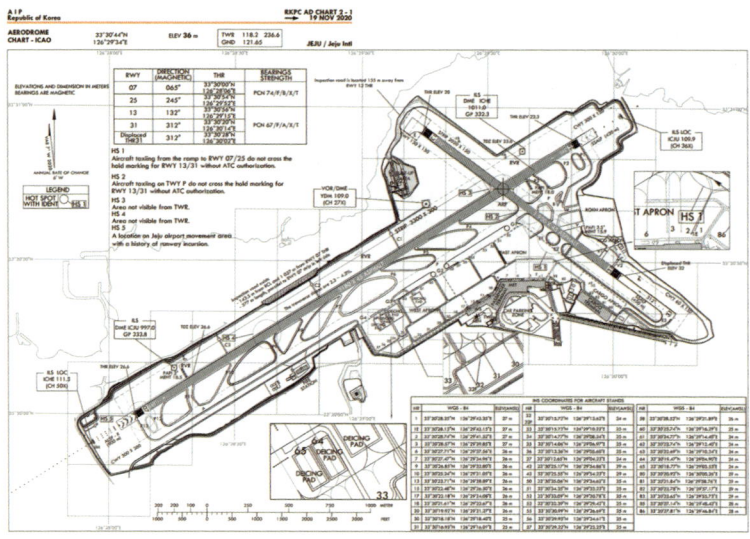

위> 제주국제공항 도면(출처: 국토교통부 항공점보간행물)
아래> 제주국제공항에서는 보잉 747 같은 대형 기종도 종종 볼 수 있다

거시 플레이스의 선정 취지상 다행이랄까. 그나마 세계에서 2개밖에 없다는 국내선 면세점이 있어 열악한 터미널의 이미지를 조금이나마 개선하고 있다. 정식 명칭은 'JDC제주국제자유도시개발센터 면세점'으로 1996년부터 논의가 시작되어 2002년부터 운영하고 있다.

제주는 아름다운 바다와 웅장한 한라산, 아기자기한 마을과 다양한 먹거리 등이 유명한 인기 있는 여행지이지만 그 역사에는 어두운 구석도 있다. 고려시대에는 몽고에 대적하던 삼별초의 최후 거점이었으며, 조선시대에는 추사 김정희 등이 유배 왔던 멀고 외로운 땅이었다. 근대 이후에는 4·3 사건으로 대표되는 비극의 현장이기도 했는데, 엉뚱하게도 제주국제공항이 이 일과 관계가 있다. 그 당시 '예비검속'으로 희생된 사람들의 유해가 공항 일대에 묻혀있다. 엄청나게 바쁜 공항의 일상을 멈출 수도 없어 많은 사람들이 애통한 마음으로 바라만 보았다. 공항이 확장되면서 2007년부터 2009년 사이에 무려 405구의 시신이 발굴되었는데 이 말고도 더 많은 유해가 있을 것으로 추정된다고 한다. 그야말로 가슴이 먹먹해지는 상황이다. 제주국제공항은 세계에서 가장 바쁜 공항으로 이제 그 우여곡절의 역사도 80년이 넘었다. 두 개의 활주로와 터미널은 꾸준히 확장을 거듭해 왔으며 대한민국 전체 인구의 3/5에 해당하는 3,000만 명이 넘는 연간 이용객을 처리해 왔을 정도로 공공적인 역할은 실로 엄청나다. 온갖 역사적 사건이 교차하는 장소로서의 의미도 남다르다. 제주도를 대표하는 레거시 플레이스로 고민 끝에 제주국제공항을 꼽은 이유이다.

37
한국인이 설계한 대표적 근대 고등 교육 기관
고려대학교 안암캠퍼스

고려대학교 안암캠퍼스의 본관 일대. 본관과 도서관, 인촌기념관 등이 보인다.
(출처: 서울시 에스맵)

주소: 서울특별시 성북구 안암로 145
건축년도: 1934년 이후 건축가: 박동진 등
면적(m²): 946,177(캠퍼스)

                        대한성공회 서울주교좌성당이 여타의 종교 건축을 아우르는 대표적 사례로 선정된 것과 마찬가지로, 고려대학교^{당시 보성전문학교} 안암캠퍼스 또한 다른 대학 캠퍼스들을 대표할 수 있는 사례라는 점에서 이 책에 포함하게 되었다. 종종 비교의 대상이 되곤 하는 연세대학교나 이화여자대학교는 물론이고, 이보다 역사가 짧은 많은 대학 캠퍼스 또한 충분히 레거시 플레이스로서 거론될 가치가 있다. 한국의 대학교 캠퍼스들은 일반적인 도시 환경에 비해 상대적으로 양질의 환경을 조성해 왔으며, 나름대로 고유한 역사와 장소성을 갖는 우리 사회의 귀중한 공간 자원이다. 한국에서는 경치 좋고 쾌적한 장소에 교육 공간을 마련하는 전통이 있는데, 전국의 여러 캠퍼스를 보면 그 전통이 근현대로 넘어와서도 어느 정도 유지되었다고 볼 수 있다.

    그중에서도 고려대학교 안암캠퍼스를 특별히 언급하는 이유는 건립 과정이 한국 근대 건축 역사에서 차지하고 있는 비중 때문이다. 이는 다른 대학교 캠퍼스와 비교했을 때 매우 선명하게 드러난다. 연세대학교 본관이며 캠퍼스 배치의 정중앙에 놓인 언더우드관(사적 제276호)은 미국 건축가 헨리 킬리엄 머피Henry Killiam Murphy, 1877-1954년의 설계로 1921년에서 1924년 사이에 지어졌다. 이화여자대학교의 본관인 파이퍼홀Pffeiffer Hall(국가등록문화재 제14호)은 일본에서 활동하던 미국인 건축가인 윌리엄 메렐 보리스William Merrell Vories, 1880-1964년의 설계로 1935년에 지어졌다. 반면 고려대학교의 본관(사적 제285호) 및 도서관(사적 제286호)은 각각 1934년과 1937년에 완공되었는데, 이를 설계한 사람은 한국인 건축가 박동진1899-1981년이었다. 그는 고려대학교 안암캠퍼스의 여러 건물을 설계했다. 세 대학 모두 서구의 건축 양식을 지향한 점은 같았지만 고려대학교는 건축가가 한국인이었던 점이 다르다. 또한 이 두 건물을 발주한 사람이 당대 기업인이며 교육, 언론, 정치에서 뚜렷한 족적을 남긴 인촌 김성수1891-1955년이다. 발주와 설계의 주체가 모두 한국인이었다는 사실은 고려대학교 안암캠퍼스의 고유한 서사이다.

건축가 박동진은 1899년 평안북도 정주에서 출생하여 오산보통학교를 거쳐 1918년 경성공업전문학교 건축과에 입학했다. 3년제 과정이었으므로 원래 1921년에 졸업해야 했지만, 재학 중 3·1운동에 연루되어 투옥, 재입학을 거치면서 1924년에 졸업하였다. 이후 총독부에 들어가 건축 기수를 거쳐 1936년에 기사가 되었다. 그가 태평건물주식회사라는 이름으로 독립한 것은 1939년의 일인데, 고려대학교의 두 건물은 총독부 관직을 갖고 있던 시기에, 소위 '내직內職'이라 하여 지금으로 치면 부업으로 설계를 진행한 것으로 추측된다. 당시 인촌 김성수는 경영난에 빠진 보성전문학교를 인수함과 동시에 중앙고등보통학교도 운영 중이었다. 박동진은 1937년 이 학교의 본관도 완공하였는데 이것이 현재의 중앙고등학교 본관(사적 제281호)이다. 당시의 대표적인 고등 교육기관 두 곳에 한 건축가가 작업을 남긴 것은 한국 근대 건축사에서 매우 의미 있는 대목이다. 박동진의 작업은 이후에도 영락교회, 남대문교회 등으로 이어지는데 서구의 고딕 양식을 한국

위> 고려대학교 본관 전경
아래> 고려대학교 도서관(출처: Wikimedia Commons, Goodbye4ever - 고려대학교 서울캠퍼스 중앙도서관의 야경)

의 화강석으로 재해석해 고유한 자기 세계를 구축한 것으로 평가받는다.

고려대학교가 수송동, 안국동, 낙원동, 송현동을 거쳐 현재의 안암동에 자리 잡은 것은 1933년의 일이다. 2033년이 되면 안암캠퍼스는 100주년을 맞이하니 레거시 플레이스의 첫 번째 조건인 '충분한 나이'라는 기준은 채우고도 남는다. 물론 고려대학교 자체의 역사는 1905년 설립된 보성전문학교를 기준으로 이미 100년이 훌쩍 넘었고, 연세대학교와 이화여자대학교는 각각 1885년과 1886년에 설립되어 고려대학교보다도 긴 역사를 자랑한다. 연세대학교는 광혜원-세브란스 의과대학과 연희전문학교-연희대학교가 통합되는 과정에서 설립되었고, 연희전문학교는 이미 1917년

남대문교회

부터 신촌의 현재 위치에 자리 잡고 있었다. 한편 정동에서 시작한 이화여자대학교가 현재의 신촌으로 이전한 것은 1935년으로 고려대학교의 안암동 이전 이후다.

레거시 플레이스의 두 번째 기준은 '애초의 용도를 유지하고 있느냐'이다. 이 점에 있어서 본관과 도서관 모두 기준을 만족하고 있다. 두 건물 모두 부분적인 변화는 있을지언정 교육기관의 상징적, 기능적 중심 건물로서의 성격을 잃지 않았다. 건립 당시 미국의 듀크대학교 도서관을 참조한 것으로 알려져 있는데 이후 중앙 도서관이 별도로 지어지면서 대학원 도서관으로 역할이 바뀌었다. 여전히 도서관임에는 변함이 없다. 이러한 사실 뒤에는 교육기관이 갖는 지속성의 힘이 있다. 종교기관에 비하기는 어려우나 세속 조직으로서 교육기관만큼 끈기 있게 존속하는 것도 드물다. 이 글에서 언급하는 고려, 연세, 이화 세 대학교 모두 조선시대 및 일제시대에 설립되었으나 지금까지도 건재하다는 사실이 이를 방증한다. 그 사이에 심지어 국체國體도 몇 차례 바뀌었으나 학교는 지속적으로 유지되어 왔다.

세 번째 기준인 원형에 대한 존중은 고려대학교 안암캠퍼스가 매우 높은 점수를 받아야 할 부분이다. 두 건물은 문화유산으로 지정될 정도로 원형을 잘 유지하고 있으며 그 이후에 지어진 다른 건물들도 석조를 위주로 한 것이 많다. 현대식 건물도 캠퍼스의 전체적인 분위기를 고려하여 상당한 수준의 조화를 보여주고 있다. 석조 건물에 대한 애착은 고려, 연세, 이화 세 대학교가 공유하고 있는데, 그중에서도 고려대학교가 유난히 강하다. 심지어 '석탑'이라는 단어가 교명과 동일한 의미로 사용될 정도다. 석조 건축을 통해 정체성을 드러내려는 고려대학교의 집념은 때로 과도하게 느껴지기도 한다. 1991년에 완공된 인촌기념관이 수십 년의 격차에도 불구하고 외관상 본관이나 도서관과 설계 방향이 그리 달라 보이지 않는 것이 그 예다.

　이 밖에도 여러 건물에 무차별적으로 석조 외관을 적용하여 교내에서도 이에 대한 비판이 있다. 고려대학교 건축학과 김현섭 교수는 2012년 여름판 고대투데이의 '석탑'이라는 특집에서, '지금 지어지는 새로운 건물들이 여전히 석탑의 이미지만을 고집하는 것에 대해 이견'이 있음을 밝히며 모든 건물을 화강암 외장으로 통일할 필요 없이 인문사회계와 자연계 캠퍼스가 서로 다른 방향을 추구할 것을 제안한 바 있다. 그러나 이런 경우는 오히려 한국에서 매우 드문 일이다. 고려대학교 안암캠퍼스는 기존의 분위기를 잘 이어서 가꾸어 온 대표적인 사례이다. 그 결과 캠퍼스 전체가 매우 차분한 색조로 통일된 것은 큰 매력이다. 이러한 조화가 가장 효과적으로 돋보일 때는 졸업식을 전후하여 교정에 고려대학교 깃발이 일제히 내걸릴 때다. 크림슨crimson이라 하여 유난히 짙고 어두운 붉은색을 기조로 하는 이 깃발들은 묵직한 석조 건축을 배경으로 더욱 선명하게 드러난다.

　마지막 기준인 '어느 정도의 공공성' 역시 교육기관인 이상 충족되지 않을 수 없다. 물론 한국의 일반적인 대학교 캠퍼스는 소위 전원형으로서 주변의 도시 맥락과 담장 및 지형 등으로 구별되는 것이 일반적이고, 고려대학교 안암캠퍼스 역시 마찬가지다. 그러나 오늘날 대학은 적어도 일반인의 출입이 자유로울 뿐 아니라 나아가 적극적으로 사회와의 접점을 다양화하려는 노력을 기울이고 있다. 그런 점에서 확대된 의미의 공공장소로 보아도 무방하다. 고려대학교 안암캠퍼스는 본관 및 도서관을 중심으로 구성된 교정의 중심 클러스터 주변에 박물관 등 대외 개방 시설을 교문 가까이

우> 인촌기념관

졸업식 날의 인촌기념관

배치했다. 사적 소유지만 공공장소로서의 기능도 수행하는 것이다. 지난 2013년 고려대학교 박물관이 부산의 동아대학교 박물관과 협업하여 각각 소장하고 있던 동궐도 원본 두 점을 나란히 전시하는 특별한 기획을 진행했다. 이것도 대학의 공공적 역할이라는 맥락에서 이해할 수 있다.

개운산을 등지고 남동향을 바라보며 본관, 도서관 등으로 조성되기 시작한 고려대학교 안암캠퍼스는 주변의 넓은 지역을 아우르며 확장해 왔다. 현재의 안암캠퍼스는 크게 북동쪽의 인문사회계 캠퍼스, 남서쪽의 의학 및 자연계 캠퍼스, 북서쪽의 녹지 캠퍼스로 구성되어 있다. 그러나 캠퍼스 가운데로 공로가 지나가고 개운사로를 중심으로 안암동 5가 일대의 시가지가 캠퍼스 안쪽까지 깊숙이 들어오면서 전체 캠퍼스의 유기적인 연결성은 매우 취약한 편이다. 그러나 역으로 생각해 보면 주변 도시 맥락과의 접점이 그만큼 다양할 수 있다는 또 다른 가능성 아닐까. 100년 가까이 조성되어 온 유서 깊은 캠퍼스의 미래는 아마도 그 접점을 얼마나 적극적으로 활용하는가에 달려있을 것이다.

38
고려대학교와 형제 사이
중앙고등학교

중앙고등학교 조감 뷰
(출처: 서울연구원, 서울연구데이터서비스)

주소: 서울 종로구 창덕궁길 164
건축년도: 1917년 이후 건축가: 나카무라 요시헤이, 박동진 등
면적(m²): 1,166(본관)

'캠퍼스campus'는 들판field을 가리키는 라틴어 'campus'에서 온 것으로 전통적으로 대학 및 관련 시설이 있는 부지를 가리킨다. 넓고, 그 안에 비교적 다양한 건물이 있으며 기본적으로 큰 마을이나 작은 도시 같은 장소다. 유사한 단어로 'compound'가 있는데, 주로 울타리가 쳐진 거주 군락을 가리키지만, 종종 군사시설을 의미하기도 한다. 신기하게도 이 단어의 어원은 동남아시아에서 '마을'을 의미하는 'kampong'에서 왔다. 비교적 잘 알려진 영어 단어의 어원이 라틴어나 그리스어 혹은 유럽계 언어가 아닌 독특한 사례이다. 게다가 캠퍼스는 갈수록 그 의미가 확장되는 중이다. 언젠가부터 대학을 넘어 부지가 넓은 연구소 등에도 적용되더니 최근에는 구글이나 페이스북, 애플 같은 초거대 기업의 사옥 부지를 가리키는 단어가 되었다. 구글의 베이 뷰 캠퍼스Bay View Campus, 페이스북의 멘로 파크 캠퍼스Menlo Park Campus, 그리고 애플의 인피니트 루프Infinite Loop와 애플 파크Apple Park 등이 그 대표적인 예다.

캠퍼스란 단어는 공간적 여유로움과 문화적 풍부함, 어느 정도의 역사, 무엇보다 진지한 연구 등을 연상케 하며, 따라서 이런 가치를 추구하는 조

직이라면 그 사용을 주저하지 않을 것이다. 한국에도 수많은 대학의 캠퍼스가 있으며, 교육을 중시해 온 사회적, 역사적 배경 덕분에 평균적으로 여타의 도시 환경에 비해 훨씬 양질의 환경이 조성된 경우가 많다. 미국과 마찬가지로 대학뿐 아니라 연구소나 기업과 관련된 시설 등에도 캠퍼스란 단어가 널리 적용되는 추세다. 그 예로 삼성그룹이 연고지라고 할 수 있는 대구의 제일모직 공장 터에 세운 복합 문화 업무시설인 대구 삼성창조캠퍼스가 있다.

고등학교라면 어떨까? 절대다수의 고등학교는 대학보다 규모가 작고 시설의 다양성이 떨어지기 때문에, '캠퍼스'보다는 '교정'이라는 아담한 느낌의 단어가 더 어울린다. 그래도 '캠퍼스'라는 명칭을 부여할 만한 고등학교가 있다면 어디일까? 일단 어느 정도 규모가 되면서 역사와 전통이 있고, 무엇보다 미학적으로도 뛰어난 곳이어야 한다. 그런 기준으로 볼 때 떠오르는 곳은 서울 정동에 있는 이화여자고등학교, 계동의 중앙고등학교다. 두 학교의 공통점은 여러 가지가 있지만 그중에서도 강남이나 다른 지역으로 이전하지 않고 강북의 자기 자리를 지킨 명문고라는 점을 들 수 있다. 1970년대 강북 지역의 인구 분산 및 영동 지구(현 강남 일대) 개발 계획을 목적으로 하는 국가 정책이 있었다. 그때 경기고등학교, 서울고등학교, 보성고등학교, 휘문고등학교, 배재고등학교, 경기여자고등학교, 숙명여자고등학교, 창덕여자고등학교, 정신여자고등학교 등이 모두 강북에서 강남으로 떠났지만, 이 두 학교는 지금의 경복고등학교, 배화여자고등학교 등과 함께 자기 자리를 지켰다.

교육기관으로서의 평가와는 별도로 이 두 학교가 유지하고 있는 큰 장점은 학교의 부지, 즉 캠퍼스이다. 우선 면적으로 보면 이화여자고등학교는 이화여자외국어고등학교와 함께 사용하는 캠퍼스의 면적이 5만 4,190

m^2, 중앙고등학교는 4만 9,294.7 m^2다. 서울 시내 대학 중에서 캠퍼스 면적이 28위인 명지대보다는 조금 작고 31위인 한성대보다는 큰 정도니, 일단 고등학교치고는 규모 면에서 상당하다는 것을 알 수 있다. 역사로 넘어가면 오히려 보통의 대학들이 이 두 고등학교를 당해 내기 어렵다. 이화여자고등학교는 1886년, 중앙고등학교는 1908년에 개교하여 둘 다 역사가 100년이 훌쩍 넘었고, 그 흔적은 지금도 상당부분 캠퍼스에 남아있다. 이 두 학교보다 오래된 대학이 오히려 손에 꼽을 정도다. 이 중에서 이화여자고등학교의 창립자는 미국의 감리교 선교사인 스크랜턴 여사이다. 반면 중앙고등학교는 기호흥학회라는 한국인 단체에 의해 설립되어 주요 건물에 근대 한국인의 손길이 많이 남아있다는 점에서 이 글의 주된 대상으로 삼고자 한다.

서울에서 전통적으로 가장 양질의 주거지역으로 선호되어 온 북촌 일대 지형은 마치 활짝 벌린 손가락처럼 남쪽을 향해 흐르는 여러 개의 능선으로 구성되어 있다. 서쪽부터 시작하면 1번 능선은 인왕산 자락이다. 2번 능선은 북악산에서 경복궁을 따라 흐르는 지형이며 이 두 능선 사이의 계곡에 서촌이 자리 잡고 있다. 삼청동 길이 놓인 또 다른 계곡을 지나 3번 능선은 현재 가회동 한옥 마을 31번지 일대의 구릉지다. 원래 3부 능선 이상으로는 주거지를 잘 마련하지 않던 한국인의 전통적 입장에서 보면 다소 특이한 입지 조건이지만, 이 일대의 도시형 한옥들 대부분이 일제시대에 지어졌다는 점을 염두에 두면 쉽게 이해가 된다. 즉 전통적 입지 조건이 도시화 앞에서 무력해진 것이다.

가회동 길이라는 또 다른 계곡을 건너 그다음의 4번 능선은 가회동 한옥 마을 11번지 일대다. 마지막으로 5번 능선은 원서동 일대의 나지막한 구릉이며, 그 너머에는 창덕궁이라는 또 다른 거대한 능선이 종묘까지 이어지고 있다. 거기서 더 동쪽으로 가면 우백호인 인왕산과 강북 역사 도심의 좌청룡에 해당하는 낙산의 능선이 남쪽 남산을 향해 엎드려 있다. 이 중 4번과 5번 능선 사이의 계곡을 따라 남북으로 길게 뻗은 길이 현재의 계동길인데, 중앙고등학교는 이 길 최북단의 두 능선 사이에 포근하게 안겨있다. 지대가 높아서 경치도 좋지만 좌우 대칭인 지세로 인해 캠퍼스의 정서적 안정감은 그야말로 최상이다. 나아가 역사 도심 전체의 구도로 보면 오히려 경복궁보다도 중심에 있다.

계동길을 따라 북쪽으로 올라가면 그 길 끝부분에 세 개의 묵직한 화강석 기둥으로 된 중앙고등학교 정문이 나온다. 주중에는 경비의 제재를 받지만 주말에는 개방하는 듯하다. 거기서 조금 더 진입로를 따라 올라가면 널찍한 야외 공간과 함께 중앙고등학교의 캠퍼스가 펼쳐진다. 크게 보아 세 개의 영역으로 나뉜다. 전면부는 교문과 본관 사이의 공간으로 서쪽에는 도서관, 동쪽에는 강당이 있다. 중간부는 신관과 동관, 서관으로 둘러싸인 중정과 같은 공간이다. 후면부에는 축구장 규모의 운동장과 체육관, 정보과학관, 기숙사, 인촌기념관 및 중앙중학교가 있다. 어느 공간이나 놀랄 정도로 짜임새가 있어서 '과연 여기가 고등학교 맞나'라는 의문이 들 만하다.

눈 밝은 사람은 그 전반적인 배치나 형태가 마치 연세대학교 신촌캠퍼스 백양로 끝부분의 언더우드관 및 연희관 일대의 건물군, 혹은 고려대학교 안암캠퍼스의 중심 건물군을 연상케 한다는 것을 알아챌 것이다. 사실 그것은 우연이 아니다. 중앙고등학교는 고려대학교와 함께 학교법인 고려중앙학원에 속해 있으며, 이들은 모두 인촌 김성수를 공통분모로 한다(이러한 연유로 동아일보와도 관계가 깊다). 또한 중앙고등학교의 본관을 설계한 건축가는 경성고공 출신의 박동진으로 고려대학교 본관의 설계자이기도 하

위> 중앙고등학교 본관
아래> 서관과 신관

중앙고등학교 서관

다. 연세대학교, 이화여자대학교, 고려대학교, 중앙고등학교 등의 오래된 건물들은 기본적으로 당시 유행했던 '칼리지 튜더College Tudor' 혹은 '칼리지 고딕College Gothic' 양식을 따른 경우가 많았다. 그 이후에 지어진 건물들도 이와 유사한 분위기를 따르거나 적어도 석재를 많이 사용했기 때문에 서로 비슷비슷하게 보이곤 한다.

신관과 그 앞의 동관, 서관은 또 다른 맥락의 역사를 갖는다. 신관은 그 이름대로 상대적으로 최근인 1966년에 지어졌다. 다만 그 형태는 본관을 의식한 칼리지 튜더 양식이다. 흥미로운 것은 동관과 서관이다. 석조 일색인 중앙고등학교 캠퍼스에서 이 두 건물은 유독 붉은 벽돌로 되어 있다. 언뜻 보아서는 나머지 건물들과 시대를 구별하기 어렵지만 엄연히 중앙고등학교에서 가장 오래된 건물이다. 특이하게도 두 건물은 일본인 건축가 나카무라 요시헤이中村 與資平, 1880-1963년가 설계했다. 아마도 일제시대에 한반도에서 활동한 가장 성공적인 건축가 중 하나일 것이다. 그는 도쿄제대 출신으로 일본 근대 건축의 거장인 다쓰노 긴고가 설계한 현 한국은행 본점의 시공을 감독하기 위해 조선에 왔다가 그대로 눌러앉았다. 을지로에 사무실을 두고 만주에 지사를 두는 등 활발하게 활동했던 인물이다. 일본인이지만 조선의 민족자본과도 연계되어 중앙고등학교는 물론, 이 책에 등장하는 경운동의 천도교 중앙대교당 등도 설계했다. 그가 군산에 설계한 조선은행 군산지점은 현재 대대적인 수리를 거쳐 박물관이 되었고 현 국립현대미술관 덕수궁관 또한 그의 작품이다.

그가 중앙고등학교 동서관을 설계한 것은 1917년으로 천도교 중당대교당을 설계하기 직전이다. 벽돌을 위주로 하고 석재를 섞어 쓰는 등 수법이 유사하다. 원래 동관과 서관을 연결하는 2층 벽돌조의 본관까지 함께 설계했는데 1934년에 화재로 소실되었고, 그보다 남쪽에 박동진의 설계로 현재의 본관이 지어진 것이다. 이어 1966년 북쪽 영역에 신관이 지어졌는데 이름은 신관이지만, 50년이 넘는 연륜을 자랑한다. 이후 다른 여러 건물이 추가로 들어서면서 현재의 중앙고등학교 캠퍼스가 되었다. 민족 교육기관의 설계를 일본인 건축가에게 의뢰한 것은 아마도 당시 한국인 건축가가 없었기 때문으로 추정한다. 천도교 교단 역시 처음에 나카무라 요시헤이에게 중앙대교당의 설계를 의뢰했으나 이후 대신사출세백년기념관은 한국인인 이훈우에게 의뢰한 것과 유사하다. 한편 중앙고등학교 캠퍼스에는 1919년 3·1운동 당시 숙직실로, 운동의 지도자들이 회의했다고 전해지는 건물이 있다. 캠퍼스에서 가장 오래된 건물이었을 것으로 추정되지만, 철거했다가 다시 세워진 탓에 그 연륜을 인정받지 못하고 있다.

중앙고등학교 캠퍼스는 전체적인 연륜이 이미 100년을 넘었고 여전히 학교로서의 원래 기능을 유지하고 있으며, 서로 다른 시기에 지어진 여러 건물군이 나름 재료나 형태에 있어 조화를 유지해 오고 있다. 본관과 동관, 서관은 모두 사적으로 지정되어 있다. 교육기관으로서 수많은 인재를 배출해 온 공공성은 새삼 말할 것도 없다. 고등학교이면서도 여느 대학 못지않게 아름답고 유서 깊은 중앙고등학교 캠퍼스야말로 대한민국의 대표적 레거시 플레이스이다.

중앙고등학교 동관

39

한국 이공계 학문의 산실
서울과학기술대학교 다산관, 창학관, 대륙관

주소: 서울 노원구 공릉로 232
건축년도: 1940년대 초 건축가: 다수(미확인)
면적(m²): 504,922(캠퍼스)

　　　　　　　　　　서울과학기술대학교는 멀다. 조선시대의 서울, 즉 한성부는 한양도성과 그 둘레에 약 $4km$ 폭의 지역인 성저십리城底十里를 포함하고 있었다. 그러나 일제시대가 시작되면서 1914년에 행정구역이 축소되었다가 다시 여러 차례에 걸쳐 도시가 팽창하면서 이곳저곳이 돌출되기 시작했다. 1936년에는 영등포가, 1949년에는 현재의 강북구 일대가 원래 한성부의 경계를 넘었고, 1970년대부터 본격적으로 강남이 그 뒤를 이었다. 도성의 북쪽 지역도 북한산 일대를 제외하고는 인접한 경기도를 야금야금 파먹어 들어갔다. 100년이 넘는 기간 동안 숨 가쁘게 영역을 확대한 지금, 서울은 마치 여러 개의 꽃잎이 달린 무궁화와 같은 모습이다. 서울과학기술대학교는 그중에서도 북동쪽 모서리 꽃잎에 해당하는 노원구 공릉로 232에 자리 잡고 있다. $1.6km$만 더 이동하면 경기도 남양주시다. 한양도성 중심에서부터의 거리는 $10km$가 넘는다. 다행히 대중교통

좌> 대륙관 전경

연결은 그리 나쁘지 않아서 7호선 공릉역^{서울과학기술대학교역}이나 하계역, 6호선 화랑대역이나 태릉역이 모두 1.3km 이내다. 1호선 광운대역이나 월계역도 1.5km 정도 떨어져 있다. 모두 학교 정문으로부터 걸어서 20분 남짓이며 1.5km를 기준으로 삼는 간접 역세권에 포함된다.

서울과학기술대학교는 물리적으로나 심리적으로 먼 곳이었다. 처음에 이곳을 터로 삼은 학교는 한반도 최초의 대학이자 일제시대 유일한 대학이었던 경성제국대학^{경성제대}의 이공학부였다. 경성제대가 예과만으로 청량리에서 개교한 것은 1924년. 예과를 마친 1회 입학생들이 학부로 진학하는 시점에 한양도성 안의 동쪽, 즉 낙산 기슭인 현재의 동숭동에 법문학부와 의학부가 설치되었다. 1906년부터 있었던 공업전습소의 뒤를 이은 경성고등공업학교와는 낙산을 뒷산으로 삼은 이웃이었다. 이공학부는 13년 후인 1937년, 중일전쟁이 발발한 해에 중랑천 상류의 동쪽에 터를 닦기 시작했다. 당시 이곳은 경기도 양주군 노해면 공덕리, 심지어 경성부도 아니었다. 1938년부터 예과 학생을 받기 시작했는데 이들이 청량리에서 예과 과정을 마치고 공덕리의 이공학부로 통학하게 되자 교통이 불편하여 총독부는 경춘선을 억지로 우회시키는 편법을 사용해야 했다. 이전의 구 경춘선이 성북역^{현 광운대역}에서 바로 화랑대역으로 가지 못하고 현재는 폐역이 된 교문 바로 앞 신공덕역으로 우회한 이유이다. 새로운 경춘선이 개통되면서 폐선이 된 우회 구간이 현재 서울에서 아름다운 산책로 중 하나인 경춘선 숲길이 된 것은 역사의 아이러니이다. 참고로 현재 이 지역의 이름인 공릉동은 파주에 있는 조선 왕조의 공릉과는 전혀 상관이 없고 공덕리의 '공'자와 태릉의 '릉'자를 따서 새로 만든 것이다.

경성제대 이공학부가 동숭동 캠퍼스는 물론, 청량리의 예과와도 상당한 거리를 두고 건설된 것은 우연이 아니었다. 표면적으로는 이공학부가 필요로 하는 넓은 면적을 시내에서 구하기 어렵다는 것이었지만, 그 이면에는 이곳에서 진행될 교육과 연구의 상당 부분이 중일전쟁과 이후의 태평양전쟁을 준비하기 위함이란 이유가 있었다. 실험 과정에서 일어날 수 있는 폭발 사고는 물론이고 정보 보안 등을 위해서도 이공학부는 인적 드문 외딴곳에 설치할 수밖에 없었다. 인하대학교 사학과 이성규 교수가 쓴 논문인 〈이공학부를 중심으로 본 경성국대의 식민사적 의미〉에 의하면, 당시 경성제대 이공학부 교육 수준이나 시설 측면은 일본 내에서도 최상급이었으며 세계적인 수준에서도 결코 뒤떨어지지 않았으나 '연구의 주제를 보면 전쟁과 관련되지 않은 것이 아예 없다고 할 정도'였다. 비록 식민지 시절이었지만 어렵게 설립된 최고 이공학부가 자연의 원리를 탐구하고 인류에게 유용한 기술을 개발하는 학문의 전당으로서가 아니라 전쟁을 위한 전문 조직으로 시작되었다는 것이다. 이러한 사실은 아직도 사회적으로 도구적 학문의 성격을 좀처럼 벗어나지 못하는 대한민국 이공계의 현실을 떠오르게 해 자못 씁쓸하다.

경성제대 이공학부는 전쟁 준비를 위해 만들어진 학교라고 해도 과언이 아니지만 동시에 전쟁의 희생양이기도 했다. 물자의 부족으로 교사 건축에 큰 지장이 있어 이공학부 1회생들은 동숭동의 법문학부와 의학부 건물 일부를 빌려 임시로 수업을 받아야 할 정도였다. 게다가 태평양전쟁이 발발하자 아예 수학 연한을 줄여 조기 졸업을 시키면서 해방 전까지 3회의 졸업생을 배출했다. 그러나 이러한 상황에서도 캠퍼스만큼은 크고 웅장하게 지었다. 연면적이 52만m^2에 달할 정도였다. 게다가 1943년 경성광산전문학교가 기존의 이공학부 캠퍼스 바로 남쪽으로 이전하면서 두 학교는 이웃이 되었는데, 두 학교를 합치면 엄청난 면적이었다. 현재 이 일대에 포진하고 있는 서울과학기술대학교는 물론 경기기계공업고등학교, 원

자력병원, 한국전력 연수원, 초등학교, 특수학교인 서울정민학교 등의 부지가 모두 그 안에 포함되어 있었다. 또한 인근에는 동쪽으로 불암산 자락에 서울여자대학교와 태릉, 구 태릉선수촌, 삼육대학교 등이 있고 왕복 6차선 대로인 화랑로 건너편은 육군사관학교로 가히 서울 북동부의 교육 중심지라고 할 만하다. 일설에 의하면 현 육군사관학교 부지는 한때 일본군 주둔지였으며, 이곳에 있던 군부대와 경성제대 이공학부가 지근거리의 장점을 이용하여 함께 전쟁 준비를 했다고 한다.

해방 이후 경성제대 이공학부 캠퍼스는 서울대학교 공과대학 캠퍼스가 되었고 1980년 서울공대가 관악산으로 이전하면서 서울산업대, 즉 현재의 서울과학기술대학교가 이어받아 사용하기 시작했다. 서울과학기술대학교는 무려 1909년 대한민국 순종 황제의 칙령 제56호 실업학교령을 받들어 1910년 종로에 개교한 공립어의동실업보습학교의 후예다. 서울대학교는 물론 경성제대보다도 오래된 연혁을 자랑하는 학교인데, 엉뚱하게도 나중에 만들어진 두 학교가 사용하던 캠퍼스를 물려받게 되었다. 캠퍼스 내에는 경성제대 이공학부 및 경성광산전문학교 시절부터 존재했던 3개의 역사적인 문화재 건물이 있는데 각각 다산관, 창학관, 대륙관이다. 이 중 다산관과 창학관은 '서울대학교 구 공과대학 본관과 교사'로 등록문화유산에 지정됐다. 다산관이 본관, 창학관이 교사에 해당한다. 대륙관은 별도의 등록문화유산이다. 세 건물은 모두 1940년대 초에 완공되었는데 당시 유행하던 근대 모더니즘 양식으로 군국주의적 분위기를 매우 강하게 풍긴다. 엄격한 좌우 대칭에 장식이 배제되었을 뿐 아니라 비례나 조형, 공간의 구성이 상당히 경직되어 있다. 아마도 대한민국에서 일본 군국주의를 소재로 하는 영화를 찍는다면 가장 어울리는 배경이 아닐까 싶다. 다산관과 창학관은 중정형 건물이지만 중정은 일체의 행위가 유발되

위> 다산관 전경
아래> 다산관 중정

위> 창학관 전경
아래> 다산관 앞의 명패

지 않는, 창백하게 비어 있는 공간일 뿐이다. 하지만 어떤 사람들은 이렇게 온기가 결여된 건축에서 질서와 절제에 대한 미적 쾌감을 느끼기도 한다. 서울과학기술대학교 건축학과 정만영 교수는 이러한 건축미학에 대해 서구의 고전주의 영향을 받았으나 장식을 극도로 억제한 이른바 'Street Classicism'이라 평가한다.

경성제대 이공학부 제1호관이자 본관인 현재의 다산관이 1942년 가장 먼저 건립되었다. 8층 높이의 중앙 탑 위에는 원래 4각형 시계탑이 있었으나 과도한 하중과 관리의 어려움 등을 이유로 2008년에 철거되었다. 중정형 건물로서의 장단점을 모두 갖고 있는데, 채광과 환기 등에서는 유리하지만 도면을 보지 않고는 원하는 방을 찾아가기가 어려우며 이것은 2호관인 창학관도 마찬가지다. 다산관은 경성제대 이공학부 시절부터 서울대학교 공과대학, 현재의 서울과학기술대학교에 이르기까지 본관의 기능을 유지해 왔으며 그만큼 캠퍼스의 상징적인 존재다. 서울과학기술대학교 정문도 다산관 조형을 모티브로 했을 정도다. 다산관이나 창학관 모두 연한 베이지색 타일 마감인데, 다산관은 건물의 코너 부분에서 타일 단면이 노출됐고 창학관은 모서리 타일을 사용했다. 두 건물 모두 처음에는 코너 타일을 사용했으나 리모델링 과정에서 차이가 발생한 것으로 보인다. 결과적으로 본관인 다산관의 외관 디테일이 교사인 창학관에 비해 격이 떨어지고 말았다. 한편 대륙관은 조형이나 배치, 외부 마감재 등 전반적인 미감이 앞의 두 건물과 많이 다르다. 이는 건립 주체와 기능이 다른 것에서 오는 차이로 짐작한다. 2023년 리모델링을 진행했다. 조형대학이 사용하는 다빈치관은 원래 4호관이었는데, 역시 중정형 건물이었으나 2012년 철거되었고, 현재의 다빈치관은 그 자리에 새로 지어진 것이다.

서울과학기술대학교의 세 건물은 그 자체로 한국 이공학의 역사적 현장이면서 동시에 초기 서사의 불편함을 간직하고 있는 가슴 아픈 장소이기도 하다. 경성제대 전체를 통틀어 가장 경쟁이 치열한 인기 학부(?)이면서도 정작 재학생들은 일본의 전쟁 준비에 동원되어야 했다. 그럼에도 불구하고 경성제대 이공학부는 해방 이후 경성광산전문학교 및 경성고등공업학교_{경성공업전문학교}와 통합되면서 이학계는 서울대학교 자연과학대학으로, 공학계는 서울대학교 공과대학으로 이어지며 양 분야에서 대한민국의 이공계 학문을 선도하는 교육기관으로 자리 잡았다. 건설 당시부터 계산하자면 거의 80년에 가까운 연륜을 자랑하며, 이공계 교육이라는 원래의 기능이 그대로 계승됐다. 또한 세 건물 모두 등록문화유산일 정도로 원형이 비교적 충실하게 보존됐다는 점, 고등 교육기관으로서 국가적 차원의 공공성을 유지해 오고 있다는 점에서, 세 건물 모두 우리 사회의 소중한 건축 자산이며 레거시 플레이스이다.

위> 창학관의 코너 디테일
아래> 서울과학기술대학교 정문

40
독립유공자 건축가가 설계한 걸작
이화여자대학교 대강당

이화여자대학교 대강당 정면

주소: 서울 서대문구 이화여대길 52
건축년도: 1956년 건축가: 강윤
면적(m²): 6,623.01

경쾌한 1악장이 끝나고 모두가 숨죽이며 기다리는 가운데 조용하고 느린 2악장이 막 시작되려는 순간이었다. 제1 바이올리니스트가 현 위에 활을 올렸을 때 어디선가 '빠앙'하고 기적 소리가 들려왔다. 순식간에 긴장이 풀린 객석에서 처음에는 탄식이, 이어 해탈한 듯한 웃음소리가 퍼져나갔다. 어렵게 한국으로 초대받아 귀한 걸음을 했던 세계적인 현악 4중주단원들도 어쩔 수 없다는 듯 잠시 악기를 내려놓았다. 기적 소리가 저만치 멀어졌을 때 악단의 리더가 눈짓을 보내면서 다시 연주가 시작되었다. 그리고 무려 3천 명 남짓한 관객들은 언제 그랬냐는 듯 음악에 빠져들었다. 이 놀라운 일이 일어났던 장소는 이화여자대학교 대강당 Welch-Ryang Auditorium 이다. 1970년대의 어느 날로 짐작되는 이날, 기적 소리의 주인공은 다름 아닌 경의선 철도를 달리던 기차였다.

서울역을 빠져나온 기차는 서서히 지상으로 올라오면서 서쪽으로 방향을 트는 유명한 '서소문 드리프트' 구간을 지난다. 앞에는 1921년 완공된 아현터널과 그 너머의 의영터널이 기다리고 있다. 의영터널을 빠져나온 기차가 복개되지 않았던 '이화교' 아래 철길을 달리면서 신나게 울렸던 기적이 바로 그날 공연의 불청객이다. 물론 주어진 여건상 이날만 그런 것도 아니어서, 이화여자대학교 대강당은 공연 중 기차 소음이라는 문제로 두고두고 골치가 아플 수밖에 없었다. 1968년 레벤트리트 콩쿠르에서 우승하고 돌아온 바이올리니스트 정경화의 연주를 앞두고 그의 어머니가 공연 도중에 기적을 울리지 말아 달라고 교통부에 부탁했다는 일화가 있을 정도다. 그러나 엄연히 경의선 철도가 먼저 있었고 대강당은 훨씬 나중에 지어졌으니 어쩔 수 없는 노릇이었다.

여기까지가 마침 그날 그곳에 계셨던 나의 아버지에게서 들은 이야기다. 혹시나 하여 이전 신문 기록 등을 찾아보았으나 저 해프닝을 객관적으로 증명할 만한 자료는 찾을 수 없었다. 하지만 기차 소음이라는 태생적인 문제에도 불구하고 이화여자대학교 대강당은 한때 별다른 대안이 없던, 대한민국의 대표적인 공연장이었다. 3천 석으로 초대형 규모라는 점, 남자는 출입이 금지되었던 유서 깊은 여자대학교 캠퍼스를 방문할 수 있는 절호의(?) 기회라는 점, 공연장 주변인 신촌 대학가가 당시 개발도상국이었던 한국에서 찾아보기 어려운 낭만적인 분위기였다는 점, 서구 고딕 양식풍의 중후하고 장엄한 건물이라는 점 등이 이 장소의 매력이었다. 세종로에 있던 시민회관설계: 이천승, 1910-1992년이 화재로 소실된 1972년 12월 2일 이후에는 더욱 그랬다. 그 자리에 다시 세종문화회관설계: 엄덕문, 1919-2012년이 들어선 1978년까지 이화여자대학교 대강당은 그야말로 대한민국 공연장 중 부동의 원탑이었다. 큰 공연은 이화여자대학교 대강당, 조금 작은 공연은 이화여자고등학교 유관순기념관, 이런 식이었다. 위에서 언급한 바이올리니스트 정경화부터 클리프 리처드, 암스테르담 콘세르트헤바우 오케스트라에 이르는 전 세계의 다양한 예술가들과 단체들이 그 무대에 섰다.

미국의 감리교 계통 선교사인 메리 스크랜튼Mary Fletcher Benton Scranton, 1832-

1909년 여사가 서울성곽 바로 안쪽의 정동에 한국 최초의 여성 교육기관인 이화학당을 세운 것은 1886년, 개항 10년 후의 일이었다. 그 한 해 전인 1885년에 정동에서 같은 감리 교단의 아펜젤러 목사가 정동교회를 창설하면서 정동은 한국 감리교단의 중심지가 되었다. 당시만 해도 이화학당은 고등교육을 제공하지 못했으나 이후 1910년에 '대학과'가 만들어졌다. 이는 한국 최초의 여성을 위한 고등 교육기관이었다. 1925년 대학과는 이화여자전문학교가 되었고, 1935년에는 정동을 떠나 신촌 대현동으로 이전했다. 대학 설립을 위한 지속적인 노력에도 불구하고 일본의 억압정책으로 뜻을 이루지 못하다가, 해방 후인 1946년에 이화여자대학교가 되면서 오늘날에 이르렀다. 한국 최초의 여학교이자 종합대학이었다. 정동의 원래 자리는 이화여자고등학교와 이화여자중학교의 터전이 되었고 인접한 서울성곽을 넘어 점차 그 영역을 확장했다. 1974년에 건립된 유관순기념관이 서울성곽 외부에 놓이게 된 배경이다. 한편 오늘날의 예원학교와 서울예술고등학교, 이화여자외국어고등학교 역시 이화학당의 정동 캠퍼스를 모태로 한다.

 미국인 선교사에 의해 창립된 학교이니만큼 이화여자대학 대현동 캠퍼스에는 미국인 건축가의 흔적이 많이 남아있다. 오늘날의 이화여자대학교 본관에 해당하는 파이퍼홀은 일본에서 활동한 미국인 건축가 및 평신도 선교사 윌리엄 메렐 보리스가 설계했다. 전형적인 '학교 고딕 양식^{Collegiate Gothic style}'의 건물로 석재 트레이서리^{tracery}와 애슐라^{ashlar} 쌓기 등 서구식 석조 건축 공법과 어휘가 사용되었다. 시공을 맡은 사람은 한때 중국인으로 오해받았으나 엄연히 개성 출신의 한국인이었던 마종유¹⁸⁹⁵⁻¹⁹⁸⁶였다. 그가 운영하던 마공무소는 일제시대에 조선인이 운영하던 대표적인 건축 시공회사로 도시형 한옥은 물론 서구식 석조 건축 또한 다룰 수 있는 독특한

건립 당시의 정초석

회사였다. 이 건물의 건립 과정에는 또 다른 한국인의 존재가 눈에 띄는데 바로 건설 당시 감리를 맡았던 보리스 설계 회사의 직원 강윤姜沈, 1899-1975년이다. 강윤과 마종유는 비슷한 시기에 일본의 보리스 사무실에서 근무했던 인연이 있었다. 마종유는 시공을, 강윤은 설계를 택했는데 귀국한 후 일본의 본사와 함께 손발을 맞춘 건물이 바로 파이퍼홀이었다. 강윤은 파이퍼홀 뿐 아니라 대학원 별관, 대학원관 중강당케이스홀 등 보리스가 설계한 건물의 현장 책임자로 일했다. 자신의 사무소를 개설하여 독립 건축가의 길을 가던 강윤이 한국전쟁 이후 어수선한 시기에 이화여자대학교 대현동 캠퍼스 언덕 위에 설계한 건물이 바로 이 대강당이다. 1956년 이화 창립 70주년을 기념하여 지어졌다.

강윤의 삶을 들여다보면 일제시대를 살아낸 한국인 건축가의 힘겨운 여정이 보이는 듯하다. 충남 논산 출신인 그는 기독교인이었던 어머니의 영향으로 공주 영명학교에 입학했다. 당시 교장은 감리교 선교사 프랭크 윌리엄스Frank Earl Cranston Williams, 한국명 우리암, 禹利岩, 1883-1962년였는데 그는 3·1운동 당시인 1919년 4월 1일 공주 만세 시위로 강윤 등이 일본 경찰에 체포되자 영명학교를 폐교하는 조건으로 이들의 형량을 줄였다. 집행유예로 풀려난 강윤에게 일본의 보리스 사무실로 갈 것을 권유한 사람이 프랭크 교장이었다. 여러 국적 사람으로 구성된 보리스 사무실은 이후 오미형제사近江兄弟社로 이름을 바꾸었는데, 구성원 간의 형제애를 강조한 조직이었다. 영명학교와 보리스 사무실을 거치면서 강윤은 더욱 투철한 기독교 정신과 민주주의의 신봉자가 되었고, 회사에 다니면서 훗날 오사카공과대학이 되는 관서공학전수학교關西工學專修學校에서 건축을 공부했다.

투철한 민족주의자이기도 했던 강윤은 1938년 보리스사의 경성 주재 사무소의 주재원이 되어 이화여전의 여러 건물 건립에 관여했고 이후 보리스 사무실이 의뢰받은 태화기독교사회관의 설계 책임자가 되었다. 태화기독교사회관은 3·1운동 당시 독립선언 현장인 태화관 자리에 지어진 건물로 1939년에 완공되었다. 강윤은 서구식 구조와 평면에 한식 기와 및 전통 문양을 넣어 소위 '한양 절충'을 시도했고, 이후 일제시대 내내 이 건물을 지키기 위해 각고의 노력을 기울였다. 태평양전쟁 발발을 전후하여 한반도에서 미국인들이 추방되었고 보리스 사무실의 활동에도 제약이 생겼다. 강윤은 종로에 회사를 차렸으나 그에게 주어지는 일은 거의 없었다. 박길룡 이후 일제시대 한국인 건축가 네트워크의 중심이 된 경성고공 출신도 아닌 데다가, 여러모로 강직한 원리원칙주의자였던 그에게는 의지가 될 만한 세력도 없었다. 더욱이 한국전쟁과 같은, 미묘한 처세술이 필요한 시기를 겪으면서 강윤의 개인적 삶은 불행과 고난의 연속이었다. 그는 결국 1967년 뇌출혈로 쓰러져 반신불수가 되었다가 1975년 사망에 이른다. 강윤의 삶을 염두에 두고 그의 대표작이라고 할 수 있는 이화여자대학교 대강당을 바라보면, 한 개인을 넘어 역사적 인물로서 그의 고뇌를 떠올리지 않을 수 없다.

지하철 2호선 이대역에서 이화여자대학교로 연결되는 남북 방향의 길은 지형적 변화가 매우 절묘하다. 진입 과정은 여러모로 경관 분석의 좋은 사례이다. 처음에는 오르막이어서 길 너머에 무엇이 있는지 잘 보이지 않는다. 한 블록을 지나면 잠시 고갯마루가 되었다가 내리막이 되면서 그 앞의 풍경이 펼쳐진다. 하지만 길가의 가로수들로 인해 시야는 여전히 제한된다. 일방통행인 1차로밖에 되지 않아 길 폭이 좁다. 아래로 내려가면서 조금씩 열리던 시야는 교문으로부터 한 블록 앞 정도가 되면 갑자기 탁 트이기 시작한다. 지형은 이화교를 최저점으로 다시 상승하는데, 전체적으로 조금씩 왼쪽으로 방향을 트는 과정 또한 역동성을 더해준다. 이제 시선은 단연코 좌측 11시 방향의 언덕과 그 정상에 자리 잡은 대강당으로 향한다. 우측에 도미니크 페로 설계의 거대한 ECC^{Ewha Campus Complex}가 있지만, 지하구조물인 탓에 가까이 가기 전까지는 대강당의 존재감에 미치지 못한다. 대강당이 없던 시절 이 일대의 경관이 어땠는지 가늠하기 어려울 정도로 건물이 주는 시각적 임팩트가 크다. 어둡고 좁은 시야가 갑자기 탁 트이며 햇살을 정면으로 받는 캠퍼스가 파노라마처럼 전개되는 과정이야말로 좀처럼 비교 대상을 찾기 어려운 극적인 도시 경관을 제공한다.

시각적 드라마의 한 축에는 대강당이, 또 다른 축에는 ECC가 있다. 한국 건축가와 프랑스 건축가, 언덕 위에 솟아오른 양陽의 건축과 땅으로 파고 들어간 음陰의 건축, 서구식 고딕 양식과 현대식의 중성적 유리 건축. 통상적인 동서양 건축가의 역할이나 태도가 역전된 것처럼 보이면서 두 건물은 절묘하게 유서 깊은 캠퍼스에 역동성과 균형을 동시에 제공한다. 이화여자대학교 대강당은 지하 2층 지상 5층으로 건축면적은 2,281.72㎡, 연면적은 6,623.01㎡이다. 구조는 철근 콘크리트이며 외부는 화강석 석조지만, 증축된 건물의 좌우 측면은 돌가루를 접착제로 굳힌 일종의 인조석으로 마감되어 있다. 외관이 건립 당시의 분위기를 거의 유지하고 있는 데 반해 내부 공간은 그간의 대대적인 보수 공사 등으로 비교적 현대적인 느낌을 준다. 다만 로비와 복도 등은 여전히 이전의 분위기를 간직하고 있다. 지금도 가끔 공연장으로 사용되는데 기본 기능이 강당이라 그리 좋은

대강당과 ECC 주변 전경

위 좌> 로비에 드러난 철근 콘크리트 구조물   위 우> 외부의 인조석 마감
아래 좌> 대강당 내부와 후면   아래 우> 대전 현충원 독립 유공자 묘역의 강윤 묘

음향 환경은 아니라는 평가를 받는다. 현재 이 건물의 가장 중요한 기능은 입학식, 졸업식 등 다양한 학교 행사를 치르는 것이며, 특히 미션계 학교답게 채플이 열리는 장소로서도 잘 알려져 있다.

이화여자대학교 대강당은 역사가 70년에 가깝다. 아직도 학교의 대형 실내 집회 공간으로서 애초의 기능을 충실하게 수행 중이며 일부 증축이나 내부 개보수 부분을 제외하고는 전체적인 원형도 훌륭하게 잘 남아있다. 한때 대한민국의 수많은 공연이 이루어졌을 뿐 아니라 최고 여성 교육기관의 중심 공간으로 유지해 온 사회적, 역사적 공공성 또한 어느 건물에 못지않다. 이런 이유에서 이화여자대학교 대강당은 레거시 플레이스의 모든 조건을 충족할 뿐 아니라 교육기관의 특성상 앞으로도 그 가치를 오랫동안 유지할 것이 확실한 귀중한 존재이다. 더구나 애국지사로서 2004년 국립대전현충원 독립 유공자 묘역 제111호에 안장되는 등 한 개인으로서나 건축가로서 여러모로 귀감이 될 만한 인물인 강윤의 작품이라는 점에서 그 가치가 더욱 높다.

사족: 이화여자대학교 캠퍼스맵을 찾아보면 ECC 항목에는 '세계적 건축가 도미니크 페로가 설계한 건물'이라는 설명이 나오지만 대강당 항목에는 설계자 강윤에 대한 언급이 없다. 이처럼 한국 건축가들이 익명으로 다뤄지는 소위 '건축가의 유령화'는 어제오늘의 일이 아니다. 훌륭한 건축가이면서 동시에 국민의 존경을 받는 애국지사였던 강윤이라는 존재를 이제 더 자랑스러워할 필요가 있다.

41
대구 구도심의 대표적 근대 건축
경북대학교 의대 및 병원 본관

경북대학교 의대 본관 전경

주소: 대구 중구 국채보상로 680, 동덕로 130
건축년도: 1929년, 1933년
건축가: 미확인(경북대학교 의대), 경상북도 회계과 영선계(경북대학교 병원 본관)
면적(m²): 29,463.99(경북대학교 의대), 86,812.59(경북대학교 병원 본관)

　　　　　　　　　　대구 구도심의 한복판인 중앙로역 주변은 대구의 역사가 농축된 곳이다. 중앙로역의 북서쪽에는 경상감영공원이 있다. 조선시대 경상도를 관할하던 감영, 즉 현대의 도청에 해당하던 관청이 있던 자리다. 예나 지금이나 영남의 맹주 노릇을 하는 대구의 위상을 짐작하게 하는 곳이다. 그 반대편, 중앙로역 동쪽에는 연달아 두 개의 공원이 있다. 하나는 대구중앙초등학교 터에 조성된 2·28기념중앙공원으로, 4·19혁명의 전초전이자 우리나라 민주화 운동의 효시로 평가받는 2·28 학생민주의거를 기념하는 장소다. 여기서 더 동쪽으로 가면 국채보상운동기념공원이 있다. 대한제국 말기 대구에서 시작된 항일 구국운동 중 하나였던 국채보상운동, 즉 나랏빚을 갚기 위한 운동을 기념하는 장소다. 2·28기념중앙공원에 비해 약 3~4배 정도의 규모로, 동남쪽 모서리에는 나랏돈을 찍어내는 한국은행 대구지점이 자리 잡고 있어 흥미롭다. 조선시대에서 근대에 이르는 다양한 역사적 사실과 관계 맺고 있는 3개의 공원 덕분에 구도심은 대체로 건조한 느낌의 도시인 대구에서도 유난히 녹음이 울창한 매력적인 지역이 될 수 있었다. 한편 대구 중앙로역은 2003년 대구 지하철 참사가 있었던 곳으로, 현대사의 비극적인 사건을 기억하는 장소이기도 하다.

국채보상운동기념공원에서 다시 동쪽으로 동덕로를 건너면 범상치 않게 생긴 두 개의 벽돌 건물이 길 하나를 사이에 두고 서로 마주 보고 있다. 왼쪽, 즉 북쪽의 건물이 경북대학교 의과대학 본관이고 오른쪽, 즉 남쪽 건물이 경북대학교 병원 본관이다. 형태는 다르지만 붉은 벽돌로 된 유서 깊은 건물이 이렇게 정면으로 마주 보고 있는 경우는 거의 없다. 이 중에서 더 오래된 것은 경북대학교 병원 본관이다. 이 병원의 전신은 대구 동인의원, 관립 자혜의원, 경상북도립 대구의원 등이다. 대구의원이 1926년 3월 13일 전소되자 바로 대구도립병원을 지었고 이후 오늘날의 경북대학교 병원 본관이 되었다. 따라서 많은 기록에 이 건물은 구 대구도립병원으로 나오기도 한다. 공사 기간은 1927년 6월 18일부터 1929년 5월 25일까지 약 2년 남짓이었다. 건물은 화강석 기초 위에 벽돌을 쌓아 올린 조적조인데, 이 공법은 지진 및 단열 등에 취약하다는 단점이 있어 이후 콘크리트나 철골 구조에 벽돌을 매달아 쌓은 치장 벽돌 공법이 보편화되었다. 오늘날 순수한 조적조 건물이 드물기 때문에 그만큼 역사적 가치가 있는 건물이다. 2003년 1월 28일 국가 문화유산 사적 제443호로 지정되었다.

길 맞은편 경북대학교 의대 본관 건물의 서사는 조금 더 드라마틱하다. 여기에는 당시 의학전문학교 설치를 둘러싼 평양과 대구의 치열한 경쟁이 있었다. 2023년 8월 23일 자 매일신문 기사와 같은 해 메디게이트 뉴스에 실린 경북대학교 의대 병리학교실 김용진 교수의 글에 의하면, 경북대학교 의대의 전신은 1923년에 설립된 대구의학강습소다. 위에서 언급한 대구도립의원의 웅장한 자태가 드러나면서, 대구의학강습소를 대구의학전문학교로 승격하기 위한 본격적인 준비가 시작되었다. 당시 평양에서

경북대학교 병원 본관

도 비슷한 움직임이 있었기 때문에 이에 자극받은 대구의 지역 유지들이 1926년 6월 28일 대구상업회의소에 모여 현금 기부를 결의하는 등 분위기가 뜨겁게 달아올랐다. 일제시대이므로 한국인들뿐 아니라 당시 경북도지사를 포함한 일본인들도 가세했다. 물론 학생의 비율은 일본인이 훨씬 높았다. 대구의학강습소는 마침내 1930년 대구의학전문학교로 승격되었고 1931년 해부실에 이어 1933년 12월 마침내 본관 건물이 완공되었다. 애초에는 맞은편 도립병원 정도의 규모인 682평으로 계획했으나 평양에서 800평 규모로 건물을 짓는다고 하자 최종 940평으로 결정되었다. 경북대학교 의대는 이미 2023년 창립 100주년을 대대적으로 기념했고 본관의 완공은 2033년이면 100년에 달하게 된다. 경북대학교 의대 본관 역시 경북대학교 병원 본관과 마찬가지로 2003년 1월 28일 국가등록문화유산 사적 제442호로 지정되었다.

평양은 어떻게 되었을까? 이 경쟁은 1926년 경성제대 의학부가 설립되면서 기존의 경성의학전문학교가 실습 병원을 잃고 타 도시로 이전한다는 소문으로 시작되었다. 경성의학전문학교는 자체 부속병원은 아니지만 그간 사실상 한 몸처럼 사용해 오던 총독부의원을 경성제대 의학부에 빼앗겼으나, 다행히 1928년에 현재 국립현대미술관 서울관의 일부로 사용 중인 부속병원을 소격동에 신축했다. 평양의 경우는 1933년 평양의학강습소가 평양의학전문학교로 승격되었고, 1937년 본관 건물을 조선의 마지막 궁궐인 평양 풍경궁 근처에 세웠다. 예의 좌우 대칭의, 엄청나게 경직된 외양의 건물이었다. 결과적으로 경성의전은 자체 병원을 갖게 되었고, 이전 소문으로 인해 서로 경쟁하던 평양과 대구 모두 의학전문학교 승격이라는, 나름의 해피 엔딩(?)으로 마무리된 셈이다. 어쩌면 그 소문 자체가 한반도의 근대 의학 인프라를 각 도시의 민간 경쟁을 통해 늘려가기 위한 식민 지배자들의 꼼수가 아니었을까라는 상상도 하게 된다. 이현일의 논문 〈일제하 공립의학전문학교의 설립과 운영〉에 '경상북도와 평안남도는 의학전문학교 설립기성회와 주민들의 모금, 도의 지방비로 개교, 운영하는 것을 조건으로 1933년 3월에 공립의학전문학교대구 및 평양의전를 설립하게 된다'라는 구절이 있는 것으로 보아 어느 정도 사실인 듯하다. 결과적으로 일제시대 한반도에는 관립으로는 경성의전, 공립으로는 평양의전, 대구의전, 함흥의전, 광주의전, 사립으로는 세브란스연합의전, 경성여자의전 등이 설립되었다. 이들은 해방 이후 여러 대학의 의과대학으로 승격하여 오늘에 이른다.

경북대학교 의대 및 병원 본관은 설계자가 동일하다는 설도 있으나 자료로 확인하지는 못했다. 다만 경북대학교 병원 본관은 설계와 감독을 경상북도 회계과 영선계에서 했고 공사는 분할 청부 형식으로 했다는 기록이 온라인 한국민족문화대백과사전에 나온다. 일단 기록의 신빙성을 인정한다면 이 건물은 이른바 '공무원 건축가'가 설계한 것으로 볼 수 있다. 지금은 이해하기 어렵지만 당시로서는 보편적인 현상이었다. 1912년에 경성에서 개업한 나카무라 요시헤이, 1920년에 개업한 이훈우, 1932년에 개업한 박길룡 등 민간 사무실을 운영하던 건축가가 없던 것은 아니었으나, 대세는 공공 조직에 소속된 건축가들이었다. 이훈우도 1928년 진주여고를 설계할 당시 경남도 영선과와 함께 작업했다는 기록이 남아있다. 경북대학교 병원 본관과 거의 완벽하게 같은 시기다. 우리가 잘 아는 건축가이자 시인 이상도 1929년 경성고공을 수석으로 졸업한 이후 바로 조선 총독부 내무국 건축과, 관방회계과 영선계에서 기수로 근무하였고 폐결핵과 업무 스트레스로 1933년에 사임할 때까지 '공무원 건축가'로 활동했다. 역시 경북대학교 의대 본관 건립과 시기적으로 거의 일치한다. 이들은 조직에 속해있는 존재들이기는 해도 어느 정도 연륜이 쌓여 독자적으로 건물을 설계할 정도가 되면 설계자로서의 존재를 인정받았다. 일본 본토는 물론, 1차 식민지인 대만, 2차 식민지인 조선, 그다음 만주국 등 일본의 직접적인 영향력이 미치는 지역에서 모두 마찬가지였다. 그러나 경북대학교 병원 의학박물관에 전시 중인 상량문에는 설계자 이름이 나오지 않는다. 아마 다른 곳에 분명히 기록이 있을 것이다.

    경북대학교 병원 본관은 현재 후면의 건물군과 물리적으로 연결되어 있다. 병원 기능의 상당 부분은 후면의 건물군으로 빠져나갔으나 오히려 그 덕분에 로비 등 원래의 모습이 놀라울 정도로 잘 남아있다. 로비의 중심축과 나란히 길 뒤편으로 연결되는 복도는 전체 건물군의 척추 역할을 한다. 이러한 구조 덕분에 이 건물은 여전히 경북대학교 병원의 얼굴이자 머리로 기능하고 있다. 외부는 중앙의 모임지붕 때문에 경성부청사, 현재의 서울시청사 본관인 서울 도서관을 연상케 하는데, 경성부청사가 1926년에 완공된 것을 생각하면 어느 정도 영향을 주었을 가능성도 있다. 다만 당시 일본 건축계는 세계적으로는 때늦은 역사주의 건축 시대로서 건물 디자인에 건축가의 생각과 개성이 선명하게 드러나지 않았던 점을 고려할 필요는 있다. 이 건물은 외관의 엄격한 분위기와 달리 로비가 매우 섬세하다. 화려한 타일과 대리석 등으로 치장하여 한껏 건축미를 높인 결과인데 규모가 작아서 그렇지 디테일한 느낌은 곤도 주로近藤+郞가 설계한 대만대병원1912년을 연상케 한다. 건물의 안팎 모두에 원형의 아치가 많이 사용되어 전체적으로 딱딱한 분위기를 많이 완화해 주며 나름 완숙한 느낌을 준다. 로비는 전면과 후면의 두 공간으로 나뉘어 있다.

　이에 반해 몇 년 늦게 지어진 경북대학교 의대 본관은 성격이 아주 다르다. 내부는 많이 변형되어 비교하기 어려우나 외부는 상당히 잘 보존되어 있다. 전체적으로는 눌러놓은 팬케이크처럼 수평선을 강조하면서도 중앙의 탑은 높이와 조형 감각 면에서 수직선을 강조하고 있어 여러 방향으로 한껏 힘을 발산하고 있는 듯하다. 화강석의 수평 띠가 층마다 사용된 것은 같은 방식을 즐겨 사용한 다쓰노 긴고를 연상케 하는데, 일부러 단면을 돌출하게 만들어 마치 건물의 무게로 인해 화강석이 밖으로 삐져나온 듯한 강력한 이미지를 구성한다. 이렇게 육중한 무게감을 갖는 하부 위에 여러 개의 수직선으로 구성된 탑이 높게 솟았으니 전체적으로는 매우 상승감을 준다. 도쿄대 야스다 강당1925년이나 인천부 청사1933년, 현재 인천 중구청 제1청사 등에서도 여러 개의 수직선이 강조된 비슷한 수법이 보이는데, 이 역시 당시 건축 설계의 유형적 접근 방식을 짐작게 하는 부분이다. 입구의 안내

위> 경북대학교 병원 전면 로비
아래> 경북대학교 병원 후면 로비

판에는 평면이 'ㅁ'자라고 나오지만 실제로는 90도 돌려놓은 'E'자에 가깝다(요즘 건물마다 화재 시 대피 경로가 표시된 평면이 붙어있어 여간 감사한 것이 아니다). 뒤로 돌아가 보면 중정 역시 매우 잘 조성되어 있다.

두 건물은 시대적 배경상 일본의 절대적인 영향력을 배경으로 지어졌으나 건립 과정에부터 한국인의 참여가 높았던 특별한 경우다. 100년에 가까운 연륜을 자랑하며 해방 이후에는 한국 국립대학 시스템 및 의료체계의 일부로 편입되어 수많은 의료진을 양성하고 환자 치료의 최일선에서 봉사해 온, 공공성 높은 건물이다. 다행히 사적으로 지정될 정도로 원형이 잘 지켜졌고 관리 상태도 좋으며, 여전히 의료 시설 및 의학 교육 시설로서 본래 기능을 잘 유지하고 있다. 이 정도면 역사 도시 대구를 대표하는 레거시 플레이스의 사례로 충분하다.

42
영국인이 시작하고 한국인이 완성한
대한성공회 서울주교좌성당

주소: 서울 중구 세종대로21길 15
건축년도: 1926년 건축가: 아더 딕슨, 김원
층수: 5층 면적(m²): 2,523.47

　　　　　　　　　레거시 플레이스에 대한 글쓰기를 구상할 때부터 대한성공회 서울주교좌성당을 대표적 사례로 염두에 두고 있었다. 어쩌면 역으로 이 건물 때문에 이러한 개념을 생각하게 된 것이라 할 수도 있다. 그만큼 나에게나 한국 사회에 이 건물이 갖는 의미가 크다고 생각한다. 특정 교단의 종교 시설을 넘어서는 이 건물의 보편적 가치는 과연 무엇일까. 레거시 플레이스의 네 가지 기준에 따라 정리해 본다.

　　우선 '충분히 나이를 먹었는가'라는 시간적 기준이 있다. 이 건물은 일제시대인 1910년대에 영국의 저명한 건축가 아더 딕슨에 의해 설계되어 1922년에 착공, 1926년에 부분적으로 완공되었다. 여기서 '부분적'이란 표현을 사용한 이유는 애초의 계획안에 비해 훨씬 축소된 형태였기 때문이다. 원래는 전통적인 기독교 교회당의 평면 형식인 라틴 크로스, 즉 십자가를 닮은 형태로 설계되었으나 팔과 허리 이하가 잘린 변형된 형태로 마무리되었다. 그 결정은 1916년에 내려졌는데, 당시 1차 세계대전으로 자금 조달이 어려웠던 것이 큰 이유였다고 한다. 이렇게 대한성공회 서울주교좌성당의 역사는 100년을 아우른다. 충분히 긴 시간이라 할 수 있고, 특히 격동의 한국 근대사를 관통했다는 점에서 더욱 그러하다.

레거시 플레이스의 두 번째 기준은 애초의 용도를 유지하고 있느냐는 것이다. 이 기준 역시 무난하게 충족한다. 처음에 지어졌을 때나 지금이나 종교 시설로서의 용도는 변하지 않았다. 사실 이 두 번째 기준은 레거시 플레이스가 되기 위해 가장 중요하면서도 힘든 기준이기도 하다. 현대 사회란 고도의 변화를 수반하며 그 과정에서 건물의 운명 또한 예측하기 어렵기 때문이다. 이런 관점에서 보면 확실히 종교 건축이 레거시 플레이스가 될 가능성이 높다. 종교는 건축 역사 초기부터 중요한 패트런 역할을 해 왔는데, 종교가 추구하는 초월성과 영속성은 건축에 있어서도 어울리는 주제였으며 동시에 풍부한 토양이기도 했다. 그 이후에 건축의 새로운 패트런으로 세속 권력이나 자본이 등장했지만, 종교와 비교하기는 어렵다.

세 번째 기준, 즉 '원형에 대한 존중'은 이 건물의 가장 대표적인 특징이다. 전 세계의 수많은 건물 중에서 이 건물만큼 원형에 대한 존중이 드라마틱하게 구현된 경우는 그리 많지 않다. 1926년, 애초의 계획보다 훨씬 축소된 형태로 일차 완공된 이 건물은 일제시대와 태평양전쟁, 한국전쟁 속에서도 살아남았다. 1978년에는 서울시 유형문화재 제35호로 지정되었고 1987년에는 6월 항쟁의 시발점이라는 역사적인 장소가 되었다. 1990년대에 들어오면서 건물을 증축하는 계획이 시작되었는데, 그 설계를 의뢰받은 인물은 한국 건축가인 김원이었다. 그는 여느 건축가들이 그러하듯이 자신의 독창적인 설계로 이 건물을 증축하고자 했으나, 그때 기적 같은 일이 일어났다. 1993년 런던 교외의 렉싱턴도서관에서 아더 딕슨의 원 설계도면이 발견된 것이다. 여기서 김원과 대한성공회는 쉽지 않은 결정을 내린다. 아더 딕슨의 원 설계 의도를 따르기로 한 것이다. 그 결과 성당은 잘렸던 팔을 비롯한 신체의 나머지 부분을 되찾을 수 있었고, 현재와

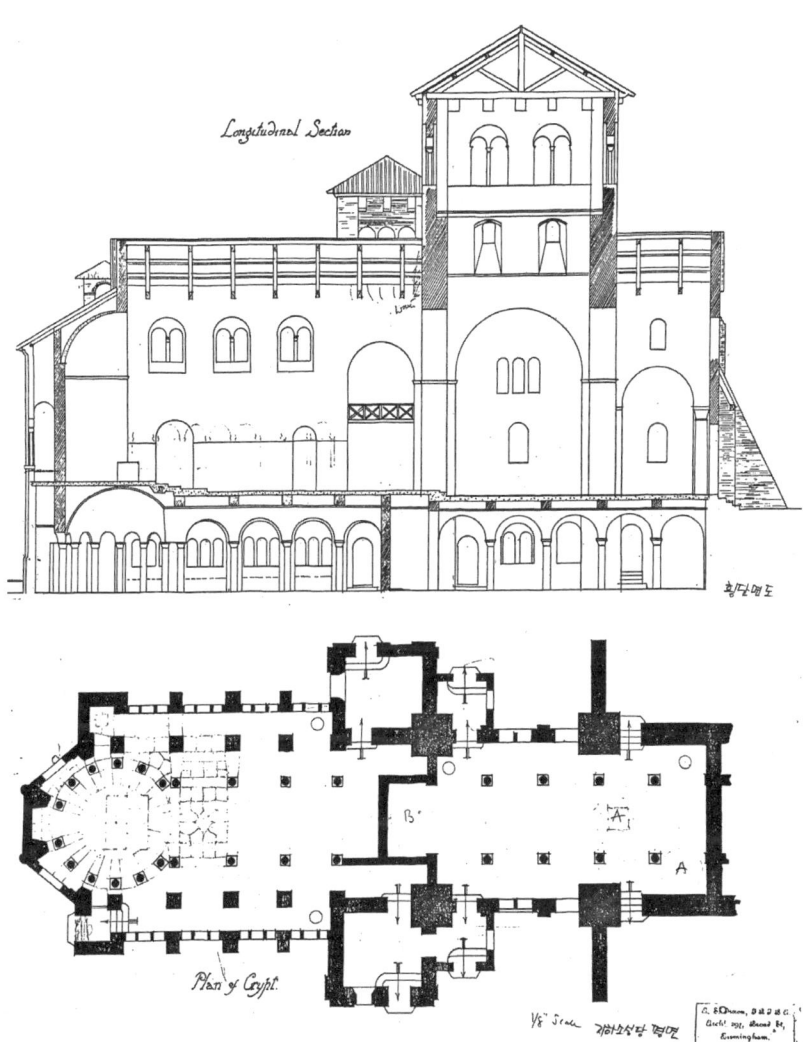

1926년에 지어진 부분
(제공: 대한성공회 서울주교좌성당)

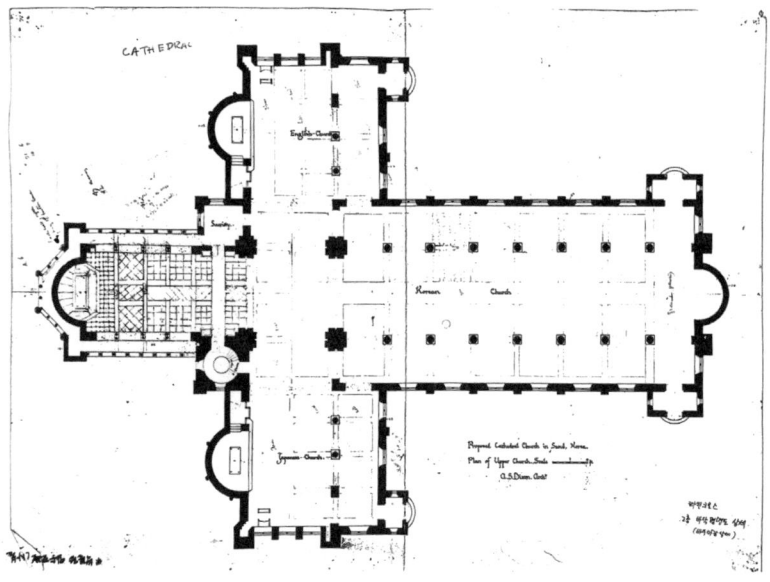

아더 덕슨의 원 설계도
(제공: 대한성공회 서울주교좌성당)

같은 모습으로 1996년에 증축이 완료되었다. 처음에 이 건물을 발주한 영국인 주교 마크 트롤로프Mark N. Trollope, 1862-1930는 축소된 형태로 짓는 어려운 결정을 내리면서 '언젠가 한국인들이 이 성당을 완성할 것이다'라는 예언을 남겼다고 하는데, 그것이 현실이 되었다.

마지막 기준은 '어느 정도의 공공성'이다. 이 건물이 오직 대한성공회의 종교적 기능만을 수행했다면 앞의 세 가지 기준을 충족함에도 레거시 플레이스가 되지 못했을 것이다. 이 건물은 공공성도 충분히 충족한다. 우선 6월 항쟁의 시발점으로서 민주화 운동의 성지라는 점을 빼놓을 수 없다. 동시에 서울 시내에서 가장 사랑받는 문화 공간 중 하나다. 이 성당에서 꾸준히 열리는 성공회 정오 음악회는 바쁜 일상을 보내는 시민들에게 도심 속 오아시스와도 같은 존재다. 서울시청 앞이라는 입지가 절대적으로 유리한 조건을 제공한다. 종교 시설이지만 굳이 레퍼토리를 종교 음악으로 한정하는 것도 아니다. 이러한 관용성은 주로 저녁 시간에 진행되는 일반 대관에서도 유지된다. 서울시향이 2016년부터 진행한 '퇴근길 콘서트'의 장소로도 활발하게 사용된다. 일반 방문객은 물론, 문화와 예술을 사랑하는 사람들에게 이 성당은 특정 종교 시설을 넘어 공공장소로서의 의미가 그만큼 크다. 그런 점에서 이 건물은 우리 사회가 보유한 '사적 소유의 공공장소privately owned public space'의 대표적 사례라고 할 수 있다.

이 성당을 찾아가는 길은 어렵지 않다. 서울시청 앞 광장에서 바로 보이기 때문이다. 지금은 주변에 높은 건물들이 많지만 한국전쟁 직후에 촬영한 사진을 보면 평지에 있는 건물인데도 마치 언덕 위에 있는 듯, 높게 솟아 있는 모습이다. 다만 이 당시에는 시청 앞 광장에서 바라본 광경이 지금처럼 개방적이지 않았다. 성당이 1차 완공된 지 10년 남짓 지난 1937년, 이 자리에 훗날 서울지방국세청 남대문 별관으로 불리게 될 조선체신사무회관이 들어섰기 때문이다. 이 건물이 2015년에 철거되면서 성당은 다시 대로변에 노출되었다. 서구식 건축인 로마네스크 양식이지만 부분적으로 한식 기와를 사용하고 한국 화강석으로 마감해 사암이나 대리석이 주로 사용된 서구의 성당들과는 느낌이 확연히 다르다.

  성당에 들어서려면 이웃한 서울시의회 건물 사이로 난 길을 따라 올라가야 한다. 세종대로2길이라는, 아무도 기억할 사람이 없을 것 같은 이름이지만 길의 분위기는 자못 그윽하다. 녹음이 우거져 있고 길가 건물들의 연혁도 상당해 보인다. 이 길을 따라 걷다 보면 도심의 소음과 혼잡이 놀랄 정도로 호젓한 분위기로 전환되는 것을 느낄 수 있다. 성당의 북측을 돌아 십자가의 발에 해당하는 곳으로 가면 입구가 있다. 조심스럽게 성당

좌> 서울시향의 '퇴근길 콘서트' (제공: 서울시향)
우> 한국전쟁 직후의 사진 (출처: 나의 어머니 앨범)

안으로 들어가 본다. 금박 모자이크가 돋보이는 정면의 제단 부분을 제외하고는 대체로 분위기가 소박하다. 원래 로마네스크 양식이 고딕에 비해 조형이나 공간이 절제되어 있기도 하지만 이것은 결과라기보다는 원인, 즉 의도적인 선택이었다.

이 성당의 건축주였던 트롤로프, 한국 이름 조마가 주교는 당시 영국 국교회 내 앵글로 가톨릭 사회주의 운동의 영향을 많이 받은 인물이었다. 그가 생각하는 이상적인 성당이란 '가사 노동에 지친 주부가 뜨개질 거리를 들고 찾아올 수 있는 곳'이어야 했다. 그와 건축가인 아더 딕슨은 산업혁명의 발상지 중 하나였던 버밍엄에서 조우했는데, 이들은 논의 끝에 자신들의 종교적, 사회적 이상을 담을 수 있는 최적의 건축 양식으로 검박한 로마네스크 양식을 선택했다. 바로 그 점이 외래 종교의 건물임에도 이 성당이 한국인들에게도 친근하게 다가올 수 있는 이유 아닐까.

성당의 회중석에 줄지어 서 있는 기둥을 자세히 관찰하면 중간 정도에서 석재의 색이 살짝 변하는 것을 알 수 있다. 증축하면서 이어진 부분인데 공간이나 형태는 그 이전과 이후가 연속적이지만, 돌에 스며든 시간의 흔적은 어쩔 수 없이 차이를 보인다. 확연히 눈에 띄지는 않지만 어쩌면 이 미묘한 차이가 이 건물에서 가장 의미심장한 부분일 것이다. 아더 딕슨으로부터 김원에게로, 트롤로프로부터 그 이후의 한국인 사제들에게로 이어지는 면면한 역사의 흐름이 잘 드러나는 부분이기 때문이다.

그런 점에서 이 건물은 비록 증축되었다고는 해도 안팎으로 원형의 분위기를 충실히 구현하고 있다. 증축 이후에도 거의 사반세기에 가까운 세월이 흘렀지만 갈 때마다 건물이 조금씩 더 정제되고 깨끗하게 느껴지는 것은 처음 지어질 당시의 그 정신을 기리고 이를 계승하기 위한 수많은 사람의 노력 때문이다. 이처럼 좋은 건축은 처음에 계획을 잘 세우고, 짓기도 잘 지어야 하지만 후세의 노력에 의해 끊임없이 거듭나며 지속적으로 완성되기도 한다.

위대한 과업의 동반자로서 이 성당을 함께 만들었던 트롤로프와 아더 딕슨은 성당의 1차 완성 직후 마치 이승에서의 기운을 다 소진한 듯 앞서거니 뒤서거니 하며 세상을 떠났다. 1929년 사망한 아더 딕슨은 런던 근교 서리Surrey의 한 교회 묘지에 묻혀있다고 전하며, 1930년 고베에서 사망한 트롤로프는 자신이 지은 대한성공회 서울주교좌성당의 지하에 안장되었다. 나는 2019년 두 사람이 만났던 버밍엄을 방문했고, 그때 아더 딕슨이 설계한 몇 개의 건물을 볼 수 있었다. 그중 성 바실 성당은 현재 청소년 시설로 사용되고 있는데, 아더 딕슨이 서울의 성당을 설계하기 직전 작품으로 조형적으로도 상당한 유사성을 보인다. 세상만사가 그러하듯 건축에서도 이렇게 면면히 흐르며 갈라지고 이어지는 서사의 줄기는 결코 무시할 수 없다.

위> 트롤로프 주교의 묘
아래> 버밍엄의 성 바실 성당

43
일본인 건축가가 설계한
천도교 중앙대교당

주소: 서울 종로구 삼일대로 457
건축년도: 1921년 건축가: 나카무라 요시헤이
층수: 4층 면적(m²): 927.73

'1905년 12월 1일 천도교 3세 교조 의암성사 손병희는 교당을 새로 건축한다는 광고를 내면서 동학을 천도교로 선포하고, 교회당을 세우는 것이 바로 종교의 표준이라 하였다.' _<천도교 중앙대교당 50년 이야기>, 이동초 편, 모시는 사람들

1894년 3월과 9월에 봉기한 동학농민운동이 1년여 만에 미완의 혁명으로 막을 내렸다. 동학의 지도자 중 전봉준, 최시형 등이 처형당하면서 손병희가 새로운 지도자로 부상하였으나 탄압이 거세지면서 중국을 거쳐 1901년 일본으로 망명했다. 망명지에서도 그는 동학의 재건과 조선의 근대화를 위한 노력을 멈추지 않았다. 1903년부터 24명의 청년을 일본에 유학시켰고, 1904년 갑진개혁운동을 통해 진보회를 조직, 개화 운동의 확산을 꾀하였다. 글머리의 내용처럼 1905년은 더욱 의미심장한 해였다. 그다음 해인 1906년 대한제국이 점차 무력화되면서 신변의 위협이 완화되자 귀국하였고, 이어 교단 내의 친일 조직인 일진회 등에 출교 처분을 내리면서 교단의 정체성을 더욱 명확히 했다.

이 격변의 과정에서 새로운 교당을 건축한다는 결정을 내린 것은 지금 보아도 음미할 만하다. 역사적으로 알려진 건물 중에는 건립 주체가 심각한 어려움을 겪으면서 지어진 것들이 의외로 많다. 피렌체의 산타마리아 델 피오레Santa Maria del Fiore 대성당은 페스트가 창궐하고 권력 투쟁이 극심한 가운데 완성되었으며, 안동 하회마을은 '헛제삿밥'이라는 단어가 나올 정도로 곤궁했던 지역의 상황을 이겨낸 결과다. 신라는 국가의 운명이 걸린 나당전쟁의 소용돌이 속에서 호국의 의지를 모아 안압지를 건설했다. 이처럼 건축을 통해서 고난을 극복하고 새로운 정체성을 확립하여 후세에 전한다는 의지는 20세기 초 천도교 역시 마찬가지였다. 역설처럼 느껴지지만 오히려 건축의 본질에 대한 이야기이기도 하다. 여유와 잉여의 소산으로만 볼 수 없는, 처절한 노력의 결과인 건축이 의외로 많다.

그러나 아무리 건립 취지가 분명하고 의지가 굳건해도 현실은 늘 그렇듯 만만치 않았다. 천도교가 새로운 교회당을 세우는 과정은 그야말로 고난의 연속이었다. 1906년부터 신도들로 하여금 교당 건립 자금을 의무적으로 내게 하고 현재의 계동 인근에 부지를 확보하는 등 본격적인 준비에 들어갔다. 한성부에서 인허가를 내주지 않아 갖은 청원 끝에 결국 고종 황제까지 개입, 남대문 밖 남관왕묘 인근에 대체 부지를 확보하고 측량에 착수했다. 그러나 불운은 여기서 끝나지 않았다. 신도들로부터 걷은 건축 비용이 턱없이 부족하여 교당은 고사하고 천도교의 본부인 중앙총부마저 1906년에서 1910년까지 여러 차례 이사를 다녀야 했다. 결국 경운동에 교회당과 중앙총부가 함께 들어설 수 있는 부지 1,824평이 확보된 것은 1918년이 다 되어서였다. 조선이 일본의 식민지가 된 지 어느덧 8년이 지나고 있었다.

건물을 지으려면 설계를 맡을 건축가가 필요하다. 건축이 하나의 전문

직능으로 자리 잡기 시작한 근대 이후에는 더욱 그렇다. 당시 천도교 지도자들은 깊은 고민에 빠졌을 것이다. 항일을 기치로 삼아 온 천도교의 입장에서 일본인 건축가에게 설계를 맡길 수는 없는 일이었다. 당연히 조선인 건축가에게 의뢰해야 했는데 문제가 있었다. 당시 조선인 건축가란 존재하지 않았다. 한반도의 근대 고등 건축 교육은 1916년에 개교한 경성공업전문학교에서 시작되었는데, 최초의 건축 전공 졸업생이 2기로 입학한 박길룡이었고 그가 졸업한 해는 1919년이었다. 그러니까 천도교가 교회당 신축을 준비하던 무렵 그는 학생이었다. 아니다, 사실 당시에 조선인 건축가가 있었다. 심지어 그는 천도교인이었다! 그의 이름은 이훈우, 경상남도 하동 출신이다. 그는 1911년에 일본 나고야고공을 졸업한 후 귀국, 1918년 조선 총독부 총독관방 토목국 영선과의 기수로 재직 중이었다. 1917년의 천도교 자료에 그의 이름이 등장하는 것으로 보아 그 이전에 천도교인이 된 것으로 보인다.

이렇게 교단 내에 일본 유학생 출신의 조선인 건축가가 있었음에도 천도교가 선택한 건축가는 일본인 나카무라 요시헤이였다. 아마도 이 책에 가장 자주 등장하는 건축가일 것이다. 그는 도쿄대 출신의 엘리트로 경성의 을지로와 만주 다롄大連에 사무소가 있었다. 1880년생으로 당시 38세의 팔팔한 중견이었다. 천도교의 결정에 대해서는 여러 가지 추측이 가능하지만, 가장 가능성이 높은 것은 현실적인 문제였다. 예나 지금이나 건축 최대의 난제 중 하나가 인허가다. 가뜩이나 항일운동의 본거지로 낙인찍힌 천도교가 당시로서 엄청난 규모의 건물을 짓겠다고 나서면 인허가 기관인 총독부가 이를 곱게 볼 리 없었다. 그래서 궁여지책으로 경성에서 가장 활발하게 활동하던 저명한 일본인 건축가에게 설계를 의뢰할 수밖에 없었을 것이다.

그런데도 총독부의 견제는 계속되었다. 1918년 12월에 개기식, 즉 터를 닦는 의식까지 진행했으나 총독부는 교당이 너무 크고 중앙에 기둥이 없어 위험하다는 이유로 착공을 불허했다. 천도교 측은 어쩔 수 없이 건물 규모를 절반 정도 줄여야만 했다. 우여곡절 끝에 1919년 7월에 공사가 시작되었고 1920년 12월에 준공, 이듬해 2월 28일에는 중앙총부를 비롯한 관계 기관이 이전을 마쳤다. 오늘날 천도교 중앙대교당으로 불리는 이 건물은 완공 당시 경성을 대표하는 건물 중 하나로 꼽힐 정도로 높은 평가를 받았다. 일제시대와 한국전쟁을 거치면서도 무사히 살아남아 지금도 천도교의 가장 상징적인 건물로 명맥을 유지하고 있다. 이 건물의 건립 과정은 정확하게 3·1운동과 겹치는데, 일설에 의하면 건축 성금 중 상당 부분이 3·1운동을 위한 자금으로 사용되었다고 한다. 3·1운동 당시 민족 대표 33인 중 천도교 인사가 15명에 달할 정도로 천도교는 단순한 종교를 넘어 역사에 깊숙이 개입하고 있었다. 다만 외국인 건축가의 손에 의해, 그것도 천도교와 무관한 서구의 건축 양식을 번안하여 설계한 탓에 손병희가 1905년에 이야기한 '교회당을 세우는 것이 바로 종교의 표준'이라는 명제가 얼마나 잘 구현되었는지는 의문이다.

이후 1924년에 천도교는 중앙대교당과 중앙총부에 이어 또 하나의 대규모 건물을 경운동 부지 안에 건립한다. 이때 드디어 최초의 조선인 건축가이자 천도교도인 이훈우가 전면에 등장한다. 이훈우가 설계한 건물은 '대신사출세백년기념관'이라는 긴 이름이었다. 여기서 '대신사'는 수운 최재우로, 1824년생인 그의 탄생 100주년을 기념하여 연면적 530m^2약 160평에 달하는, 당시로서는 매우 규모가 큰 건물을 지었다. 이후 중앙대교당은 조금 더 종교 본연의 기능에 집중할 수 있었고 백년기념관은 교단의 배려로 어떤 제한 없이 심지어 무료로 활용할 수 있었다. 그야말로 일제시대에

위 좌> 정면도(제공: 천도교단)　위 우> 정면 사진
아래> 중앙대교당의 앞뜰

한민족을 위한 종합문화센터 역할을 유감없이 수행했다. 위에서 인용한 이동초의 저서에 의하면 권투 시합에서 합창 공연, 미술 전시에 이르는 다양한 행사가 이 건물에서 진행되었다. 1970년대 초반 전면의 삼일대로가 확장되면서 백년기념관은 철거되고 중앙총부는 우이동으로 이전되었으며, 남는 자리에는 고층 건물인 수운회관이 들어서 현재 중앙대교당과 이웃하고 있다.

건축물대장에 의하면 중앙대교당은 탑을 제외한 1층의 면적이 703.47 m^2약 213평에 달하며 많게는 3천 명이나 수용할 수 있다. 외벽은 서울 창신동 채석장에서 캐온 화강석과 붉은 벽돌의 조합이며 건축적인 양식은 20세기 초 빈에서 유행했던 분리파 Secession 계열로 이야기되어 왔다. 분리파의 영향은 당시 나카무라 요시헤이의 오스트리아인 협력자였던 안톤 펠러 Anton Feller, 1892-1973년에 의해 도입된 것으로 알려져 있다. 그러나 안톤 펠러는 오스트리아가 아닌 스위스에서 교육받았고 그나마 1차 세계대전에 징집되어 젊은 나이에 유럽을 떠나 우여곡절 끝에 극동으로 왔기 때문에, 빈의 분리파가 과연 얼마나 그에게 영향을 미쳤을지는 의문이다. 화강석과 붉은 벽돌을 섞어 쓰는 것은 오히려 나카무라 요시헤이의 보스였던 다쓰노 긴고가 도쿄역, 오사카 중앙공회당 등에서 사용했던 수법으로 이 부분은 좀 더 연구가 필요하다.

2017년 12월 28일 천도교 중앙대교당에서 열린 서울시향의 '퇴근길 콘서트'를 피아니스트 조은아와 공동으로 기획하고 사회를 본 적이 있다. 준비하는 과정에서 천도교 원로들을 만날 기회가 있었는데 귀중한 자료들을 접할 수 있었다. 건축가 이훈우의 존재를 알게 된 계기였다. 이후 이훈우에 대한 연구를 계속하여 김현경, 유대혁 등과 공저로 건축역사학회에 〈건축가 이훈우에 대한 연구〉라는 논문을 기고했다. 학계에 이훈우를 소개하고, 나아가 박길룡이 최초의 한국인 근대 건축가라는 기존의 설을 반박했다. 현역 건축가인 내가 학술적인 연구를 통해 한국 건축의 근대 초기 서사를 재정립하는데 기여했던 것은 지금도 매우 소중한 경험으로 남아있으며, 그 모든 것의 출발이 바로 중앙대교당이었다.

좌> 화강석과 붉은 벽돌의 조합
우> 탑으로 올라가는 계단

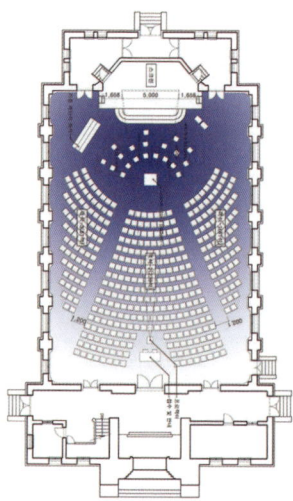

위 좌> 내부의 샹들리에   위 우> 중앙대교당의 평면과 퇴근길 콘서트 좌석 배치(제공: 황두진건축사사무소)
아래> 중앙대교당에서 열린 서울시향의 퇴근길 콘서트(제공: 서울시향)

천도교 중앙대교당은 일단 그 연륜이 100년을 훌쩍 넘었다. 건립 당시에 비해 종교 교단으로서 천도교의 교세는 많이 사그라들었으나 이 건물은 천도교의 상징적 존재로서 여전히 종교 시설의 역할을 수행 중이다. 이미 1978년에 서울특별시 유형문화재 제36호로 지정될 만큼 이 건물의 역사적, 건축적 가치는 오래전부터 인정받아 왔으며 시간이 흐를수록 더욱 높게 평가되는 추세다. 워낙 애초부터 잘 지은 건물이라 별다른 변형 없이 그 원형이 매우 잘 보존되어 있다. 교회당으로 사용하면서도 다양한 행사를 위한 대관이 활발하게 이루어지는 등 공공성에서도 굳이 따로 언급할 필요가 없을 정도다. 천도교 중앙대교당을 우리 사회의 귀중한 레거시 플레이스로 꼽는데 그 누구도 이의를 제기하지 않을 것이다.

44
시대를 관통하는 건축의 저력을 볼 수 있는
이왕가미술관 (현 국립현대미술관 덕수궁관)

국립현대미술관 덕수궁관 전경

주소: 서울 중구 세종대로 99
건축년도: 1938년 건축가: 나카무라 요시헤이
층수: 3층 면적(m²): 3,428

　　　　　　　　　나카무라 요시헤이. 일제시대의 한반도 건축에 조금이라도 관심 있는 사람이라면 꽤 친숙한 이름이다. 일본 하마마쓰에서 태어나 을사늑약이 체결된 해인 1905년 도쿄대학 건축학과를 졸업했다. 일본의 조선 침략이 점점 더 본격화되던 시점이었다. 졸업 후 일본 근대 건축의 제1세대 건축가라 할 수 있는 다쓰노 긴고의 사무실에 들어갔다. 1907년 21세의 청년 건축가 나카무라 요시헤이는 한반도로 건너왔다. 다쓰노 긴고가 설계한 일본 제1은행 한국 총 지점의 공사 감독관으로 경성에 부임한 것이다. 이 건물은 한일강제합병 이후 조선은행이 되었다가 해방 이후 한국은행 본관이 되었고, 현재는 한국은행 화폐박물관으로 사용 중이다.

　일본은 조선보다 22년 빠른 1854년에 개항했는데 구미 선진국을 치밀하게 답사한 이후 일찌감치 건축을 최고 교육기관인 대학교에서 가르치기 시작했다. 그로 인해 건축은 일본의 근대화 과정에서 초석이 매우 잘 다져진 분야 중 하나가 되었다. 그 시작은 고부대학교工部大學校였는데 이후 도쿄대학에 통합되었고 1897년 도쿄제국대학이 되었다. 바로 그 학교를 졸업한 최고 엘리트 건축가 중 한 명이 한반도에 건너온 것이다. 나카무라 요시헤이는 1908년 아예 경성으로 이주했고 2년 후인 1910년 조선은 일본에 병합되었다. 1912년 조선은행이 완공되자 그는 건축 고문이 되었고 같은 해 을지로에 건축사무소를 개업했다. 1922년 도쿄로 돌아가기 전까지 10년간 운영한 사무소였다. 1917년에는 일본이 서서히 영향력을 넓히고 있던 만주의 다롄 지사를 개설할 정도로 활발하게 움직였다. 조선은행 고문으로서 그의 영향력은 대단하여 만주의 다롄, 펑톈奉天은 물론, 군산에도 조선은행 지점을 연이어 설계했다.

레거시 플레이스에 등장하는 건축가들은 기본적으로 매우 운이 좋은 사람이다. 자신이 설계한 건축물이 오랫동안 원래의 기능과 원형을 유지하면서 많은 사람에 의해 널리 사용되는 것은 건축가들이 염원하는 직업적 이상이기 때문이다. 그런 관점에서 보면 나카무라 요시헤이는 당시 한반도에서 활동한 모든 건축가 중에서도 단연 운이 좋은 경우에 속한다. 그가 설계한 천도교 중앙대교당1921년 완공, 중앙고등학교 서관 및 동관각각 1921년, 1923년 완공, 조선은행 군산지점1923년 완공 등이 아직 그 자리에 원형 그대로 남아있다. 박물관이 된 조선은행 군산지점을 제외하고는 아직도 원래의 기능을 유지하고 있다. 같은 시기에 활동한 한국 최초의 근대 건축가 이훈우의 실물 작업이 모두 사라진 것과 크게 대조된다. 조선은행과 같은 식민지 지배 세력뿐 아니라 천도교, 중앙고등학교(당시 중앙고등보통학교) 등 조선의 민족 계열 종교 및 사학 단체 등과 인연을 맺은 것 역시 이방인 건축가 나카무라 요시헤이의 특이한 점이다.

이번에 소개할 국립현대미술관 덕수궁관은 나카무라 요시헤이가 한반도에 남긴 일련의 건축물 중에서는 연대가 늦은 편인데, 건립 당시의 명칭은 이왕가미술관이었다. 1930년대 후반, 이미 나카무라 요시헤이가 한반도 및 만주에서의 활동을 중단하고 도쿄로 돌아가고 난 이후였다. 한편, 이왕가미술관이 등장하기 전 창경궁 일원에 이왕가박물관이 있었다. 대한제국 시절인 1907년에 창경궁의 기존 전각을 활용해 설립되었다. 한일강제합병 이후인 1911년, 서양식 건물 위에 일본식 지붕을 올리는, 즉 훗날의 '제관 양식'을 예견하는 듯한 일본풍 건물을 새로 지어 이전했다. 이어 덕수궁에 이왕가미술관이 지어졌고, 박물관은 이곳에 흡수되었다. 창경궁의 이왕가박물관 건물은 이후 장서각이라고 이름 붙여져 왕실 소유 도서 보관시설이 되었다가 1992년 철거되었다. 1995년에 철거된 조선 총독부와 더불어 조선의 왕궁 부지에 자리 잡고 있던 대표적인 일제시대 건축물이었다.

국립현대미술관 덕수궁관은 덕수궁의 서쪽에 있다. 높은 기단 위에 놓인 건물로 기단까지 포함하면 모두 3개 층이다. 바로 옆에는 대한제국 시절 영국인 건축가 하딩J. R. Harding, 1858-1921년이 설계한 석조전이 직각 방향으로 이웃하고 있다. 이 두 건물은 여러 면에서 대조적이다. 1938년 이 건물이 지어진 이후 석조전은 이왕가미술관 구관으로 불리며 일본 및 현대 미술품을 전시하는 공간이 되었고, 이 건물은 이왕가미술관 신관으로 불리며 조선의 고미술품을 전시하는 공간이 되었다. 두 건물 모두 신고전주의 풍이라고 할 수 있는데 설계자가 각각 영국인과 일본인이며 건립 연대는 약 30년 정도 차이가 난다. 이 건물이 지어지던 1930년대 유럽에서는 모더니즘 건축이 완전히 궤도에 오른 상태였으며 한반도에도 경성부민관(현 서울시의회) 등 새로운 모더니즘풍의 건축이 들어서고 있었다. 즉 건축 양식으로 보면 시대에 상당히 뒤떨어진 건물이라고 할 수 있다.

국립현대미술관 덕수궁관은 언뜻 보면 석조인 것처럼 보이지만 자세히 보면 특이하게도 돌가루를 압축 가공하여 만든 인조석을 화강석과 함께

위> 덕수궁 전경
아래> 이왕가미술관 신관 전경 (출처: 국회도서관 「이왕가미술관요람」)

사용했다. 인조석의 품질이 뛰어나 건립된 지 80년이 넘은 지금도 외벽의 상태가 상당히 양호하다. 정면 기단부의 계단을 오르면 코린트 양식의 열주 뒤로 입구가 나타난다. 이 역시 이오니아 양식을 사용한 석조전과 다른 부분이다. 전체적인 평면 구성은 매우 단순한 편으로 중앙에 로비가 있고 양쪽에 전시실이 놓인 대칭 구조다. 각 전시실은 중앙에 기둥 열이 있어 전체적으로 길쭉한 두 개의 공간으로 나뉜다. 가벽을 설치하면 완전히 구분할 수 있고 그냥 기둥으로 두면 한 공간으로 사용할 수 있는 구조다. 층고가 높지 않아 대형 작품을 전시하기에는 무리가 있으나 그만큼 집중력 있는 전시 분위기를 조성할 수 있는 장점이 있다.

건물 규모에 비해 상당히 좁게 느껴지는 로비 양쪽의 계단을 통해 2층으로 오르면 로비 상부의 정사각형 공간이 드러난다. 이곳은 관람객들을 위한 휴게 공간이자 전시의 연장선으로 활용된다. 천장에는 정사각형 광천장이 설치되어 있다. 2층의 전시실 또한 1층과 유사한 구조다. 내외부 모두 과시적인 면이 거의 없이 절제되어 있으며 전체적인 치수를 3m 모듈에 맞게 철저하게 조율한 덕에 매우 안정감이 있다. 신고전주의 건축의 기본 정신을 잘 담고 있다고 할 수 있다. 건축역사학자인 김종헌은 2015년에 발견된 이 건물의 도면을 분석하면서, 서구 고전주의 건축의 해석에 있어서 일본인인 나카무라 요시헤이가 영국인인 하딩에 비해 더 원숙한 경지를 보여주고 있다고 언급한 바 있다.

나카무라 요시헤이의 작품 연보를 보면 그가 건축가로 활동하던 기간 동안 여러 차례 설계의 경향이 변화했음을 알 수 있다. 그의 설계는 아니지만 처음 그가 한반도와 인연을 맺게 된 조선은행은 네오 바로크풍인데 반해, 1920년 다롄에 설계한 구 조선은행 다롄지점은 서구 고전주의 양식이다. 중앙고등학교는 칼리지 고딕과 빈 분리파 요소의 절충이며, 천도교

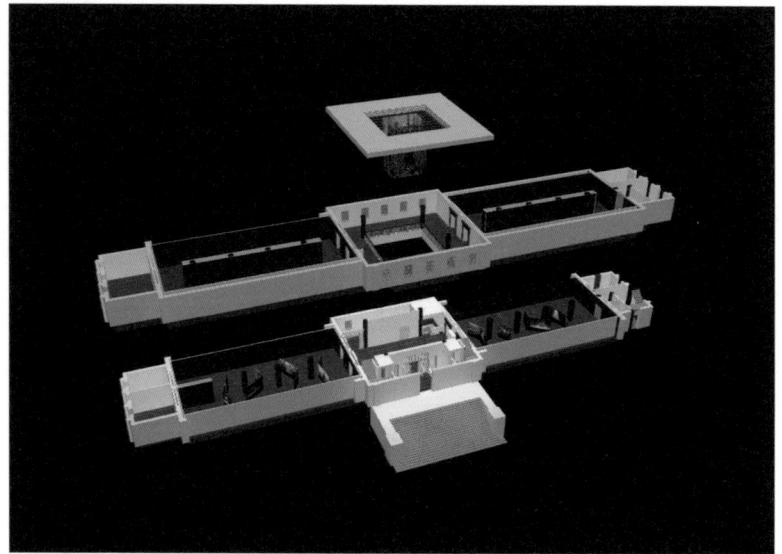

위> 사진전을 위한 계획(제공: 황두진건축사사무소)
아래> 로비 상부의 광천장

중앙대교당은 한반도에 지어진 대표적인 분리파 건물로 흔히 평가된다. 조선은행 군산지점 역시 분리파 경향을 보인다.

나카무라 요시헤이의 분리파 경향은 그의 사무실에 근무하던 오스트리아 출신 안톤 펠러의 영향으로 평가되곤 한다. 정작 안톤 펠러의 이력에는 의문스러운 점이 많다. 그는 오스트리아 빈이 아닌 스위스 취리히에서 학교를 마친 후, 이렇다 할 건축 실무 경험 없이 1차 세계대전에 징집되어 러시아를 거쳐 극동으로 흘러오게 된 인물이다. 그런 안톤 펠러에게 과연 빈의 분리파 건축이 얼마나 내재되어 있었을까 하는 의문이 든다.

1920년 한반도 및 만주에서 승승장구하던 나카무라 요시헤이에게 불행한 사건이 일어난다. 그의 활동 거점이던 경성 건축사무소에 화재가 발생, 그간의 기록이 모두 유실된 것이다. 당시 그의 나이 만 40세. 어느 모로 보나 인생의 중반전에 돌입하던 시기다. 사무실 화재를 겪고 나서 그는 태평로에 다시 사무실을 낸 후 서구를 둘러보기 위해 안톤 펠러와 함께 1년간 여행을 다녀온다. 이후 그는 도쿄로 돌아가 안톤 펠러와 헤어지고 일본 건축계로의 재진입을 시도, 나름 소기의 성과를 거두었다.

한반도와의 인연도 완전히 끊어진 것은 아니어서 이 건물을 포함한 몇 개의 작업을 추가로 의뢰받는다. 국립현대미술관 덕수궁관은 그가 장년에서 노년으로 접어들며 이전의 작업을 넘어 서구 건축의 원류인 고전주의로 재차 회귀한 사례로 짐작된다. 이를테면 시간을 거슬러 올라간 셈이다.

부분과 전체의 조화와 안정감 있는 비례를 중요하게 생각하는 고전주의적 이상과 달리, 현실 세계의 일본은 1937년 만주사변을 필두로 본격적인 침략전쟁에 나선다. 결국 우리가 다 알다시피 2차 세계대전이라는 거대한 비극 속에 일본은 패망한다.

아이러니하지만 더 이상 왕족이 살지 않는 덕수궁은 원래 기능이 유지되지 않아 레거시 플레이스로 보기 어렵다. 그러나 덕수궁의 일부인 국립현대미술관 덕수궁관은 연륜에 있어서나 미술관이라는 원래의 기능과 원형이 잘 유지되고 있는 점, 공공성이라는 측면에서 레거시 플레이스로서의 조건을 모두 충족한다. 일제시대에 일본인들에 의해 지어진 건물임에도 주로 조선과 관련된 미술품들이 전시됐다는 점 또한 특별하다. 〈신여성 도착하다〉와 같이 역사적 관점을 배경으로 한 전시는 물론, 최근에는 화가에서 조각가로 변신한 문신文信, 1923-1995년의 회고전이 열리는 등 전시 공간으로서 국립현대미술관 덕수궁관의 위상 또한 여전하다. 일제시대 일본인에 의해 설계되었지만 이제 한국 사회의 일부가 된 이 건물을 통해 시대를 관통하는 건축의 저력을 보는 듯하다.

조각가 문신 전

45
청계산 자락 위에 사뿐히 자리 잡은 화강석의 성
국립현대미술관 과천관

국립현대미술관 과천관 전경

주소: 경기도 과천시 광명로 313
건축년도: 1986년   건축가: 김태수
면적(㎡): 37,716

　　　　　　　　　　　1986년의 서울 아시안 게임과 1988년의 서울 올림픽은 서울의 도시 구조를 개선하고 주요 공공시설을 확충할 절호의 기회였다. 그런데 문화 분야에서 세계에 내놓을 만한 시설이 없다는 것이 심각한 문제로 지적되었다. 1978년에 건립된 세종문화회관은 4,000석이라는 거대한 규모에도 불구하고 태생적으로 공연을 위해 최적화된 시설이 아니었고, 1973년에 완공된 남산의 국립극장 역시 연극과 창극 전용으로 용도가 제한적이었다. 그 외에는 서울은 물론 국내 어디에도 이렇다 할 수준급 문화시설이 거의 없었다. 1986년 덕수궁에 있던 국립박물관이 지금은 철거된 구 총독부 청사를 개조하여 이전했을 정도였다. 문화강국으로의 부흥을 열망하던 당시 분위기로서는 뭔가 특단의 조치가 필요했다. 이러한 고민의 결과로 등장한 두 개의 거대 공공 문화시설이 바로 1986년에 건립된 국립현대미술관 과천관(이하 과천관)과 1988년과 1993년에 2단계로 공사가 완료된 서초동 예술의전당(이하 예당)이었다. 거의 동시에 등장한 이 두 건물은 여러 가지 의미에서 당시의 시대상을 증언한다.

　　두 건물의 공통점으로는 우선 거대한 규모를 들 수 있다. 과천관의 대지면적은 6만 6,916㎡, 연면적은 3만 7,716㎡이며, 예당의 대지면적은 16만 6,478㎡, 연면적은 12만 8,577.54㎡다(참고로 국립극장은 대지면적이 6만 4,426㎡, 연면적이 3만 7,928㎡로 과천관과 유사한 규모다. 세종문화회관은 대지면적이 5만 5,758.8㎡, 연적은 6만 4,066.01㎡이다). 그다음 공통점은 접근성이 절대적으로 불리하다는 것이다. 과천관은 아예 서울을 떠나 경기도 과천의 청계산 자락에 자리를 잡았다. 엉뚱하게도 접근 과정에서 운영 주체가 전혀 다른 서울대공원 부지를 통과해야 하는 등 문화시설의 접근성 면에서는 가히 최악의 조건이다. 예당은 소재지가 서초동으로 서울 시내이기는 하지만, 무려 10차선이 넘는 남부순환도로 건너편의 우면산 자락에 자리 잡는 바람에 인근 도시 맥락과는 극단적으로 단절되어 있다. 결과적으로 두 건물 모두 건립된 지 30년이 훌쩍 지났지만, 주변 지역에 미친 도시적 영향이라는 면에서는 매우 미미한 수준이다. 손정목의 《서울도시계획 이야기》 4권에 과천관의 부지 선정 과정에 대한 기록이 나오는데, 접근성이나 도시적 영향보다는 '세계적 규모'를 전적으로 중시했음을 알 수 있으며 이것이 당시 한국 사회의 모습이었다.

과천관의 설계자는 재미 건축가인 김태수1936- 다. 1936년에 태어난 그는 힐튼호텔의 설계자인 김종성과 더불어 미국에서 교육받고 한국에 다수의 작품을 남긴 대표적 두 건축가 중 한 명이다. 김태수는 문화적으로 매우 풍부한 환경에서 성장하였으며 대학 시절부터 화실 활동 등을 통해 훗날 한국 미술계의 거목이 되는 김창렬, 김종학, 방혜자, 김봉태, 박서보 등과 교류했을 정도로 미술계와의 인연이 깊었다. 예일대학교 건축대학원을 졸업한 후 뉴욕의 필립 존슨 Philip Johnson, 1906-2005년 사무실에서 실무를 다졌다. 미국 코네티컷주의 하트퍼드에 자리 잡은 후 단독주택, 공동 주거 시설, 학교, 노인 시설, 미 해군 시설, 소방서 등의 작업을 통해 미국 건축계의 인정을 받으며 내실을 다졌다. 1982년 과천관 건립을 위한 지명 현상 설계가 진행되었는데 김수근, 윤승중, 김태수가 초대되었으나 윤승중이 스승인 김수근과 경쟁할 수 없다며 참여를 고사, 김태수와 김수근으로 압축되었고 최종 당선자는 당시 46세의 김태수였다.

과천관의 설계에서 김태수는 다음과 같은 몇 가지를 특히 중요하게 생각했다. 우선 주어진 대지에 대한 해석이었다. 이미 대지가 확정된 상황에서 그것이 갖는 장점을 최대한 살리고자 했다. 이것은 매우 까다로운 과제였으나 김태수는 지형의 흐름과 태양의 각도, 경관 등을 고려하여 그야말로 '사뿐히'라고 표현할 수 있을 정도로 거대한 미술관을 청계산 자락에 올려놓는 데 성공했다. 그다음은 한국적 정서와 보편적 건축의 결합이었다. 김태수는 엄정한 건축 이론보다는 본인의 경험과 직관, 감성을 중시하는 건축가다. 수원성, 봉수대, 부석사 기단 등 그의 기억 속에 남아있는 한국 전통 건축 요소들을 인용하면서도 이를 철저하게 기하학적 질서 속에서 재해석했다. 당시 주무 부서인 문공부에서 기와지붕 등 직설적인 전통 요소 도입을 요구했으나 재미 건축가라는 이점을 활용하여 이를 회피하였다. 다행히 당시 대통령인 전두환이 설계안에 흡족해하며 이를 충실히 구현할 것을 지시하면서 김태수는 자신의 건축을 성공적으로 지켜낼 수 있었다. 결과적으로 과천관은 자연을 대하는 한국적 정서를 충족시키면서도 추상과 합리라는 보편적 건축의 가치를 유지한 사례가 되었다.

김태수가 중요하게 생각한 또 다른 점은 건축의 절대적 수준이었다. 김태수의 증언에 의하면 당시 한국에서는 미술관의 항온 항습 개념이 제대로 자리 잡지 못하고 있었다. 김태수는 미국의 분야별 미술관 전문가를 총동원하며 성능 면에서도 국제적으로 손색없는 미술관을 구현하고자 노력했다. 실내 마감을 위한 기본 재료인 석고 보드조차도 한국에 도입된 지

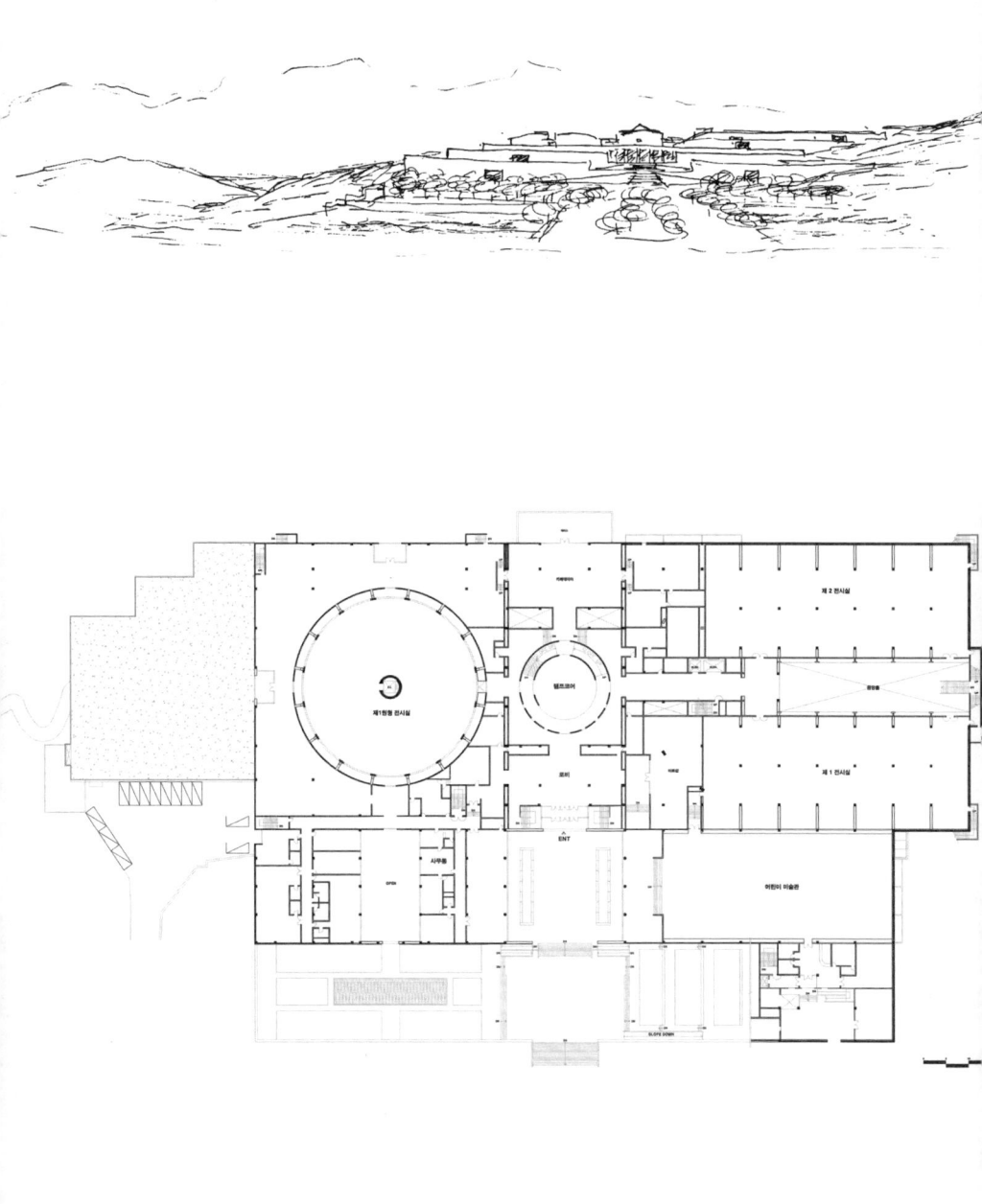

위> 김태수의 과천관 스케치 (출처: Tai Soo Kim Partners)
아래> 엄정한 기하학의 세계 (출처: Tai soo Kim Partners)

얼마 되지 않아 현장 지도를 통해 이를 적용해야 했다. 당시는 국산 석재에 대한 건축계의 인식이 제대로 자리 잡기 이전이었다. 김태수는 보은석과 괴산석이 갖는 부드럽고 따뜻한 느낌에 주목하여 이를 외단열 건식 공법으로 시공했는데 이 과정에서 국내 석재 회사들과 팽팽한 갈등을 빚기도 했다. 한편 김태수는 하나의 독립된 분야로서 전시 디자인 개념을 도입하기 위해서도 노력했다. 당시에는 본격적으로 진행되지 않았으나 이후 2010년에 국립현대미술관이 자체 전시 디자이너를 영입하거나 외부 디자이너의 활동을 허용하면서 그의 생각이 결실을 보았다.

레거시 플레이스라는 관점에서 과천관을 분석하자면 다음과 같다. 우선 연륜이라는 측면으로 보면, 1986년에 완공되어 이제 36년 정도의 시간을 축적하고 있다. 절대적으로는 긴 시간이 아니지만 한국 사회의 역동성과 미술계의 변화를 고려하면 상대적으로는 매우 긴 시간이기도 하다. 세계 미술계의 아이콘인 스페인의 빌바오 구겐하임 1997년 개관, 뉴욕의 디아 비컨 Dia Beacon, 2003년 개관, 일본 가나자와의 21세기 미술관 2004년 개관 등이 모두 과천관 이후에 등장한 것을 보면 알 수 있다. 한편 고도 성장기인 1980년대 전후에 건립된 한국의 많은 문화시설이 그동안 상당한 나이를 먹으면서 이제 공간 개편이나 대대적인 리모델링의 대상이 되고 있다. 나도 과천관 및 예당의 미래와 관련된 논의의 장에 참여한 적이 있다. 2012년에 개관한 대한민국역사박물관은 나의 사무실에서 작성한 공간 개편 보고서에 의해 주요 전시 공간의 위치를 바꾸는 대대적인 사업을 진행하기도 했다. 이러한 일련의 상황은 레거시 플레이스의 또 다른 조건인 원형에 대한 존중과 관련해서도 매우 도전적인 과제를 제공한다.

과천관은 개관 20주년, 30주년을 맞을 때마다 다양한 세미나, 전시 등을 기획해 왔고 설계자인 김태수를 초대, 건립 당시의 이야기는 물론 건물의 미래에 대한 의견을 청취했다. 김태수의 사무실에서 7년 근무했던 나 역시 이런 자리에 참석할 기회를 가졌다. 개관 40주년을 몇 년 앞두고 서서히 과천관의 공간 개편, 혹은 리모델링에 대한 논의가 본격적으로 시작되는 중이다. 마침 이를 위한 한 조사 연구의 중간 보고회에 참석했는데, '원형에 대한 존중'의 개념을 강조할 필요가 있다고 판단하였다. 당시 보고회에서 내가 제시한 기준은 매우 단순하지만 강력한 것이었다. 과천관은 언젠가는 문화유산으로 지정될 가능성이 있는데, 이때 원형이 손상되었다는 이유로 지정이 무산되지 않을 범위 내에서의 변화만을 수용하자고 했다. 이는 과천관뿐 아니라 이 시기를 전후해서 지어진 수많은 한국 근현대 건축물을 대하는 우리 사회의 기본 입장과 관련하여 명쾌한 기준이 되리라고 믿는다.

과천관은 개관 이후 미술관이라는 원래의 기능을 성공적으로 유지하고 있으며 대한민국의 대표적 국립 미술관으로서 공공적 역할 또한 유감없이 수행하는 등 레거시 플레이스로서의 모든 조건을 충족한다. 제약과 가능성을 모두 아우르는 의미에서 한 시대의 증언임과 동시에 시대를 초월하는 기념비적 건축이다. 과천관이 레거시 플레이스로서의 가치를 오래도록 유지하기를 바란다.

*이 글을 작성하는 과정에서 2020년 국립현대미술관이 펴낸 <위기를 생각하는 미술>에 기고한 나의 글 '미술관의 건축과 미래: 국립현대미술관 과천관'을 참조했다.

위> 과천관의 전시 공간
아래 좌> 과천관에서 열린 김태수의 건축전   아래 우> 과천관에서 열린 메가시티 네트워크 건축전(촬영: 박영채)

46
아직도 건재한 대한민국 연극계의 본거지
명치좌 (현 명동예술극장)

현재의 명동예술극장

주소: 서울 중구 명동1가 54
건축년도: 1936년 건축가: 다마타 기츠지 , 삼우설계(증개축)
면적(m²): 4,923.13

　　　　　　　　서울 구도심에서 가장 미래가 궁금한 지역 중 하나가 명동이다. 코로나로 인해 줄어든 관광객이 앞으로 얼마나 회복될 수 있을까 하는 정도의 문제가 아니다. '명동은 과연 어떤 곳인가'라는 보다 근본적인 정체성에 대한 의문이다. 이 질문에 대한 답은 세대별로 극명하게 다르다. 50대 이상이라면 희미하게나마 명동의 전성기를 직접 겪었거나 적어도 이에 대해 들어본 적이 있을 것이다. 이들에게 명동은 자타가 공인하는 서울 최고의 쇼핑 거리로 기억된다. 더 거슬러 올라가면 '명동 백작 이봉구'로 대변되는, 즉 단순한 상업 지역이 아니라 문화와 예술이 꽃피었던, 그래서 수많은 카페와 술집에서 문인과 화가, 음악가들이 자욱한 담배 연기 속에 밤새도록 토론하고 술잔을 주고받았던 곳이었다. 구체적으로는 한국전쟁 이후 50, 60년대의 일이다. 당시 명동에는 술집, 밥집, 찻집은 물론이고 어린이공원도 있었다.

　　젊은 세대들에게 명동은 전혀 다른 곳이다. 일단 명동에서 문화와 예술을 떠올리던 시절은 지났다. 게다가 명동은 더 이상 고급 쇼핑 거리도 아니다. 이미 그 기능은 청담동 명품 거리로, 백화점 내부로 이동 및 흡수된

지 오래다. 안타깝지만 명동은 길거리 음식과 중저가 화장품으로 대변되는 그저 그런 지역이 되고 말았다. 구글에서 '명동'으로 검색하면 바로 나오는, '세계적인 패션 브랜드'라는 문구가 무색할 정도로 현실적으로 어지간한 명품 숍들은 더 이상 명동에 남아있지 않다. 프리스비Frisbee나 애플 매장에서 취급하는 맥북이나 아이맥이 명동 거리에서 파는 가장 비싼 상품이라는 자조적인 농담도 들려온다. 게다가 코로나로 인해 한때 명동에는 완전한 적막감이 감돌았다. 명동은 어쩌다가 이렇게 되었을까.

명동의 몰락은 거시적으로는 강북 구도심의 쇠퇴와 관련이 있다. 사대문 안에 25만이 넘는 인구가 살았던 것으로 추정되는 1980년대 초반과 그 3분의 1 정도가 살고 있는 지금과는 비교 자체가 어렵다. 또한 본격적인 자동차 시대의 도래와도 관련이 있을 것이다. 명동을 포함한 종로, 을지로 등 구도심에는 지금도 주차장 없는 건물이 즐비하다. 서울의 지하철이나 버스는 세계적으로 정평이 나 있을 정도로 효율적이고 저렴하지만, 자가용에 대한 선호가 절대적인 세대와 계층이 엄연히 존재한다. 주말이면, 그리고 세일 때면 백화점 주변 도로에서 기약 없이 줄을 서서 기다리는 끝없는 자가용 행렬을 접하면 왜 굳이 저런 고생을 사서 하는지 궁금할 정도다. 물론 명동이 외국인 관광객 위주의 장소로 성격이 변하면서 내국인들의 발길이 뜸해진 것도 이유이다.

한국 도시에서의 고급 쇼핑은 완전히 실내화되었다고 해도 과언이 아니다. 한때 백화점 천국이었던 일본에서는 연이어 백화점들이 문을 닫는다고 하는데, 한국의 백화점들은 연신 세계 최고 매출 기록을 경신 중이다. 쇼핑뿐 아니라 먹고 마시고 즐기는 모든 것들이 도시의 거리를 떠나 커다란 주차장을 완비한 거대 건물 안으로 들어가는 중이다. 그리고 그에 비례해서 거리는 점점 적막해져 간다. 청담동 명품 거리만 해도 세계적 명품 매장이 즐비한 것은 사실이지만 거리 자체가 명품인가 하면 전혀 아니다. 모두 자동차를 타고 와서 쇼핑하고 자동차를 타고 떠난다. 주차장이 부족해 자동차가 인도까지 점령한다. 안타까운 한국 도시 풍경이다. 결과적으로 한국에 고급 쇼핑 거리는 없다. 명동이 그 반열에 다시 낄 여지는 지금으로서는 전혀 안 보인다. 명동을 종종 도쿄의 긴자銀座에 비교하곤 한다. 하지만 안타깝게도 최고급 쇼핑 거리의 명성과 내공을 여전히 유지 중인 긴자는 명동과는 차원이 다른 듯하다.

우리가 아는 명동의 역사는 일제시대에 시작되었다. 인근 충무로의 옛 이름이 '진고개'인 것에서도 알 수 있듯 이 일대는 원래 비가 오면 진창이 되곤 하던 낮은 언덕길이었다. 조선이 일본의 식민지가 되고, 서울이 수도로서의 지위를 잃고 '경기도 경성부'가 되면서 본격적인 일본인들의 이주가 시작되었다. 청계천 이북에는 조선 사람들이 포진하고 있었으므로 그 남쪽에 일본인들이 모여 살기 시작했다. 남대문시장의 기원은 조선시대지만 본격적으로 성장한 것은 일제시대이다. 현재의 남대문시장과 조선시대 칠패 시장을 동일시 하는 경우가 있는데 칠패는 남대문, 즉 숭례문과 서소문 사이의 지역으로 아예 번지수가 다르다. 일본인들을 위한 도시 상업지역으로 계획되고 발전한 곳이 명동이다. 고대의 신라 왕경 정도를 제외하고 전국 어느 도시건 간에 격자형 도로망은 일제시대 이후의 유산으로 봐도 틀림없으며 명동 또한 마찬가지다.

그 명동 한복판, 명동을 동서로 가로지르는 명동길 북측에는 과거 상업과 문화예술의 중심지였던 명동의 영화를 증명하는 흔적이 하나 남아 있다. 바로 명동예술극장이다. 원래 이름은 명치좌明治座로, 1936년 10월 7일에 영화관과 극장으로 개관한 건물이다. 당시의 신문 기사를 보면 영화를 상영하는 가운데 연설 대회 등도 열렸고, 심지어 1939년에는 종로3가

1971년 명동 국립극장
(출처: 한국저작권위원회)

의 단성사를 명치좌가 인수하여 내부를 개조하고 자매관으로 재탄생시킨 다는 내용도 소개되어 있다. 유감스럽게도 이 건물은 당시 조선에 지어진 많은 건물처럼 외국 건축물을 무비판적으로 모방한 사례 중 하나다. 이 건물의 설계자인 다마타 기츠지玉田橘治가 동경의 다이쇼칸大勝館을 거의 그대로 모방했다는 사실이 건축역사학자인 김정동 교수에 의해 밝혀졌다. 다마타 기츠지는 1931년 경성에서 개업한 건축가였는데 단성사의 원래 건물도 그의 설계였다. 당시 이 지역은 메이지 천황의 이름을 딴 명치정明治町으로 불렸는데 그 이름이 그대로 건물에 사용된 것을 보면 그 근방을 대표하는 건물이었음이 확실하다. 그러나 현재의 명동이라는 이름은 명치정이나 명 치좌와는 관련이 없고, 조선시대 이 일대의 이름이 명례방明禮坊이었던 것에 기원한다. 우연이겠지만 '밝을 명明'이라는 한자가 조선과 일제시대와 대한민국을 모두 관통하고 있는 것이다.

이 건물의 운명은 드라마틱했다. 결론적으로 1990년대 후반 소위 아이엠에프IMF 금융 위기가 아니었으면 건물이 남아있지 않을 뻔했다. 일제시대에도 명칭과 용도에 변화가 있었고 해방 후에는 국제극장, 시공관市公館 등으로 불렸다. 한국전쟁 후인 1957년에는 명동예술회관으로 명칭이 바뀌면서 국립극장이 되었다. 이어 1962년부터 1973년까지 명동국립극장이라는 이름으로 불리며 연극뿐 아니라 오페라, 무용 등의 다양한 공연을 소화했다. 아마도 이 당시가 명동의, 그리고 이 건물의 최고 전성기였을 것이다. 1973년 남산 국립극장이 개관하면서 이 건물은 민간에 매각되어 현대한종합금융인 대한투자금융의 사무실로 사용되기 시작했다. 당시 소유자는 재건축 계획이 있었으나 금융 위기로 인해 진행할 수 없었다. 명동상가번영회의 지속적인 서명운동 등에 힘입어 결국 문화관광부가 매입, 삼우건축의 설계로 대대적인 리모델링을 거쳐 2009년 연극 전용관인 '명동예술극장'이 되었다. 실로 몇 가지 우연과 필연이 아슬아슬하게 중복된 결과이다.

명동예술극장 웹사이트에 의하면 이 건물의 주소는 서울특별시 중구 명동1가 54이다. 지하 1층, 지상 5층으로 지하 1층에는 연습실, 지상 1층에는 매표소, 지상 5층에는 사무실이 있고 나머지 3개 층이 공연장이다. 연면적은 4,923.13㎡다. 현재 객석은 558석인데 이것은 남산 국립극장 해오름극장의 1,563석보다는 적으나 427석의 달오름극장이나 일반적인 연극 공연장에 비해서는 상당히 큰 규모다. 참고로 대학로예술극장 대극장의 객석이 504석이다. 이미 연극 공연의 중심지는 명동을 떠나 대학로로 옮겨간 지 오래되어 이 건물 혼자서 명동을 지키는 모양새가 되었다. 그러나 연극 공연을 위한 규모 있는 국립 시설이 상업지역인 명동 한복판에 아직 남아있다는 사실만으로도 사회적 의미가 크다. 한여름과 한겨울, 공연 준비 기간을 빼놓고는 지속적으로 다양한 공연이 끊임없이 이어지고 있다.

명동예술극장에 레거시 플레이스의 기준을 적용해 보면 다음과 같다. 일단 연륜에 있어서 1936년에 개관한 건물이므로 2024년 기준 거의 90년에 가까운 역사를 자랑한다. 금융회사 사옥을 포함한 다양한 용도로 사용되다가 일련의 사회적 합의에 따라 극적으로 원래 용도를 되찾은 이야기는 다른 사례를 찾아보기 힘들 정도다. 이 과정에서 대대적인 리모델링을 거치기는 했으나 원형을 알아볼 수 없을 정도로 변형된 것은 아니며, 적어도 외관은 정성스럽게 복원되었다는 점 등 어디까지나 창의적인 리모델링 사례로 평가할 수 있다. 대한민국 국립극단 소속의 건물로서 갖는 공공성 또한 부족함이 없다. 결론적으로 명동예술극장은 어느 모로 보나 손색없는 레거시 플레이스의 귀중한 사례로서 조금 더 많은 사회적 관심과 사랑의 대상이 될 만하다. 오랜만에 가까운 사람들과 즐거운 연극을 보러 가기에 이보다 더 좋은 장소도 없을 것이다. 공연을 다 보고 나오면 먹고 마실 곳이 넘치는 명동 한복판이다. 대한민국의 그 어떤 공연장도 이곳만큼 주변 도시와 친밀한 관계를 맺고 있지 못하다. 단 자가용은 두고 버스나 지하철로 가시라. 어차피 건축물대장에 아예 주차장이 안 나오는 건물이니 말이다.

명동 한복판의 명동예술극장(출처: 서울시 에스맵)

47
남산을 향해 열린 뷰 맛집
남산도서관

남산도서관 전경

주소: 서울 용산구 소월로 109
건축년도: 1965년 건축가: 이해성
면적(m²): 9,329

　　　　　　　　　　남산은 기운이 센 곳이다. 우선 산 자체가 만만치 않다. 같은 서울의 내사산인 인왕산이나 북악산에 비해 높지 않고, 언뜻 보아 순하게 생긴 토산土山이지만 막상 남산을 걸어 보면 의외로 계곡이 깊고 경사가 심하다. 한양도성 순성을 할 때 어디서 출발하느냐에 따라 남산을 오전이나 제일 마지막으로 넘게 되는데, 오후에 힘이 다 빠진 상태에서 남산의 거친 산세와 대적하기란 생각보다 어렵다. 이렇게 기운이 넘치는 산은 사람들의 염원도 끌어모으게 마련이다. 현재 팔각정이 있는 남산 꼭대기에 국가의 중요한 문제에 대해 기원을 올리던 국사당이 있었던 것과 일제시대인 1925년 일본이 이 국사당을 인왕산으로 몰아내고 남산 기슭에 조선신궁을 조성했던 것은 모두 우연이 아니다. 지금은 각종 질병으로 예전 같지 않지만 애국가 2절의 '남산 위의 저 소나무 철갑을 두른 듯'에 나오는 남산의 소나무 역시 꿋꿋한 기상의 상징이었다.

　그 기상에 걸맞게 남산에는 역사적 인물의 동상 또한 넘쳐난다. 김유신, 이시영, 김구, 안중근 등 나라를 구한 인물이 대부분이다. 1956년에는 무려 25m 높이의 이승만 동상이 남산 조선신궁 터에 세워졌는데, 4·19 혁

좌> 퇴계 이황 동상   우> 다산 정약용 동상

명으로 이승만이 실각하자 허정 과도정부가 중장비를 동원해 철거했다. 이와 구별되는 또 다른 인물의 동상이 2개 더 있는데 각각 퇴계 이황과 다산 정약용이다. 구국의 영웅은 아니지만 위대한 학자인 이들의 동상은 남산 서쪽 소월로 변에 약 70m 거리를 두고 서 있다. 이 두 동상 사이로 난 길을 따라 조금 올라가면 사각형 판을 쌓아 올린 것 같은 건물이 나오는데 바로 남산도서관이다. 정식 명칭은 소속기관의 이름을 포함, 서울특별시교육청 남산도서관이다.

남산도서관은 1965년 1월 27일에 개장하였고, 그다음 해인 1966년 8월 15일 광복절에 당시 공화당 의장이었던 김종필을 총재로 하는 '애국선열조상건립위원회'가 구성되었다. '우리 민족 사상 불멸의 공적을 남긴 위인 및 열사들의 조상을 건립함으로써 그 정신을 길이 선양케 하여 민족의 귀감으로 삼고자'한다는 취지를 내건 조직이었다. 이들은 1968년부터 본격적으로 동상 건립에 나섰고, 당연히 새로 지은 남산도서관을 그냥 지나칠 리 없었다. 위원회 재정분과에는 기업인들이 포진해 있었는데 그중 럭키화학의 구자경과 진흥기업의 박영준이 후원하여 헌납한 것이 바로 이 두 개의 동상이다. 도서관에 가장 어울리는 역사적 인물로서 퇴계 이황과 다산 정약용이라는, 조선 전기와 후기를 대표하는 두 대학자를 선정한 것에는 이렇다 할 반론이 없었을 듯하다. 율곡 이이 정도가 지하에서 서운해하지(?) 않았을까. 이 건물 로비에는 라파엘로가 그린 '아테네 학당'의 모사품이 한쪽 벽면을 채우고 있는데, 이미 언급한 이황과 정약용은 물론 플라톤과 아리스토텔레스 등 동서양 성현들이 합심하여 건물 안팎에서 서울시민들을 위한 면학 분위기를 확실하게 만들어주는 듯하다.

기운 센 남산 자락에 들어앉아서 그런지 이 건물의 기운도 만만치 않다. 건물의 중심부는 반듯한 정사각형인데 각 층 주변에 깊은 발코니를 두어 리듬감이 상당히 경쾌하다. 건물은 그 자리에 들어서는 과정에서 조금도 남산에 양보하지 않았다. 오히려 주변 산자락을 깊게 절개하여 평평한 대지를 만들고 그 위에 터를 잡았다(건립 당시 기록을 보면 아예 처음부터 부지가 이렇게 조성되어 있었다). 이렇게 확보된 주변 공간에는 다양한 부속 공간을 배치하고 외부에는 주차장을 조성했다. 진입부에서 보면 그다지 차이가 없지만, 건물 뒷부분으로 가면 상당한 높이의 축대가 조성되어 있다. 요즘 같으면 그다지 친환경적이 아니라고 평가받았을 만한 배치 방식이다. 지금도 이 건물을 지날 때마다 산의 원지형을 복원하여 건물 하부의 일부를 지하화하면서 그 위 사각형의 주 공간이 기단 위의 탑처럼 올라가 있었으면 어떨까 상상해 보곤 한다. 만약 그랬다면 주변의 다양한 지점에서 건물로 진입할 수 있지 않았을까. 물론 당시 나름대로 시공 기술의 한계, 예산 등 여러 가지 상황이 있었을 것이다. 하여간 이 건물은 조형적 주장도 뚜렷하고 남산과의 기싸움에서도 전혀 밀리지 않는 듯한 느낌이다.

외관으로 보면, 그리고 도서관이라는 기능을 염두에 두면, 건물 내에 거대한 중심 공간이 있을 것 같은 기대가 있지만 의외로 내부는 단순하다. 비슷한 층고의 공간이 몇 차례 포개져 있을 뿐이다. 외부 조형에 상당히 신경을 쓴 건물임에는 분명한데 내부에서 특별한 공간적인 드라마를 연출하려고 애쓴 흔적이 보이지 않는다. 건축적으로는 다소 아쉬운 부분이며, 건축가가 도서관이라는 기능을 매우 보수적으로 해석한 결과로 보인다. 군나르 아스플룬드Gunnar Asplund, 1855-1940년의 스톡홀름 시립도서관이 내부에 엄청난 중심 공간을 갖고 있는 것과는 대조적이다. 남산도서관은 내부 공간의 드라마를 포기한 대신 주변 경관을 최대한 끌어들이려 한 점이 돋보인다. 열람실 주변은 기둥을 제외하고는 모두 탁 트인 창문으로 둘러져 있으며 그 너머로는 사시사철 변화하는 자연이 펼쳐진다. 그 효과를 극대화하기 위해 건축가는 구조를 매우 단순하게 처리했고 경관에 방해가 되지 않도록 노력했다. 심지어 각 층 주변으로 깊은 발코니를 둘렀는데 이것은 외형상 중요한 조형 요소로도 작용하지만, 도서관의 이용 행태라는 측면에서도 매우 파격적인 디자인이다. 아마도 건축가는 도서관 이용객들이 책을 들고 발코니에 나가 남산의 자연 속에 파묻혀 독서하는 상황을 상상했을 듯하다. 지금은 아쉽게도 발코니 출입이 제한되어 있으나 발상 자체는 매우 공감되는 바가 있다. 언젠가 시도해 보면 어떨까.

남산도서관의 건축가는 한양대 이해성 교수다. 1928년생으로 김중업보다는 6년 아래고, 김수근보다는 3년 위다. 1949년에 경기공립공업고등학교를, 1953년 한양대학교 건축공학과를 졸업한 전형적인 전후 세대 건축

위> 주변의 경관을 받아들이는 열람실
아래> 넓은 발코니

가다. 김중업건축연구소에서 실무 수련을 마친 후 1957년에 모교의 교수가 되었고, 미국과 유럽을 장기 여행하는 당시로서 보기 드문 기회도 가졌다. 이렇게 탄탄한 성장 과정을 마친 그가 35세인 1963년 현상공모에 응모하여 당선된 프로젝트가 바로 남산도서관이다. 이후 그는 한양대학교 공대 학장을 거쳐 총장과 명예총장을 지냈으며, 건축가로서는 물론 건축학자로서도 다수의 논문과 저서를 펴내는 등 활발하게 활동했다. 그의 제자인 윤재희가 한양대학교 건축학과의 인터넷 카페에 쓴 '고 이해성 교수님'이라는 제목의 글에 의하면 분야에서의 업적 및 명성과는 별도로 제자들과 격의 없는 농담을 주고받는 인간적인 면모 또한 엿볼 수 있다. 다행스럽게도 남산도서관은 전시 및 안내문을 통해 이 건물의 설계자에 대해 상당히 소상한 정보를 제공한다. 건축가의 존재를 드러내는데 지극히 인색한 한국의 여타 공공기관과는 상당히 다른 모습이며 여러모로 귀감이 될 만한 일이다.

남산도서관은 역사적 기원을 1922년 명동에서 구 한성병원 건물을 개조하여 개관한 경성부립도서관으로 잡고 있다. 개관 이후 1927년에는 소공동으로 이전했고, 그다음 해에 3층 건물을 신축했다. 해방 이후에는 서울시립 남대문도서관으로 불리다가 1965년 현재의 건물을 짓고 이전했다. 당시 신문 기사에 의하면 원래의 빌딩을 팔고 그 자금으로 1,500석의 열람석을 가진 더 큰 도서관을 지었다. 1963년 7월 31일 조선일보 기사에 '맘모스 도서관'이라는 표현이 등장했을 정도로 당시로서는 매우 큰 시설이었다. 규모가 작기는 하나 시내 한복판에 있어 접근이 편리한 도서관을 팔고, 남산 중턱에 새로 짓는 일은 당시로서는 논란의 대상이었다. 1963년 8월 22일 자 조선일보에는 영등포구 대방동에 사는 한 독자가 '도서관의 위치는 결코 시민의 발이 드문 유한지역 속이어서는 안 된다'라는 논지로

서울시의 결정을 비난한 내용을 실었다. 그러나 오히려 이후에 이런 일들이 더 비일비재해졌다. 1973년에 남산 반대편에 들어선 국립극장, 1986년에 청계산 자락에 자리 잡은 국립현대미술관, 1980년대 후반 10차선 도로를 넘어 도시 맥락으로부터 유리된 우면산 자락을 차지한 예술의전당 등이 그런 사례이다. 유감스럽게도 건물의 입지를 둘러싼 논쟁은 지금도 진행 중이며 건물이 존재하는 한 앞으로도 계속될 것이다.

건립 이후 점차 노후화되던 남산도서관에 처음으로 대대적인 손길이 가해진 것은 2012년 5개월간의 리모델링이었다. 당시 도서 대출 기간도 연장하고 대출 권수도 늘려주는 등 이용자를 위한 지원을 병행했다. 투명 엘리베이터가 추가된 것도 이때의 일인데, 원래 건물 구조를 잘 이용하여

남산하늘뜰

설치한 덕에 원형에 그다지 영향을 주지 않으면서도 내부 동선 역시 비교적 자연스럽다. 지난 2022년에는 개관 100주년 기념식을 가졌고, 이때 건물 2층에 디지털 라운지와 옥상정원인 남산하늘뜰을 개장했으며 기념우표도 발행했다. 4월이면 '벚꽃 맛집'으로 소문이 나서 '숲속의 도서관'이라는 캐치프레이즈가 전혀 어색하지 않다. 내부의 공간적 얼개에 집착하지 않고 주변 경관을 향해 개방된 독서 공간을 조성하고자 했던 건축가의 원래 의도가 여전히 유효함을 다시 한번 확인하는 경우라 할 것이다. 결과론이지만 입지의 태생적 불리함을 수려한 자연 경관으로 메꾸어 놓은 셈이니 이해성의 설계 전략은 나름 효과적이었다.

아쉬운 것은 현재 건물의 관리 상태다. 기능적이거나 물리적인 측면이 아니라, 환경 관리라는 측면에서의 문제들이다. 일단 건물 안에 들어가면 어마어마한 정보의 과잉 공급에 숨이 가쁠 정도다. 이런저런 공지문, 안내문, 경고문, 심지어 공공기관 관련 수상을 자축하는 문구까지 그야말로 온 사방에서 정보가 아우성을 친다. 결국 하나도 눈에 들어오지 않고 당연히 정보를 전달하려는 애초의 노력이 무색해진다. 그 밖에도 제자리를 찾지 못한 여러 물건이 사방에 놓여있는 등 대체적인 분위기가 매우 산만하다. 예를 들어 미술 정규 교육을 받은 1세대 국내파 화가로 평가받는 이경순 화백이 1972년에 그린 대형 초상화가 하나 걸려있는데, 작품 설명이 일절 없다. 이 글을 쓰는 과정에서 SNS를 통해 유족과 접촉해 이 그림이 남산도서관의 요청으로 작가가 기증한 것임을 알게 되었다. 이 정도면 작가에 대한 예의도 아닐뿐더러 도서관 방문객에게도 큰 실례를 하는 셈이다. 도서관이라고 사서 등 도서관 전문 인력만 중요한 것이 아니다. 건축에서 인테리어, 각종 집기에 이르는, 영화 용어를 빌리자면 소위 '미장센 mise-en-scène'이 잘 조성되고 유지되어야 시민에게 본보기가 되는 공공시설로서의 역할을 다했다고 할 수 있다. 그 점에서 남산도서관은 건축의 잠재력을 충분히 활용하고 있지 못하며, 이는 앞으로 도서관 운영진에게 주어진 큰 과제로 보인다.

남산도서관은 보유 중인 고문헌 등이 서울시 유형문화재일 뿐 아니라 건물 자체도 2013년에 서울미래유산으로 등록되었다. 남산 시대로만 계산해도 이미 건립된 지 60년이 다 되었다. 대대적인 리모델링을 거쳤지만 원형은 그리 변하지 않았고 서울을 대표하는 도서관의 기능과 위상 또한 건재하다. 지금까지 이곳에서 책을 읽고 사색에 빠졌을 시민들의 숫자를 감히 헤아리기 어려울 정도로 그 공공성 또한 독보적이다. 환갑을 막 넘긴 남산도서관이 레거시 플레이스로서 격에 맞는 대접을 받게 되기를 희망한다.

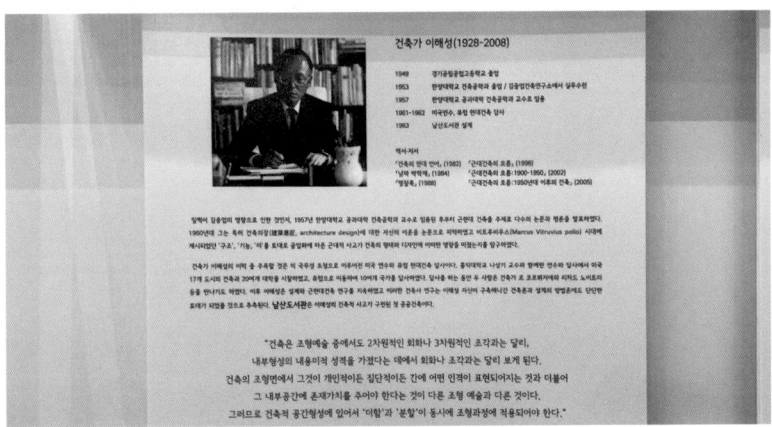

이해성 소개 자료

48

영혼을 위한 공간의 생명력
종묘

주소: 서울 종로구 종로 157
건축년도: 1395년 이후 건축가: 미확인
면적(m²): 186,786(경역)

　　　　　　　　　　　판문하부사 권중화權仲和, 판삼사사 정도전, 청성백 심덕부, 참찬 문하부사 김주, 좌복야 남은, 중추원 학사 이직 등을 한양에 보내서 종묘, 사직, 궁궐, 시장, 도로의 터를 정하게 하였다. 권중화 등은 전조 숙왕肅王 시대에 경영했던 궁궐 옛터가 너무 좁다 하고, 다시 그 남쪽에 해방亥方의 산을 주맥으로 하고 임좌병향壬座丙向이 평탄하고 넓으며, 여러 산맥이 굽어 들어와서 지세가 좋으므로 여기를 궁궐터로 정하고, 또 그 동편 2리쯤 되는 곳에 감방坎方의 산을 주맥으로 하고 임좌병향에 종묘의 터를 정하고서 도면을 그려서 바치었다. _〈태조실록〉 6권, 태조 3년 9월 9일 병오 2번째 기사

위 인용문은 조선 건국 당시 도읍지의 터를 놓고 개경과 한양 사이에서 갈등하다가 한양으로 결정하게 되던 무렵의 기록이다. 여기서 임좌병향이란 방위를 측정하는 옛 도구인 패철에서 임방壬方을 등지고 병방丙方을 향한 방향을 의미하는데, 현대적인 용어로 풀어쓰면 정남에서 동쪽으로 약 15도 정도 틀어진 방향이다. 이처럼 경복궁과 종묘의 터는 인근 산을 기준하여 임좌병향이라고 하지만, 터 내부 건물 배치는 그렇지 않다. 경복궁의

건물들은 약간 남서향인 계좌정향으로 지어졌으며, 현재 종묘의 주된 건물들은 이보다도 더 서향으로 놓여있다. 여기서 궁금한 것은 권중화 등이 도면을 그려서 바쳤다는 종묘의 규모이다. 종묘는 역대 왕과 왕비의 신주를 모시고 제사를 드리는 곳으로써 왕이 거주하는 궁궐, 땅과 곡식의 신에게 제사를 지내는 사직 등과 더불어 유교 국가의 도읍이 갖추어야 할 가장 중요한 세 가지 국가 시설 중 하나였다. 유교 농업국가의 근본에 해당하는 '종묘사직宗廟社稷'이란 단어가 바로 여기에서 왔다. 그중에서도 종묘는 그 성격상 왕조의 존속 기간에 따라 건물의 규모가 변할 수밖에 없었다.

당시 권중화 등의 입장이 되었다고 가정해 보자. 왕조가 개창되었고 앞으로 그 종묘에는 왕과 왕비의 신위가 계속해서 모셔질 것이다. 그렇다면 건물의 규모는 어느 정도가 되어야 할까. 이를 언급하는 순간 왕조의 운명을 미리 예단하는(!) 것이 될 수도 있다. 그렇다고 무작정 크게 짓자고 할 수도 없다. 천성이 조용하면서도 쾌활하고, 극기를 잘하여 스스로 근신을 잘했다고 전해지는 중신 중의 중신 권중화로서도 아마 식은땀이 줄줄 나는 상황이 아니었을까. 당시의 결정 과정이 어떠했는지는 모르지만 결과적으로는 합리적인 방법을 채택한 것으로 보인다. 즉 처음에 어느 정도 규모의 건물을 짓고 이후에 필요하면 증수하기로 한 것이다. 현재 종묘의 두 주요 전각인 정전과 영녕전은 임진왜란 때 불탄 것을 다시 세우고 그 이후로 세 차례 증수된 결과이다. 현종 때 영녕전이, 영조 때 정전이, 마지막으로 헌종 때 정전과 영녕전이 각각 증수되었다. 어떤 경우에도 5간 이상 넉넉하게 증수하지 않았다고 하니, 권중화 등이 애초에 종묘의 도면을 마련했을 때 사실 스트레스가 그리 많지 않았을 수도 있겠다.

증수를 통해 미래의 수요에 대비한다는 구상은 건축적으로 두 가지 중요한 의미를 지닌다. 우선은 지붕의 구조다. 지붕의 측면은 훗날 증축이

가능하도록 노출하는 맞배 형식을 띠었다. 즉 측면에 경사지붕을 배치하는 팔작이나 우진각 구조는 채택하지 않았다. 비를 피하기 위한 목적으로 상대적으로 작은 월랑을 양쪽에 덧붙였을 뿐이다. 맞배는 가장 단순한 지붕 구조지만 동시에 매우 단아한 형태이기도 해서 제례 건축에 적절하다는 장점이 있다. 다음은 건물 전체의 비례다. 종종 수평으로 묵직하게 깔린 장중한 비례를 높이 평가하곤 한다. 그러나 이것은 몇 차례에 걸친 증수의 결과이지 특정 비례에 대한 조형 의지가 만들어낸 것은 아니다. 조선 왕조가 세계 역사상 드물게 오래 갔으니 망정이지 그렇지 않았더라면 지금보다 건물이 짧아지고 비례도 완전히 달라졌을 것이다. 신기하게도 현재 정전 19간과 영녕전 16간이 넘치지도 모자라지도 않게 꽉 차 있어서 이를 두고 마지막 증수 시점인 헌종 당시 왕조의 멸망을 미리 예견한 결과라는 말도 있다. 물론 우연일 것인데, 이를 보면 지하에서 권중화가 비로소 안도의 한숨을 쉬었을지도 모를 일이다.

종묘라는 제도 자체가 중국에서 왔는데 한반도는 물론 동아시아에서 중국의 제도를 받아들인 나라라면 종묘에 해당하는 장소가 있기 마련이다. 한반도에서 가장 오래된 종묘에 대한 기록은 통일신라시대부터 시작된다. 지금도 경주 첨성대 남쪽 벌판에 여러 개의 주초석이 남아있는 거대한 건물지가 있는데 이것이 불교와 구별되는 유교식 신라 종묘의 흔적이라고 전해진다. 이어 고려시대에는 개경에 종묘가 있었으나 몽골 난 때 강화도로 천도했다가 다시 개경으로 환도하면서 재건설하는 등 우여곡절을 겪었다. 고려가 멸망한 후 관습대로 기존 건물을 헐고 그 자리에 새로운 왕조인 조선의 종묘가 건설되기 시작했으나 한양으로 천도하면서 공사가 중단되었다. 당시 고려 국왕들의 위패를 배에 실어 임진강에 띄웠는데 그것이 도착한 자리에 사당을 짓고 다시 위패를 보관했다고 한다. 지금

도 '고려 종묘'라는 별명으로 불리는 연천 숭의전의 배경이다. 종묘 제도가 시작된 중국의 경우, 명대에 만들어진 자금성의 정문인 오문과 이를 둘러싼 황성의 정문인 천안문을 연결하는 축선상의 동쪽에 태묘太廟라는 이름의 종묘가 현존한다. 베트남의 마지막 왕조인 응우옌 왕조의 수도인 후에Hue의 황성에도 정전의 동쪽과 서쪽에 각각 태묘太廟, 타이미우와 세묘世廟, 또미우로 불리는 두 개의 종묘가 있었고 그중 세묘가 아직 남아있다.

북경이나 후에에 비해 한양, 즉 서울의 종묘는 궁궐의 권역 내부가 아닌 독립적인 권역을 이루고 있는 것이 다르다. 심지어 사직도 궁궐의 서쪽에 따로 지었다. 도성 배치에 대한 옛 지침에 해당하는 중국의 주례周禮에서 이야기하는 '좌묘우사左廟右社'의 원칙을 따르면서도 구체적인 해석을 달리한 결과이다. 종묘 정문은 현재의 종로3가와 4가의 중간 지점에 면하고 있는데, 예나 지금이나 사대문 안에서 도성의 일상이 가장 복잡하게 전개되는 곳이다. 이처럼 흔히 말하는 성속聖俗의 밀접한 관계를 매우 잘 보여주는 곳이 종묘다. 세운상가 앞에서, 붐비는 6차선 대로인 종로를 건너면 종묘 외대문外大門과 그 너머의 울창한 수풀이 보인다. 그 한참 뒤로는 북악산에서 동쪽으로 내려오는 산자락의 응봉, 그리고 무려 6㎞ 거리의 북한산 보현봉이 죽 늘어서 있는 모습이 보인다. 건축이나 도시가 대자연의 스케일과 결합하여 일상을 순식간에 거대한 세계로 편입시켜 버리는 힘이 느껴진다. 종묘 앞에는 원래 민가가 즐비했으나 지금은 종묘광장공원이 조성되어 있다. 그 사이로 난 넓은 길을 지나 종묘 안으로 들어서면 갑자기 몇백 년 전으로 순간 이동한 것 같다. 그 안에 나무가 워낙 울창하기도

좌 위> 종묘 정전   좌 중간> 영녕전   좌 아래> 연천 숭의전(소위 '고려 종묘')

하지만 관련법에 따라 주변 건물의 높이를 제한하여 이파리가 무성해지는 여름이면 종묘 밖의 도시가 그다지 느껴지지 않을 정도다. 여러 개의 부속 건물과 두 개의 연못 사이로 난 길을 따라 서쪽으로 걷다 보면 점점 더 바깥세상에서 멀어지는 기분을 느낄 수 있다.

이제 종묘의 가장 중요한 두 개의 건물을 만날 시간이 되었다. 종묘에는 정전과 일종의 별묘인 영녕전이라는 두 개의 거대한 건물이 있다. 둘 다 왕과 왕비의 신주를 모시는 곳인데, 규모와 형태가 다르다. 정전은 19간, 영녕전은 16간인데 숫자 이상으로 정전이 영녕전보다 훨씬 길어서 각각 110m와 70m 정도다. 게다가 정전은 가운데 부분이 넓고 좌우가 좁지만 영녕전은 그 반대여서 체감하는 규모는 더욱 차이가 난다. 정전에는 공신들의 위패를 모신 공신당이 있다는 점도 다르다. 이렇게 서로 닮았으면서도 다른 두 개의 건물이 존재하게 된 복잡한 과정을 요약하자면, 원래 건국 초기에는 정전만 있었으나 이후 만석이 되자 세종 때 추가로 영녕전을 짓게 된 것이다. 이 과정에는 불천위不遷位라는 유교 특유의 개념에 대한 이해가 필요하다. 원래 제사는 4대까지만 지내고 그 이후에는 매안埋安이라 하여 신위를 사당에서 철수하여 땅에 묻고 제사를 중지하는 것이 기본이었으나, 인간사는 항상 예외를 두는 법. 특별히 덕망이 높거나 출세한 조상은 이 원칙을 적용하지 않았는데, 그것이 불천위다. 즉 '신위를 옮기지 않는 것'이다. 이후 점점 업적과 유관, 무관하게 조선 왕조의 불천위가 늘어갔다. 결과론이지만 정전에 모셔진 왕들이 상대적으로 영녕전에 모셔진 왕들보다 명성이 높은 것 같다. 혹시 조선왕조판 '우열반'인가 하는 생각도 들지만 애초에 영녕전에 태조 이성계의 사대조인 목조, 익조, 도조, 환조가 모셔졌고 이들은 서열상 이후 왕들의 조상이어서 영녕전의 격이 낮다고도 볼 수 없다. 우여곡절 끝에 절묘한 균형이 갖춰졌다고 해야 할까.

세운상가에서 바라본 종묘와 자연 축

위 좌> 종묘 담장의 조선시대 지대석   위 우> 종묘 담장의 일제시대 지대석
아래> 비 오는 날 종묘를 찾은 시민들

종묘에 대한 세간의 평가는 매우 높다. 일본 건축가 시라이 세이이치白井晟一는 종묘를 '동양의 파르테논'이라 불렀으며, 지금도 수많은 외국 건축가가 한국에 오면 빠짐없이 방문하여 한마디씩 찬사를 남기고 가는 곳이다. 1995년 종묘가, 2001년 '종묘제례 및 종묘제례악'이 각각 유네스코 세계유산과 유네스코 세계인류무형문화유산으로 등재되었다. 일제시대인 1920년대에는 경성부 교통을 원활하게 한다는 이유로 현재의 율곡로가 개통되면서 창경궁과의 연결 부분이 끊어졌는데 2022년 서울시가 90여 년 만에 다시 연결했다. 이때 종묘 담장에 새겨진 조선시대와 일제시대의 문구가 적힌 지대석들이 새롭게 관심을 끌기도 했다. 조선 초기인 1395년에 건립된 종묘는 이미 600년이 훌쩍 넘은 데다가 임진왜란 때 왜군에 의해 소실되었다가 재건되고 이후 한국전쟁 등 많은 전란을 겪으면서도 그 조성의 원칙을 유지해 오고 있다. 그리고 더 이상 사람이 살지 않는 왕궁과 달리 아직도 종묘세례가 계속 열리는 등 왕실의 조상을 모시는 장소로서의 본래 기능 역시 수행 중이다. 마지막으로 역사적 장소임과 동시에 도심 한복판의 쾌적한 녹지 공간으로 수많은 시민에게 휴식과 명상의 기회를 제공하며 귀중한 공적 역할을 수행하고 있다. 종묘야말로 한국의 여러 레거시 플레이스 중에서도 가장 무게 있는 사례 중 하나이다.

49
한 독일 신부 건축가가 남기고 간 유산
부산 해운대성당

부산 해운대성당의 남쪽 전경

주소: 부산 해운대구 중동2로 20-3
건축년도: 1965년 건축가: 알빈 슈미트
면적(m²): 674.65

지금은 한국 사회의 중요한 일부가 되었지만 불교, 천주교, 기독교 등은 애초에 외래 종교로 이 땅에 전파되었다. 불교는 고구려 소수림왕 시대인 372년과 그 2년 후인 374년에 서역 출신 승려로 추정되는 순도와 아도에 의해, 천주교는 17세기에 중국 베이징의 천주당을 찾은 조선 사신들에 의해, 그리고 기독교는 1884년 미국 선교사들을 통해 한반도와 인연을 맺었다. 전파 초기는 물론, 상당한 시간이 흐른 뒤에도 종교 건축을 누가 어떻게 설계하느냐는 매우 중요한 문제였다. 종교 건축은 필연적으로 교리와 밀접한 연관을 맺으며, 문자로 적혀있는 경전 내용을 물리적인 공간과 장소로 해석하는 과정은 종교 건축의 핵심 과제라고 해도 과언이 아니다. 모름지기 해석이야말로 누구나 권위를 인정하는 존재만이 할 수 있는 일이다. 종교를 받아들이는 쪽이 해석을 시도하려면 상당한 시간과 학습의 과정이 필요하다. 이런 이유로 종교가 전파되는 초기에는 경전은 물론 종교 건축까지 소위 '본토'에서 직수입하거나 전파의 주체에 의해 제공되기 마련이었다.

불교의 경우, 소수림왕은 초문사肖門寺를 세워 순도를 머무르게 했고, 곧 이어 들어온 아도를 위해서는 이불란사(伊弗蘭寺)를 지었다고 한다. 불교 전파 초기에 어떤 근거로 두 사찰을 구성했는지 의문이다. 아마도 건립 과정에서 순도와 아도의 자문이 있지 않았을까 추측해 본다. 이후 고구려는 승랑과 같은 학승이 역으로 중국에, 그리고 혜편 등의 학승과 담징 등의 예술가가 일본에 영향을 주며 단순한 수용자로 그치지 않았다. 백제의 경우 고구려보다 늦은 384년침류왕 1년에 인도 승려 마라난타에 의해 불교가 전파되었는데, 일정한 수용과 학습 기간이 지난 후 일본에 큰 영향을 주었다. 심지어 사찰 건설을 위해 수많은 백제인이 일본에 건너갔다는 기록이 있는 것으로 보아 단순한 불교 수용자에 그치지 않고 상당히 적극적인 전파자의 역할을 했음을 알 수 있다. 신라의 경우 외교 통로가 아닌 민간인 승려에 의해 불교가 전파되었는데, 호국불교의 전통이 강해 그 활동이 주로 국내에 국한되었다. 상당한 시간이 흐른 고려시대에도 외국인의 주도로 사찰이 건립된 사례가 있다. 지금은 터만 남은 양주의 회암사가 그런 경우다. 고려 충숙왕 15년1328년에 지공(指空) 화상이 회암사를 거대한 규모로 중창했는데, 인도 사람인 지공이 모범으로 삼은 사례는 인도의 나란타사(羅爛陀寺)였다.

도래 시점이 한참 늦은 천주교는 종교 건축의 외국인 주도 현상이 더욱 뚜렷하다. 상당 기간 박해 시기를 보내고 최초의 천주교 성당인 약현성당이 축성된 것은 1876년의 개항과 1886년의 조불수호통상조약 이후인 1893년이었다(착공 시점으로만 보면 종현성당, 즉 현재의 명동성당이 앞선다). 각각 예수의 아버지인 요셉과 어머니인 성모마리아를 주보성인으로 모신 두 성당은 천주교의 한국 전파에 결정적인 역할을 했던 파리 외방전교회 소속 외젠 코스트Eugène Jean Georges Coste, 1842-1896년 신부가 설계했다. 코스트 신부는 이 외에도 서울교구 주교관, 인천 답동성당, 용산 신학교성당 등을 설계했

좌> 천보산을 배경으로 한 양주 회암사지 전경
우> 한국 최초의 천주교 성당인 약현성당

는데 명동성당 공사 막바지에 사망하여 프와넬Victor Louis Poisnel, 1855-1925년 신부가 그의 역할을 계승했다. 익산 나바위성당, 전주 전동성당, 안성 구포동성당, 대구 가실성당 등이 그의 설계다. 간과하지 말아야 할 사실은 그 당시 전국 각지에 많은 성당이 지어졌으며 심지어 그들 중에는 한옥으로 된 성당도 있었다는 것이다. 이 중에는 외국인이 아닌 한국인이 건축의 주체가 된 경우도 있었을 텐데, 이는 건축에 있어서 종교적 해석의 주체가 서서히 바뀌고 있었음을 의미했다.

개신교는 그 내부 종파가 복합하여 일률적으로 말하기 어려우나 유사한 패턴이 발견된다. 개신교인 성공회의 경우 초기에는 강화도에 한옥 성당을 세우기도 했으나 예배 형식에 맞지 않는다는 마크 트롤로프 주교의 판단으로 당대 건축가인 아더 딕슨을 영국에서 초빙, 서울 정동에 로마네스크 양식의 서울 주교좌성당을 지었다. 1926년에 부분적으로 완성했고 1996년에 한국 건축가 김원의 설계로 전체를 완성했는데, 기본적으로는 아더 딕슨의 원안을 충실히 따른 것이었다. 이보다 앞선 1887년에 지금의 새문안교회, 1892년 부산의 초량교회 등이 건립되었으나 당시 건물은 남아있지 않고, 1897년에 현존하는 가장 오래된 개신교 교회인 정동제일교회가 지어졌다. 이 세 교회는 각각 설립의 주체가 외국인 선교사인 호러스 그랜트 언더우드, 윌리엄 마튼 베어드 그리고 헨리 아펜젤러였고 현존하는 정동제일교회의 경우 매우 전형적인 서구식 건축 양식이다. 기타 종교를 보면, 한반도의 자생적 종교인 천도교는 경운동 중앙대교당의 설계를 일본인 건축가인 나카무라 요시헤이에게 의뢰했는데 빈 분리파로 평가되는 전형적인 서구 양식주의 건물이다. 천도교에서 분리된 시천교는 경주 노서동에 2층 한옥 교당이 있었고, 서울 견지동에는 고딕 양식의 건물을 지어 사용했다(천도교나 시천교 모두 한반도의 자생적 종교 교단으로서는 내용과 형식에 있어 괴리가 엿보이는 대목이다). 한편 보천교가 남긴 대형 건물인 진정원 십일전은 원래 정읍에 지어졌는데, 이후 서울로 이전하여 조계사 대웅전이 되었을 정도로 불교 사찰의 기본 건축 형식을 따랐다. 또 다른 자생 종교인 원불교는 원이라는 공통 요소를 반복적으로 사용하여 사찰 건축에 교리가 나름 일관성 있게 적용된 경우로 볼 수 있다.

오늘날 외국인에게 종교 건축의 설계를 의뢰하는 전통은 완전히 사라졌다. 불교나 천주교는 물론, 개별 교회의 건축 양식이 훨씬 자유로운 개신교 또한 마찬가지다. 2018년 스위스 건축가인 마리오 보타 Mario Botta, 1943- 의 설계로 남양성모성지에 성모마리아 대성당이 완공되었는데 이는 종교적인 이유보다는 건축가의 국제적인 명성과 탁월한 설계 능력에 의한 결정이었다. 외국인이 직접 와서 선교하는 전통이 약화되면서, 교리의 해석이나 건축 설계의 주체 역시 한국인으로 자연스럽게 변화한 결과다. 오히려 김영섭 등 일부 한국인 건축가들이 한때 세계에서 천주교 건축 설계를 가장 활발히 하고 있다는 소문(?)의 주인공이 되었다. 이 건축가들은 남미 등 천주교 지역 국가의 대사가 한국에 부임하면 꼭 만나야 할 저명인사로 대접받기도 했다. 지금은 소멸된 전통의 끝자락 정도에 자리 잡은 특이한 인물이 있는데, 이번 글의 주인공인 독일 출신 알빈 슈미트 Alwin Schmid, 1904-1978년 신부다.

2018년 8월 14일 자 동아일보 기사에 따르면 알빈 신부는 독일 남부 슈바벤 지방 출신으로 1936년 사제로 서품되고 1937년 뷔르츠부르크대학에서 신학 공부를 마친 후 한국인이 많던 만주 북간도의 옌지연길, 延吉 교구에 파견되었다. 당시 몇 개의 성당 건축에 참여했으며 2차 세계대전 이후 중국 공산당에 의해 투옥되었다가 1949년 독일로 추방되었고, 이때부터 본격적으로 교회 건축가의 길을 걸었다고 한다. 당시 독일은 전후 복구 과정에서 수많은 성당이 재건되면서 전통적인 양식주의 교회 건축에서 벗어난 다양한 시도가 이루어지고 있었다. 알빈 신부는 독일에 있으면서 1958년 김천시 평화성당, 1960년 가은성당 및 부산의 분도병원 성당 등을 설계하였고, 좋은 평가에 힘입어 1961년 한국에 들어왔다. 왜관의 베네딕토회 수도원에 있으면서 약 20년간 122개소의 성당을 지어 가히 한국 성당 건축의 중흥을 이끌었다고 평가받는다.

알빈 신부는 60세 무렵인 1963~1968년 동안 가장 왕성하게 개혁적인 성당 건축 설계를 진행했는데, 바로 그 시기인 1965년에 축성한 성당 하나가 해운대에 있다. 원래 해운대는 일제시대부터 온천과 해수욕장으로 유명한 곳이었는데, 해운대성당은 지역의 신자는 물론 해운대를 찾아오는 관광객들까지 염두에 두고 있다는 점이 특이하다. 해운대성당은 해운대 백사장과 부산 지하철 2호선이 지하에 놓인 해운대로 사이 지역에 자리 잡고 있다. 역사가 제법 된 곳이지만 주변에 엄청난 규모의 고층 주거 단지가 들어서 있어 오히려 전체적인 인상은 신도시에 가깝다. 독일인인 알

빈 신부로서는 당연히 서구 근대 건축의 영향을 받아 건물 외관은 백색으로 통일하였고, 조형은 기본적으로 기하학적 질서를 이루고 있다. 평면을 보면 입구는 동쪽, 제단은 서쪽이다. 유럽의 성당들은 이와 반대로 입구가 서쪽, 제단이 동쪽인 경우가 많은데 이는 유럽 방향에서 기독교 최고의 성지인 예루살렘이 동쪽에 있기 때문이다(그래서 오후 늦게 가야 입구가 아름답게 보인다). 한반도 방향에서 예루살렘은 서쪽이기 때문에 해운대성당 제단이 서쪽에 있는 것은 천주교회 건축의 기본을 충실히 따랐다고 볼 수 있다. 방문 당시 거의 정확히 정오였는데 이미 동측의 입구 부분은 햇살이 지나가 버려 역광이었다.

내부 역시 백색 위주이며 창이 커서 햇살이 가득 들어와 매우 밝고 경쾌한 분위기다. 천장에는 햇살과 같은 패턴으로 구성된 양각의 선들이 중심을 향해 모여들고 그 한가운데 제단 방향으로 비둘기가 날아가고 있다(단, 이것은 변형된 것이다. 원래는 일방향성 시까래로 구성되어 있었다). 입구에서 제단까지의 공간적 깊이에 비해 가로 폭이 넓어 훨씬 넉넉하고 여유로운 느낌을 준다. 전통적 고딕 양식 성당의 공간적 구성과 분위기에 익숙한 사람이라면 호불호가 갈릴 법한 설계인데, 이 역시 알빈 신부의 철학이 담긴 결과다. 알빈 신부의 건축적 업적을 조망한 《건축가 알빈 신부》의 저자인 김정신 교수에 의하면, 알빈 신부는 제2차 바티칸 공의회1962-1965년에서 공식화된 '대면식 미사', 즉 사제가 신자들을 바라보고 진행하는 미사 형식에 큰 감명을 받았고 이를 다양한 방식으로 반영하고자 했다. 소박하게 다가오는 해운대성당의 이면에는 새로운 시대의 개혁적 교회를 향한 이방인

좌> 간결한 조형의 종탑

사제의 노력이 숨어있었다. 1965년에 지어져 이제 60년 가까운 연륜을 갖고 있을 뿐 아니라 내외부의 원형이 비교적 잘 남아있다. 종교 건축의 큰 장점이지만 천주교 성당으로서의 기능이 계속 유지되고 있는 점, 그리고 무엇보다 해운대 일대의 주민과 관광객 신자를 모두 포용해 온 공공적 역할 등 이 건물은 우리 사회가 소중하게 생각할 만한 레거시 플레이스로 손색없다.

위> 내부 전경
아래> 2층 성가대석으로 올라가는 계단의 디테일

50
자연에 대한 불교적 해석의 백미
부석사

부석사 천왕문

주소: 경북 영주시 부석면 부석사로 345
건축년도: 676년 건축가: 미확인
면적(m²): 216.06(무량수전)

하나의 건물이 레거시 플레이스가 되는 것은 절대 쉽지 않다. 우선 시간의 무게를 견뎌야 한다. 건물이 지어지고 어느 정도 시간이 지나면 지어질 당시 관여했던 사람들과의 인연이 서서히 희박해진다. 후세 사람들은 건축가, 건축주, 시공자 등 초기 관련자들만큼 건물에 대해 애정을 품기 어렵다. 세상도 너무 빨리 변한다. 그래서 건물이 쉽게 변형되거나 심지어 사라지기도 한다. 용도가 바뀌는 경우도 부지기수다. 건물을 발주했던 개인이나 단체가 사라지면 건물의 운명은 알 수 없게 된다. 은행이 백화점이 되기도 하고, 공장이 카페가 되기도 한다. 운 좋게 박물관이 되는 건물은 어떤 의미에서 영생을 얻었다고 볼 수 있지만, 원래 용도로 계속 사용되는 것만큼의 긴장감이나 활력은 기대하기 어렵다. 이런 관점으로 보면 레거시 플레이스가 되기 위해서는 무엇보다 건축주의 생명이 길어야 한다. 아마도 종교단체가 가장 유리할 것이고 그다음이 교육기관일 것이며, 정부나 기업 등이 그 뒤를 따른다. 대한민국은 비교적 신생 독립국이라 의외로 정부의 역사가 길지 않다. 당연한 이야기지만 순수한 개인 건축주는 이 경쟁에서 이기기 힘들다.

이번 글에서 다룰 영주 부석사는 불교 사찰 중에서 레거시 플레이스로 소개할 만한 좋은 사례는 무엇일까 생각하다가 선정하게 되었다. 무량수전이나 조사당과 같은 고려시대 건축 원형이 아직도 잘 남아있는 점, 최순우의 《무량수전 배흘림기둥에 기대서서》, 유홍준의 《나의 문화유산 답사기》, 2001년 제25회 이상문학상 대상 수상작인 신경숙의 《부석사》 등과 같은 책으로 인해 사회적 지명도가 매우 높다는 점, 무엇보다 산지형 사찰의 가장 빼어난 사례 중 하나라는 점 등이 그 이유였다. 영주 부석사의 규모는 그리 크지 않으나 안동 봉정사, 보은 법주사, 공주 마곡사, 순천 선암사, 해남 대흥사 등과 더불어 '산사, 한국의 산지 승원'이란 이름으로 2018년 유네스코 세계유산으로 등재된 바 있다. 그만큼 '탁월한 보편적 가치 OUV, Outstanding Universal Value'를 가지고 있으며, 경관이라는 측면에서 그중 가장 출중한 사례일 것이다. 이전에 두 번인가 방문한 적이 있었으나 이 글을 쓰기 위해 다시 한번 길을 나섰다.

서울에서 부석사에 가는 방법은 생각보다 비교적 간단하다. 청량리역에서 영주역까지 KTX가 운행하기 때문이다. 하지만 이번 답사에서는 여러 곳을 들릴 필요가 있어 일단 대전에 갔다가 거기서 공유 자동차를 빌리는 계획을 세웠다. 그러다 보니 전체적인 시간은 오래 걸렸으나 대전에서 영주에 이르는, 충청도와 경상도 내륙 산간 지역의 아름다운 경관을 원 없이 즐길 수 있었다. 영주에서 부석사가 있는 부석면까지 자동차로 한 시간 이상 걸릴 만큼 거리가 상당하다. 하지만 부석사 정도 되는 곳을 찾아갈 때는 어느 정도 사전 예열(?) 시간을 갖는다. 부석사 주차장을 일부러 600m 정도 이격하여 만들어 놓았기 때문에 정신적 준비 시간은 더욱 늘어난다. 여느 명승고적처럼 바로 앞에 차를 대고 휙 보고 나올 수 있는 곳이 아니다. 게다가 부석사 경내에 들어서도 산 위로 향하는 한적한

부석사 진입 과정

길이 나 있을 뿐, 바로 주요 건물을 보게 되는 것이 아니다. 최초의 건물이라고 할 일주문까지 120m, 거기에서 두 번째 건물인 천왕문까지 260m, 이런 식이다. 길 양옆은 그냥 숲이다. 최종 클라이맥스라고 할 수 있는 무량수전까지는 180m 정도를 더 가야 한다. 수많은 사찰이 이러한 '공간적 전이spatial transition' 과정을 보여주지만 그중에서도 부석사는 압도적이다. 더구나 가파른 경사길이라 매사 서두르는 현대인에게 더욱 특별하게 다가온다.

부석사는 676년, 즉 신라 문무왕 16년에 의상대사가 왕명으로 세운 화엄종 사찰이다. 당나라 유학승 출신으로 한국 화엄종의 시조인 의상은 이후 입적하는 702년까지 부석사에 머물렀다. 역사적 기록으로 보면 한국 최초의 사찰은 고구려시대의 성문사초문사, 373년와 이불란사375년지만, 당시 고구려 영토의 특성상 한반도 밖 현 중국 길림성 지역에 있다. 한반도 내에 현존하는 것으로는 강화 전등사381년 혹은 영광 불갑사385년가 가장 오래된 것으로 알려져 있다. 잘 알려진 사찰인 해남 대흥사544년, 경주 불국사528년, 구례 화엄사544년, 보은 법주사553년, 순천 선암사572년(?), 예산 수덕사 599년(?), 공주 마곡사640년(?), 양산 통도사646년, 안동 봉정사672년 등은 부석사보다 연대가 빠르며, 부산 범어사678년, 합천 해인사802년, 도피안사865년, 고려시대에 창건된 송광사867년(?) 등은 연대가 늦다. 그런데 이것은 어디까지나 '조직 혹은 기관'으로서의 사찰 건립 연도고, 현존하는 물리적 구조물을 기준으로 하면 이 순서는 완전히 달라진다. 이 중 삼국시대 이전의 것은 하나도 없다. 고려시대에 세워진 안동 봉정사 극락전이 한국에서 가장 오래된 목조 건축물이며, 영주 부석사 무량수전과 조사당, 예산 수덕사 대웅전 등이 그 뒤를 잇는다.

부석사는 화엄종 사찰로서 그 종파의 건축적 특징 몇 개를 공유하고 있다. 일단 탑이 없고, 있다고 해도 후대에 추가된 것이며 업경業鏡에 해당하는 연못이 없고 또한 여러 단계의 진입 과정이 강조되어 결과적으로 종심 깊은 공간이 구성되었다. 특히 여러 개의 단段은 문, 그리고 자연 지형과 결합하여 안으로 들어갈수록 점점 새로운 세계가 펼쳐지는 경이로운 과정을 연출한다. 전통 건축 권위자인 명지대학교 김홍식 교수에 의하면 이는 인간의 단계를 10개로 나눈 화엄종의 교리인 4성 6범과 관련이 있다. 부석사를 사상적으로 이해하는데 있어서 매우 중요한 부분이다. 이런 관점에서 부속사의 진입 과정을 살펴보자면, 앞에서 언급한 일주문과 당간지주를 지나 천왕문에 도착하면 부석사의 백미라고 할 수 있는 부분이 펼쳐진다. 단은 천왕문부터 나타난다. 여기서부터 차례로 여러 개의 단을 거치면서 누하진입樓下進入 즉 건물 아래를 통해 위로 올라가는 것으로 유명한, 범종루와 안양루를 거치며 드디어 무량수전에 다다르는 과정은 지금도 수많은 건축학도와 건축가의 마음을 들뜨게 한다. 학창 시절, 얼마나 많은

위> 일주문　중간> 범종루
아래 좌> 꺾인 축선과 안양루, 무량수전　아래 우> 안양루의 누하진입

밤을 새우며 누하진입 과정을 현대 건축에도 적용해 보리라 서로 이야기했던가. 게다가 범종루에서 안양루로 오르는 과정에 길의 축선이 왼쪽으로 약 30도 정도 꺾이면서 안양루와 석등, 무량수전 그리고 그 배경의 태백산 자락이 입체적인 경관으로 드러나는 장면은 실로 진입 경관 계획의 최고봉이라 할 만하다. 이뿐 아니라 문득 뒤를 돌아봤을 때 눈앞에 펼쳐지는 웅장한 산세와 건축의 조합 역시 부석사가 제공하는 최고의 선물이다.

무량수전은 정면 5칸, 측면 3칸의 단층 목조 건물로서 지붕은 경복궁 근정전 등과 같은 팔작이며, 나무로 짜 만든 입체적인 구조물인 공포가 기둥 위에만 있는 주심포 양식이다. 워낙 명성 높은 건물이지만 막상 그 앞에 서면 생각보다 규모가 작다. 무량수전의 바닥 면적은 216.06 m^2인데 이

정면에서 본 무량수전과 석등

는 KTX 객차 3개를 옆으로 붙인 정도에 불과하다. 또한 바닥재 등이 변경되었다고는 하지만 화려한 단청이나 장식이 없어 매우 소박한 느낌을 준다. 그러나 중심부 어간이 가장 넓고 양옆으로 갈수록 좁아지는 기둥의 간격이라던가, 최순우에 의해 유명해진 배흘림기둥, 모서리 기둥을 조금 안으로 기울이고 높게 하는 안쏠림과 귀솟음 등 고전 건축의 세계에서 중요하게 생각하는 정교한 시각적 보완 기법들이 마치 교과서처럼 세심하게 적용되어 있다. 그래서 건축의 가치가 웅장한 규모나 압도적인 디테일 등에 있지만은 않다는 것을 이야기할 때 무량수전이 종종 등장한다.

무량수전의 특이한 점은 내부 공간이 왼쪽으로 90도 돌아있다는 점이다. 진입 과정에서도 왼쪽으로 계속 축이 이동하는 경험을 하다가 최종 목적지인 무량수전에서는 아예 90도를 돌아야 하는 공간적 경험이 매우 특이하다. 물론 이 방향이 서쪽이어서 서방정토의 극락세계에 있는 불상이 반대 방향의 중생들을 바라보고 있다는 해석도 가능하다. 그러나 학계에서는 이런 이유로 무량수전의 애초 용도가 금당이 아닌 강당이었고 모셔져 있는 불상은 무량수전의 성격상 아미타여래로 추정하지만, 손가락을 아래로 향하는 소위 항마촉지인을 하고 있다는 점에서 석가여래일 수도 있다는 등의 반론도 제기된다. 그래서인지 불상의 국보 명도 그냥 '영주 부석사 소조 여래상'이다. 부석사에는 무량수전 등을 포함해 국보가 5점, 보물이 6점, 경상북도 시도지정 문화재 2점이 있는 등 그야말로 국가유산 이전의 '문화재'의 보고이다. 규모가 훨씬 큰 경복궁에 국보 2점, 보물 7점이 있는 것에 비하면 부석사의 위상이 어느 정도인지 알 수 있다.

굳이 지적하자면 현재 부석사가 관리되는 모습이 객관적인 가치에 비해 미흡하다는 인상이다. 답사 당일에는 공사가 진행 중이었고 워낙 방문객이 많아 혼잡했으나 그것을 제외하고라도 건물들의 전반적인 관리 상태

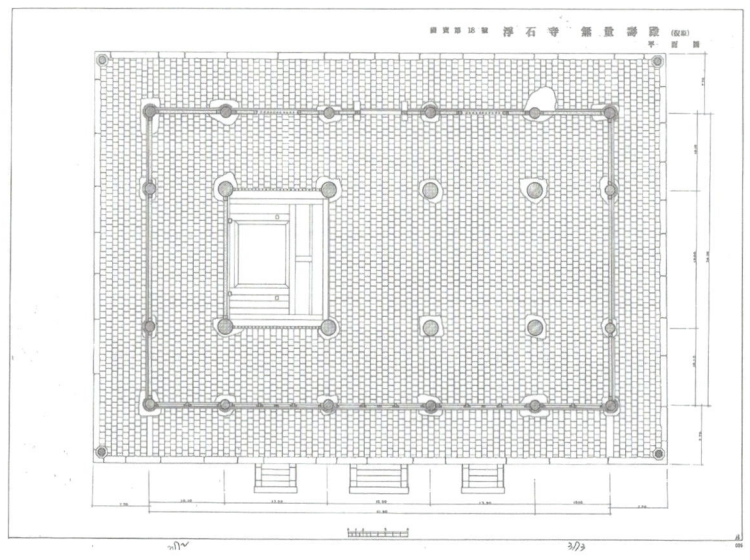

위> 영주 무량수전 평면도(출처: 국가유산청 국가유산원형기록정보시스템)
아래> 무량수전 내부

에 대해서 의문이 많이 들었다. 건물 여기저기에 못이 박혀 있는 것은 보통이고, 전반적으로 그다지 세심하게 관리되고 있다는 느낌이 들지 않았다. 부석사 특유의 장소적 매력이나 분위기에 빠져드는데 오히려 이런 것들이 방해가 되었다. 세계인이 인정하는 유네스코 세계문화유산으로서나 종교를 수련하고 실천하는 청정도량으로서나 조금 더 철저한 관리와 경건한 분위기 조성이 필요해 보인다. 그래야 한국과 한국 불교를 대표하는 레거시 플레이스로서 부석사가 갖는 가치가 좀 더 드높여지는 것이 아닐까. 소위 명승고적 중에 고도의 미감으로 철저하게 관리하는 곳들을 접하고 싶은 마음이 간절하다.

51
대전 구도심의 숨겨진 보석
대전 거룩한말씀의수녀회성당

주소: 대전광역시 중구 동서대로1365번길 29
건축년도: 1921년 건축가: 미확인
층수: 3층 면적(m²): 241.32(성당)

　　　　　　　레거시 플레이스에 대해 글을 써오면서 세상에 잘 알려진 사례를 소개하는 것도 좋지만 그렇지 않은 장소를 찾아서 이야기를 엮는 것 또한 즐거움과 보람을 준다는 걸 알게 되었다. 이번 글에서 소개할 대전 거룩한말씀의수녀회성당(이하 '수녀회 성당')은 명백하게 후자의 경우다. 우선 현재 시점으로 보면 세상에 널리 알려지는 것을 전제로 하는 장소가 아니다. 신도들이 방문하여 예배드리는 것을 염두에 두고 지어지는 일반적인 교회나 성당과는 다르게 이 성당은 수녀회 영역 안에 있으며 원칙적으로 그 구성원들을 위한 장소다. 그 차이가 어느 정도인가 하면, 바로 옆에 천주교 대전 목동교회가 있는데 수녀회 성당 영역과는 자동차 출입구도 구분되어 있고 심지어 경계에는 담장도 있다. 어차피 같은 천주교 시설이니까 서로 통할 거라는 일반인의 기대와는 전혀 다르다. 그럼에도 불구하고 굳이 이곳을 찾아간 이유는 '대전 최초의 성당'이란 타이

좌> 제단 방향의 실내 모습

틀을 갖고 있기 때문이다. 또한 작지만 아름다운 성당이라는 말도 들었다.

더 이야기가 진행되기 전에 용어에 대한 설명이 좀 필요할 것 같다. 흔히 개신교 예배당은 교회, 천주교 예배당은 성당, 이렇게 부르는 것으로 알려졌지만 현실은 좀 다르다. 개신교의 경우 '교회church'는 건물이 아닌 신앙 공동체를 뜻하는 경우가 있다. 압구정동에 있는 소망교회가 그런데, 정면에 '소망교회 예배당'이라고 적혀있다. 즉 '소망교회라는 신앙 공동체의 예배당인 건물'이라는 의미를 명확히 한 것이다. 천주교는 조금 더 복잡하다. '대성당cathedral'은 교구장인 주교bishop가 앉는 의자cathedra가 있는 곳으로 주교좌성당이라고도 한다(2024년 기준 한국의 주교는 모두 40명이다). 그다음이 일반 '성당'으로, 현실적으로는 '교회'라는 명칭도 혼용된다(위에서 언급한 천주교 대전 목동교회가 그렇다). 이와 별도로 '경당chapel'이라는 것도 있는데 일반적으로 소성당을 의미하며, 사제가 상주하지 않는 시설은 '공소chapel of ease'라고 한다. 2011년 7월 21일 자 가톨릭신문의 〈교회 시사용어 해설〉란에 의하면 '성당ecclesia'은 건물을 가리키는 경우가 많으며, 신앙 공동체를 가리킬 때는 '본당parochia'이라는 용어가 따로 있다.

거룩한말씀의수녀회성당은 대전 중구 목동에 있다. 대전 중구는 동구와 더불어 대전 구도심의 핵심 지역이다. 언뜻 생각하면 중구와 동구의 경계는 대전역을 중심으로 하는 경부선 철도일 것 같지만 실제 경계는 그 철길보다 서쪽인, 그리고 당연히 더 오래된 대전천이다. 대전이 사방으로 광역화되면서 현재의 중구는 차라리 남구라고 해야 어울릴 정도의 위치다. 대전 원도심의 간판 격인 소제동이 동구에 있다면, 대전역지점의 임대료 문제로 2024년 6월 전국적인 관심의 대상이 된 성심당 본점, 그리고 대전 근현대사전시관이 된 옛 충남도청사는 중구에 있다. 수녀회 성당은 평평하기로 유명한 대전 구도심에서도 약간의 구릉지인 목동에 자리 잡고 있

위> 성당 전경. 좌측이 수도회 수녀원, 모서리만 보이는 우측이 힐데갈드관이다
아래> 성당 안내문

으며, 대전역에서는 자동차로 약 12분 거리다. 찾아갔던 날은 다가올 여름을 예견이라도 하듯, 뜨거운 햇살이 쏟아지던 2024년 6월의 어느 주말이었다. 나지막한 구릉을 걸어서 오르니 길 왼쪽에는 수녀회의 역사를 담은 안내문이 죽 이어져 있었다. 자신의 역사를 그만큼 중요시한다는 증거다. 여러 자료를 종합해 보면 수녀회 성당은 수녀회보다 오래되었다. 즉 성당 건물은 원래부터 수녀회 소속이 아니었다. 국가유산청 웹사이트에 의하면 1919년에 천주교 대전 본당, 즉 신앙공동체 조직이 만들어졌고 이어 1921년에 대전 최초의 성당으로 이 건물이 지어졌다. 그 바로 북쪽의 강당, 즉 오늘날의 힐데갈드관과 함께였다. 천주교 대전교구가 1948년에서야 설립된 것에 비하면 매우 빠른 시기이다. 거룩한말씀의수녀회는 이보다 훨씬 늦은 1964년 한국 최초로 여성 창립자인 장화자힐데갈드 수녀에 의해 부산에서 만들어졌는데 이후 대전으로 옮겼다. 원래는 거룩한말씀의시녀회였으나 '시녀'가 어감상 현대에 맞지 않는다는 판단으로 1983년 거룩한말씀의회로 변경하였다. 한편 수녀회 성당은 한국전쟁 당시 폐쇄되었다가 1958년 대전교구 목동 본당으로 부활했고 이어 1968년에 수녀회로 양도되었다. 이후 1969년 대수선을 거쳐 2001년 대전광역시의 문화유산자료로 지정되었다.

수녀회 성당은 마치 비누로 갓 씻어 놓은 듯 말쑥한 모습이었다. 오래되고 소박한 건물도 사랑을 많이 받으면 저렇게 빛이 나는구나 싶었다. 연하고 따뜻한 크림색 바탕에 흰색 테두리를 둘렀는데 그 배색이 정갈하고 세련미가 넘친다. 이날따라 유난히 하늘도 맑아서 마치 남부 유럽 어딘가의 시골 성당을 보는 느낌이었다. 이 성당은 통상 명동대성당처럼 고딕 양식으로 분류되나, 세부적으로 고딕 양식의 중요한 요소인 첨두형 아치 pointed arch가 아닌 반원형 아치가 사용되었다. 근대 시기에 지어진 유사 서

성당의 정면. 동향이어서 오후에 가면 태양이 바로 건물 뒤에 있다

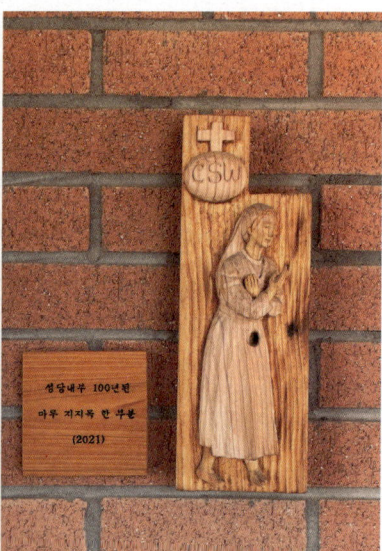

위> 성당의 측면과 후면
아래 좌> 입구 방향의 실내 모습   아래 우> 수녀원 정문의 작은 기념물

구식 건물의 건축 양식을 굳이 따져야 하는지에 대해서는 좀 회의적이지만, 대체로 로마네스크적인 특징이 강하다는 생각이 들었다. 조금 더 정확히 말하자면 전체적으로는 고딕을 지향했으나 세부적으로는 로마네스크의 요소가 많이 적용된 건물이었다. 그러다 보니 내부가 궁금해졌는데, 사전 연락 없이 불쑥 찾아간 것이어서 안타깝게도 문이 잠겨있었다. 마침 지나가는 수녀님이 계셔서 혹시 안을 볼 수 없냐고 했더니 '수녀회에서만 쓰는 성당이라 외부 개방을 안 한다'라는 원론적인 대답이 돌아왔다. 성직에 계신 분들은 좀 '츤데레'적인 면이 있다. 나 역시 답사 경험이 나름 풍부한 입장이어서 쉽게 포기하지 않았다. 최대한 정중히 '건축가인데 워낙 이 성당 이야기를 많이 들어 서울에서 찾아왔다'라고 다시 부탁드렸다.

  이 세상에 자기 아이가 똑똑하다는 말을 듣고 신나지 않을 부모는 없으며, 자기 건물 훌륭하다는 말을 듣고 기분이 좋지 않을 집주인은 없다. 수녀님은 얼굴이 환해지며, '원래 안 되는데…' 하면서도 결국 문을 열어주셨다. 기본적으로 나무로 이루어진 선, 그리고 하얀 면으로만 구성된 아주 정갈한 실내였다. 마치 댓가지와 종이로 만든 것 같았다. 천장은 고딕의 첨두형이 아닌, 반원형의 배럴 볼트barrel vault였다. 역시 고딕이라고 하기에는 로마네스크적인 성격이 강했다. 규모도 작고 주재료도 다르지만 전주 전동성당의 천장을 연상케 했다. 내부 역시 외부 못지않게 관리가 잘 되어 있어서 첫인상이 화사했다. 그 안에 있는 것만으로도 마음이 맑아지는 느낌이었다. 수녀님이 문고리를 잡고 기다리고 계셔서 사진 몇 장만 찍고 바로 나왔지만, 여름의 초입 무렵 낯선 도시에서 잠깐 경험한 이 상쾌한 정갈함을 오랫동안 잊을 수 없다. 이런 것이 종교 건축이 마땅히 갖춰야 하는 미덕이라고 생각한다. 너무 신비롭지 않은 것도 마음에 다가왔다. 성스러운 분위기를 만들기 위해 온갖 건축적인 기법을 동원하는 경우도 있는데 과도한 수사학은 항상 해롭다. 일부 창의 스테인드글라스는 프랑스에서 가져온 것으로 그 원형이 아주 잘 보존된 모습이 인상적이었다. 성당 남쪽 수녀원 입구에는 작은 나무 조각에 수녀님의 모습이 부조되어 있고 그 옆에는 '성당 내 100년 된 마루 지지목 한 부분. 2021'이라고 적혀있었다. 그러니까 지어진 지 100년 만인 2021년에 마루를 개보수했는데 그때 한 조각을 남겨서 작지만 의미 있는 기념물을 만든 것 같다. 세월의 무게를 소중히 하는 태도였다.

수녀회 성당은 역사의 현장이기도 하다. 한국전쟁 당시 이곳에서 수많은 민간인이 희생되었고 외국인 순교자도 여럿 발생했다. 2020년 9월 22일 자 가톨릭신문에 그 전후 상황이 자세히 소개되어 있다. 수녀회 성당이 목동성당이었던 시절, 이 자리에는 '프란치스코 수도원'이 함께 있었다. 국군과 미군이 인민군을 대적했던 1950년 7월 19일과 20일의 대전 전투는 실패로 돌아갔으며, 미군 제24사단장 윌리엄 딘$^{\text{William Dean}}$ 소장이 밀고로 포로가 되는 사건도 있었다. 대전을 점령한 인민군은 수도원을 정치보위부 본부로 사용했고 이 지역의 외국인 사제들을 이곳에 감금했다. 그해 9월, 한국전쟁 발발 후 3개월 만에 낙동강 전선을 지켜내고 인천상륙작전을 감행하면서 국군과 유엔군이 전세를 뒤집었다. 후퇴를 눈앞에 둔 인민군은 당시 목동성당이었던 이곳 일대에서 한국전쟁 당시 가장 대표적인 집단 학살을 자행했다. 사제 11명이 수도원에서 순교했고 북으로 압송된 노령의 신부가 강제 행군 중 병으로 쓰러지면서 모두 12명의 외국인 사제가 희생되었다. 한국인 희생자는 말할 것도 없어서 1952년 충청남도가 1,557구의 시신을 수습하였고, 그 이전에 개인적으로 수습한 시신까지 포함하면 2천 명이 넘는 희생자가 발생한 것으로 알려져 있다. 이 시기를 전후하여 대전교구 여러 곳에서 국내외 성직자들이 집단으로 순교하는 사건이 발생했다.

　대전 거룩한말씀의수녀회성당은 연륜이 이미 100년이 넘었으나 그 모습은 아직도 새로 지은 것처럼 정갈하다. '오래된 것은 곧 낡은 것'이라고 생각하는 이 나라의 상식과는 사뭇 다르다. 같은 천주교 교단 내에서 소유와 관리의 주체가 변하기는 했지만, 성당의 기능은 예나 지금이나 변하지 않았다. 종교 시설로서나 역사적 장소로서의 공공성 또한 기억할 만하다. 비록 규모가 작고 그다지 널리 알려지지 않았으나 그 서사의 깊이와 폭이 대단하다는 점에서 건물이나 장소 역시 사람과 마찬가지로 편견 없이 대해야 한다는 사실을 새삼 깨달았다. 직접 마주 대하고, 관련된 자료를 찾아보고, 시대적 장소적 맥락을 파악하면 처음에 평범하게 느껴졌던 대상도 어느새 매우 복합적이며 입체적인, 심지어 인격적인 존재로 다가오는 것을 느낀다. 대전광역시 중구 목동, 오랜 시간 동안 그 나지막한 언덕을 거쳐 갔을 사람들의 헤아릴 수 없는 많은 이야기를 생각하며 낮게 깔린 오후의 햇살을 등지고 언덕길을 걸어 내려갔다.

52
고도 성장기에 등장했던 보편적 도시 주거의 원형
상가아파트

충정아파트

○　　　　　　　이 책은 한국의 레거시 플레이스에 대해 이 야기하고 있으나 그중에서 덩어리째 빠져있는 건물군이 있다. 다름 아닌 전국의 상가아파트들이다. 이들 대부분은 1960년대 말에서 1970년대 초에 지어졌는데, 일부는 연대가 일제시대로 거슬러 올라가며 또 다른 일부는 1980년대까지도 이어진다. 나름 역사도 오래되었고, 비록 낡았다고 해도 원형이 거의 유지되고 있고, 주거 건축의 특성상 다른 용도로의 전환도 어려워 계속 원래 용도를 유지하는 경우가 대부분이다. 공동 주거와 상가가 복합된 것이니 그런 점에서 공공성도 충분하다. 즉 레거시 플레이스의 조건을 모두 갖추고 있으며 따라서 그중 몇 개 정도는 독립적인 글로 다룰 만하다. 그럼에도 불구하고 이 책에서 해운대 우일맨션1978년 말고는 상가아파트를 개별적으로 다루지 않고 하나의 글로 묶는 이유가 있다. 이미 이전에 다른 기회를 통해 집중적으로 다룬 바가 있기 때문이다. 2015년에 《무지개떡 건축》을 펴낸 이후, 그 내용의 일부인 상가아파트에 대해서 장기 연재를 할 기회가 생겼다. 2016년 중후반기에 30회에 걸쳐 서울신문에 연재했는데, 매번 신문 한 면 전체를 제공받는 파격적인 기회였다. 연재가

완료된 후 2017년에 그 내용을 묶어서 《가장 도시적인 삶》이란 제목으로 단행본을 냈고 소기의 사회적 반향을 이끌어 냈다.

그중 서울 신길동의 대신아파트 1971년는 이후 나이키 광고에 등장했을 뿐 아니라 독립 다큐멘터리의 소재가 되었고, 예술의전당 설계자인 김석철 건축가가 젊은 시절에 작업한 대구 명륜로 대봉동의 가든테라스 1982년는 교육방송 EBS의 3부작 대형 다큐멘터리에 등장했고 나 역시 직접 출연했다. 많은 시청자가 한국에 이런 혁신적인 공동 주거가 있었다는 사실에 놀라워했으며, 당시 철거가 예정되었던 상황이라 매우 안타깝게 생각했다. 방송이 나간 이후 예정대로 철거가 진행되었으나 의미 있는 기록의 사례를 만드는데 일조했다는 사실이 건축가로서나 저자로서 보람 있었다. 교육방

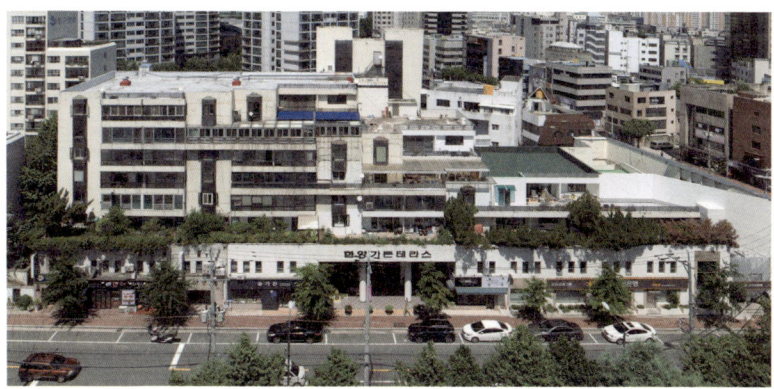

위> 대신아파트
아래> 대구 가든테라스

송에서 나중에 별도 편집해 유튜브에 올렸는데, 279만 명이 봤다. 건축을 다룬 동영상으로는 엄청난 관심을 받은 셈이다. 이런 상황을 놓고 볼 때 위에서 언급한 해운대 우일맨션은 특이한 경우이다. 이 건물 역시 상가아파트인데 《가장 도시적인 삶》 발간 당시에는 그 존재를 모르고 있었다. 나중에 지인의 제보를 받아 현장을 답사, 독립적인 글로 대접한(?) 셈이니 오히려 운이 반전된 경우라 하겠다.

아파트로 대변되는 근대적 공동 주거가 한반도에 출현한 것은 일제시대이다. 어떤 건물이 언제 지어졌고, 그중 어떤 것이 아파트인가에 대해서는 그간 학계에서 수많은 논의가 있었다. 특히 기숙사와 아파트를 구별하기 어려웠는데, 서울 충정로에 있는 충정아파트[1930년대]와 회현동에 있는 미쿠니아파트[1930년] 등을 한국 아파트의 효시라고 보는 견해가 일반적이다. 충정아파트의 당시 이름은 '도요타아파트'였다. 일본인 도요타 다네오豊田種雄가 지은 건물이었기 때문이다. 그는 건축가이면서 동시에 이 건물의 소유자였다고 하니 여러모로 수완 좋은 인물이었던 듯하다. 건립 시기에 대해서는 여러 설이 있는데 학술 논문이 아닌 이 글에서는 일단 '1930년대' 정도로 정리하겠다. 도요타아파트는 경성에서 상당히 고급 건물로 평가되었으며 황산덕, 김환기 등도 거주했다. 특이한 것은 건물의 1층에서 건물주가 직접 일식집 내지는 생선 가게 등으로 추정되는 상점을 운영했다는 사실이다. 이것은 한국 아파트 역사의 초창기부터 상가아파트가 존재했다는 의미이다. 지금의 충정아파트는 도로 확장으로 전면부가 잘려 나간 데다가 건물의 상태도 매우 좋지 않아 철거될 운명이지만, 여전히 1층이 상가로 사용되는 등 끈질기게 상가아파트로서의 면모를 유지하고 있다.

그다음으로 거론할 만한 사례는 서울역 북쪽의 관문빌딩[1958년]이다. 이 건물의 역사는 한국전쟁 전후 복구 기간과 겹친다. 당시 국무회의에서 다

위> 충정아파트
아래> 관문빌딩

름 아닌 이승만 대통령 본인의 지시로 '백림', 즉 베를린 같은 도시를 건설하기로 했고, 이에 따라 유럽식 상가아파트 혹은 상가주택을 서울의 간선도로변에 여럿 짓기 시작했는데 그중 하나가 관문빌딩이다. 서울역에서 남대문으로 가는 길목에 자리 잡은 건물이니만큼 '서울의 관문'이라는 의미에서 지은 이름 같다. 이 건물의 디자인은 현대 건축가의 입장에서 봤을 때 여러모로 음미할 구석이 있다. 우선 1층의 층고가 높아서 트럭이 바로 하역할 수 있을 정도다. 그리고 무엇보다 특징적인 것은 주거 부분에 해당하는 2~4층 구간에 한 층씩 엇갈려 있는 큰 창들이다. 이런 외벽 디자인으로는 도저히 수직 하중을 지지할 수 없는데, 이는 이 외벽이 자체 하중만 받는 벽, 즉 전문용어로 커튼월이라는 것을 의미한다. 사진을 자세히 보면 1층 기둥이 그 위층의 창문 뒤로 조금씩 보이는 것을 알 수 있다. 구조와 외관 디자인의 관계가 썩 잘 해결되었다고 보기는 어렵지만, 서로 엇갈린 창들이 만들어내는 디자인은 도로가 돌아가는 코너에 자리 잡은 이 건물에 매우 역동적인 느낌을 부여한다. 큰 창이 있는 주거 내부에는 어떤 근대의 풍경이 펼쳐졌을지 자못 궁금하다.

상가아파트의 전성기는 1960년대 말에서 1970년대 초였다. 특히 1971년은 유명한 상가아파트 중 상당수가 그야말로 쏟아지듯 등장했던 해였다. 서소문아파트, 대신아파트, 삼각아파트, 홍파아파트, 피어선아파트, 금성아파트 등 지금도 근대 건축사 덕후들의 가슴을 설레게 하는 상가아파트들이 이 한 해에 모두 완공되었다. 오늘날의 기준에서는 낡은 건물이지만 당시로서는 획기적인 주거 유형으로, 직접 방문해서 이야기를 들어보면 예외 없이 '당대의 타워팰리스'였다는 대답이 돌아온다. 무엇보다 이 상가아파트들은 1962년부터 본격적으로 추진된 경제개발 5개년 계획이 수확한 첫 열매 중 하나였다. 그런 점에서 상가아파트는 대한민국 성공 신화의 살아있는 증거이기도 하다. 아파트의 보급은 각종 가전제품 및 가구 뿐 아니라 전력, 난방 등 사회의 핵심 인프라가 폭발적으로 확장되는 계기를 만들어주었다. 그때는 워낙 경제개발 속도가 빨라 한 해 평균 9% 이상은 통상적이었고 그 결과 서울의 인구는 엄청난 속도로 증가했다. 당시 대전 인구가 30만이었는데 서울은 '해마다 대전, 대전한다'라는 말이 있을 정도였다. 그러다 보니 당시의 상가아파트는 오늘날의 시선으로 보면 특이한 입지 조건을 가진 것들이 많았다. 세운상가1967년는 일제시대에 조성된 소개공지에 자리 잡았고, 서소문아파트1971년는 만초천을 복개하여 그 위에 지었다. 유진상가1970년 역시 홍제천 위에 일부 걸터앉았다. 성요셉아파트1971년는 구릉지의 경사진 도로를 따라 선형으로 지었으며, 악기상으로 유명한 낙원상가1968년는 아예 도로 위에 올라탔다. 지금 보면 혁신이지만 당시로서는 어쩔 수 없는 선택이었고, 그래서《가장 도시적인 삶》에서 '어쩌다 모더니즘'이라는 표현을 쓴 바 있다.

　상가아파트의 전성시대는 오래 가지 않았다. 우선 내재적인 문제가 있었다. 원래 복합 용도 건물은 단일 용도 건물에 비해 설계 및 시공, 유지 관리 등이 훨씬 까다롭다. 당시 한국 사회는 이런 문제들을 잘 다루기 어려운 수준이었다. 수많은 상가아파트가 소방 점검 등에서 적발되기 일쑤였고 그때마다 신문에 그 이름이 오르내렸다. 심지어 실제 화재도 발생했는데, 가좌역 인근에 있는 좌원아파트1966년의 경우, 아직도 그 상처가 남아있다. 청량리역 인근에 있던 7층짜리 상가아파트였던 대왕코너1968년는 크고 작은 화재가 수도 없이 발생했고 여러 소유자를 거치다가 2017년에 철거되면서 유난히 파란만장한 삶을 마무리했다. 결국 상가아파트는 지나치게 시대에 앞서 등장하면서 오히려 온갖 설익은 문제를 노출한 셈이 되었다. 상가아파트의 운명을 본격적으로 결정지은 계기는 1972년 제정된 공동주

좌> 세운상가
우 위> 서소문아파트   우 아래> 유진맨션

택건설촉진법(소위 '주촉법')과 1979년 도입된 주차장법이었다. 상대적으로 좁은 대지에 고밀하게 많은 세대 수를 채워 넣는 상가아파트는 이러한 법적 요구에 응하기 어려웠고, 결국 백악기 말의 공룡처럼 사라져 갔다. 대구 가든테라스처럼 그 이후에 등장한 상가아파트도 있었으나, 그 거대한 공백을 메꾼 것은 지금도 전국을 덮고 있는 단지형 아파트였다. 종암아파트1958년, 마포아파트1962년, 동부 이촌동 한양맨션1968년, 현재 재건축이 진행 중인 구반포 주공아파트1973-1976년들이 단지형 아파트의 초기 역사에서 등장한 사례들이다.

상가아파트는 이렇게 역사의 뒤안길로 사라진 듯했으나 한동안의 공백을 거쳐 1990년대에 '주상복합'이라는 변형된 개념으로 복귀했다. 전 세계 도시 주거의 역사로 보면 오히려 상가아파트 쪽이 단지형 아파트보다 더 보편적인 유형이며 그만큼 장점도 많다. 단지형 아파트가 천하통일을 해버린 듯한 상황에서도 상가아파트 사례는 서서히 증가하는 추세다. 더구나 도심 내부의 대규모 가용 토지가 점점 줄어들고 있기 때문에 넓은 땅을 필요로 하는 단지형 아파트보다는 가로에 직접 면한 개별 필지에 들어서는 상가아파트가 더욱더 확대될 것으로 예상된다. 이런 관점에서 봤을 때 이전 시대의 상가아파트는 시대를 앞선 도시 주거의 한 유형으로 그 역사적 가치가 매우 크다. 최대 90년에 가까운 연륜을 가지고 있으면서 비록 낡았지만 원형이 어느 정도 유지된 경우가 많고, 공동 주거와 상가가 결합된 원래의 기능도 그대로이며 수많은 사람의 삶을 담아 온 그릇으로서의 공공성 또한 갖추고 있다는 점에서 이들 상가아파트는 우리 사회에 존재하는 귀중한 레거시 플레이스이다.

위> 낙원상가의 중정 및 천창
아래> 좌원아파트

구반포 주공아파트

53
제국의 유산을 대하는 서로 다른 방식
동아시아의 일본 근대 건축

대만의 다롄역 전경

。　　　　　　　레거시 플레이스의 원래 연재에서는 10편이 넘는 해외 사례가 포함되어 있었다. '존슨 타운'을 **빼놓고는** 대부분이 일본 본토와 대만, 만주에 남아있는 일본 제국주의시대의 건축물들이다. 이 책에서는 이들을 묶어 한 편의 글로 정리한다.

　　레거시 플레이스란 단어에는 단순한 과거의 잔재라는 의미를 넘어서, 그 잔재가 지닌 역사적 가치와 장소의 기억이 오늘날의 일상과 어떻게 공존할 수 있는지에 대한 고민의 개념이 내포되어 있다. 이는 단순히 오래된 건축물을 보존하는 것에 그치지 않고, 그 공간이 축적해 온 시간의 결을 오늘의 삶 속에서 재해석하고 활성화하는 과정이기도 하다. 이 글에서 소개하는 타이베이, 대련, 나고야, 이루마 등지는 역사적으로 식민과 전쟁, 지배와 저항이 얽힌 공간들이며, 그 속에서 남겨진 건축물들은 단순히 과거의 유물로 남지 않고 오늘을 사는 사람들의 삶과 닿아 있다. 그중 어떤 건물은 원형 그대로 보존되었고, 어떤 건물은 용도를 바꾸어 현재화되었으며, 또 어떤 건물은 철거 위기에서 복원되었다. 근대 시기의 동아시아 각 지역은 철도와 병원, 관청과 학교, 주택과 광장을 통해 새로운 공간 질서를 구축해 나갔다. 그러나 그 질서의 중심에는 일본 제국이 있었고, 건축물들은 식민과 전쟁, 통치와 지배의 도구였다. 이 책에서는 이런 유산을 단죄나 미화가 아닌 '기억과 재해석'의 관점에서 다루고자 한다. 일본, 대만, 만주 지역에 아직 남아있는 제국의 흔적을 따라가며, 그것이 어떠한 과정을 거쳐 오늘날의 장소로 변모했는지를 성찰하는 것이 이 글의 목적이다. 레거시 플레이스가 형성되는 또 다른 방식의 과정으로 볼 수 있을 것이다.

첫 사례는 일본 이루마시에 위치한 '존슨 타운 Johnson Town'이다. 1950년대 미 공군 기지 주변에 형성된 기지촌은 전형적인 미국식 주택과 상점, 학교로 구성된 자족적 마을이었다. 전쟁의 끝과 함께 쇠락한 이곳은 민간 개발

존슨 타운 주택

업자인 이소노 Isono와 건축가 와타나베 오사무渡辺治의 협업으로 재생되었다. 전통적인 보존 방식이 아닌, 당시 건축가 세이지 요시자와吉沢誠次의 원도면을 바탕으로 신중한 리노베이션을 통해 과거의 가치를 되살렸다. 원형을 복원하거나 새로 설계된 주택들이 정돈된 골목길을 따라 들어서고, 상점 주인과 주민이 한 건물에 함께 거주하는 직주근접의 커뮤니티가 형성되었다. 기지촌이 도시 마케팅의 모범으로 재탄생한 것이다. 오늘날 존슨 타운은 미국의 주거 문화와 일본의 생활양식이 결합된 독특한 마을로 변모했으며, 관광객뿐 아니라 실제 거주민들의 생활 공간으로도 기능하고 있다. 과거 미군의 '기지촌'이란 단어가 함축하는 모순된 기억을, 존슨 타운은 문화적으로 탈각하고 변환시켜 냈다. 나아가 레거시 플레이스의 개념이 단순히 건축계에 국한된 담론이 아니라 하나의 사업적 개념으로도 얼마든지 성공할 수 있다는 것을 보여주는 사례이다.

나고야 북부의 메이지 무라明治村는 일본 제국이 남긴 건축 유산을 보존하기 위한 야외 박물관이다. 1965년 조성된 이 공간은 철거 위기에 놓인 일본 내의 19세기 말~20세기 초 건물들을 이축하여 재조립한 '건축물의 수장고'라 할 수 있다. 철거 위기에 놓인 근대 건축들을 한 자리에 이축한 이 거대한 야외 건축 박물관은, 일본이 자신의 근대화 경험을 어떻게 아카이브화하고 있는지를 보여준다. 특히 미국 건축가 프랭크 로이드 라이트가 설계한 제국호텔의 로비를 비롯해, 일본의 대표적 문필가인 나쓰메 소세키夏目漱石, 새 일본 지폐에도 등장하는 세균학자 기타사토 시바사부로北里柴三 등 일본 근대사의 인물과 연결된 건축물이 많다. 단지 물리적 구조물을 보존하는 데서 나아가 공간에 인물과 이야기, 감정을 연결시켰다. 일본에서는 이처럼 건축을 통해 기억과 역사를 보존하는 방식이 제도화되어 있으며, 이는 '노포'나 '시니세'처럼 일정 시간이 지난 후 사회적으로 인정되는 문화적 틀 안

제국호텔 로비 외관

에서 움직인다. 시대를 기억하는 공간으로서, 원형을 보존한 채 과거와 마주하게 한다는 점에서 존슨 타운과는 상반된 전략이지만, 그 목적지는 동일하다. 장소에 새로운 의미의 생명을 부여하는 일이다. 근대 건축의 역사만큼이나 보존의 역사도 오래된 일본의 다양한 면모를 보여준다고 할 것이다.

대만 타이베이의 국립대만대학병원은 일제시대의 위생 사업을 상징하는 공간이다. 도쿄제국대학 출신 엘리트 건축가 곤도 주로가 설계한 이 병원은, 나이팅게일의 영향을 받은 파빌리온 타입의 구조로 구성되었으며 오늘날에도 그대로 사용 중이다. 당시 식민 권력은 근대 병원을 통해 식민지 백성의 몸과 정신을 통치하려 했고, 이 병원은 그런 통치의 중심이자 오늘날 보건의 중심이 되었다. 대만 총통부와 감찰원 역시 식민지 건축의 유산을 고스란히 간직한 채 현재까지 정치의 중심 기관으로 쓰이고 있다. 붉은 벽돌과 백색 석재가 조화된 외벽, 회랑과 좌우 대칭의 구도, 높다란 중앙 탑은 조선 총독부와도 형태적으로 닮아 있다. 대만은 이 건물들을 불행한 과거의 유산으로 배제하지 않고, 필요와 기능에 따라 존속시켜 왔다. 이는 식민의 흔적을 파괴의 대상이 아닌 '활용 가능한 자산'으로 본 태도에서 비롯된 것이다. 조선 총독부 청사를 드라마틱하게 폭파하여 철거한 한국과는 대조적인 선택이며, 식민 유산에 대한 기억 방식의 차이를 드러낸다.

만주는 일본의 괴뢰 국가였던 만주국의 실험장이었다. 그 중심 도시인 다롄에는 남만주철도주식회사(만철)가 남긴 건축물들이 곳곳에 남아있을 뿐 아니라 여전히 원래 용도대로 사용 중이다. 다롄역은 물론이고 중산광장을 둘러싼 관공서, 은행, 호텔들은 러시아와 일본을 거치며 도시에 각인된 제국의 흔적이다. 특히 중산광장은 방사형 도로가 교차하는 근대 도시계획의 상징으로, 시대마다 이름과 용도는 달라졌지만 공간의 구조는 유지되어 왔다. 특히 다롄의 만철병원과 만철도서관은 제국적 도시계획의 정점이었다. 1925년에 미국 건축회사에 의해 완공된 만철병원은 철도회사가 운영한 의료시설이라는 점에서 이례적이다. 베를린의 피르호Virchow병원과 베이징의 셰허병원을 모델로 건설되었고, 파빌리온 타입이라는 근대적 병원 건축 기법을 적극 도입하였다. 이는 단순히 치료를 위한 것이 아니라, 일본이 자신들의 과학기술과 위생을 통해 식민지를 계몽하고 있다는 메시지를 시각적으로 전달하려는 의도와도 맞닿아 있었다. 현재 시립도서관으로 사용 중인 만철도서관은 만철조사부를 위한 시설로, 당시 동아시아 최대의 싱크탱크 기능을 수행했다. 학술 연구를 위한 시설이 아니라 만철조사부의 지식 생산과 제국 담론 형성의 기지로, 만철병원과 더불어 일본 제국이 문명과 위생, 학문을 앞세워 식민 통치를 정당화하려 했던 '문장적 무비文裝的 武備'

전략의 산물이다. '문장적 무비'란 표현은 남만주철도 초대 총재이자 의사 출신 식민행정가 고토 신페이後藤新平가 주창한 개념이다. 무력으로만 지배하지 않고 문명과 위생, 교육, 문화의 외피를 두른 지배 방식을 뜻하며, 병원과 도서관, 호텔, 철도역 같은 공공건축을 통해 시각화되었다.

이처럼 근대 건축은 단순한 기능 공간을 넘어 지배의 상징이었다. 이러한 공간들은 '무엇을 보존할 것인가', '어떤 방식으로 기억할 것인가'라는 질문에 대해 각각 다른 해답을 담고 있다. 건축은 결코 중립적인 구조물이 아니다. 그 속에는 지배자의 의도, 사용자의 기억, 시대의 가치가 얽혀 있다. 따라서 보존과 해체, 재활용이라는 선택은 단순한 기술적 문제가 아니라, 정치적이고 문화적인 판단이다. 존슨 타운처럼 전쟁과 냉전의 유산을 재해석해 문화적이며 일상적인 삶의 공간으로 바꿀 수 있고, 대만 총통부처럼 식민 통치의 중심이었던 건물을 민주주의의 상징으로 전환할 수도 있다. 레거시 플레이스라는 개념은 이러한 고민을 정리하고 제안하는 실천의 틀이다. 기억의 장소를 '어떻게' 남길 것인가를 묻고, 그 장소가 '무엇을' 말하고 있는지를 함께 듣게 만든다. 오래된 건축물들이 단순히 관광 자원이 되거나 표면적인 복고의 대상으로 전락하지 않기 위해서는, 그 건물의 사회적 맥락과 역사적 감정을 함께 읽어야 한다. 보존은 단순히 원형 유지를 의미하지 않으며, 과거를 현재의 언어로 번역하고 해석하는 행위에 가깝다. 예를 들어 일본에서는 근대 건축이 자국의 건축 유산으로서 별다른 정신적 저항 없이 보호할 수 있는 대상이지만, 식민 경험을 겪은 대만과 한국, 만주는 경우가 다를 수밖에 없다.

우 위> 구 만철병원 남측 입구와 화타 흉상
우 중간> 대만 총통부(구 총독부)
우 아래> 만철 도서관 실내

그리고 그 안에서도 미묘한 입장의 차이가 감지된다. 대만의 경우 반일 운동이 없었던 것은 아니지만 일본 식민지 지배에 대한 기억에 그다지 어두운 심리적 필터가 끼어있지 않은 듯하다. 이는 그 시기를 '일치시기日治時期'라는 비교적 중립적 이름으로 부르는 데서도 나타난다(이전 청나라 지배 시절을 '청치시기'로 부르는 것의 연장이다). 그들에게 이 시기의 건축물들은 단순 실용품이거나 혹은 애초에 본토 수복을 전제로 하는 상황에서 임시로 사용하는 시설의 성격이 있었다. 본토 수복의 꿈이 요원해지고 나서야 본격적으로 이 건물들에 대한 유지 보수를 시작했다는 것으로 그 대강의 정황을 짐작할 수 있을 것이다.

한편 한국은 이와 달리 '일제 강점기'라는 감정적 용어를 사용할 정도로 식민 지배의 역사적 경험을 치욕스럽게 받아들인다. 그래서 이 시기의 건축을 보존하는 당위성 역시 '한국인들의 서사가 깃들어있다'라는 데서 찾으려는 경향이 있다. 일본이 지었지만 '이촌향도離村向都'로 상징되는, 근대화 과정에서 서울의 관문으로 오래 기능해 왔던 서울역이 그 대표적인 경우다.

만주의 경우는 또 다른 결이 감지된다. 일본에 대한 부정적 정서라는 면에서 한국 못지않을 그들이지만, 이 시기의 건축물을 성심껏 보존하고 잘 활용한다. 그것들을 단순 전리품으로 보거나 그냥 '잘 만든 유용한 물건' 정도로 보려는 경향이 감지된다. 전승 기념비 등 이념적, 군사적 성격이 강한 기념물들은 기본적으로 철거 대상이었던 것과 대비된다. 아무리 식민지 청산을 주장하는 사람이라도 실용적 시설물인 경부선 철도를 뜯어내자고 하지는 않는 것과 비슷한 입장이라고나 할까.

어쩌면 건축 자체를 바라보는 세 나라의 시선이 이 지점에서 묘하게 엇갈리고 있는지도 모른다. 건축을 단순 실용물로 보느냐, 인간의 영혼과 정신이 투사된 예술품으로 보느냐, 아니면 역사의 기억이 담긴 기록물로 보

서울역

느냐에 따라 접근 방식은 달라질 수 있다. 결과적으로 이 글에서 다룬 일본 제국주의 시대의 도시와 건축물들은 모두 서로 다른 시간의 축적이 만들어 낸 '장소'이며 그 시간은 지배와 저항, 붕괴와 재생, 기억과 망각이라는 복잡한 흐름 속에서 형성된 것이다. 이 흐름을 어떻게 간직하고 오늘의 도시 생활과 연결시킬 것인가, 이것이 바로 레거시 플레이스라는 개념이 건축과 도시에 던지는 질문이다. 도시와 건축은 현재를 위한 것이지만, 그 현재는 언제나 과거 위에 서 있다. 과거가 어떤 얼굴로 남아있는가에 따라, 우리의 현재 역시 달라질 수 있다.

54
스스로 실천하는 레거시 플레이스 정신
목련원

주소: 서울 종로구 효자로7길 19
건축년도: 1971년 건축가: 미확인, 황두진(증개축)
층수: 지상 3층, 지하 1층 면적(㎡): 476.69

　　　　　　　　　레거시 플레이스에 대해 글을 쓰면서 마음 속에 계속 떠오르는, 스스로에 대한 의문이 있었다. 그것은 바로 저자인 나 자신에게 레거시 플레이스의 개념이 얼마나 내재화되어 있을까였다. 말이나 글로 이야기하는 것은 어디까지나 사고와 관념의 영역이지만, 그것을 현실 속에서 본인이 직접 실천하느냐는 완전히 다른 문제다. 작가이기 이전에 건축가라는 점에서 더욱 그렇다. 이 글은 그 의문에 대한 나 스스로의 답이 공유되면 좋겠다는 편집팀의 제안으로 작성되었다. 목련원은 2005년에 출판된 저서 《당신의 서울은 어디입니까》에도 일부 언급되었고 그 이후로도 강연이나 동영상 등을 통해 여러 번 소개했는데, '레거시 플레이스'의 관점에서 다시 정리해 본다.

　1971년은 개인적으로나 사회적으로 기억할 것이 많은 해다. 당시 나는 초등학교 2학년이었는데 급성 신장염에 걸려 명동에 있던 성모병원에 수

좌> 통의동 마을마당에서 바라본 현재의 목련원

개월간 입원하는 등 그야말로 생사의 기로에 서 있었다. 이후 병원은 이전했지만 1963년 건축가 김정수1919-1985년가 설계한 건물은 아직도 남아 가톨릭회관이라는 이름으로 불리고 있다. 한국 최초의 전면 금속 커튼월 건물로 잘 알려진 이 병원은 나와 생년이 같다. 김정수는 1941년 경성고등공업학교를 나와 조선 총독부 영선계에 근무했으니 이 책에 소개 혹은 언급된 다른 한국인 건축가들, 즉 박길룡, 박동진, 이천승, 이상 등과 동일한 학력의 소유자이다. 나는 다행히 회복되었고 간단한 구두시험을 거쳐 무사히 그다음 학년으로 올라갈 수 있었으나, 한창 뛰어놀 나이에 허구한 날 침대에만 누워있었던 그해의 기억만큼은 아직도 생생하다.

1971년은 한국 사회로서는 그리 나쁘지 않은 해이기도 했다. 무엇보다 아이가 많이 태어났고 또 살아남았다. 실제 신생아 수는 1960년이 가장 많았지만 당시는 안타깝게도 영아 사망률이 높았다. 현재 대한민국 인구 그래프에서 가장 두툼한 뱃살(?)에 해당하는 연도는 1971년이다. 참고로 이해에 태어난 사람들이 고3이 되던 1988년에 서울 올림픽이 열렸는데, 그 이야기를 다룬 드라마가 바로 〈응답하라 1988〉이다. 또한 1962년부터 시작된 경제개발 5개년 계획이 조금씩 열매를 맺기 시작했으며, 이 책에서 다루고 있는 상가아파트 중에 상당 수가 이때 지어졌다. 또한 한국 최초의 컬러 영상인 코카콜라 광고가 등장하기도 했다. 대외적으로는 록 음악이 최고였던 해여서 레드 제플린의 〈Stairway to Heaven〉, 존 레논의 〈Imagine〉, 에릭 클랩턴의 〈Layla〉가 발표되었고 대서양 건너 미국에서는 돈 맥클린의 〈Vincent〉가 세상에 나왔다. 12월 25일에는 명동의 대연각빌딩에서 9·11 테러 이전까지 세계 최대의 건물 화재 기록이었던 큰 화재가 발생했다. 대규모 인명피해가 발생했으나 건물은 이후 개보수를 거쳐 지금도 '고려대연각타워'라는 이름으로 건재하다. 그 화재 직전, 김수환 추기경이 명동성당 크리스마스 미사에서 박정희의 장기 집권을 경고하는 강론을 하자 그 중계방송을 중단시킬 정도로 정치적으로는 엄혹한 시절이기도 했다. 바로 이 무렵인 12월에 새우깡이 출시되었는데 다행히 건강을 회복한 나는 새우깡 파는 가게를 찾아 눈이 오는 한겨울 거리를 돌아다녔다.

바로 그 1971년, 서슬 퍼런 박정희 정권 아래 청와대에서 불과 지척인 종로구 통의동의 한 골목길 안에 마치 두부 한 모처럼 하얗고 네모반듯한 집 한 채가 지어졌다. 바로 옆에는 작은 공원이 있고 마당에는 잘생긴 백목련 한 그루가 있었다. 내가 이사한 후에 이 집을 목련원이라 부르게 된 배경이다. 소위 '불란서식 지붕'이라 하여 한자의 '人'자처럼 지붕 꼭대기가 서로 겹쳐있는 정체불명의 양식이 유행하던 시절이었다. 〈응답하라 1988〉에서 덕선이네가 반지하에 세 들어 사는 정환이네 집도 그런 모습이다. 이 집은 그런 유행과는 담을 쌓은, 장식이라고는 일절 없는 전형적인 근대주의 건축의 외관이었다. 넓은 마당 남쪽에는 커다란 연못이 있었고 그 안에는 바로 한 해 전인 1970년에 김지하가 발표한 풍자시 〈오적〉에도 등장하는 잉어 떼가 유유자적 노닐었다. 한마디로 고급 주택이었는데 당시 이런 집을 다른 지역도 아닌 청와대 바로 앞에 지었다는 점에서 집주인도 상당히 대범한 사람이었음이 틀림없다. 세월이 흘러 이 집은 여러 사람의 손을 거쳤지만 그 모습은 그리 변하지 않았다. 빈집이 된 청와대와 달리 여전히 서촌 한구석에 잘 남아있는 이 집이 이번 글의 주인공이자 지금 내가 집과 사무실로 사용하는 '목련원'이다.

목련원으로 오게 된 경위는 《당신의 서울은 어디입니까》 등에서 자세히 밝혔으니 다시 반복할 것은 아니고, 이 집에 레거시 플레이스의 관점을 하나씩 적용해 보면 다음과 같다. 우선 연륜에 있어서는 2025년 기준

위> 탄소섬유 보강 중인 목련원 외벽('굿'은 우연)
아래> 목련원에서 바라본 통의동 마을마당

완공 이후 54년이 지났으므로 문화유산으로 지정되기에도 충분할 정도의 세월이 지났고 그만큼 사연도 많다. 목련원 옆에는 서울시가 조성한 '통의동 마을마당'이 있는데, 한때 없어질 뻔했던 것을 시민들과 함께 노력해서 공원으로 유지하는 데 성공했다. 당시 상황은 《공원 사수 대작전》이라는 또 다른 저서에 상세히 기록되어 있다. 그다음으로는 원형에 대한 존중인데, 아마도 이 부분이 레거시 플레이스 개념에 대한 나 자신의 신념을 본격적으로 테스트하는 대목일 것이다. 결론부터 이야기하면, 한 차례의 큰 증축에도 불구하고 건물의 원형은 놀랍도록 잘 유지되고 있다. 처음에 이사를 온 것은 한일 월드컵이 한창이던 2002년 6월 29일이었다. 이후 몇 차례에 걸쳐 내외부 수리를 했고 2009~2010년에는 지하실과 별동을 증축했으며 기존 건물과의 연결 브리지까지 만드는 대공사도 했다. 그런데도 원래 건물의 원형에 대한 존중은 지속적으로 이루어졌다고 자평한다.

그렇게 생각하는 근거는, 기존 건물의 재료인 백색 스타코 마감과 전벽돌을 증축 부분에 그대로 적용한 점, 필로티 piloti 등 소위 '공극'이 많은 기존 건물의 성격을 강화하여 전체 규모를 늘렸음에도 불구하고 여전히 개방적인 구성을 하고 있는 점 등이다. 즉 기존 건물의 디자인적 특성을 재해석해서 이를 오히려 더욱 풍성하게 만드는 방향으로 증축을 진행했다. 심지어 2층 주거 공간의 계단 및 복도에는 목재 천장과 원목 계단판, 시멘트 뿜칠 등 이 집의 오리지널 마감재를 그대로 복원해서 사용 중이다. 지금까지 수많은 프로젝트를 진행해 왔지만 이러한 태도를 가진 건축주를 만나면 정말 반갑지 않을 수 없다. 감히 말하자면 나는 건축가인 나 스스로에게 최고의 건축주 중 하나였다. 목련원에 이름을 제공한 백목련 역시 증축 과정에서 위치를 바꾸기는 했으나 여전히 마당 한구석을 지키고 있다. 차라리 새로 사다 심는 것이 비용 면에서 더 유리하다는 의견도 있었으나 따르지 않았다. 물론 이 과정에서 나무가 너무 고생해 지금도 상태가 썩 좋지는 않다.

그다음으로, 레거시 플레이스의 가장 '혹독한' 기준인 원래 기능의 유지 여부인데 역시 '그렇다'라고 답할 수 있다. 목련원은 원래 주택으로 지어졌고 심지어 내가 이사 오기 전에는 프랑스 대사관 직원 숙소로도 사용되어 동네에서 '프랑스 집'이라고 불렸다. 지금은 우리 가족이 살고 있으므로 주거로서의 기능은 여전히 현재형이다. 다만 나는 주거와 사무실을 겸하고자 이사를 왔기 때문에 현재 상당 부분의 면적은 사무실, 즉 근린생활시설이기는 하다(그런 점에서 나는 절대 '재택근무자'는 아니고 이른바 '직주초근접'의 삶을 살고 있다는 것이 정확하다). 마지막으로 어느 정도의 공공성 기준에 대해서는, 순수 주거가 아니라 사무실 기능이 복합되어 회사 사람들은 물론 외부인도 항상 드나드는 장소라는 점에서 충족한다(이 책의 다른 사례에 비해 결코 기준을 후하게 적용하는 것이 아니다). 더구나 내가 운영하는 건축사무소에서는 이사 온 그해 가을부터 바로 길 건너편 경복궁 영추문의 이름을 딴 '영추포럼'을 지금까지 무려 116회 진행해 왔고 이 밖에도 수많은 공개 행사를 개최했으니 이 또한 목련원의 공공성을 더 높였다고 할 수 있겠다. 결과적으로 목련원은 레거시 플레이스의 네 가지 조건을 모두 무리 없이 충족한다. 즉 레거시 플레이스 개념은 나의 주장을 넘어 스스로의 신념이자 가치관이기도 하다는 사실을 어느 정도 증명했다고 할 것이다.

한 가지 안타까움이 있다. 모름지기 한 건축물의 서사는 그를 설계한 건축가의 존재를 빼놓고는 불완전한 것일 수밖에 없다. 목련원의 증축 부분은 나 자신이 건축가인 것이 맞으나 1971년 당시의 건축가에 대해서는 오리무중이다. 단서가 있기는 했다. 이사 온 후 얼마 되지 않아 해군 시설장교 출신의 젊은 건축가가 내 사무실에 합류했는데, 건물에 들어오자마

위 좌> 증축 후의 목련원. 재질과 조형의 연속성이 유지되었다(촬영: 박영채)
위 우> 원래의 재료가 그대로 남아있는 계단실과 복도(촬영: 돌로레스 후안)
아래> 목련원 주거 부분

위> 마당 지하의 행사 공간인 목련홀(촬영: 돌로레스 후안)
아래> 필로티와 수평 창(촬영: 돌로레스 후안)

자 자기가 진해에서 관리하던 해군공관1968년과 디테일 등이 너무 똑같다며 놀라워했다. 그 해군공관의 설계자가 누구인가? 바로 한국의 대표적 건축가이며 르 코르뷔지에의 제자인 김중업이 아닌가! 그러고 보면 필로티, 수평 창 등 르 코르뷔지에가 이야기한 '근대 건축의 5가지 요소'가 이 집에 어느 정도 반영되었다고 생각하던 참이었다. 게다가 목련원의 이전 주인 중 하나는 김중업이 해군공관을 완공한 직후에 해군 참모총장을 지냈던 인물이었다. 또 다른 이전 집주인은 일본에서 공부한 건축가가 설계했다는 이야기를 들었다고 했는데, 마침 김중업은 1939년부터 1941년까지 요코하마고공을 다닌 바 있었다.

여러모로 김중업의 작품일 가능성이 보여서 안양의 김중업박물관 등을 비롯, 건축계 안팎의 많은 분께 문의했으나 아직까지 답을 얻지 못했다. 마음속으로는 김중업이 아니더라도 그의 사무실에서 근무했거나 혹은 그의 영향을 받은 누군가가 설계한 것일 수 있겠다 정도로 잠정 정리하였다. 이처럼 경복궁 돌담길과 서촌의 유서 깊은 골목길 사이에 자리 잡고 있으면서 한국 근대 건축사의 어딘가에 한 발을 걸치고 있는 목련원의 서사는 나에게 큰 관심의 대상이다. 나 자신이 그 서사를 이어가고 싶은 생각 또한 있으니 레거시 플레이스의 정신을 스스로 실천해 왔다고 해도 과언은 아닐 것이다.

마치는 글

처음 레거시 플레이스 기획을 시작했을 때는 얼마나 계속할 수 있으려나 스스로 의문이 있었다. 레거시 플레이스의 기준으로 제시한 4가지 조건, 즉 '어느 정도의 연륜', '원형에 대한 존중', '원래 용도의 유지' 그리고 '공공성'을 모두 충족하는 것은 변화가 빠른 한국 사회에서 결코 쉬운 일이 아니었기 때문이다. 특히 세 번째 조건, 즉 '원래 용도의 유지'가 결정적인 제약인 경우가 많았다. 동시에 이것이야말로 레거시 플레이스와 일반적인 문화유산을 구별하는 잣대이기도 했다. 예를 들어 경복궁은 자타가 공인하는 대표적 문화유산이지만, 왕궁의 기능이 중단되었기 때문에 레거시 플레이스로 볼 수는 없다. 반면 종교 시설, 학교 등에는 실로 수많은 레거시 플레이스 사례가 있었는데, 그 발주 주체가 오히려 국가 이상의 영속성을 유지해 온 증거라고 생각되었다.

막상 시작을 해보니 처음 생각보다는 레거시 플레이스에 해당하는 사례들이 많이 발견되었다. 사안에 따라 기본 조건을 다소 유연하게 해석한 결과이기도 했으나 그만큼 우리의 역사, 특히 근대사에 어느 정도의 두께가 형성되어 왔음을 보여주는 것이기도 했다. 또한 급격한 변화의 와중에서도 한국 사회의 어떤 부분이 어렵게 자기 정체성을 유지해 왔다는 방증이기도 할 것이다. 연재의 중반을 조금 넘겼을 때 서울프라퍼티인사이트로부터 이왕이면 전국의 광역자치단체를 다 포함해 보는 것이 어떠냐는 제안이 왔고, 이를 수용하면서 나름대로 구석구석 전국적인 관심을 기울이는 계기가 되었다. 이 과정을 거치면서 레거시 플레이스의 분포에 있어서 서울의 비중이 압도적인 데 반해 일부 광역자치단체에서는 사례를 찾기가 어렵다는 것을 깨달았다. 서울은 소개할 만한 좋은 사례가 누락되기도 했는데, 그만큼 다른 지역에서 사례를 찾았기 때문에 결과적으로는 좋은 접근이었다고 생각한다.

넓게 보면 레거시 플레이스에 대한 관심은 건축을 포함, 건조 환경^{built environment} 전반에 대한 인간의 노력을 다시 한번 근본적인 차원에서 돌아보고자 하는 것이기도 하다. 즉 '왜 짓는가?'라는 궁극의 질문에 대해 생각해 보고 싶었다. 아마도 그 답은 '남기고 싶어서'가 아니었을까 한다. 그리고 이 지점에서 건축가와 부동산 분야의 공통적인 관심이 교차할 수 있다고 믿는다. 레거시 플레이스 연재가 진행되었던 서울프라퍼티인사이트 역시 이를 단순히 건축가적 관심으로만 받아들이지는 않았을 것이다. 건축가에게는 작품이고 부동산 업계에는 상품이라는, 통상적인 구별은 오래된 건물과 장소가 갖는 엄청난 잠재적 부가 가치 앞에서 무의미한 것이 된다. 레거시 플레이스의 사례가 많은 유럽이 얼마나 그 혜택을 많이 받고 있는지는 새삼 설명할 필요가 없을 것이다. 그리고 이제 한국도 서서히 그러한 사례들의 축적이 이루어져야 할 상황이기도 하다. 언제까지나 고만고만한 수준의 건물을 짓고 부수고를 계속 반복할 수는 없지 않은가.

이 책을 집필하며 반복해서 마주친 질문이 하나 있다. "이 건물들이 앞으로도 지속될 수 있을까?"라는 것이다. 지속 가능성은 건축적 보존만으로는 충분하지 않다. '가치를 인정받아 유지될 수 있는 구조'가 필요하다. 그 가치는 단순한 미적 가치나 역사성만이 아니라, 현대 도시가 요구하는 공간적 수요와도 연결되어야 한다. 이 지점에서 레거시 플레이스는 단순한 '기록의 대상'이 아니라, 새로운 자산으로서 재정의될 가능성을 품는다. 이것은 다음과 같은 세 가지 측면에서 접근할 수 있다.

보존을 넘어선 활용, 활용을 통한 보존

레거시 플레이스의 상당수는 민간이 소유한 건축물이다. 원형을 비교적 잘 유지하고 있음에도, 관리 주체의 경제적 여유나 보존 의지에 따라 그 상태는 천차만별이다. 상가아파트의 예를 들자면 낙원상가처럼 여전히 활발히 운영되는 상가가 있는가 하면, 서소문아파트처럼 이제 철거를 기다리고 있는 경우도 있다. 문제는 이들이 변화한 도심 속 자산임에도 '부담'으로 인식되고 있다는 사실이다. 건축물을 단지 남겨야 할 유산으로만 바라보면, 유지와 관리는 결국 '공공의 지원'이나 '시민의식'에 기대야 한다. 그러나 건축을 살아있는 자산, 즉 일정한 수익을 창출하고 재투자 가능한 구조로 편입한다면, 그 건축은 '살아남는 건물'이 된다. 공공적 보존과 민간의 자산운용이 만나는 지점에서, 레거시 플레이스는 복합적 모델로 재구성될 수 있다. 이 책에서 소개한 일본 이루마시의 존슨 타운이 그러한 사례이다.

레거시 플레이스형 리츠 모델의 가능성

예를 들어 레거시 플레이스를 대상으로 하는 대안적 리츠REITs, 부동산투자신탁가 가능하지 않을까. 리츠는 일정한 수익을 창출하는 부동산을 기반으로 소액 투자자들이 참여하는 구조를 말한다. 전통적으로는 오피스 빌딩, 물류센터, 리테일 상가처럼 안정적인 임대 수익을 창출하는 건물이 대상이지만 최근에는 호텔, 레지던스, 심지어 문화시설까지 점차 포트폴리오에 포함되고 있다. 낡았지만 매력적인 건물은 무분별한 재건축보다는 '절제된 개입'을 통해 새롭게 쓰일 수 있다. 이 과정에서 역사적 가치와 미래적 가치를 함께 다룰 수 있는 식견을 갖춘 유능한 건축가의 역할은 절대적이다. 해외의 경우 오래된 건물이 리츠 자산으로 운용되는 사례가 적지 않다. 엠파이어스테이트 부동산 신탁ESRT, Empire State Realty Trust이 소유 및 운영하는 엠파이어스테이트빌딩1931년이나 닛폰빌딩 펀드Nippon Building Fund가 매입한 도쿄의 미쓰이빌딩1974년 등이 그런 경우다. 런던의 고전적 쇼핑 거리인 리

젠트 스트리트Regent Street 또한 더 크라운 에스테이트The Crown Estate가 부분 리츠 구조로 운영 중이다.

한국 도시 맥락에서의 실험

한국의 경우 아직 '오래된 건축물의 보존'을 전제로 한 리츠 상품은 존재하지 않는 것으로 알고 있다. 그러나 서울 도심이나 지방 대도시에는 여전히 공공성과 장소성을 갖춘 오래된 건축물이 많다. 특히 상가아파트, 혼합형 건물, 초기 주상복합, 기타 공공 및 상업 건축물, 한옥 등은 투자자산으로서의 가능성이 존재한다. 이 책에서 소개한 삼일빌딩도 바로 그러한 과정을 통해 새로운 '자산 상품'으로 재탄생했다. 레거시 플레이스가 '유산'이자 '자산'으로 동시에 인식된다면, 레거시 플레이스형 리츠는 단순한 투자 모델이 아니라 도시의 지속가능성을 위한 공적 자산운용 실험이 될 수 있다. 이처럼 '남겨진 것'을 단지 오래된 것으로 치부하지 않고, 현재의 도시성과 결합된 가치 있는 자산으로 재해석하려는 시도는 건축가, 도시계획가, 투자자 그리고 시민 모두에게 새로운 질문을 던진다. "우리는 무엇을 기억하고, 어디에 머무르며, 어떤 공간을 다음 세대에 남길 것인가?" 그런 측면에서 이 책은 단지 과거의 건물들을 수집한 결과물이 아니다. 이들은 우리가 놓쳐 온 도시의 미래 자산이기도 하다. 오래된 건물들이 단지 기억의 수단을 넘어 새로운 방식으로 활용되고 투자되고 재생산될 수 있다면 우리는 '보존'과 '가치'의 교차점에서 다음 시대의 도시를 준비할 수 있을 것이다.

마지막으로 레거시 플레이스는 결국 요즘 세계적인 과제로 떠오른 친환경 논의와도 직간접적으로 연결되어 있다. 서문에서도 밝혔듯이 자원의 소비라는 측면에서 건축은 그 어떤 분야보다도 심각한 수준으로 지구 환경에 영향을 미치는 분야이기 때문이다. 짓고 부수고를 반복하는 것이 당연시되는 한국에서는 더욱 그렇다. 한번 지어진 건물을 지속적으로 장기간 유지 관리해가며 그 문화적, 역사적 가치를 축적해 나가면서 동시에 각종 자원의 낭비 또한 막는다는 측면에서 레거시 플레이스는 새로운 의미에서 궁극의 친환경 건축론일 수 있다고 생각한다. 레거시 플레이스와 관련된 모든 이야기는 결국 '오래된 건물의 가치를 묻는 새로운 질문'이라는 개념으로 귀결된다고 할 것이다.

한국의 레거시 플레이스
은퇴 없는 건축

초판 1쇄 발행 2025년 9월 18일

발행인　김정은

지은이　황두진
기획　오경희
편집　이보람

디자인　엘리펀트스위밍

펴낸 곳　시티폴리오(서울프라퍼티인사이트)
주소　서울특별시 중구 세종대로 136, 3층
등록번호　제2022-000136호
등록일자　2022년 8월 22일

이메일　cityfolio@seoulpi.co.kr
홈페이지　https://seoulpi.io/

ISBN 979-11-979966-8-9 03540

· 시티폴리오는 서울프라퍼티인사이트의 도시 부동산 금융 플랫폼으로,
  다양한 콘텐츠 변주를 통해 도시의 자산을 투자로 연결합니다.

· 이 책은 저작권법에 따라 보호받는 저작물이므로 무단전재와 무단복제를 금지하며,
  이 책 내용의 전부 또는 일부를 이용하려면 반드시 저작권자와 서울프라퍼티인사이트의
  서면동의를 받아야 합니다.

· 책값은 뒤표지에 있습니다. 잘못된 책은 구입처에서 바꿔드립니다.